HACKERS IELTS Speaking

200% 활용법

KB132733

스피킹 실전모의고사 프로그램

원어민 시험관과 인터뷰하는 모의고사 프로그램을 통해 실전을 미리 경험할 수 있습니다.

이용방법

해커스인강 사이트(HackersIngang.com) 접속 ▶ 상단 메뉴 [IELTS → MP3/자료 → IELTS 스피킹 실전모의고사] 클릭하여 이용하기

교재 MP3

교재 MP3를 통해 교재에 수록된 문제와 모범 답변을 들으며 실전에 대비할 수 있습니다.

이용방법

해커스인강 사이트(HackersIngang.com) 접속 ▶ 상단 메뉴 [IELTS → MP3/자료 → 문제풀이 MP3] 클릭하여 이용하기

IELTS 라이팅/스피킹 첨삭 게시판

라이팅/스피킹 무료 첨삭 게시판을 통해 자신의 답안 및 답변을 첨삭받고 보완할 수 있습니다.

이용방법

고우해커스 사이트(goHackers.com) 접속 ▶ 상단 메뉴 [IELTS → 라이팅게시판 또는 스피킹게시판] 클릭하여 이용하기

스피킹 첨삭 게시판 바로가기 ➡

IELTS 리딩/리스닝 실전문제

무료 제공되는 리딩/리스닝 실전문제를 풀고 복습하면서 실력을 키울 수 있습니다.

이용방법

고우해커스 사이트(goHackers.com) 접속 ▶ 상단 메뉴 [IELTS → IELTS 리딩/리스닝 풀기] 클릭하여 이용하기

리딩 실전문제 바로 풀어보기 ➡

HACKERS
IELTS Speaking으로
목표 점수 달성!

HACKERS IELTS
Speaking

해커스 어학연구소

HACKERS
IELTS
SPEAKING

goHackers.com
학습자료 제공·유학정보 공유

IELTS 최신 출제 경향을 반영한
『HACKERS IELTS Speaking』을 내면서

IELTS 시험은 더 넓은 세상을 향해 꿈을 펼치려는 학습자들이 거쳐 가는 관문으로서, 지금 이 순간에도 많은 학습자들이 IELTS 시험 대비에 소중한 시간과 노력을 투자하고 있습니다. <HACKERS IELTS>는 IELTS 학습자들에게 목표 달성을 위한 가장 올바른 방향을 제시하고자 **『HACKERS IELTS Speaking』**을 출간하게 되었습니다.

파트별, 주제별 공략을 통한 고득점 달성!

파트별 공략 및 주제별 공략을 통해 파트별로 진행되는 IELTS 스피킹 진행방식을 완벽히 파악할 뿐만 아니라 다양한 주제들에도 대비할 수 있도록 구성하였습니다.

최신 경향을 반영한 IELTS 문제로 완벽한 실전 대비 가능!

IELTS 스피킹의 최신 경향을 반영한 문제를 수록하였으며, 실제 시험과 동일한 구성의 IELTS 스피킹 실전모의고사를 온라인으로 제공하여 실전에 철저히 대비할 수 있도록 하였습니다.

높은 목표 점수 달성을 위한 특별한 자료!

시험장에서 발생하는 위기상황에 대처할 수 있는 표현, 알고는 있지만 말할 때는 항상 틀리게 되는 스피킹 포인트, 내가 한 답변이 고득점 답변인지 스스로 체크할 수 있는 답변 셀프 체크 포인트와 주제별 답변 아이디어 & 표현까지! IELTS 스피킹 학습에 필요한 알차고 다양한 부록을 제공합니다.

『HACKERS IELTS Speaking』이 여러분의 IELTS 목표 점수 달성에 확실한 해결책이 되고 영어 실력 향상, 나아가 **여러분의 꿈을 향한 길**에 믿음직한 동반자가 되기를 소망합니다.

HACKERS IELTS SPEAKING

CONTENTS

goHackers.com 학습자료 제공·유학정보 공유

파트별 공략

주제별 공략

IELTS 스피킹 실전모의고사 프로그램 2회분 (온라인)
실제시험과 유사한 환경에서 스피킹 시험을 볼 수 있습니다.
이용경로: 해커스인강(HackersIngang.com) ▶ [MP3/자료] ▶ [실전모의고사 프로그램]

HACKERS IELTS Speaking으로
고득점이 가능한 이유!

01 파트별, 주제별 공략으로 IELTS 스피킹 정복!

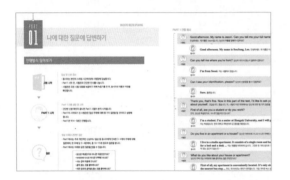

파트별 공략

IELTS 스피킹 시험의 **파트별 진행방식**을 상세히 알아보고, 파트별 질문에 대한 **답변 전략과 답변 시 사용할 수 있는 유용하고 필수적인 표현**을 학습하여 IELTS 스피킹의 기본을 다질 수 있도록 하였습니다.

주제별 공략

시험에 등장하는 폭넓은 주제들을 총 20가지로 묶어 주제와 관련된 질문에 충분히 대비할 수 있도록 하였습니다. 각 주제별로 빈출도가 높은 문제를 엄선하여 수록하여 **최신 출제 경향**에 대해 파악할 수 있도록 하였습니다. 질문에 대한 **답변 아이디어 및 표현, 모범 답변**을 통해 실전에 대비할 수 있습니다.

02 답변 아이디어 & 표현과 모범 답변으로 실력 UP!

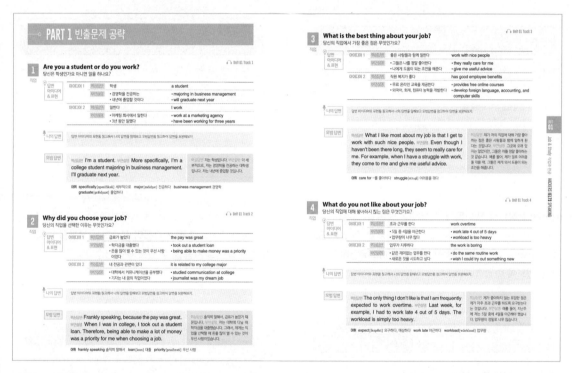

답변 아이디어 & 표현

IELTS 스피킹 시험에서 답변에 바로 활용할 수 있는 **다양한 답변 아이디어와 표현을 제공**하여 효율적이고 효과적으로 시험에 대비할 수 있도록 하였습니다.

모범 답변

교재에 수록된 모든 문제에 대한 모범 답변을 제공하여, 이를 바탕으로 학습자가 자신의 답변을 보완·개선할 수 있도록 하였습니다.

03 추가 부록으로 약점 극복 & 실전 감각 UP!

1. 시험장 위기상황 대처 표현

IELTS 스피킹 시험은 연대면 시험인 만큼, 시험장에서 생각하지 못했던 상황을 겪게 될 수도 있습니다. 아래의 표현을 익혀
두면, 당황스러운 위기상황에 조금 더 자연스럽게 대처할 수 있습니다. 어떤 상황에서도 자유자재로 활용할 수 있도록 반복하여
연습하는 것이 좋습니다.

상황 1 질문을 명확히 듣지 못했을 때

질문을 명확히 듣지 못한 경우, 아래의 표현을 사용해 다시 질문하여 질문을 정확히 파악하도록 합니다. 단, 해당
질문을 많이 하지 않도록 시험관의 질문을 최대한 집중하여 듣도록 합니다.

| 죄송하지만 잘 못 들었는데요. 다시 한 번 더
말해 주시겠습니까? | I'm sorry, I didn't quite get that. Could you say that
again, please? |
| 죄송하지만 질문을 다시 반복해 주시겠습니까? | Sorry, could you repeat that question, please? |

시험장 위기상황 대처 표현

시험관의 질문을 알아듣지 못했거나 답변할 내용이 빨리
떠오르지 않는 등 시험장 위기 상황에 대처할 수 있는 표현
들을 수록하여 **예상치 못한 상황에 능숙하고 유연하게 대처
할 수 있도록** 하였습니다.

2. 알면서도 틀리는 스피킹 포인트 24

IELTS 학습자들이 자주하는 스피킹 실수들을 모아두었습니다. 자신이 하는 실수는 없는지 체크해보고 시험장에서 실수하지
않도록 연습해줍니다.

01 똑같이 '보다'이지만 see와 watch는 달라요.

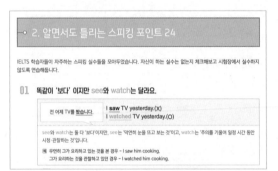

see와 watch는 둘 다 '보다'이지만, see는 '막연히 눈을 뜨고 보는 것'이고, watch는 '주의를 기울여 일정 시간 동안
시청·관찰하는 것'입니다.

우연히 그가 요리하고 있는 것을 본 경우 - I saw him cooking.
그가 요리하는 것을 관찰하고 있던 경우 - I watched him cooking.

알면서도 틀리는 스피킹 포인트 24

알고 있지만 막상 스피킹을 시작하면 자주 틀리는 스피킹
포인트를 엄선하여 **평소 자신이 실수하는 부분을 파악**하고,
정확한 표현을 사용할 수 있도록 하였습니다.

3. 답변 셀프 체크 포인트

답변 셀프 체크 포인트

IELTS 스피킹 시험의 답변 평가 기준을 바탕으로 제작된
답변 셀프 체크 포인트를 통해 본인의 답변이 어떤 부
분에서 **취약한지 스스로 체크해보고 보완할 수 있도록**
하였습니다.

UNIT 01 Job & Study

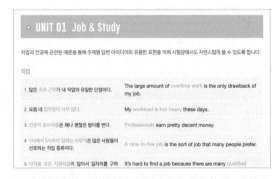

주제별 답변 아이디어 & 표현

주제별로 핵심적인 답변 아이디어와 표현을 수록하여
폭넓은 주제가 다뤄지는 IELTS 스피킹 시험을 보다 철
저히 대비할 수 있습니다.

04 해커스만의 다양한 학습 자료 제공!

실전모의고사 프로그램

해커스인강 사이트(HackersIngang.com)에서는 해커스 어학연구소에서 자체 제작한 실전모의고사 프로그램을 무료로 제공합니다. 이 프로그램을 사용하여 **2회분의 실전모의고사**를 실제 IELTS 스피킹 시험과 유사한 환경에서 풀어볼 수 있습니다.

해커스인강 (HackersIngang.com)

해커스인강 사이트에서는 본 교재에 대한 동영상 강의를 수강할 수 있습니다. **스타 선생님의 노하우, 점수 공략 비법**을 들으며 IELTS 스피킹의 최신 경향 및 답변 방법에 대해 상세히 학습할 수 있습니다.

고우해커스 (goHackers.com)

온라인 토론과 정보 공유의 장인 고우해커스 사이트에서 다른 학습자들과 함께 교재 내용에 대해 서로 의견을 교류하고 학습 내용을 토론할 수 있으며, 다양한 무료 학습자료와 IELTS 시험에 대한 풍부한 정보도 얻을 수 있습니다.

IELTS Speaking
실전모의고사 프로그램 활용법

해커스인강(HackersIngang.com)에서는 실제 IELTS 시험과 유사한 환경에서 문제를 풀어 볼 수 있도록 해커스 어학연구소에서 자체 제작한 실전모의고사 프로그램을 제공합니다. 이 프로그램에 수록되어 있는 2회분의 실전모의고사를 풀고, 실전 감각을 극대화하고 자신의 실력을 최종 점검합니다.

IELTS 실전모의고사 프로그램 이용하는 법

해커스인강(HackersIngang.com) 접속 ▶ [MP3/자료 클릭] ▶ [실전모의고사 프로그램] 클릭 ▶ 교재 구매 인증 후 사용하기

■ Test 진행방식

프로그램을 실행한 후 Test 1, 2 중 하나를 클릭하면 실제 시험과 유사한 진행 방식으로 문제를 풀 수 있습니다.

· 질문이 담긴 시험관의 영상이 재생되며, 시험관의 질문이 끝나면 영상은 정지됩니다.

· 이때 별도의 버튼을 누르지 않아도 답변이 자동으로 녹음됩니다. 답변이 완료되면 STOP 버튼을 눌러 다음 질문으로 넘어갑니다. 질문을 다시 듣기 위해서는 REPLAY 버튼을 누릅니다.

· Part 2의 경우, 실제 시험처럼 준비시간 1분이 주어지고, 1분이 지나면 시험관이 발표를 진행하라는 지시를 줍니다.

· Part 2 답변 녹음 시 2분이 초과되면 자동적으로 Part 3로 넘어가게 됩니다.

■ 자신의 답변 및 모범 답변 확인하기

Test를 마치면 Review를 통해 녹음된 답안을 문항별로 재생할 수 있으며, 모범 답안을 함께 볼 수 있습니다.

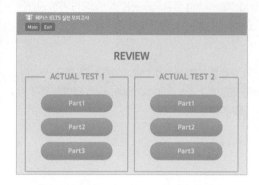

복습하고 싶은 테스트의 파트를 클릭하면 해당 파트의 문제와 답변 아이디어 및 표현, 그리고 모범 답변을 확인할 수 있습니다.

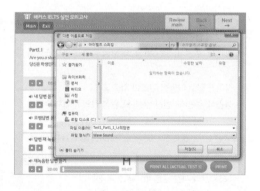

나의 답변이 녹음된 파일을 저장할 수 있습니다. 녹음 파일을 활용해 답변을 반복적으로 연습하여 보완합니다.

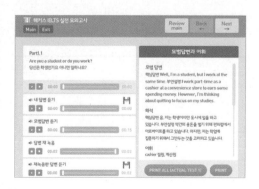

모범 답변 및 해석을 인쇄할 수 있습니다. Review 페이지의 각 문제의 하단의 PRINT ALL 버튼을 클릭하면 테스트 전체 내용을 인쇄할 수 있으며, PRINT 버튼을 클릭하면 화면에 뜬 문제 내용을 인쇄할 수 있습니다.

IELTS 소개

◼ IELTS란?

IELTS(International English Language Testing System)는 영어를 사용하는 곳에서 일을 하거나 공부를 하고 싶어 하는 사람들의 언어 능력을 측정하는 시험입니다. Listening, Reading, Writing, Speaking 영역으로 구성되어 있으며 시험 시간은 약 2시간 55분입니다. IELTS의 점수는 1.0부터 9.0까지의 Band라는 단위로 평가됩니다. 총점은 네 영역 점수의 평균 점수로 냅니다.

시험은 두 가지 종류가 있는데, 대학교나 그 이상의 교육 기관으로의 유학 준비를 위한 Academic Module과 영국, 캐나다, 호주로의 이민, 취업, 직업 연수 등을 위한 General Training Module이 있습니다. Listening과 Speaking 영역의 경우 각 모듈별 문제가 같지만, Reading과 Writing 영역은 모듈별 시험 내용이 다릅니다.

◼ IELTS 구성

시험 영역	출제 지문 및 문항 수	시험 시간	특징
Listening	4개 지문 출제 총 40문항 (지문당 10문항)	30분 (답인 직성 시간 10분 별도)	– 영국식, 호주식, 미국식 등의 발음이 출제 – 10분의 답안 작성 시간이 별도로 주어짐 – 객관식, 주관식, 빈칸 완성, 표 완성 등의 문제가 출제됨
Reading	3개 지문 출제 총 40문항 (지문당 13-14문항)	60분	– 길이가 길고 다양한 구조의 지문 출제 – 객관식, 주관식, 빈칸 완성, 표 완성 등의 문제가 출제됨
Reading	* Academic Module은 저널, 신문기사 등과 같이 학술적인 내용의 지문 위주로 출제되며, General Training Module은 사용설명서, 잡지기사 등과 같이 일상생활과 관련된 지문 위주로 출제됩니다.		
Writing	Task 1: 1문항 Task 2: 1문항	60분	– Task 간의 시간 구분 없이 시험이 진행됨 – Task 1보다 Task 2의 배점이 높음
Writing	* Academic Module의 Task 1은 그래프, 표 등 시각자료를 보고 요약문 쓰기가 과제로 출제되며, General Training Module의 Task 1은 부탁, 초대 등 주어진 목적에 맞게 편지 쓰기가 과제로 출제됩니다. Task 2는 에세이 쓰기 과제가 동일한 형식으로 출제됩니다.		
Speaking	3개 Part로 구성 Part 1: 10-15문항 Part 2: 1문항 Part 3: 4-6문항	11-14분	– 시험관과 1:1 인터뷰 형식으로 진행됨 – 모든 시험 내용이 녹음됨

약 2시간 55분

◼ IELTS 관련 제반 사항

실시일	· Paper-based IELTS는 매달 4회, Computer-delivered IELTS는 매주 최대 6회 시험이 있음
시험 장소	· Paper-based IELTS와 Computer-delivered IELTS는 영국 문화원 또는 IDP 주관 공식 지정 장소에서 치러짐
접수 방법	· Paper-based IELTS는 인터넷 또는 현장(IDP 공식 접수처) 접수 가능 · Computer-delivered IELTS는 인터넷 접수만 가능
시험 당일 준비물	· 신분 확인은 여권으로만 진행되므로 여권 필수 지참 (IDP 이외 경로로 시험을 접수한 경우, 여권 사본도 지참) · Paper-based IELTS로 등록한 경우, 필기구(연필/샤프, 지우개) 지참

성적 및 리포팅	· 성적 발표 소요 기간:
	  – Paper-based IELTS는 응시일로부터 13일째 되는 날
	  – Computer-delivered IELTS는 응시일로부터 1~2일 사이
	· 성적표는 온라인으로 조회 가능하며, 방문 수령(휴일/공휴일 제외) 혹은 우편 수령 가능
	· 재채점: 시험 응시일로부터 6주 이내에 4개 영역 중 원하는 영역에 대한 재채점 신청 가능
	· IELTS One Skill Retake: Computer-delivered IELTS 응시일로부터 60일 이내에 4개 영역 중 한 영역만
	  선택해 재시험 신청 가능
	· 리포팅: 전자 성적표를 해외 기관에 보내는 것은 무료
	· 성적표 재발급: 출력된 성적표는 시험일로부터 일부 기간만 재발급 가능하며, 일부 부수까지만 무료로 발급할 수
	  있음
	
	  *재채점, IELTS One Skill Retake, 성적표 재발급에 대한 기한 및 비용 등과 같은 세부 규정은 시험 접수한 기관 홈페이지에서
	   확인

◼ 시험장 Tips

· 입실 시 소지품을 모두 보관소에 맡깁니다. 시험실에 들고 가는 필기구와 물병 등에 글씨가 쓰여 있는 경우 수거될 수 있습니다.
· 입실 전 본인 확인을 위한 사진 촬영과 지문 확인 시간이 있습니다.
· 감독관의 안내는 영어로 이루어집니다.
· 필기 시험은 별도의 쉬는 시간 없이 이어서 진행됩니다. Paper-based IELTS와 Computer-delivered IELTS 시험 도중에
  화장실에 가야 할 경우 손을 들어 의사를 표시하면, 감독관의 동행하에 화장실을 갈 수 있습니다.

IELTS Band Score

IELTS 시험은 Band Score로 수험자의 영어 실력을 평가합니다. 각 Band Score에 대한 설명은 다음과 같습니다.

Band score	숙련도	설명
9	Expert user	완전한 구사력을 갖추고 있고, 영어 사용이 적절하며, 정확하고, 유창하며 완벽한 이해를 보이는 경우
8	Very good user	약간의 부정확성과 부적절한 사용을 보이지만 완전한 구사력을 갖추고 있으며, 낯선 상황에서 잘못 이해할 수는 있으나 복잡하고 상세한 주장을 잘 다루는 경우
7	Good user	구사력을 갖추고 있으며 일부 상황에서 때때로 부정확성, 부적절한 사용, 착오를 보이지만, 전반적으로 복잡한 표현을 잘 다루고 상세한 주장을 이해하는 경우
6	Competent user	부정확성, 부적절한 사용, 착오를 보이지만, 효과적인 구사력을 갖추고 있으며 익숙한 상황에서 상당히 복잡한 표현을 이해하고 사용할 수 있는 경우
5	Modest user	부분적인 구사력을 갖추고 있으며 대부분의 상황에서 전반적인 의미를 이해하지만, 실수를 할 가능성이 높으며 자신의 분야에서는 기본적인 의사소통을 하는 경우
4	Limited user	기본적인 구사력이 익숙한 상황에만 한정되어 있고, 이해와 표현에 있어 자주 문제가 있으며 복잡한 표현을 할 수 없는 경우
3	Extremely limited user	매우 익숙한 상황에서 전반적인 의미만을 전달하고 이해하며, 의사소통에 있어 빈번한 실패를 겪는 경우
2	Intermittent user	영어를 이해하는 것을 매우 어려워하는 경우
1	Non-user	일부 단어를 제외하고 영어를 사용할 수 없는 경우
0	Did not attempt the test	시험 응시자가 문제를 풀지 않은 경우

▣ IELTS Band Score 계산법

IELTS 점수는 각 영역에 대한 Band Score가 나오고, 모든 영역의 평균인 Overall 점수가 계산되어 나옵니다. IELTS 점수를 영어 실력 평가의 기준으로 적용하는 기관들은 각 영역의 개별 점수와 Overall 점수에 대한 다른 정책을 가지고 있으므로, IELTS 를 준비하는 목적에 맞게 전략적으로 시험 대비를 해야 합니다. 네 영역 중 자신 있는 영역에서 고득점을 받으면 상대적으로 취약한 영역의 점수를 보완할 수 있다는 장점이 있습니다. 하지만, 영역별 점수의 변동 폭이 크면 Overall 점수에도 영향이 있으므로 각 영역 중 한 영역만 대비해서는 고득점을 받기 어렵습니다.

아래는 Band Score 계산의 예입니다. 네 영역 평균 점수의 소수점에 따라 반올림이 되어, Overall Band Score가 나옵니다.

	Listening	Reading	Writing	Speaking	네 영역 평균	Overall Band Score
응시자 A	5.5	5.5	4.0	6.0	5.25	5.5
응시자 B	5.0	4.5	5.0	5.0	4.875	5.0
응시자 C	7.5	7.5	6.5	7.0	7.125	7.0

IELTS Speaking 소개 및 학습전략

IELTS Speaking 영역에서는 영국, 캐나다, 호주, 뉴질랜드 등 영연방 국가로 이민을 가려고 하거나 그 국가들의 고등 교육기관에 입학을 원하는 응시자의 영어 구사 능력을 평가합니다. 1:1 인터뷰 형식으로 11~14분간 진행되며, 인터뷰 내용은 전 과정이 녹음됩니다.

■ IELTS Speaking 진행 순서

시험 대기

시험 시간 확인 및 대기
- 응시자는 각자 배정된 스피킹 시험 시간 20분 전까지 대기하여야 합니다.
  (단, IELTS Online 스피킹 시험의 경우, 시험 시간 15분 전에 Exam Portal을 시작해야 함)
- 개인별 스피킹 시험 시간은 아래와 같이 확인 및 선택이 가능합니다.
  - Paper-based IELTS: 응시일로부터 2일 전에 이메일을 통해 개별적으로 통보
  - Computer-delivered IELTS / IELTS Online: 온라인 원서 접수 시 개별적으로 선택 가능
- 대기 시간 동안에는 평소 공부해둔 중요한 단어, 표현, 모범 답변을 빠르게 훑어봅니다.

▼

시험 시작

시험 시작
- 지정된 장소에서 대기하다 시험관이 들어오라는 말을 건네면 시험장 안으로 입장합니다.
  (IELTS Online 스피킹 시험의 접속 및 진행 방법은 IDP IELTS 홈페이지에서 확인 가능)
- 시험관이 응시자에게 인사를 건네면 응시자도 자연스럽게 시험관에게 인사를 하는 것이 좋습니다.
- 시험관은 응시자가 입실하면 시험관 소개를 하며 시험 녹음을 시작합니다.
- 수험자의 여권 검사가 끝나면 스피킹 시험이 본격적으로 시작됩니다.

▼

시험 종료

시험 종료
- 스피킹 시험이 끝나면 시험관이 스피킹 시험이 종료되었다고 말해줍니다.
  (IELTS Online 스피킹 시험의 경우, 응시자가 파트 3를 모두 마치면 시험이 종료됨)
- 응시자는 이때 간단히 작별 인사를 건네고 퇴실합니다.

■ IELTS Speaking 구성

Speaking 영역은 약 11~14분간 진행되며, 총 3개의 파트로 진행됩니다.

구성	소개	문항 수	제한시간	진행시간
Part 1 나에 대한 질문에 답변하기	시험관이 응시자의 신분증을 확인한 후, 일상생활과 관련된 친숙한 주제에 관해 질문합니다. 예 · What do you do on weekends? · What do you do on weekdays?	10~15문항	준비 시간: 없음 답변 시간: 제한 없음	4~5분
Part 2 Task Card 주제에 대해 발표하기	시험관이 제시한 Task Card의 주제에 대해 1분간 답변을 준비한 후, 준비한 답변을 2분 내로 발표합니다. 예 Task card Describe a person you admire. You should say: who he/she is what he/she did and explain why you admire him/her.	1문항	준비 시간: 1분 답변 시간: 1~2분	3~4분
Part 3 Part2 연계 심층 질문에 답변하기	Part 2와 연계된 파트로, Part 2에서 다루었던 주제와 관련하여 좀 더 심층적인 질문에 답변하는 파트입니다. 예 · What do you think is important to be admired by others? · Is academic achievement important to become an admirable person?	4~6문항	준비 시간: 없음 답변 시간: 제한 없음	4~5분

IELTS Speaking 소개 및 학습전략

▣ IELTS Speaking 평가요소

IELTS 스피킹 점수는 크게 4가지 요소(유창성과 일관성, 어휘력, 문법의 다양성과 정확성, 발음)로 평가됩니다.

· **유창성**은 말하는 속도, 말을 끊이지 않게 지속하는 능력을 평가하고 **일관성**은 문장의 논리적인 배열, 문장 사이 적절한 연결어 사용 등을 평가합니다.
· **어휘력**은 사용된 단어의 다양성, 사용된 단어의 적합성과 적절성, 패러프레이징 능력을 평가합니다.
· **문법의 다양성과 정확성**은 복합적인 문법 구조를 사용하는 능력과 말한 내용에서의 문법적인 오류를 평가합니다.
· **발음**은 알아듣는 데 어려움을 유발하지 않고 말하는 능력을 평가합니다.

▣ 스피킹 평가 기준표

점수		점수별 평가요소에 따른 특징
9점	유창성과 일관성	· 같은 말을 반복하거나 고치는 것 없이 유창하게 말함 · 머뭇거림은 단어나 문법을 찾기 위한 것이라기보다는 내용적인 측면에서 생각하는 것임 · 적절한 연결어를 사용하여 일관성 있음 · 주제를 완전하고 적절하게 전개시킴
	어휘력	· 모든 주제에서 완전한 유창성과 정확성을 갖춘 어휘를 사용함 · 관용어를 자연스럽고 정확하게 사용함
	문법의 다양성과 정확성	· 모든 문장구조를 자연스럽고 적절하게 사용함 · 정확한 문장구조를 계속해서 만들어 냄
	발음	· 모든 발음을 정확하고 섬세하게 발음함 · 전체적으로 발음을 유연하게 사용함 · 알아듣기가 수월함
8점	유창성과 일관성	· 아주 간혹 자신이 말한 것을 반복하고 틀린 것을 고치기도 하지만 전반적으로 유창하게 말함 · 머뭇거림은 주로 내용과 관련되어 있고 적절한 언어를 찾기 위해서는 드물게 일어남 · 주제를 일관되고 적절하게 전개함
	어휘력	· 정확한 의미 전달을 위해 다양한 어휘를 쉽고 유연하게 사용함 · 난이도 있는 어휘와 관용어를 능숙하게 사용하지만, 간혹 오류가 있음 · 필요에 따라 패러프레이징을 효과적으로 사용함
	문법의 다양성과 정확성	· 다양한 문장구조를 유연하게 사용함 · 아주 가끔 부정확하거나 기본적인/체계적이지 않은 오류가 있으나, 대부분은 오류 없는 문장을 말함
	발음	· 다양한 발음을 사용함 · 가끔 있는 실수를 제외하고는 발음을 지속적으로 유연하게 사용함 · 전반적으로 이해하기가 쉬움; 의사소통에 모국어 억양의 영향이 적음

7점	유창성과 일관성	· 눈에 띄는 노력이나 일관성의 상실 없이 길게 말함 · 때때로 언어 사용을 망설이거나 또는 반복 및 자기 교정을 함 · 다양한 범위의 연결어와 *담화 표지를 유연하게 사용
	어휘력	· 어휘를 유연하게 사용하여 다양한 주제에 대해 토론함 · 약간의 부적절한 어휘 선택을 하지만 다소 난이도 있고 관용적인 어휘를 사용하고 어조와 말의 배치에 대한 이해를 보임 · 패러프레이징을 효과적으로 사용함
	문법의 다양성과 정확성	· 다양하고 복잡한 구조의 문법을 유연하게 사용함 · 오류가 없는 문장을 자주 만들어내지만, 약간의 문법 실수가 계속됨
	발음	· 밴드 6의 모든 긍정적인 특징과 밴드 8의 긍정적인 특징 중 일부를 보임
6점	유창성과 일관성	· 길게 말하려 하지만, 같은 말을 반복하거나 자기 교정 또는 망설임으로 인해 가끔씩 일관성이 없을 수 있음 · 다양한 연결어와 *담화 표지를 사용하지만 항상 적절하지는 않음
	어휘력	· 부적절하더라도 주제에 대해 상세히 논의하고 의미를 명확히 하기에 충분한 어휘를 가지고 있음 · 대체적으로 패러프레이징을 성공함
	문법의 다양성과 정확성	· 단순한 구조와 복잡한 구조를 혼합하여 사용하지만 그다지 유연하지 않음 · 이해하는 데 문제를 불러일으키진 않지만 복잡한 구조를 만들 때 잦은 실수를 함
	발음	· 다양한 발음 기능을 사용하나 완전히 정확하지는 않음 · 일부 유효한 발음을 하지만 지속되지는 않음 · 글자나 소리의 잘못된 발음이 때때로 정확도를 떨어뜨리지만 전반적으로 알아들을 수 있음
5점	유창성과 일관성	· 일반적으로 말의 흐름을 유지하지만 계속 말을 이어나가기 위해 같은 말을 반복하거나 자기 교정을 하고 느리게 말함 · 특정 연결어 및 *담화 표지를 과도하게 사용함 · 간단한 말은 유창하게 하지만 보다 복잡한 의사 소통은 유창하지 않음
	어휘력	· 친숙하고 익숙하지 않은 주제에 관해 이야기할 수 있지만 어휘 사용이 유연하지 않음 · 패러프레이징을 시도하지만 매번 성공하지는 못함
	문법의 다양성과 정확성	· 꽤 정확하게 기본적인 문장을 만들어냄 · 복잡한 구조를 제한적으로 사용하지만 이것들은 주로 오류가 포함되어 있어서 이해 문제가 발생할 수 있음
	발음	· 밴드 4의 모든 긍정적인 특징과 밴드 6의 긍정적인 특징 중 일부를 보임

* Right, okay, anyway와 같이 말과 말 사이를 연결해 주는 단어나 구

4점	유창성과 일관성	· 답변 시 눈에 띄게 멈추며 반복 및 자기 교정으로 천천히 말할 수 있음 · 기본 문장을 연결하지만 단순한 연결어를 반복적으로 사용하고 일관성이 부족함
	어휘력	· 친숙한 주제에 관해 이야기 할 수 있지만 익숙하지 않은 주제에 대해서는 기본적인 의미만을 전달할 수 있고 단어 선택에 자주 오류가 발생함 · 패러프레이징을 거의 하지 않음
	문법의 다양성과 정확성	· 기본적인 문장과 정확하고 단순한 문장을 만들지만 종속 구조가 사용된 문장은 거의 없음 · 오류가 빈번하며 오해로 이어질 수 있음
	발음	· 제한된 범위의 발음 기능을 사용함 · 발음을 제어하려고 시도하지만 거의 실패함 · 잘못 발음하는 경우가 빈번하며 청자가 이해하는 데 약간 어려움이 있음
3점	유창성과 일관성	· 말하면서 긴 침묵이 있음 · 간단한 문장을 연결할 수 있는 능력이 제한되어 있음 · 간단한 응답만 하고 기본적인 메시지를 전달할 수 없는 경우가 자주 있음
	어휘력	· 간단한 어휘를 사용하여 개인적인 정보를 전달함 · 친숙하지 않은 주제에 대한 어휘가 부족함
	문법의 다양성과 정확성	· 기본직인 문장 구성을 시도하지만 제한적으로 성공하거나 명백히 암기한 말에 의존함 · 암기한 표현을 제외하고는 수많은 오류를 만들어냄
	발음	· 밴드 2의 특징 중 일부와 밴드 4의 긍정적인 특징 중 일부를 보임
2점	유창성과 일관성	· 대부분의 단어를 말하기 전에 오랫동안 멈춤 · 커뮤니케이션이 거의 가능하지 않음
	어휘력	· 분리된 단어 또는 암기된 말만 만들어냄
	문법의 다양성과 정확성	· 기본 문장 구조를 만들어낼 수 없음
	발음	· 말을 자주 알아듣기 힘듦
1점	· 커뮤니케이션이 불가능함 · 채점할 수 있는 언어가 아님	
0점	참석하지 않음	

■ IELTS Speaking 학습전략

1. 다양한 문장구조와 표현을 익히자!

IELTS Speaking의 고득점을 위해서는 영어의 기본적인 문장구조뿐만 아니라 적절한 어휘와 관용구, 표현들을 사용하여 좀 더 쉽고 명료하게 자신의 생각을 말할 수 있어야 합니다. 이 책에 수록된 파트별 공략 표현(p.31, 38, 44) 및 주제별 표현 부록을 반복적으로 학습하여 습득하도록 합니다.

2. 다양한 주제에 대한 자신의 의견 및 생각을 정리하자!

IELTS Speaking 문제는 쉬운 주제부터 다소 까다로운 주제까지 다양하게 출제됩니다. 따라서 시험에 출제되는 다양한 주제별 문제를 교재를 통해 학습하고, 이에 대한 적절한 답변을 하기 위해 자신의 의견 및 생각을 정리해둡니다.

3. 평소 말하는 연습을 꾸준히 하자!

영어를 말하는 데 익숙해져야 하므로, 일상적이고 친숙한 주제를 시작으로 끊임없이 자신의 의견과 생각을 말로 표현하는 습관을 기릅니다. 아무리 바빠도 하루 최소 한 문항에 대해서 스스로 답변해보고, 교재의 모범 답변과 비교하며 개선할 점을 고쳐나가도록 합니다.

4. 어조를 살려 말하자!

단조롭고 변화 없이 말하면 암기한 내용을 그대로 읊고 있다는 인상을 주기 쉽습니다. 자연스럽게 어조를 살려 자신감 있는 인상을 주도록 합니다.

5. 시험 환경과 방식에 적응하자!

시험관과 1:1로 대화하는 것은 누구에게나 부담스럽고 생소할 것입니다. 따라서 평소에 시험과 비슷한 환경에서 말해 보는 연습을 하여 실전에서 자신의 실력을 최대한으로 발휘할 수 있도록 합니다. 해커스인강(HackersIngang.com) 사이트에서 제공하는 스피킹 실전모의고사 프로그램을 활용하여 실제 시험 상황에 익숙해지도록 합니다.

*실전모의고사 프로그램 활용법은 p. 10~11에서 자세히 소개합니다.

학습플랜

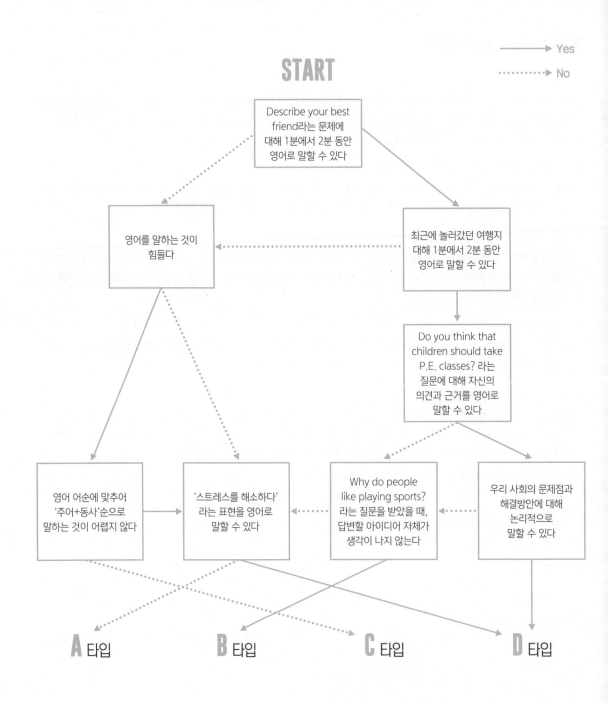

START

Yes
No

Describe your best friend라는 문제에 대해 1분에서 2분 동안 영어로 말할 수 있다

영어를 말하는 것이 힘들다

최근에 놀러갔던 여행지 대해 1분에서 2분 동안 영어로 말할 수 있다

Do you think that children should take P.E. classes? 라는 질문에 대해 자신의 의견과 근거를 영어로 말할 수 있다

영어 어순에 맞추어 '주어+동사'순으로 말하는 것이 어렵지 않다

'스트레스를 해소하다' 라는 표현을 영어로 말할 수 있다

Why do people like playing sports? 라는 질문을 받았을 때, 답변할 아이디어 자체가 생각이 나지 않는다

우리 사회의 문제점과 해결방안에 대해 논리적으로 말할 수 있다

A 타입   B 타입   C 타입   D 타입

A 타입: **표현력**을 키워야 하는 당신!

기본적인 의사 표현을 하는 데 큰 무리는 없지만 표현력이 부족한 상태입니다. 다양한 표현을 활용하여 본인의 의견을 자연스럽게 말하는 훈련이 필요합니다. 3주 동안, 답변 아이디어 & 표현 위주로 학습하여 다양한 표현을 습득하는 데 집중해야 합니다.

	Day 1	Day 2	Day 3	Day 4	Day 5	Day 6
Week 1	파트별 공략	파트별 공략 복습	주제별 공략 Unit 01~02	주제별 공략 Unit 03~04	주제별 공략 Unit 01~04 복습	주제별 공략 Unit 05~06
Week 2	주제별 공략 Unit 07~08	주제별 공략 Unit 05~08 복습	주제별 공략 Unit 09~10	주제별 공략 Unit 11~12	주제별 공략 Unit 09~12 복습	주제별 공략 Unit 13~14
Week 3	주제별 공략 Unit 15~16	주제별 공략 Unit 13~16 복습	주제별 공략 Unit 17~18	주제별 공략 Unit 19~20	주제별 공략 Unit 17~20 복습	온라인 실전모의고사 I, II

B 타입: 아이디어가 부족한 당신!

영어로 말하는 것에 큰 거부감은 없지만 질문에 대한 답변 아이디어가 부족하여 답변하는 데 어려움을 느끼는 상태입니다. 어떤 질문을 받더라도 당황하지 않도록 2주 동안 답변 아이디어 & 표현 위주로 학습하여 다양한 아이디어를 습득하는 데 집중해야 합니다.

	Day 1	Day 2	Day 3	Day 4	Day 5	Day 6
Week 1	파트별 공략	주제별 공략 Unit 01~02	주제별 공략 Unit 03~04	주제별 공략 Unit 05~06	주제별 공략 Unit 07~08	주제별 공략 Unit 09~10
Week 2	주제별 공략 Unit 11~12	주제별 공략 Unit 13~14	주제별 공략 Unit 15~16	주제별 공략 Unit 17~18	주제별 공략 Unit 19~20	온라인 실전모의고사 I, II

C 타입: IELTS 스피킹의 기본부터 다져야하는 당신!

IELTS 시험은 물론 영어를 말하는 것 자체를 낯설게 여기는 상태입니다. 학습플랜에 따라 차근차근 학습하여 기본부터 다져나가는 것이 좋겠습니다.

	Day 1	Day 2	Day 3	Day 4	Day 5	Day 6
Week 1	파트별 공략	주제별 공략 Unit 01	주제별 공략 Unit 02	주제별 공략 Unit 03	주제별 공략 Unit 04	주제별 공략 Unit 05
Week 2	주제별 공략 Unit 06	주제별 공략 Unit 07	주제별 공략 Unit 08	주제별 공략 Unit 09	주제별 공략 Unit 10	주제별 공략 Unit 01~10 복습
Week 3	주제별 공략 Unit 11	주제별 공략 Unit 12	주제별 공략 Unit 13	주제별 공략 Unit 14	주제별 공략 Unit 15	주제별 공략 Unit 16
Week 4	주제별 공략 Unit 17	주제별 공략 Unit 18	주제별 공략 Unit 19	주제별 공략 Unit 20	주제별 공략 Unit 11~20 복습	온라인 실전모의고사 I, II

D 타입: IELTS 스피킹 실전 감각을 익혀야 하는 당신!

어휘력과 논리성까지 기본기를 상당히 갖춘 상태입니다. IELTS 스피킹의 파트별 진행방식과 출제되는 다양한 주제들을 익히는 연습만 하면 IELTS 스피킹 시험에 도전해도 되겠습니다. 1주 동안 주로 주제별로 어떤 문제들이 출제되며 모범 답변은 어떻게 구성되어 있는지 체크하고 직접 실전처럼 말해보도록 합니다.

	Day 1	Day 2	Day 3	Day 4	Day 5	Day 6
Week 1	파트별 공략	주제별 공략 Unit 01~05	주제별 공략 Unit 06~10	주제별 공략 Unit 11~15	주제별 공략 Unit 16~20	온라인 실전모의고사 I, II

학습플랜 활용법

1. 파트별 공략에 수록된 파트별 진행방식 알아보기, 답변 전략 익히기, EXPRESSION은 완벽히 숙지할 수 있도록 합니다.

2. 모범 답변에 사용된 표현과 연결어들을 본인의 입에 익힐 수 있도록 모범 답변을 읽으며 녹음해봅니다.

3. 모범 답변을 보기 전에 제시된 아이디어 & 표현을 참고하여 먼저 자신만의 답변을 만들어보는 것이 좋습니다. 이러한 연습을 통해 순발력과 문장 구성 능력을 키울 수 있습니다.

4. 온라인 실전모의고사를 풀 때는 앞에서 공략한 모든 내용을 종합하여 실전저럼 풀어 봅니다. 특히 Part2의 경우 정해진 발표시간에 맞춰 답변하는 것에 익숙해지도록 합니다.

5. 교재에서 공략하는 문제에 대한 자신의 답변을 휴대폰 녹음기 등을 활용하여 녹음해보고, 모범 답변 MP3의 원어민 발음과 비교하여 개선할 점이 없는지 확인해 보도록 합니다.

6. 자신의 답변을 녹음한 후에는 p.348의 부록 <답변 셀프 체크 포인트>를 통해 취약점을 파악하도록 합니다.

파트별 공략

PART 01 나에 대한 질문에 답변하기

진행방식 알아보기

시험 시작

입실 및 신분 검사
· 응시자는 본인의 스피킹 시간에 맞춰 시험장에 입실합니다.
· Part 1 시작 전, 시험관과 간단한 인사를 나눕니다.
· 시험관은 모든 시험 내용을 녹음하기 위해 녹음기를 켠 후, 응시자의 이름과 여권을 확인합니다.

▼

PART 1 시작

Part 1 진행 설명 및 시작
· 간단한 신분 확인이 끝나면 Part 1 시험이 본격 시작됩니다.
· Part 1이 시작되기 전 시험관은 일상 주제에 대해 몇 가지 질문을 할 것이라고 설명해 줍니다.
· Part 1은 약 4~5분간 진행됩니다.

▼

질문

일상 주제와 관련한 질문
· Part 1에서는 주로 개인적인 신상이나 일상 등 응시자에게 친숙한 3~4개의 주제에 대해 질문하며, 한 주제 당 3~4문제씩, 총 10~15개 정도의 질문을 합니다.
· Part 1에서는 아래와 같은 질문을 받을 수 있습니다.

> – 당신은 학생인가요 아니면 직장인인가요?
> – 아파트에 사나요 아니면 주택에 사나요?
> – 사는 집이 마음에 드나요?
> – 음악 듣는 것을 좋아하나요?
> – 어떤 장르의 음악을 듣는 것을 좋아하나요?

▼

답변

질문에 대한 적절한 답변 제시
· Part 1은 자연스러운 대화 형태로 답변 준비 시간이 별도로 주어지지 않습니다.
· Part 1 질문에 답변할 때는 주어진 질문에 대한 답변을 바로 말하고, 그 후에 답변에 대한 추가적인 설명을 해야 합니다.

시험관 Good afternoon. My name is Jason. Can you tell me your full name, please? 안녕하세요. 제 이름은 Jason입니다. 당신의 이름을 말해주시겠어요?

응시자 Good afternoon. My name is SooJung, Lee. 안녕하세요. 제 이름은 이수정입니다.

시험관 Can you tell me where you're from? 당신이 어디서 왔는지 말해주시겠어요?

응시자 I'm from Seoul. 저는 서울에서 왔습니다.

시험관 Can I see your identification, please? 당신의 신분증을 볼 수 있을까요?

응시자 Sure. 물론입니다.

시험관 Thank you, that's fine. Now in this part of the test, I'd like to ask you some questions about yourself. 고맙습니다, 좋습니다. 자, 시험의 이번 파트에서는 당신에 관한 몇 가지 질문을 하겠습니다.

First of all, are you a student or do you work?
먼저, 당신은 학생인가요, 아니면 일을 하고 있나요?

응시자 I'm a student. I'm a senior at Hanguk University, and I will graduate soon.
저는 학생입니다. 한국 대학교 4학년이며 곧 졸업할 예정입니다.

시험관 Do you live in an apartment or a house? 당신은 아파트에 사나요 아니면 주택에 사나요?

응시자 I live in a studio apartment. It consists of a single room and has just enough space for a bed and a desk ... 저는 원룸형 아파트에 삽니다. 그것은 한 개의 방으로 구성되어 있고 침대와 책상에 딱 맞는 공간이 있습니다 …

시험관 What do you like about your house or apartment?
당신의 주택 또는 아파트에 대해 좋아하는 점은 무엇인가요?

응시자 First of all, my apartment is conveniently located. It's only about 3 minutes from the nearest bus stop ... 우선, 제 아파트는 위치가 편리합니다. 가장 가까운 버스 정류장에서 약 3분밖에 걸리지 않습니다 …

시험관 What do you not like about your house or apartment?
당신의 주택 또는 아파트에 대해 좋아하지 않는 점은 무엇인가요?

응시자 I'm content with nearly everything about my apartment, except for my upstairs neighbor. He is so noisy. For instance, ... 저는 위층 이웃만 제외하면 제 아파트에 대해 거의 모든 것에 만족합니다. 그는 정말 시끄럽습니다. 예를 들어, …

답변 전략 익히기

· Part 1의 질문에 명확하고 조리 있게 답하기 위해서는 핵심답변을 말하고 이에 대한 부연설명을 덧붙여 답변을 완성하는 것이 좋습니다.

· 부연설명을 할 때는 앞서 말한 핵심답변에 대한 예시, 이유, 추가 설명 등을 2~3 문장으로 덧붙일 수 있습니다.

· 부연설명 없이 단답형으로 말하게 되면, 시험관의 "Why?" 질문을 반복적으로 받을 수 있으며 좋은 점수를 받기 힘들 수 있습니다.

방법

핵심답변 (1문장)

+

부연설명 (2~3 문장)

답변 전략 적용 예시

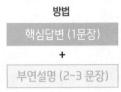 Part 1 Example

시험관

질문
Do you wear a watch?
당신은 시계를 차나요?

응시자

답변

핵심답변 No, not really.
아니요, 차지 않습니다.

부연설명 **That's because** I feel uncomfortable when I wear one. **Besides**, I carry my cell phone all the time, so I can check the time on it.
그것은 제가 시계를 차면 불편함을 느끼기 때문입니다. 게다가 저는 휴대폰을 항상 들고 다니기 때문에, 그것으로 시간을 확인할 수 있습니다.

핵심답변
시계를 차는지 묻는 질문에 대해 '차지 않는다'는 **핵심답변**을 하였습니다.

부연설명
핵심답변에 대한 **부연설명**으로 시계를 차지 않는 **이유**와 시계 대신 휴대폰으로 시간을 확인한다는 **추가적인 내용**을 덧붙였습니다.

EXPRESSION – 부연설명을 할 때 쓸 수 있는 표현

부연설명을 할 때 쓸 수 있는 다양한 표현을 익혀 풍부한 답변을 만들 수 있도록 합니다.

1. 예시를 말할 때 쓸 수 있는 표현

1 예를 들어

For example / For instance

나는 단맛이 나는 간식을 먹는 것을 좋아한다. 예를 들어, 나는 매일 초콜릿과 젤리를 간식으로 먹는다.
I love to eat sweet snacks. **For example,** I snack on chocolates and gummies every day.

*젤리 gummies   *~을 간식으로 먹다 snack on

2 ~과 같은

Such as ~ / Like ~

축구나 야구와 같은 신체적 활동을 하는 것은 아이들의 건강에 좋다.
Doing physical activities **such as** football or baseball is good for children's health.

*신체적 활동 physical activities

3 이것의 한 가지 (좋은) 예는 ~이다

One (good) example of this is ~

기술의 발전은 우리의 삶을 편리하게 만들었다. 이것의 한 가지 예는 인터넷 쇼핑이다.
The development of technology made our life convenient. **One example of this is** online shopping.

*발전 development

2. 이유를 말할 때 쓸 수 있는 표현

4 ~하는 몇 가지 이유가 있다

There are several / a couple of reasons why ~

내가 공원을 자주 방문하는 몇 가지 이유가 있다.
There are several reasons why I visit parks often.

☑ **QUIZ** 위 표현을 활용하여 다음 문장을 영어로 말해보세요.

1. 예를 들어, 나는 단백질이 많은 식사를 한다.
   *단백질이 많은 high-protein   *식사를 하다 have a diet

   ‥‥‥ .

2. 내가 책 읽는 것을 좋아하는 몇 가지 이유가 있다.

   ‥‥‥ .

QUIZ 정답 p.46

5 그것은 ~이기 때문이다

That's because ~

나는 의학을 전공하기로 결정했다. 그것은 내가 의사가 되고 싶었기 때문이다.

I decided to major in medical science. **That's because** I wanted to become a doctor.

*의학 medical science *~을 전공하다 major in

3. 추가적인 내용을 말할 때 쓸 수 있는 표현

6 또한

As well / Also

나는 도서관에서 방해 받지 않고 쉬거나 공부를 할 수 있다. 나는 또한 많은 책을 읽을 수 있다.

In the library, I can rest or study without being distracted. I can read many books **as well**.

7 게다가 / 덧붙여서

Moreover / Besides / In addition / Plus

나는 운동화를 신는 것을 좋아하는데 그것이 편하기 때문이다. 게다가, 그것은 모든 것들과 잘 어울린다.

I love to wear sneakers because they are comfortable. **Moreover**, they go with everything.

*운동화 sneakers *~과 잘 어울리다 go with

8 더욱이

Furthermore / What's more

외식하는 것은 비싸다. 더욱이, 그것은 일반적으로 당신의 건강에 좋지 않다.

Eating out is expensive. **Furthermore**, it is usually bad for your health.

9 그뿐만 아니라

On top of that / Not only that, but (also) ~ / Aside from that

자전거를 타는 것은 환경에 이롭다. 그뿐만 아니라, 그것은 당신의 시간을 절약해 줄 수 있다.

Riding bicycles is good for the environment. **On top of that,** it can save your time.

*환경 environment

☑ **QUIZ** 위 표현을 활용하여 다음 문장을 영어로 말해보세요.

3. 나는 영화관에 자주 가지 않는다. 그것은 영화관 티켓이 너무 비싸기 때문이다.
   *영화관 theater *자주 often *영화관 티켓 movie ticket

   _____ .

4. 게다가, 목욕을 하는 것은 내 기분을 상쾌하게 한다.
   *목욕을 하다 take a bath *상쾌하다 feel refreshed

   _____ .

QUIZ 정답 p.46

4. 대조적인 내용을 말할 때 쓸 수 있는 표현

10 비록 ~일지라도

Although / Even though

비록 북극곰이 귀여워 보일지라도, 그들은 가장 강력한 포식 동물 중 하나이다.
Although polar bears seem cute, they're one of the most powerful predators.

11 반대로 / 대조적으로

In contrast / Conversely

백화점에서 쇼핑하는 것은 보통 많은 시간이 걸린다. 대조적으로, 온라인에서 쇼핑하는 것은 더 적은 시간이 걸린다.
Shopping at a department store usually takes a lot of time. **In contrast**, shopping online takes less time.

12 다른 한편으로는 / 반면에

On the other hand

외국에서 공부하는 것은 학생들이 새로운 문화를 접하게 할 수 있다. 다른 한편으로는, 그들은 종종 향수병에 걸린다.
Studying abroad can expose students to new cultures. **On the other hand**, they often get homesick.

*향수병에 걸린 homesick

5. 세부적인 내용을 덧붙일 때 쓸 수 있는 표현

13 (더) 구체적으로

(More) Specifically / To be (more) specific

나는 요즘 댄스 음악에 빠져있다. 더 구체적으로, 걸그룹들의 유행가를 듣는 것을 좋아한다.
I'm into dance music nowadays. **More specifically**, I love to listen to trendy songs by girl groups.

*빠져있다 be into   *유행의 trendy

14 사실은

Actually / In fact

나는 피아노를 매우 잘 친다. 사실은, 내 어머니께서 내게 피아노 치는 법을 가르쳐주셨다.
I can play the piano very well. **Actually**, my mother taught me how to play.

☑ **QUIZ** 위 표현을 활용하여 다음 문장을 영어로 말해보세요.

5. 대조적으로, 많은 나이 든 사람들은 새로운 것들을 시도하는 것에 불편함을 느낄 수 있다.
   *나이 든 사람 old people   *불편함을 느끼다 feel uncomfortable   *시도하다 try out

   _____ .

6. 나는 짭짤한 음식을 좋아한다. 더 구체적으로, 나는 감자칩을 자주 먹는다.
   *짭짤한 salty   *감자칩 potato chips

   _____ .

QUIZ 정답 p.46

PART 02

TASK CARD 주제에 대해 발표하기

진행방식 알아보기

PART 2 시작

Part 2 진행 방식 설명 및 시작

· Part 1이 종료된 후 Part 2가 시작됩니다. 시험관은 응시자에게 한 가지 주제에 대해 1분의 준비
시간 뒤 1~2분 동안 말해야 한다는 것을 간단히 설명해줍니다.

Task Card 확인

· 간단한 진행 방식 설명 후, 주제가 적힌 Task Card가 주어집니다. Task Card에는 응시자가
답변해야 할 주제와 몇 가지 질문이 적혀있습니다.

TASK CARD 부여

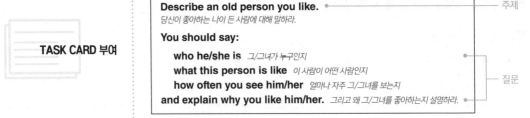

Task Card

> **Describe an old person you like.** ●————— 주제
> *당신이 좋아하는 나이 든 사람에 대해 말하라.*
>
> **You should say:**
>
>   **who he/she is** *그/그녀가 누구인지*
>   **what this person is like** *이 사람이 어떤 사람인지*
>   **how often you see him/her** *얼마나 자주 그/그녀를 보는지*   질문
>   **and explain why you like him/her.** *그리고 왜 그/그녀를 좋아하는지 설명하라.*

· Task Card에는 'Describe ~'로 시작하는 주제와 육하원칙(who, when, where, what, why,
how)이나 whether로 시작하는 질문들이 적혀 있습니다.
· 주로 특정한 인물, 사물, 장소, 경험, 활동 등에 대해 말하도록 요구됩니다.

발표 내용 준비

1분 동안 발표 내용 준비

· 1분의 발표 준비 시간이 주어지며, 노트할 수 있는 연필과 종이가 제공됩니다.
· 준비 시간 동안에는 발표할 때 참고할 내용을 종이에 빠르고 간단하게 적습니다.

발표

1~2분 동안 발표 및 Part 2 종료

· 1분에서 2분 동안 Task Card의 주제에 대해 발표합니다. 발표 시간이 2분을 초과할 경우,
시험관이 발표를 중지합니다.
· Part 2는 응시자의 유창성을 평가하는 파트이므로 1분 안에 발표를 끝내기 보다는 2분 동안
발표를 하는 것이 좋습니다.
· 발표가 끝난 후 1~2개의 추가 질문이 주어질 수 있습니다. 추가 질문에 대한 답변은 2~3
문장으로 간단히 합니다.

시험관

Now I'm going to give you a topic, and I'd like you to talk about it for one to two minutes. Before you talk, you'll have one minute to think about what you are going to say, and you can make some notes if you want to. Do you understand?

이제, 제가 당신에게 한 가지 주제를 주면, 그것에 대해 1~2분 동안 말해주시기 바랍니다. 당신이 말하기 전에, 1분 동안 무엇을 말할 것인지 생각할 시간이 주어지고, 원한다면 노트를 할 수 있습니다. 이해하시나요?

응시자

Yes, I do. 네, 알겠습니다.

시험관

OK, here's some paper and a pencil for making notes, and here's your topic. I'd like you to describe an old person you like.

좋아요, 여기 노트하기 위한 종이와 연필이 있고, 이건 주제입니다. 당신이 좋아하는 나이 든 사람에 대해 말해주세요.

Task card

> Describe an old person you like.
> You should say:
>> who he/she is
>> what this person is like
>> how often you see him/her
> and explain why you like him/her.

응시자

발표 준비 시간: 1분

시험관

All right. Remember, you can talk for one to two minutes, so don't worry if I stop you. I'll tell you when the time is up. Can you start speaking now, please?

자, 기억하세요, 당신은 1~2분 동안 말할 수 있으니, 제가 당신을 멈추더라도 걱정하지 마세요. 시간이 다 되면 말할게요. 이제 발표를 시작해주시겠어요?

응시자

The elderly person I like the most is my grandmother.

제가 가장 좋아하는 나이 든 사람은 저희 할머니입니다.

⋮

시험관

Thank you. When did you last see her? 고맙습니다. 언제 마지막으로 그녀를 봤나요?

응시자

A few days ago. I visited her since it was her birthday.

며칠 전에요. 할머니 생신이어서 그녀를 방문했습니다.

시험관

Thank you. May I have the task card paper and pencil back?

고맙습니다. Task card 종이와 연필을 돌려주시겠어요?

응시자

Sure. 물론입니다.

답변 전략 익히기

STEP 1 Task Card를 파악한 뒤 발표할 내용을 빠르게 노트합니다.

① Task Card에 적힌 주제와 질문을 정확히 파악합니다.

Task Card

주제	**Describe an old person you like.** ●
	You should say:
질문 1	**who he/she is** ●
질문 2	**what this person is like**
질문 3	**how often you see him/her**
질문 4	**and explain why you like him/her.**

─ '내가 좋아하는 나이 든 사람'에 대해 말해야 함을 파악합니다.

─ 주어진 4개의 질문 내용을 파악합니다.
1. 그 사람이 누구인지(who)
2. 어떤(what ~ like) 사람인지
3. 얼마나 자주(how often) 그 사람을 보는지
4. 왜(why) 그 사람을 좋아하는지

✓ TIPS

Task Card에 대해 발표할 때는 주제에서 벗어나지 않도록 주의해야 합니다. 주제가 'an old person'에 대해 묘사할 것을 요구하였으므로, '한 명의 나이 든 사람'에 대해 말해야 합니다. 따라서, 여러 명의 나이 든 사람에 대해 이야기 하거나, 한 명의 젊은 사람에 대해 말하면 주제에 벗어나므로 감점됩니다.

② 파악한 질문에 대해 떠오르는 답변을 간단히 노트합니다.

Task Card

주제	**Describe an old person you like.**
	You should say:
질문 1	**who he/she is**
질문 2	**what this person is like**
질문 3	**how often you see him/her**
질문 4	**and explain why you like him/her.**

노트

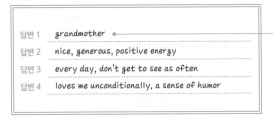

답변 1	*grandmother* ●
답변 2	*nice, generous, positive energy*
답변 3	*every day, don't get to see as often*
답변 4	*loves me unconditionally, a sense of humor*

1. 누구인지(who)에 대한 답변으로 grandmother(할머니)를 적었습니다.

2. 어떤(what ~ like) 사람인지에 대한 답변으로 nice(친절한), generous(너그러운), positive energy(긍정적 에너지)를 적었습니다.

3. 얼마나 자주(how often) 보는지에 대한 답변으로 every day(매일), don't get to see as often(그렇게 자주 보지 못한다)을 적었습니다.

4. 왜(why) 좋아하는지에 대한 답변으로 loves me unconditionally (나를 조건 없이 사랑한다), a sense of humor(유머감각)를 적었습니다.

노트를 참고하여 Task Card가 묻는 질문에 빠짐 없이 답변합니다.

Task Card

주제	**Describe an old person you like.**
	You should say:
질문 1	**who he/she is**
질문 2	**what this person is like**
질문 3	**how often you see him/her**
질문 4	**and explain why you like him/her.**

노트

답변 1	grandmother
답변 2	nice, generous, positive energy
답변 3	every day, don't get to see as often
답변 4	loves me unconditionally, a sense of humor

답변 말하기

🎧 Part 2 Example

응시자

답변 1 There are several old people I like, but my favorite is my **grandmother**.

제가 좋아하는 몇몇 나이 든 사람이 있지만, 제가 가장 좋아하는 사람은 저희 할머니입니다.

좋아하는 나이 든 사람이 누구인지에 대해 소개할 때, '가장 좋아하는 사람은 할머니이다'라고 말하며 발표를 시작하였습니다.

답변 2 She is the **nicest**, most **generous** person. Also, she has such a great **positive energy**.

할머니는 가장 친절하고 너그러우신 분입니다. 또한, 할머니는 정말로 엄청난 긍정적인 에너지를 지니셨습니다.

그 사람이 어떤 사람인지에 대해 nicest(가장 친절한), generous (너그러운), has a great positive energy(엄청난 긍정적인에너지를 지녔다)라는 답변을 하였습니다.

답변 3 We used to see each other **every day** because she lived next door. However, she moved to a new place recently, so we **don't get to see each other as often** these days.

할머니는 옆집에 사셨기 때문에 저희는 서로를 매일 봤었습니다. 하지만, 할머니가 최근 새로운 곳으로 이사를 가셔서, 저희는 요즘 서로를 그렇게 자주 보지 못합니다.

얼마나 자주 그 사람을 보는지에 대한 답변으로 every day(매일)와 don't get to see each other as often(서로를 그렇게 자주 보지 못한다)이라는 답변을 하였습니다.

답변 4 I like her for several reasons. First of all, she **loves me unconditionally**. No matter what I do, she understands me and cares about me. Besides, she has **a good sense of humor**. She tells me lots of funny stories, which always make me laugh.

저는 할머니를 몇 가지 이유로 좋아합니다. 먼저, 할머니는 저를 조건 없이 사랑해 주십니다. 제가 무엇을 하든, 할머니는 저를 이해해 주시고 사랑해 주십니다. 게다가, 할머니는 뛰어난 유머감각을 가지고 계십니다. 그분은 제게 많은 재미있는 이야기를 해주시는데, 그것들은 저를 항상 웃게 만듭니다.

왜 그 사람을 좋아하는지에 대해 loves me unconditionally(나를 조건 없이 사랑해준다), a good sense of humor(뛰어난 유머감각) 등의 이유를 차례로 답변하였습니다.

✔ **TIPS**

발표를 시작할 때
위의 예시처럼 Task Card 주제에 쓰인 표현(Describe an old person you like)의 일부를 그대로 사용해서 "The old person I like is my grandmother"(제가 좋아하는 나이 든 사람은 저희 할머니입니다)라고 말하며 발표를 시작할 수도 있습니다.

Why 질문에 답변할 때
Task Card의 마지막 질문으로는 보통 Why 질문이 나옵니다. 이 Why 질문에 답할 때는 한 가지 이유만 말하기보다는 여러 가지 이유가 있다는 언급을 한 후 몇 가지 이유를 차례로 설명하는 방식으로 답하면, 답변을 보다 길고 풍성하게 만들 수 있습니다.

EXPRESSION - 발표를 전개할 때 쓸 수 있는 표현

발표를 전개할 때 쓸 수 있는 다양한 표현을 익혀 풍부한 답변을 만들 수 있도록 합니다.

1. 발표를 시작할 때 쓸 수 있는 표현

1 나는 ~에 대해 이야기하고 싶다

I'd like to talk about / tell you about ~

나는 내 가장 친한 친구인 수지에 대해 이야기하고 싶다.
I'd like to talk about my best friend, Suji.

2 많은 / 몇 가지 ~이 있지만, ~이 가장 먼저 떠오른다

There are many / several ~, but ~ comes to mind first

한국에는 많은 전통적인 건물이 있지만, 경복궁이 가장 먼저 떠오른다.
There are many traditional buildings in Korea, **but** the Gyeongbok Palace **comes to mind first**.

3 많은 / 몇 가지 ~이 있지만, 가장 먼저 떠오르는 것은 ~이다

There are many / several ~, but the first (thing/one) that comes to mind is ~

내가 배우고 싶은 몇 가지 것들이 있지만, 가장 먼저 떠오르는 것은 스노보드 타기이다.
There are several things I want to learn, **but the first thing that comes to mind is** snowboarding.

4 많은 / 몇 가지 ~이 있지만, 가장 ~한 것은 ~이다

There are many / several ~, but the most ~ one is ~

내가 가지고 있는 많은 디지털 기계가 있지만, 가장 유용한 것은 내 스마트폰이다.
There are many digital gadgets I have, **but the most** useful **one is** my smartphone.

*기계 gadget

☑ **QUIZ** 위 표현을 활용하여 다음 문장을 영어로 말해보세요.

7. 나는 내 고등학교 영어 선생님에 대해 이야기하고 싶다.
   * 고등학교 영어 선생님 high school English teacher

   _____ .

8. 내가 자주 가는 많은 장소들이 있지만, 동네 커피숍이 가장 먼저 떠오른다.
   * 동네의 local

   _____ .

QUIZ 정답 p.46

2. Why 질문에 답할 때 쓸 수 있는 표현

5 ~하는 몇 가지 이유가 있다

There are several / a couple of reasons why ~

내가 스페인을 방문하고 싶어 하는 몇 가지 이유가 있다.
There are a couple of reasons why I want to visit Spain.

6 몇 가지 이유로

For several / a couple of reasons

나는 몇 가지 이유로 그 휴가를 즐겼다.
I enjoyed the vacation **for several reasons**.

7 우선 / 첫째로

To begin with / First (of all) / Firstly / For one (thing)

우선, 코미디 쇼를 볼 때 나는 내 자신의 문제에서 벗어날 수 있다.
To begin with, I can escape from my own problems when watching a comedy show.

*벗어나다 escape

8 둘째로

Second / Secondly

둘째로, 이 기계는 많은 기능을 가지고 있다.
Second, this device has many functions.

*기계 device *기능 function

9 마지막으로

Lastly / Finally

마지막으로, 그녀는 매우 유머러스하고 친절하다.
Lastly, she is very humorous and kind.

> ☑ **QUIZ** 위 표현을 활용하여 다음 문장을 영어로 말해보세요.

---

9. 우선, 그 가게는 다양한 물건들을 수용한다.
   *다양한 a variety of *물건 item *수용하다 accommodate

   --- .

10. 마지막으로, 조깅은 나를 더 건강하게 만들어 주었다.
   *건강한 healthy

   --- .

QUIZ 정답 p.47

PART 03

PART 2 연계 심층 질문에 답변하기

진행방식 알아보기

PART 3 시작

Part 3 진행 설명 및 시작
· Part 2가 종료된 후 Part 3가 시작됩니다. 시험관은 Part 2와 연계된 몇 가지 일반적인 질문을 하겠다고 간단히 설명해줍니다.

질문

Part 2 주제와 연계된 심층 질문
· Part 3에서는 Part 2 주제와 연계된 총 4~6개 정도의 심층적이고 까다로운 질문을 합니다.
· Part 2의 주제와 연계된 Part 3 질문은 주로 일반적인 사람들이나 사회와 관련되어 있으며, 아래와 같이 출제될 수 있습니다.

Part 2 Task Card 주제
· '당신이 좋아하는 나이 든 사람'에 대해 말하라.

Part 3 질문
· 나이 든 사람과 젊은 사람은 서로에게서 무엇을 배울 수 있나요?
· 당신의 나라에서 젊은 세대와 나이 든 세대의 관계는 어떤가요?
· 조부모는 아이들에게 어떤 가르침을 줄 수 있나요?
· 과거에 비해 현재의 노인들은 무엇이 다른가요?

답변

질문에 대한 적절한 답변 제시
· Part 1과 같이 답변 준비 시간이 별도로 주어지지 않습니다.
· Part 1보다 좀 더 심층적인 질문인 만큼 답변도 더 논리적이고 세부적으로 하는 것이 좋습니다.

시험종료

Part 3 종료 및 스피킹 시험 종료
· 4~5분 정도 동안 질문과 답변이 진행된 후 시험관이 스피킹 시험이 종료되었음을 알려줍니다.
· 시험이 종료되면, 시험관과 작별 인사를 나눈 후 퇴실합니다.

시험관

We've been talking about an old person you like, and now I'd like to discuss a few more general questions related to this. First, let's consider older and younger generations in general.

우리는 당신이 좋아하는 나이 든 사람에 대해 이야기했는데, 이제 이것과 연관된 몇 가지 일반적인 질문을 드리겠습니다. 먼저, 일반적인 노인 세대와 젊은 세대에 대해 생각해봅시다.

What can old and young people learn from one another?

나이 든 사람들과 젊은 사람들은 서로에게서 무엇을 배울 수 있나요?

응시자

There are several things that they can learn from one another. First of all, younger generations can teach the elderly how to use new technologies. For example, …

그들이 서로에게서 배울 수 있는 몇 가지 것들이 있습니다. 먼저, 젊은 세대는 노인들에게 새로운 기술을 어떻게 사용하는지 가르쳐줄 수 있습니다. 예를 들어, …

시험관

Why do you think young people have a better understanding of technology than old people?

왜 젊은이들이 나이 든 사람들보다 기술을 더 잘 이해한다고 생각하나요?

응시자

Well, I guess that's because … 음, 제 생각에 그 이유는 …

시험관

Thank you. That's the end of the IELTS speaking test.

고맙습니다. 이것으로 IELTS 스피킹 시험이 끝났습니다.

응시자

Thank you. Have a good day! 감사합니다. 좋은 하루 보내세요!

답변 전략 익히기

· Part 3에서도 핵심답변을 먼저 말하고 부연설명을 덧붙이는 구조로 답변합니다.

· 두 가지 핵심답변을 말하고, 각각의 핵심답변에 부연설명을 덧붙여 답변할 수도 있습니다.

방법 1

| 핵심답변 |
| + |
| 부연설명 |

방법 2

| 핵심답변 ① |
| 부연설명 |
| + |
| 핵심답변 ② |
| 부연설명 |

답변 전략 적용 예시 1 : 방법 1 적용

🎧 Part 3 Example 1

시험관

질문

What can old and young people learn from one another?

나이 든 사람들과 젊은 사람들은 서로에게서 무엇을 배울 수 있나요?

응시자

답변

`핵심답변` They can adopt different attitudes from one another.

그들은 서로에게서 서로 다른 태도를 받아들일 수 있습니다.

`부연설명` **For example,** the older generation can learn to become more open-minded from young people. Sometimes, old people can be stubborn. However, this can change if they learn to be more tolerant. **On the other hand**, the young can learn a sense of responsibility from older people. Young people often tend to behave carelessly, which can cause them problems. However, learning to be responsible can change their lives in positive ways.

예를 들어, 나이 든 세대는 젊은 사람들로부터 더 개방적인 태도를 배울 수 있습니다. 때때로, 나이 든 사람들은 고집이 셀 수 있습니다. 하지만, 그들이 더 관용적인 태도를 배운다면 이는 바뀔 수 있습니다. 반면에, 젊은이들은 나이 든 사람들로부터 책임감을 배울 수 있습니다. 젊은 사람들은 종종 부주의하게 행동하는 경향이 있는데, 이것은 그들에게 문제를 일으킬 수 있습니다. 하지만 더 책임감이 있도록 배우는 것은 그들의 삶을 긍정적인 방식으로 바꿀 수 있습니다.

`핵심답변`
나이 든 사람과 젊은 사람이 서로 무엇을 배울 수 있는지 묻는 질문에, 서로 다른 태도를 받아들일 수 있다는 하나의 **핵심답변**을 하였습니다.

`부연설명`
핵심답변에 대한 **부연설명**으로 노인들은 젊은이들로부터 개방적인 태도를 배울 수 있다는 **예시**를 언급하고, **대조적**으로 젊은이들은 노인들부터 책임감을 배울 수 있다고 말하였습니다.

🎧 Part 3 Example 2

질문

What can old and young people learn from one another?

나이 든 사람들과 젊은 사람들은 서로에게서 무엇을 배울 수 있나요?

답변

핵심답변 ① Younger generations can teach the elderly how to use new technologies.

젊은 세대는 나이 든 사람에게 새로운 기술을 사용하는 방법을 가르쳐줄 수 있습니다.

부연설명 **For example**, they can show old people how to use a smartphone or set up a social networking account.

예를 들어, 그들은 나이 든 사람들에게 스마트폰을 어떻게 사용하는지 또는 SNS 계정을 어떻게 만드는지 보여줄 수 있습니다.

핵심답변 ② On the other hand, young people can learn a lot from the wisdom of their elders.

반면에, 젊은이들은 노인들의 지혜로부터 많은 것들을 배울 수 있습니다.

부연설명 **That's because** old people have gained plenty of knowledge from their experiences in life that could help young people.

그것은 왜냐하면 노인들은 삶의 경험으로부터 많은 지식을 얻었고 그것은 젊은이들을 도울 수 있기 때문입니다.

핵심답변 ① + 부연설명

나이 든 사람과 젊은 사람이 서로 무엇을 배울 수 있는지 묻는 질문에 젊은 세대들이 나이 든 사람들에게 기술을 가르쳐 줄 수 있다는 첫 번째 **핵심답변**을 하고, 이에 대한 부연설명으로 스마트폰과 SNS 사용 방법을 가르쳐 줄 수 있다는 **예시**를 언급하였습니다.

핵심답변 ② + 부연설명

젊은이들은 노인들의 지혜로부터 많은 것을 배울 수 있다는 두 번째 **핵심답변**을 하고, 이에 대한 부연설명으로 노인은 삶의 경험으로부터 많은 지식을 얻었기 때문이라는 **이유**를 언급하였습니다.

✅ **TIPS**

• 질문에 대한 답변 아이디어가 떠오르지 않는 경우, 서론*을 말하면서 답변 아이디어를 정리하는 것이 좋습니다.

예) **There are several** things **that** old and young people can learn from one another.

나이 든 사람들과 젊은 사람들이 서로에게서 배울 수 있는 몇 가지가 있습니다.

• 답변 후 답변의 길이가 충분히 길지 않거나 답변의 흐름이 불분명하다는 생각이 들면, 결론*을 덧붙여서 답변 길이를 늘리거나 답변 내용을 명확하게 정리할 수 있습니다.

예) **Therefore,** older and young generations should try to learn from each other.

따라서, 나이 든 세대와 젊은 세대는 서로에게서 배우려고 노력해야 합니다.

*서론 및 결론을 말할 때 쓸 수 있는 표현은 p.44~45에 정리되어 있습니다.
*부연설명을 말할 때 쓸 수 있는 표현은 p.31~33에 정리되어 있습니다.

서론과 결론에 쓸 수 있는 다양한 표현을 익혀 풍부한 답변을 만들 수 있도록 합니다.

1. 서론을 말할 때 쓸 수 있는 표현

1 ~하는 많은 / 몇몇 / 다양한 ~가 있다

There are many(multiple) / several / various ~ that ~

사람들이 여행을 가기 전에 준비하는 많은 것들이 있다.
There are many things **that** people prepare before they go traveling.

2 많은 사람들이 이것에 대해 다른 의견을 가지고 있는 것을 알지만, ~

I know that many people have different opinions about this, but ~

많은 사람들이 이것에 대해 다른 의견을 가지고 있는 것을 알지만, 나는 결혼에 알맞은 나이가 있다고 생각한다.
I know that many people have different opinions about this, but I think there is a proper age for marriage.

3 개인적인 선호는 사람마다 다르겠지만, ~

Individual / Personal preferences (would) differ from person to person, but ~

개인적인 선호는 사람마다 다르겠지만, 대부분의 사람들은 집에 있는 것보다 밖에 나가는 것을 선호하는 것 같다.
Individual preferences would differ from person to person, but most people seem to prefer going outside to staying at home.

4 그것은 ~에 따라 다르겠지만, ~

It / That depends on ~, but ~

직장 환경에 따라 다르겠지만, 나는 일반적으로 직장에서 동료들이 친구가 될 수 있다고 생각한다.
It depends on working conditions, **but** I think colleagues can be friends at work generally.

☑ **QUIZ** 위 표현을 활용하여 다음 문장을 영어로 말해보세요.

11. 그것은 **개인의 취향에 따라 다르겠지만**, 대부분의 사람들은 코미디 영화를 좋아하는 것 같다.
   * 취향 taste * 코미디 영화 comedy movies

   _____.

12. 돈을 많이 버는 **몇몇 직업들**이 있다.
   * 돈을 많이 벌다 pay well * 직업 job

   _____.

QUIZ 정답 p.47

2. 결론을 말할 때 쓸 수 있는 표현

5 따라서

Therefore

따라서, 일에서 벗어나는 것이 스트레스를 해소하는 최선의 방법이다.

Therefore, getting away from work is the best way to relieve stress.

6 이러한 (모든) 이유들 때문에, 나는 ~라고 생각한다

For (all) these reasons, I think that ~

이러한 모든 이유들 때문에, 나는 아이들이 책을 읽도록 장려되어야 한다고 생각한다.

For all these reasons, I think that children should be encouraged to read books.

7 결론적으로

In conclusion / To conclude

결론적으로, 지역의 날씨는 건물이 지어지는 방식에 영향을 미친다.

In conclusion, the region's weather affects the way buildings are constructed.

* 짓다, 건설하다 construct

8 모든 것을 고려해 보면

All things considered

모든 것을 고려해 보면, 나는 외식하기보다는 직접 요리하겠다.

All things considered, I would rather cook myself than eat out.

9 한마디로

In a word

한마디로, 기술은 우리 사회에 정말 많은 방식으로 영향을 끼쳤다.

In a word, technology has affected our society in so many ways.

☑ **QUIZ** 위 표현을 활용하여 다음 문장을 영어로 말해보세요.

13. 결론적으로, 아이들은 더 많은 체육 수업이 필요하다.
    * 체육 수업 P.E. class

    _____.

14. 모든 것을 고려해 보면, 버스를 타는 것이 택시를 타는 것보다 낫다.
    * ~을 타다 take * 택시 cab

    _____.

QUIZ 정답 p.47

■ PART 1 나에 대한 질문에 답변하기

1. **예를 들어,** 나는 단백질이 많은 식사를 한다.
   For example / For instance, I have a high-protein diet.

2. 내가 책 읽는 것을 좋아**하는 몇 가지 이유가 있다.**
   There are several / a couple of reasons why I like to read books.

3. 나는 영화관에 자주 가지 않는다. **그것은** 영화관 티켓이 너무 비싸**기 때문이다.**
   I don't go to the theater often. **That's because** the movie tickets are so expensive.

4. **게다가,** 목욕을 하는 것은 내 기분을 상쾌하게 한다.
   Moreover / Besides / In addition / Plus, taking a bath makes me feel refreshed.

5. **대조적으로,** 많은 나이 든 사람들은 새로운 것들을 시도하는 것에 불편함을 느낄 수 있다.
   In contrast / Conversely, many old people can feel uncomfortable about trying out new things.

6. 나는 짭짤한 음식을 좋아한다. **더 구체적으로,** 나는 감자칩을 자주 먹는디.
   I like salty food. **More specifically / To be more specific,** I often eat potato chips.

■ PART 2 Task Card 주제에 대해 발표하기

7. **나는** 내 고등학교 영어 선생님**에 대해 이야기하고 싶다.**
   I'd like to talk about / tell you about my high school English teacher.

8. 내가 자주 가는 **많은** 장소들**이 있지만,** 동네 커피숍이 **가장 먼저 떠오른다.**
   There are many places that I visit often, **but** the local café **comes to mind first**.

9. **우선**, 그 가게는 다양한 물건들을 수용한다.

   To begin with / First / First of all / Firstly / For one, the shop accommodates a variety of items.

10. **마지막으로**, 조깅은 나를 더 건강하게 만들어 주었다.

    Lastly / Finally, jogging made me become healthier.

▌PART 3 Part 2 연계 심층 질문에 답변하기

11. 그것은 개인의 취향에 **따라 다르겠지만**, 대부분의 사람들은 코미디 영화를 좋아하는 것 같다.

    It / That depends on personal taste, **but** most people seem to like comedy movies.

12. 돈을 많이 버는 **몇몇** 직업들이 **있다**.

    There are several jobs **that** pay well.

13. **결론적으로**, 아이들은 더 많은 체육 수업이 필요하다.

    In conclusion / To conclude, children need more P.E. classes.

14. **모든 것을 고려해 보면**, 버스를 타는 것이 택시를 타는 것보다 낫다.

    All things considered, taking a bus is better than taking a cab.

goHackers.com

학습자료 제공·유학정보 공유

HACKERS IELTS SPEAKING

주제별 공략

UNIT 01 Job & Study 직업과 전공

직업·전공은 스피킹 시험에서 거의 모든 수험생들이 질문 받는 주제 중 하나입니다. 따라서 직업·전공과 관련된 빈출문제, 관련 아이디어 및 표현, 그리고 모범답변을 학습하여 꼭 준비해야 합니다.

■ PART 1 빈출문제

Part 1에서는 학생인지 직장인인지, 직업 또는 전공은 무엇인지 등 직업과 전공에 대한 개인적인 질문을 합니다. 따라서 다음 Part 1 빈출문제를 확인하여 본인의 직업이나 전공과 관련된 기본적인 내용을 미리 영어로 정리해 보고 연습하도록 합니다.

직업	**Are you a student or do you work?** 최빈출 당신은 학생인가요 아니면 일을 하나요? **Why did you choose your job?** 당신의 직업을 선택한 이유는 무엇인가요? **What is the best thing about your job?** 당신의 직업에서 가장 좋은 점은 무엇인가요? **What do you not like about your job?** 당신의 직업에 대해 좋아하지 않는 점은 무엇인가요?
전공	**Why did you choose your major?** 최빈출 당신의 전공을 선택한 이유는 무엇인가요? **What do you learn while studying your major?** 당신은 전공을 공부하면서 무엇을 배우나요? **What are you going to do after graduation?** 당신은 졸업 이후에 무엇을 할 건가요? **Do you prefer to study in the morning or in the afternoon?** 당신은 오전에 공부하는 것을 선호하나요, 아니면 오후에 공부하는 것을 선호하나요?

Part 2에서는 흥미로운 직업, 어려운 직업, 꿈꾸는 직업을 묘사하라는 문제가 자주 나옵니다. 가장 자주 나오는 문제인 흥미로운 직업이 무엇인지에 대한 답변을 준비해두면, 어려운 직업, 꿈꾸는 직업 등을 묻는 다른 문제에도 활용할 수 있습니다.

Part 3에서는 돈을 적게 받는 직업이 무엇인지, 대기업과 소기업의 차이는 무엇인지와 같이 일상적으로 생각해보지 않았을 가능성이 높은 질문을 하므로 미리 빈출문제와 모범답변을 살펴보고 나의 답변을 준비해둡니다.

PART 2

Describe an interesting job that you know. 당신이 알고 있는 흥미로운 직업에 대해 말하라. 〔최빈출〕

You should say:
  what the job is 그 직업이 무엇인지
  what kind of education or qualities are needed to get this job
  이 직업을 갖기 위해 어떤 종류의 교육이나 자질이 필요한지
and explain why you think this job is interesting. 그리고 왜 이 직업이 흥미롭다고 생각하는지 설명하라.

직업

PART 3

What kinds of jobs make lots of money? 〔최빈출〕
어떤 종류의 직업들이 돈을 많이 버나요?

What kind of jobs should be better paid?
어떤 종류의 직업들이 더 보수를 잘 받아야 하나요?

PART 2

Describe a company that you'd like to work for. 당신이 일하고 싶은 회사에 대해 말하라. 〔최빈출〕

You should say:
  what this company is 무슨 회사인지
  what this company is known for 이 회사가 무엇으로 알려져 있는지
  how you got to know this company 어떻게 이 회사를 알게 되었는지
and explain why you want to work for this company. 그리고 왜 이 회사에서 일하고 싶은지 설명하라.

회사

PART 3

What are the differences between big and small companies? 〔최빈출〕
대기업과 소기업의 차이점은 무엇인가요?

Why do some people choose to work at small companies?
어떤 사람들은 왜 소기업에서 일하는 것을 선택하나요?

Unit 01 Track 1

1 Are you a student or do you work?

직업 당신은 학생인가요 아니면 일을 하나요?

 답변 아이디어 & 표현

아이디어 1	핵심답변	학생	a student
	부연설명	• 경영학을 전공하는 • 내년에 졸업할 것이다	• majoring in business management • will graduate next year
아이디어 2	핵심답변	일한다	I work
	부연설명	• 마케팅 회사에서 일한다 • 3년 동안 일했다	• work at a marketing agency • have been working for three years

🎤 나의 답변 | 답변 아이디어와 표현을 참고해서 나의 답변을 말해보고 모범답변을 참고하여 답변을 보완해보자.

모범 답변 | 핵심답변 I'm a student. 부연설명 **More specifically**, I'm a college student majoring in business management. I'll graduate next year. | 핵심답변 저는 학생입니다. 부연설명 더 세부적으로, 저는 경영학을 전공하는 대학생입니다. 저는 내년에 졸업할 것입니다.

어휘 specifically[spəsífikəli] 세부적으로 major[méidʒər] 전공하다 business management 경영학 graduate[grǽdʒuət] 졸업하다

 Unit 01 Track 2

2 Why did you choose your job?

직업 당신의 직업을 선택한 이유는 무엇인가요?

 답변 아이디어 & 표현

아이디어 1	핵심답변	급료가 높았다	the pay was great
	부연설명	• 학자금을 대출했다 • 돈을 많이 벌 수 있는 것이 우선 사항이었다	• took out a student loan • being able to make money was a priority
아이디어 2	핵심답변	내 전공과 관련이 있다	it is related to my college major
	부연설명	• 대학에서 커뮤니케이션을 공부했다 • 기자는 내 꿈의 직업이었다	• studied communication at college • journalist was my dream job

 나의 답변 | 답변 아이디어와 표현을 참고해서 나의 답변을 말해보고 모범답변을 참고하여 답변을 보완해보자.

모범 답변 | 핵심답변 Frankly speaking, **because** the pay was great. 부연설명 When I was in college, I took out a student loan. **Therefore**, being able to make a lot of money was a priority for me when choosing a job. | 핵심답변 솔직히 말해서, 급료가 높았기 때문입니다. 부연설명 저는 대학에 다닐 때 학자금을 대출했습니다. 그래서, 제게는 직업을 선택할 때 돈을 많이 벌 수 있는 것이 우선 사항이었습니다.

어휘 frankly speaking 솔직히 말해서 loan[loun] 대출 priority[praiɔ́:rəti] 우선 사항

3

직업

What is the best thing about your job?

당신의 직업에서 가장 좋은 점은 무엇인가요?

 답변 아이디어 & 표현

아이디어 1	핵심답변	좋은 사람들과 함께 일한다	work with nice people
	부연설명	• 그들은 나를 정말 좋아한다 • 나에게 도움이 되는 조언을 해준다	• they really care for me • give me useful advice
아이디어 2	핵심답변	직원 복지가 좋다	has good employee benefits
	부연설명	• 무료 온라인 교육을 제공한다 • 외국어, 회계, 컴퓨터 능력을 개발한다	• provides free online courses • develop foreign language, accounting, and computer skills

 나의 답변   답변 아이디어와 표현을 참고해서 나의 답변을 말해보고 모범답변을 참고하여 답변을 보완해보자.

모범 답변

핵심답변 What I like most about my job is that I get to work with such nice people. 부연설명 **Even though** I haven't been there long, they seem to really care for me. **For example**, when I have a struggle with work, they come to me and give me useful advice.

핵심답변 제가 저의 직업에 대해 가장 좋아하는 점은 좋은 사람들과 함께 일하게 된다는 것입니다. 부연설명 그곳에 오래 있지는 않았지만, 그들은 저를 정말 좋아하는 것 같습니다. 예를 들어, 제가 일로 어려움을 겪을 때, 그들은 제게 와서 도움이 되는 조언을 해줍니다.

어휘 care for ~를 좋아하다   have a struggle 어려움을 겪다

4

직업

What do you not like about your job?

당신의 직업에 대해 좋아하지 않는 점은 무엇인가요?

 답변 아이디어 & 표현

아이디어 1	핵심답변	초과 근무를 한다	work overtime
	부연설명	• 5일 중 4일을 야근한다 • 업무량이 너무 많다	• work late 4 out of 5 days • workload is too heavy
아이디어 2	핵심답변	업무가 지루하다	the work is boring
	부연설명	• 같은 재미없는 업무를 한다 • 새로운 것을 시도하고 싶다	• do the same routine work • wish I could try out something new

나의 답변   답변 아이디어와 표현을 참고해서 나의 답변을 말해보고 모범답변을 참고하여 답변을 보완해보자.

모범 답변

핵심답변 The only thing I don't like is that I am frequently expected to work overtime. 부연설명 Last week, **for example**, I had to work late 4 out of 5 days. The workload is simply too heavy.

핵심답변 제가 좋아하지 않는 유일한 점은 제가 자주 초과 근무를 하도록 요구받는다는 것입니다. 부연설명 예를 들어, 지난주에 저는 5일 중에 4일을 야근해야 했습니다. 업무량이 정말로 너무 많습니다.

어휘 expect[ikspékt] 요구하다, 예상하다   work late 야근하다   workload[wɔ́:rkloud] 업무량

UNIT
01

Job & Study 직업과 전공   HACKERS IELTS SPEAKING

5 Why did you choose your major?
당신의 전공을 선택한 이유는 무엇인가요?

전공

 답변 아이디어 & 표현

아이디어 1	핵심답변	고용될 가능성이 더 많은	more likely to get hired
	부연설명	• 대학생들에게 큰 걱정거리 • 보상이 되는 전공	• a big concern for college students • a major that would pay off
아이디어 2	핵심답변	문학 공부에 관심이 있었다	was interested in studying literature
	부연설명	• 우리 삶에 많은 유용한 교훈을 준다 • 영문학을 읽는 것은 내게 즐거움을 준다	• gives us many useful lessons for our lives • it gives me joy to read English literature

 나의 답변   답변 아이디어와 표현을 참고해서 나의 답변을 말해보고 모범답변을 참고하여 답변을 보완해보자.

모범 답변

핵심답변 I chose business management **because** I'm more likely to get hired with a degree in that field. 부연설명 These days, getting a job is a big concern for college students. **Therefore**, I wanted to invest my time and money in a major that would pay off.

핵심답변 저는 경영학을 선택했는데 왜냐하면 그 분야에서 학위를 가지면 고용될 가능성이 더 많기 때문입니다. 부연설명 오늘날, 취업을 하는 것은 대학생들에게 큰 걱정거리입니다. 그래서, 저는 보상이 되는 전공에 시간과 돈을 투자하고 싶었습니다.

어휘 more likely to ~할 가능성이 더 많은   degree[digríː] 학위   concern[kənsə́ːrn] 걱정거리, 우려
invest[invést] 투자하다

6 What do you learn while studying your major?
당신은 전공을 공부하면서 무엇을 배우나요?

전공

 답변 아이디어 & 표현

아이디어 1	핵심답변	경영관리론, 회계학, 기업 윤리	management theory, accounting, and business ethics
	부연설명	• 많은 다양한 과목을 공부한다 • 취업을 위해 필요한 능력들을 준다	• study a lot of varied subjects • give me the skills I need to get a job
아이디어 2	핵심답변	비즈니스를 위한 중국어	Chinese for business
	부연설명	• 비즈니스 상황에서 쓰이는 어휘와 표현들을 배웠다 • 중국어로 발표하는 연습을 했다	• learned the vocabulary and expressions used in business situations • practiced doing presentations in Chinese

 나의 답변   답변 아이디어와 표현을 참고해서 나의 답변을 말해보고 모범답변을 참고하여 답변을 보완해보자.

모범 답변

핵심답변 I have to take courses in management theory, accounting, and business ethics. 부연설명 **Since** I'm majoring in business administration, I have to study a lot of varied subjects like those. I think that will give me the skills I need to get a job after graduation.

핵심답변 저는 경영관리론, 회계학, 그리고 기업 윤리 수업을 들어야 합니다. 부연설명 저는 경영학을 전공하고 있기 때문에, 그것들과 같은 많은 다양한 과목을 공부해야 합니다. 저는 그것이 졸업 이후에 제가 취업을 하는데 필요한 능력들을 줄 것이라 생각합니다.

어휘 take a course 수업을 듣다   accounting[əkáuntiŋ] 회계학   ethics[éθiks] 윤리   varied[vérid] 다양한, 다채로운

7

전공

What are you going to do after graduation?

당신은 졸업 이후에 무엇을 할 건가요?

 답변
아이디어
& 표현

아이디어 1	핵심답변	구직 활동을 한다	look for a job
	부연설명	• 만약 일이 잘 풀리지 않으면 • 해외를 여행할 것이다	• if things don't work out • will travel overseas
아이디어 2	핵심답변	대학원에 진학한다	move on to graduate school
	부연설명	• 내 전공을 더 깊게 공부하고 싶다 • 마케팅 전문가가 되고 싶다	• want to study my major more deeply • wish to become an expert in marketing

🎤 나의 답변 | 답변 아이디어와 표현을 참고해서 나의 답변을 말해보고 모범답변을 참고하여 답변을 보완해보자.

모범 답변

핵심답변 I'll be looking for a job, most likely. 부연설명 **However**, if things don't work out, I will take a break and travel overseas. **Since** I've never been to Europe, I think that's probably where I'll be headed.

핵심답변 아마도 구직 활동을 할 것 같습니다. 부연설명 그렇지만, 만약 일이 잘 풀리지 않으면 저는 잠시 휴식을 취하면서 해외를 여행할 것입니다. 저는 유럽에 가본 적이 없기 때문에, 아마도 그곳에 갈 것 같습니다.

어휘 look for ~을 구하다, 찾다 most likely 아마도 work out (일이) 잘 풀리다 take a break 잠시 휴식을 취하다 head[hed] 가다, 향하다

8

전공

Do you prefer to study in the morning or in the afternoon?

당신은 오전에 공부하는 것을 선호하나요, 아니면 오후에 공부하는 것을 선호하나요?

 답변
아이디어
& 표현

아이디어 1	핵심답변	오전에 내 정신이 더 맑다	my mind is clearer in the morning
	부연설명	• 모든 과제를 일찍 끝냄으로써 • 오후와 저녁 시간을 비운다	• by finishing all my assignments early • free up my afternoons and evenings
아이디어 2	핵심답변	오후에 공부하는 것을 선호한다	I prefer to study in the afternoon
	부연설명	• 아침에는 반은 자고 있고, 반은 깨어 있는 • 오후에 더 집중을 잘 한다	• half asleep, half awake in the morning • focus better in the afternoon

🎤 나의 답변 | 답변 아이디어와 표현을 참고해서 나의 답변을 말해보고 모범답변을 참고하여 답변을 보완해보자.

모범 답변

핵심답변 My mind is usually clearer in the morning, so I prefer to study then. 부연설명 **Also**, by finishing all my assignments early, I free up my afternoons and evenings. I can spend that time meeting my friends, playing games, or doing sports.

핵심답변 제 정신이 주로 오전에 더 맑아서, 저는 그때 공부하는 것을 선호합니다. 부연설명 또한, 저는 모든 과제를 일찍 끝냄으로써, 오후와 저녁 시간을 비웁니다. 저는 그 시간을 친구를 만나고, 게임을 하거나 운동을 하는 데 사용할 수 있습니다.

어휘 assignment[əsáinmənt] 과제 free up 비우다

UNIT
01

Job & Study 직업과 전공 HACKERS IELTS SPEAKING

직업	Part 2에서는 직업에 대해 묘사하라는 문제가 자주 출제됩니다. 이 경우, Part 3에서는 돈을 많이 버는 직업과 적게 버는 직업에 대한 질문을 할 경우가 많습니다.

PART 2

1

Describe an interesting job that you know. 당신이 알고 있는 흥미로운 직업에 대해 말하라.

You should say:

what the job is 그 직업이 무엇인지

what kind of education or qualities are needed to get this job
이 직업을 갖기 위해 어떤 종류의 교육이나 자질이 필요한지

and explain why you think this job is interesting. 그리고 왜 이 직업이 흥미롭다고 생각하는지 설명하라.

답변
아이디어
& 표현

① 그 직업이 무엇인지	• 작가	• writer
② 이 직업을 갖기 위해 어떤 종류의 교육이나 자질이 필요한지	• 타고난 재능 • 정규 교육 • 관찰 능력과 다양한 경험	• natural talent • formal education • observational skills and diverse experiences
③ 왜 이 직업이 흥미롭다고 생각하는지	• 작가들의 작품은 널리 읽힌다 • 많은 사람들의 감정적인 반응을 불러 일으킨다 • 언제 어디에서든 일할 수 있다	• the work of writers is widely read • cause emotional reactions in so many people • can do one's work anywhere at any time

나의 노트

나의 답변   답변 아이디어와 표현을 참고해서 나의 답변을 말해보고 모범답변을 참고하여 답변을 보완해보자.

- writer
- natural talent
- formal education
- observational skill & diverse experience
- the work is widely read, cause emotional reaction
- do work anywhere any time

🎧 Unit 01 Track 9

모범 답변

① **There are many** interesting jobs these days, **but the first thing that comes to mind is** writer. There are many types of writers, **such as** novelists and screenwriters. Both these types of writers produce creative work with their own ideas.

② Surprisingly, none of these writing jobs really requires a specific education. Some writers can make it with just natural talent. In Korea, **however**, many people study Korean literature or creative writing to be a writer. Whether they have formal education or natural talent, all writers must have observational skills and diverse experiences.

③ I find writing to be a very interesting job **for several reasons**. **First**, the work of writers is widely read. So, they can share their ideas and cause emotional reactions in so many people. I think writing is really special **because** most people don't get to do that. I **also** think it's great that they can work wherever and whenever they want to. Unlike most workers who work 9-to-5 in an office, writers can do their work anywhere at any time.

① 요즘엔 다양한 흥미로운 직업들이 있지만, 가장 먼저 떠오르는 것은 작가입니다. 소설가와 시나리오 작가와 같은 많은 종류의 작가들이 있습니다. 이 작가들은 모두 그들의 아이디어로 창의적인 작품을 만들어 냅니다.

② 놀랍게도, 이런 글쓰는 직업들 중 특정한 교육을 실제로 필요로 하는 것은 아무것도 없습니다. 몇몇 작가들은 단지 타고난 재능만으로 글을 쓸 수 있습니다. 하지만 한국에서, 많은 사람들은 작가가 되기 위해 한국 문학 또는 문예 창작을 공부합니다. 정규 교육을 받든 타고난 재능이 있든 간에, 모든 작가들은 관찰 능력과 다양한 경험을 지녀야 합니다.

③ 저는 몇 가지 이유로 글쓰기가 아주 흥미로운 일이라고 생각합니다. 첫째, 작가들의 작품은 널리 읽힙니다. 그래서, 그들은 생각을 공유하고 많은 사람들의 감정적인 반응을 불러일으킬 수 있습니다. 저는 글쓰기가 매우 특별하다고 생각하는데 왜냐하면 대부분의 사람들이 그것을 할 수 없기 때문입니다. 저는 또한 그들이 원하는 언제 어디에서든 작업을 할 수 있는 것이 좋다고 생각합니다. 9시에서 5시까지 사무실에서 일하는 대부분의 근로자들과 달리, 작가들은 언제 어디에서든 일을 할 수 있습니다.

어휘 novelist[nάːvəlist] 소설가　screenwriter[skríːnràitər] 시나리오 작가　natural talent 타고난 재능　formal education 정규 교육　observational[ὰbzərvéiʃənl] 관찰의, 관측의　widely[wáidli] 널리, 폭넓게　reaction[riǽkʃən] 반응　9-to-5 9시에서 5시까지 일하는, 정시 근무의, 회사원의

2 What kinds of jobs make lots of money?

어떤 종류의 직업들이 돈을 많이 버나요?

답변 아이디어 & 표현	핵심답변 ①	변호사와 의사와 같은 전문직 종사자들	professionals such as lawyers and doctors
	부연설명	• 오랫동안의 어려운 학업을 통해서만 얻을 수 있는 지식	• knowledge that can only be picked up through long, difficult studies
	핵심답변 ②	유명인들	celebrities
	부연설명	• 광고에 출연하는 것만으로도 수백만 달러를 번다 • 일반적인 근로자의 임금에 비해 엄청나게 많은 돈	• get paid millions of dollars just for appearing in an advertisement • a huge amount of money compared to the typical worker's wages

🎤 나의 답변   답변 아이디어와 표현을 참고해서 나의 답변을 말해보고 모범답변을 참고하여 답변을 보완해보자.

모범 답변

서론 **There are several** jobs **that** pay well. 핵심답변 ① **For one**, professionals **such as** lawyers and doctors earn high salaries. 부연설명 **This is because** they have skills and knowledge that can only be picked up through long, difficult studies. 핵심답변 ② Celebrities **also** earn significant amounts of money. 부연설명 Famous actors and singers often get paid millions of dollars just for appearing in an advertisement. That is a huge amount of money compared to the typical worker's wages.

서론 돈을 많이 버는 몇몇 직업이 있습니다. 핵심답변 ① 우선은, 변호사와 의사와 같은 전문직 종사자들이 높은 급여를 받습니다. 부연설명 이는 그들이 오랫동안의 어려운 학업을 통해서만 얻을 수 있는 기술과 지식을 갖고 있기 때문입니다. 핵심답변 ② 유명인들 또한 상당한 돈을 법니다. 부연설명 유명한 배우들과 가수들은 종종 광고에 출연하는 것만으로도 수백만 달러를 법니다. 이는 일반적인 근로자의 임금에 비해 엄청나게 많은 돈입니다.

어휘 professional[prəféʃənl] 전문직 종사자   salary[sǽləri] 급여   pick up ~을 얻다   significant[signífikənt] 상당한
typical[típikəl] 일반적인, 전형적인

3

What kind of jobs should be better paid?

어떤 종류의 직업들이 더 보수를 잘 받아야 하나요?

 답변
아이디어
& 표현

핵심답변	서비스업의 직업들	jobs in the service industry
부연설명	• 웨이터나 소매점 직원	• server or retail clerk
	• 공휴일이나 주말에 일한다	• work on holidays or over the weekends
	• 저녁에 장시간 교대 근무를 한다	• work long shifts in the evenings
	• 고객들의 문제와 요구사항을 처리해야 한다	• have to handle customers' problems and demands

 나의 답변

답변 아이디어와 표현을 참고해서 나의 답변을 말해보고 모범답변을 참고하여 답변을 보완해보자.

모범 답변

핵심답변 I think that jobs in the service industry **such as** server or retail clerk should be better paid. 부연설명 **This is because** these jobs require working on holidays or over the weekend. **Also**, many of these jobs make people work long shifts in the evenings. **Finally**, servers and clerks have to handle customers' problems and demands. **Therefore**, they should be paid more than they currently are.

핵심답변 웨이터나 소매점 직원과 같은 서비스업의 직업들이 더 보수를 잘 받아야 한다고 생각합니다. 부연설명 이는 이런 직업들이 공휴일이나 주말에 일하는 것을 필요로 하기 때문입니다. 또한, 많은 이러한 직업은 사람들이 저녁에 장시간 교대 근무를 하도록 합니다. 마지막으로, 웨이터와 소매점 직원은 고객들의 문제와 요구사항을 처리해야 합니다. 따라서, 그들은 지금보다 더 많은 보수를 받아야 합니다.

어휘 retail[ríːteil] 소매점, 소매   clerk[kləːrk] 직원, 점원   shift[ʃift] 교대 근무

UNIT
01

Job & Study 직업과 전공 HACKERS **IELTS** SPEAKING

회사	Part 2에서는 회사에 대해 묘사하라는 문제가 자주 출제됩니다. 이 경우, Part 3에서는 소기업과 대기업의 차이점 및 장단점에 대해 질문을 할 경우가 많습니다.

PART 2

4

Describe a company that you'd like to work for. 당신이 일하고 싶은 회사에 대해 말하라.

You should say:
    what this company is 무슨 회사인지
    what this company is known for 이 회사가 무엇으로 알려져 있는지
    how you got to know this company 어떻게 이 회사를 알게 되었는지
and explain why you want to work for this company. 그리고 왜 이 회사에서 일하고 싶은지 설명하라.

답변
아이디어
& 표현

① 무슨 회사인지	• 구글	• Google
② 이 회사가 무엇으로 알려져 있는지	• 검색 엔진으로 가장 유명한	• most famous for its search engine
③ 어떻게 이 회사를 알게 되었는지	• 그곳에서 일하는 것에 대한 기사를 읽었다	• read an article about working there
④ 왜 이 회사에서 일하고 싶은지	• 느긋한 근무 환경과 직원 복지	• relaxed working conditions and employee benefits
	• 채용 과정이 매우 경쟁적이다	• hiring process is very competitive
	• 최고 중의 최고인 사람들과 함께 일한다	• work with the best of the best
	• 다양한 혜택이 있다	• has diverse perks

나의 노트

나의 답변   답변 아이디어와 표현을 참고해서 나의 답변을 말해보고 모범답변을 참고하여 답변을 보완해보자.

- Google
- search engine
- read an article about working there
- relaxed working condition, employee benefit
- hiring process, competitive
- work with the best
- diverse perks — massage room, free meal

Unit 01 Track 12

모범 답변

① The company I would most like to work for is definitely Google.

② It has many different businesses, but it's most famous for its search engine.

③ I've known about Google for many years, **since** its search engine is widely used throughout the world. **However**, I became better informed about it when I read an article about working there. It has incredibly high employee satisfaction rates and is considered one of the best places to work.

④ After reading about the company's relaxed working conditions and employee benefits, I began thinking about applying for a job with Google. Then I started doing some research about Google and I learned some things that made me want to work there more. **First**, its hiring process is very competitive. That means I'd work with the best of the best. **Not only that**, it has diverse perks. **For example**, it provides a massage room and a game room where employees can take a break, not to mention free meals.

① 제가 가장 일하고 싶은 회사는 단연 구글입니다.

② 구글은 많은 다양한 사업을 갖고 있지만, 검색 엔진으로 가장 유명합니다.

③ 저는 구글을 알게 된지 여러 해가 되었는데, 구글의 검색 엔진이 전 세계적으로 널리 이용되기 때문입니다. 하지만, 저는 그곳에서 일하는 것에 대한 기사를 읽었을 때 구글에 대해 더 잘 알게 되었습니다. 구글의 직원 만족도는 엄청나게 높고 일하기 가장 좋은 직장 중 하나로 여겨집니다.

④ 그 회사의 느긋한 근무 환경과 직원 복지에 대해 읽고 난 후, 저는 구글에 지원하는 것을 고려하기 시작했습니다. 그러고 나서 저는 구글에 대해 조사를 하기 시작했고 제가 그곳에서 더 일하고 싶게 만드는 몇 가지를 발견했습니다. 첫째, 채용 과정이 매우 경쟁적입니다. 그것은 제가 최고 중의 최고인 사람들과 함께 일할 것이라는 것을 의미합니다. 뿐만 아니라, 회사는 다양한 혜택을 제공합니다. 예를 들어, 무료 식사는 말할 것도 없고 직원들이 휴식을 취할 수 있는 마사지실과 오락실도 제공합니다.

어휘 business[bíznis] 사업, 회사 **famous for** ~으로 유명한 **informed**[infɔ́rmd] 잘 아는, 정보통인
working condition 근무 환경 **employee benefit** 직원 복지 **apply for** ~에 지원하다
competitive[kəmpétətiv] 경쟁적인, 경쟁의 **perk**[pəːrk] 혜택, (급료 이외의) 특전 **not to mention** ~은 말할 것도 없고

UNIT
01

Job & Study 직업과 전공 HACKERS IELTS SPEAKING

5 What are the differences between big and small companies?

대기업과 소기업의 차이점은 무엇인가요?

답변 아이디어 & 표현			
핵심답변 ①	대기업은 높은 급여를 주고 혜택을 제공한다	large companies pay attractive salaries and offer perks
부연설명	• 더 많은 예산을 갖고 있다	• have more substantial budgets
핵심답변 ②	소기업의 근로자들은 회사에 대해 더 잘 안다	workers in small companies are more well-informed about the company
부연설명	• 회사의 전반적인 프로젝트, 체계, 그리고 직원들에 대해 더 잘 아는	• better informed about the company's overall projects, systems, and workers

🎙 **나의 답변** 답변 아이디어와 표현을 참고해서 나의 답변을 말해보고 모범답변을 참고하여 답변을 보완해보자.

모범 답변

서론 **There are several differences between** small and large companies. 핵심답변 ① **First**, large companies pay their employees attractive salaries and offer them perks like paid vacation time. 부연설명 This is possible **because** larger companies generally have much more substantial budgets than smaller ones. 핵심답변 ② **Second**, workers in small companies are more well-informed about the company. 부연설명 In big companies, there are many employees and projects, so it's hard for them to know about anything other than their own projects and the people on their team. **On the other hand**, employees in small companies are better informed about the company's overall projects, systems, and workers.

서론 소기업과 대기업 사이에는 몇몇 차이점이 있습니다. 핵심답변 ① 첫째, 대기업은 직원들에게 높은 급여를 주고 유급 휴가와 같은 혜택을 제공합니다. 부연설명 이는 대기업들이 보통 소기업들보다 훨씬 더 많은 예산을 갖고 있기 때문에 가능합니다. 핵심답변 ② 둘째, 소기업의 근로자들은 회사에 대해 더 잘 압니다. 부연설명 대기업에는 많은 직원과 프로젝트가 있어서 직원들은 자신의 프로젝트와 같은 팀 사람들 외에는 알기가 힘듭니다. 반면에, 소기업의 직원들은 회사의 전반적인 프로젝트, 체계, 그리고 직원들에 대해 더 잘 알고 있습니다.

어휘 attractive salary 높은 급여, 괜찮은 보수 perk[pə:rk] 혜택, (급료 이외의) 특전 paid vacation 유급 휴가 substantial[səbstǽnʃl] 많은, 상당한 budget[bʌ́dʒit] 예산 other than ~ 외에

6

Why do some people choose to work at small companies?
어떤 사람들은 왜 소기업에서 일하는 것을 선택하나요?

 답변
아이디어
&표현

핵심답변	능력을 확장시킬 수 있는 기회가 많다	there are lots of opportunities to expand their skills
부연설명	• 더 적은 수의 직원들 • 다양한 종류의 일을 맡는다 • 새로운 것을 배우는 도전을 좋아하는 사람들에게 좋은 선택권	• fewer staff members • take on multiple types of jobs • a good option for those who like the challenge of learning new things

 나의 답변

답변 아이디어와 표현을 참고해서 나의 답변을 말해보고 모범답변을 참고하여 답변을 보완해보자.

모범 답변

핵심답변 I think some people work at small companies **because** there are lots of opportunities to expand their skills. 부연설명 In small companies, there are usually fewer staff members. This causes employees to take on multiple types of jobs. 결론 **Therefore**, I think working at a small company is a good option for those who like the challenge of learning new things.

핵심답변 제 생각에 사람들이 소기업에서 일하는 이유는 그들의 능력을 확장시킬 수 있는 기회가 많이 있기 때문입니다. 부연설명 소기업에는 대개 더 적은 수의 직원들이 있습니다. 이는 직원들이 다양한 종류의 일을 맡도록 합니다. 결론 따라서, 저는 소기업에서 일하는 것이 새로운 것을 배우는 도전을 좋아하는 사람들에게 좋은 선택권이라고 생각합니다.

어휘 expand[ikspǽnd] 확장시키다, 확대하다 take on ~을 맡다, 책임지다

* 나의 답변을 말해본 후, 348페이지의 답변 셀프 체크 포인트를 통해 나의 답변을 점검하고 보완하도록 합니다.

UNIT
01

Job & Study 직업과 전공

HACKERS **IELTS** SPEAKING

UNIT 02

Accommodation & Buildings 집과 건물

집·건물은 스피킹 시험에서 거의 모든 수험생들이 질문 받는 주제 중 하나입니다. 따라서 집·건물과 관련된 빈출문제, 관련 아이디어 및 표현, 그리고 모범답변을 학습하여 꼭 준비해야 합니다.

■ PART 1 빈출문제

Part 1에서는 아파트에 사는지 주택에 사는지, 가장 좋아하는 방은 무엇인지 등 사는 곳에 대한 개인적인 질문을 합니다. 따라서 다음 Part 1 빈출문제를 확인하여 본인이 사는 집과 관련된 기본적인 내용을 미리 영어로 정리해 보고 연습하도록 합니다.

	Do you live in an apartment or a house? 최빈출 당신은 아파트에 사나요 아니면 주택에 사나요? **What do you like about your house or apartment?** 당신의 주택 또는 아파트에 대해 좋아하는 점은 무엇인가요? **What do you not like about your house or apartment?** 당신의 주택 또는 아파트에 대해 좋아하지 않는 점은 무엇인가요? **What room in your house or apartment do you prefer most?** 당신의 주택 또는 아파트에서 어떤 방을 가장 선호하나요?
집	**What can you see from the window of your house or apartment?** 당신의 주택 또는 아파트의 창문에서 무엇을 볼 수 있나요? **How long have you been living there?** 당신은 거기서 얼마나 살았나요? **Will you keep living there in the future?** 당신은 앞으로도 계속 거기에 살 건가요? **Do you want to live near your family when you get your own house?** 당신은 집을 얻으면 가족과 가까이에 살고 싶나요?

■ PART 2&3 빈출문제

Part 2에서는 중요한 건물, 고층 건물, 흥미로운 건물을 묘사하라는 문제가 자주 나옵니다. 가장 자주 나오는 문제인 중요한 건물이 무엇인지에 대한 답변을 준비해두면, 높은 건물과 흥미로운 건물 등을 묻는 다른 문제에도 활용할 수 있습니다.

Part 3에서는 현대적인 건물과 오래된 건물의 차이점이 무엇인지, 사람들이 선호하는 주거형태는 무엇인지와 같이 다소 까다로운 질문을 하므로 미리 빈출문제와 모범답변을 살펴보고 나의 답변을 준비해둡니다.

건물

PART 2

Describe an important building in your town. 당신의 동네에 있는 중요한 건물에 대해 말하라. 최빈출

You should say:
  where the building is located 그 건물이 어디에 위치해 있는지
  what it looks like 그것이 어떻게 생겼는지
  when you visited it 그곳을 언제 방문했는지
and explain why this building is important. 그리고 왜 이 건물이 중요한지 설명하라.

PART 3

What are the differences between modern buildings and traditional buildings? 최빈출
현대의 건물과 전통적인 건물의 차이점은 무엇인가요?

Does a region's climate affect the way buildings are constructed?
지역의 기후가 건물들이 지어지는 방식에 영향을 주나요?

집

PART 2

Describe your ideal future home. 당신의 이상적인 미래의 집에 대해 말하라. 최빈출

You should say:
  what this house would look like 이 집이 어떻게 생겼을지
  where this house would be 이 집이 어디에 있을지
  who you want to live with 누구와 함께 살고 싶은지
and explain why you want to have this house. 그리고 왜 이 집을 소유하고 싶은지 설명하라.

PART 3

Do people prefer living in apartments or houses in your country? Why? 최빈출
당신의 나라에서 사람들은 아파트에 사는 것을 선호하나요 아니면 주택에 사는 것을 선호하나요? 왜 그런가요?

Some people prefer living in a small house to living in a big house. Why is that?
어떤 사람들은 큰 집보다 작은 집에 사는 것을 선호합니다. 왜 그럴까요?

⌂ Unit 02 Track 1

1
집

Do you live in an apartment or a house?

당신은 아파트에 사나요 아니면 주택에 사나요?

답변 아이디어 &표현	아이디어 1	핵심답변	원룸형 아파트	a studio apartment
		부연설명	• 한 개의 방으로 구성되다 • 아늑하고 편안한	• consists of a single room • cozy and comfortable
	아이디어 2	핵심답변	주택	a house

		부연설명	• 2층 집
			• 침실 세 개, 욕실 두 개, 잘 가꾸어진
			  정원이 있는
				• a two-story house
				• with three bedrooms, two bathrooms, and a
				  well-maintained garden

🎤 나의 답변 | 답변 아이디어와 표현을 참고해서 나의 답변을 말해보고 모범답변을 참고하여 답변을 보완해보자.

모범 답변

핵심답변 I live in a studio apartment. 부연설명 It consists of a single room and has just enough space for a bed and a desk. **Even though** it's quite small, it's cozy and comfortable.

핵심답변 저는 원룸형 아파트에 삽니다. 부연설명 한 개의 방으로 구성되어 있고 침대와 책상에 딱 맞는 공간이 있습니다. 꽤 작지만, 아늑하고 편안합니다.

어휘 studio apartment 원룸형 아파트   consist of ~으로 구성되다   cozy[kóuzi] 아늑한

⌂ Unit 02 Track 2

2
집

What do you like about your house or apartment?

당신의 주택 또는 아파트에 대해 좋아하는 점은 무엇인가요?

답변 아이디어 &표현	아이디어 1	핵심답변	위치가 편리하디	is conveniently located
		부연설명	• 가장 가까운 버스 정류장에서 3분 • 채광이 잘 되는 • 훌륭한 난방과 냉방 설비가 있다	• 3 minutes from the nearest bus stop • well-lit • has a great heating and cooling system
	아이디어 2	핵심답변	넓은	spacious
		부연설명	• 작물과 꽃을 기른다 • 친구들을 초대할 만큼 넓은 공간이 있다	• grow crops and flowers • has enough space to invite friends over

🎤 나의 답변 | 답변 아이디어와 표현을 참고해서 나의 답변을 말해보고 모범답변을 참고하여 답변을 보완해보자.

모범 답변

핵심답변 Let's see. **First of all**, my apartment is conveniently located. 부연설명 It's only about 3 minutes from the nearest bus stop. **Secondly**, it is **not only** well-lit **but** it **also** has a great heating and cooling system. So, it's warm in the winter and cool in the summer.

핵심답변 글쎄요. 우선은, 제 아파트는 위치가 편리합니다. 부연설명 가장 가까운 버스 정류장에서 약 3분밖에 걸리지 않습니다. 두 번째로, 채광이 잘 될 뿐만 아니라 또한 훌륭한 난방과 냉방 설비가 있습니다. 그래서, 겨울에는 따뜻하고 여름에는 시원합니다.

어휘 conveniently[kənví:njəntli] 편리하게

3

What do you not like about your house or apartment?

당신의 주택 또는 아파트에 대해 좋아하지 않는 점은 무엇인가요?

집

 답변
아이디어
&표현

아이디어 1	핵심답변	위층 이웃	my upstairs neighbor
	부연설명	• 한밤 중에 기타를 연습한다 • 항상 가장 높은 볼륨으로 시끄러운 음악을 틀어 놓는다	• practices guitar in the middle of the night • plays loud music all the time at full volume
아이디어 2	핵심답변	꽤 낡은	quite old
	부연설명	• 관리비가 많이 든다 • 배관과 전기와 같은 문제들이 자주 일어난다	• has high maintenance costs • problems frequently arise, including plumbing and electricity

🎤 나의 답변 | 답변 아이디어와 표현을 참고해서 나의 답변을 말해보고 모범답변을 참고하여 답변을 보완해보자.

모범 답변

핵심답변 I'm content with nearly everything about my apartment, except for my upstairs neighbor. 부연설명 He is so noisy. **For instance**, he sometimes practices guitar in the middle of the night. **What's more**, he plays loud music all the time at full volume.

핵심답변 저는 위층 이웃만 제외하면 제 아파트에 대해 거의 모든 것에 만족합니다. 부연설명 그는 정말 시끄럽습니다. 예를 들어, 그는 종종 한밤 중에 기타를 연습합니다. 게다가, 그는 항상 가장 높은 볼륨으로 시끄러운 음악을 틀어 놓습니다.

어휘 be content with ~에 만족하다　except for ~을 제외하면

4

What room in your house or apartment do you prefer most?

당신의 주택 또는 아파트에서 어떤 방을 가장 선호하나요?

집

 답변
아이디어
&표현

아이디어 1	핵심답변	내 침실	my bedroom
	부연설명	• 정말 포근한 • 벽에 걸린 커다란 TV	• really snug • a big TV hanging on the wall
아이디어 2	핵심답변	주방	kitchen
	부연설명	• 요리는 내가 좋아하는 것이다 • 집에서 만든 음식 냄새는 편안하게 해 준다	• cooking is what I'm into • the smell of home-cooked food is comforting

🎤 나의 답변 | 답변 아이디어와 표현을 참고해서 나의 답변을 말해보고 모범답변을 참고하여 답변을 보완해보자.

모범 답변

핵심답변 I like my bedroom the most. 부연설명 There are a lot of cushions in it, so it is really snug. **Moreover**, I've got a big TV hanging on the wall. I love to watch movies while lying in bed.

핵심답변 저는 제 침실을 가장 좋아합니다. 부연설명 침실에는 많은 쿠션이 있어서, 정말 포근합니다. 더욱이, 저는 벽에 걸린 커다란 TV도 갖고 있습니다. 저는 침대에 누워 영화를 보는 것을 좋아합니다.

어휘 snug[snʌg] 포근한　hang[hæŋ] 걸리다, 걸다

5 What can you see from the window of your house or apartment?

집

당신의 주택 또는 아파트의 창문에서 무엇을 볼 수 있나요?

답변 아이디어 & 표현

아이디어 1	핵심답변	다른 아파트 건물들과 도로	other apartment buildings and the street
	부연설명	• 내 집 바로 건너편에 몇 개의 상점들 • 꽃가게, 작은 식료품점, 세탁소	• several shops directly across from my house • a florist, a small grocery store, and a laundry service
아이디어 2	핵심답변	작은 하천	a small river
	부연설명	• 강변을 따라 조깅하는 사람들 • 하천의 맞은편에 있는 지하철역	• people jogging along the bank • subway station across the river

나의 답변 답변 아이디어와 표현을 참고해서 나의 답변을 말해보고 모범답변을 참고하여 답변을 보완해보자.

모범 답변

핵심답변 I can see other apartment buildings and the street from my window. 부연설명 There are **also** several shops directly across from my house. **To be more specific**, there is a florist, a small grocery store, and a laundry service.

핵심답변 제 창문에서는 다른 아파트 건물들과 도로를 볼 수 있습니다. 부연설명 제 집 바로 건너편에는 몇 개의 상점들도 있습니다. 좀 더 구체적으로 말하면, 꽃가게와 작은 슈퍼마켓, 세탁소가 있습니다.

어휘 florist[flɔ́rist] 꽃가게 grocery store 슈퍼마켓, 식료품점 laundry service 세탁소

6 How long have you been living there?

집

당신은 거기서 얼마나 살았나요?

답변 아이디어 & 표현

아이디어 1	핵심답변	이제 2년 동안	for 2 years now
	부연설명	• 고등학교를 졸업하고 이사했다 • 캠퍼스 근처에 새로운 살 곳을 찾아야 했다	• moved after graduating from high school • had to find a new place near campus
아이디어 2	핵심답변	평생 동안	for my entire life
	부연설명	• 이 집에서 나고 자랐다 • 여전히 부모님과 함께 산다	• was born and raised in this house • still live with my parents

나의 답변 답변 아이디어와 표현을 참고해서 나의 답변을 말해보고 모범답변을 참고하여 답변을 보완해보자.

모범 답변

핵심답변 I've been living there for 2 years now. 부연설명 I moved to my apartment right after graduating from high school. **That's because** I had to find a new place near campus, **since** my university is really far from my parents' house.

핵심답변 저는 그곳에서 이제 2년 동안 살고 있습니다. 부연설명 저는 고등학교를 졸업하자마자 제 아파트로 이사했습니다. 이는 제 대학교가 부모님의 집에서 아주 멀어서, 캠퍼스 근처에 새로운 살 곳을 찾아야 했기 때문입니다.

어휘 graduate from ~을 졸업하다

7 **Will you keep living there in the future?**

당신은 앞으로도 계속 거기에 살 건가요?

집

답변 아이디어 & 표현	아이디어 1	핵심답변	잘 모르겠다	I have no idea
		부연설명	• 이사할 계획이 없다 • 새 직장을 얻거나 결혼을 한다면 • 다른 곳에서 아파트를 찾아야 한다	• don't have any plans to move • if I get a new job or get married • need to find an apartment somewhere else
	아이디어 2	핵심답변	다른 지역으로 이사할 것이다	I'll be moving to another area
		부연설명	• 부모님 집에서 나올 것이다 • 직장에서 더 가까운 곳에 살 것이다	• will move out of my parents' house • will live somewhere closer to work

🎙 나의 답변 답변 아이디어와 표현을 참고해서 나의 답변을 말해보고 모범답변을 참고하여 답변을 보완해보자.

모범 답변

핵심답변 To be honest, I have no idea. 부연설명 I don't have any plans to move right now. **However**, if I get a new job or get married, I might need to find an apartment somewhere else.

핵심답변 솔직히 말하자면, 잘 모르겠습니다. 부연설명 저는 지금은 이사할 계획이 없습니다. 하지만, 제가 새 직장을 얻거나 결혼을 한다면, 다른 곳에서 아파트를 찾아야 할 수도 있습니다.

어휘 to be honest 솔직히 말하자면

8 **Do you want to live near your family when you get your own house?**

당신은 집을 얻으면 가족과 가까이 살고 싶나요?

집

답변 아이디어 & 표현	아이디어 1	핵심답변	가족과 가까이 살고 싶다	I'd love to live near my family
		부연설명	• 도로에서 몇 시간씩 보내고 싶지 않다 • 어머니가 따뜻한 음식을 가져다 줄 것이다	• don't want to spend hours on the road • my mom would bring me hot food
	아이디어 2	핵심답변	가족과 가까이 살고 싶지 않다	I don't want to live near my family
		부연설명	• 내 집에 너무 자주 방문할 것이다 • 부모님으로부터 독립하고 싶다	• would visit my house too often • want to be independent from my parents

🎙 나의 답변 답변 아이디어와 표현을 참고해서 나의 답변을 말해보고 모범답변을 참고하여 답변을 보완해보자.

모범 답변

핵심답변 Yes, I'd love to. Even after I get my own place, I want to stay near my family if I can. 부연설명 **That's because** I don't want to spend hours on the road whenever I visit my parents. **Besides**, if I lived near her house, my mom would bring me hot food from time to time.

핵심답변 네, 그러고 싶습니다. 제가 제 집을 얻은 이후에도, 가능하다면 가족과 가까이 살고 싶습니다. 부연설명 이는 제가 부모님 집을 방문할 때마다 도로에서 몇 시간씩 보내고 싶지 않기 때문입니다. 게다가, 제가 만약 어머니 집 근처에 산다면, 저희 어머니께서는 때때로 저에게 따뜻한 음식을 가져다 주실 것입니다.

어휘 from time to time 때때로, 이따금

UNIT 02

Accommodation & Buildings 건물 건축 HACKERS IELTS SPEAKING

건물	Part 2에서는 건물에 대해 묘사하라는 문제가 자주 출제됩니다. 이 경우, Part 3에서는 현대적인 건물과 오래된 건물의 차이, 기후와 건물 형태의 관계에 대한 질문을 하는 경우가 많습니다.

PART 2

1

Describe an important building in your town. 당신의 동네에 있는 중요한 건물에 대해 말하라.

You should say:
   where the building is located 그 건물이 어디에 위치해 있는지
   what it looks like 그것이 어떻게 생겼는지
   when you visited it 그곳을 언제 방문했는지
and explain why this building is important. 그리고 왜 이 건물이 중요한지 설명하라.

답변 아이디어 & 표현

① 그 건물이 어디에 위치해 있는지	• 여의도에	• in Yeouido
② 그것이 어떻게 생겼는지	• 63층이 있다 • 황금색 창문으로 덮여 있다	• has 63 floors • is covered in windows that are a golden-yellow color
③ 그곳을 언제 방문했는지	• 약 한 달 전쯤	• about a month ago
④ 왜 이 건물이 중요한지	• 처음 지어졌을 때 한국에서 가장 높은 건물이었다 • 서울의 명소로서의 역할을 한다 • 전 세계적으로 유명한 영화 어벤저스에서 도시를 대표했다	• was the tallest building in Korea when it was built • acts as a landmark of Seoul • represented the city in the world-famous movie *The Avengers*

나의 노트

나의 답변   답변 아이디어와 표현을 참고해서 나의 답변을 말해보고 모범답변을 참고하여 답변을 보완해보자.

모범 노트

- 63 Building
- Yeouido
- 63 floors
- unique exterior, covered in golden-yellow windows
- a month ago
- was the tallest building
- act as a landmark
- represented the city in The Avengers

🎧 **Unit 02 Track 9**

모범 답변

① **There are many** important buildings in our town, **but** the 63 Building **comes to mind first**. It is located in Yeouido, overlooking the Han River. The closest subway station is Yeouinaru Station and it takes about 10 minutes on foot to get to the 63 Building.

② As the name implies, the 63 Building has 63 floors. It **also** has a unique exterior **because** it's covered in windows that are a golden-yellow color. **Due to** its appearance, it's sometimes called the "Golden Tower" **as well**.

③ The last time I visited the building was about a month ago. My sister and I went to one of its most popular facilities, the aquarium. We saw many different kinds of sea creatures, **such as** seals, dolphins, and penguins there. We **also** enjoyed the view of the city from the observatory on the building's top floor. The night view of Seoul was breathtakingly beautiful.

④ The building is significant **because** it was the tallest building in Korea when it was built. Nowadays, the 63 Building is one of the most famous buildings in Korea and acts as a landmark of Seoul. **In fact**, the building even represented the city in the world-famous movie *The Avengers*.

① 저희 동네에는 많은 중요한 건물들이 있지만, 가장 먼저 떠오르는 것은 63빌딩입니다. 이것은 여의도에 위치하고 있으며, 한강을 내려다보고 있습니다. 가장 가까운 지하철역은 여의나루역이며 63빌딩까지 걸어서 10분 정도 걸립니다.

② 이름이 암시하듯이, 63빌딩은 63층입니다. 또한 황금색 창문으로 덮여 있기 때문에 독특한 외관도 갖고 있습니다. 빌딩의 겉모습 때문에, 때로는 '황금 타워'라고도 불립니다.

③ 제가 마지막으로 이 건물을 방문한 것은 약 한 달 전쯤입니다. 제 여동생과 저는 63빌딩의 가장 인기 있는 시설 중 하나인 수족관에 갔습니다. 저희는 바다표범, 돌고래, 펭귄과 같은 많은 다양한 종류의 바다 생물을 보았습니다. 저희는 또한 이 건물의 맨 꼭대기 층에 있는 전망대에서 도시의 전경을 즐겼습니다. 서울의 야경은 놀랄 만큼 아름다웠습니다.

④ 이 건물은 지어졌을 때 한국에서 가장 높은 건물이기 때문에 의미가 있습니다. 오늘날 63빌딩은 한국에서 가장 유명한 건물 중에 하나이고 서울의 명소로서의 역할을 하고 있습니다. 사실, 이 건물은 전 세계적으로 유명한 영화 *어벤저스*에서 도시를 대표하기도 했습니다.

어휘 overlook[óuvərlùk] 내려다보다, 바라보다 on foot 걸어서, 도보로 seal[siːl] 바다표범, 물개
observatory[əbzə́ːrvətɔ̀ːri] 전망대 breathtakingly[bréθteikiŋli] 놀랄 만큼, 숨이 멎는 듯하게
significant[signífikənt] 의미 있는, 중요한 landmark[lǽndmɑːrk] 명소, 주요 지형지물
represent[rèprizént] 대표하다, 대신하다

UNIT
02

Accommodation & Buildings 집과 건물 HACKERS **IELTS** SPEAKING

2 What are the differences between modern buildings and traditional buildings? 현대의 건물과 전통적인 건물의 차이점은 무엇인가요?

 답변
아이디어
& 표현

핵심답변 ①	건축 자재	construction materials
부연설명	• 나무나 흙과 같은 천연 재료들로 지어졌다 • 더 강한 인공 재료들로 만들어진다	• were built with natural materials like wood or soil • are constructed with stronger, man-made materials
핵심답변 ②	높이	height
부연설명	• 그 어느 때보다 높게 지어진다 • 고층의 마천루들	• are constructed to be taller than ever • high-rise skyscrapers

🎤 나의 답변 답변 아이디어와 표현을 참고해서 나의 답변을 말해보고 모범답변을 참고하여 답변을 보완해보자.

모범 답변

서론 **There are significant differences between** modern and traditional buildings. 핵심답변 ① **First of all**, their construction materials are very different. 부연설명 In the past, buildings were mostly built with natural materials like wood or soil. **However**, modern buildings are constructed with stronger, man-made materials, **such as** concrete and steel. 핵심답변 ② **Another** difference between modern and traditional buildings is height. 부연설명 Buildings today are constructed to be taller than ever. You can see many more high-rise skyscrapers today than in the past.

서론 현대의 건물과 전통적인 건물 사이에는 상당한 차이점들이 있습니다. 핵심답변 ① 우선, 건축 자재가 아주 다릅니다. 부연설명 과거에 건물들은 주로 나무나 흙과 같은 천연 재료들로 지어졌습니다. 하지만, 현대의 건물들은 콘크리트와 철과 같은 더 강한 인공 재료들로 만들어집니다. 핵심답변 ② 현대 건물과 전통적인 건물의 또 다른 차이점은 높이입니다. 부연설명 오늘날의 건물들은 그 어느 때보다 높게 지어집니다. 당신은 오늘날 과거보다 더 많은 고층의 마천루들을 볼 수 있습니다.

어휘 **man-made** 인공의, 사람이 만든 **height**[hait] 높이 **high-rise** 고층의, 고층 건물이 많은
skyscraper[skáiskreipər] 마천루, 고층 건물

3   Does a region's climate affect the way buildings are constructed?

지역의 기후가 건물들이 지어지는 방식에 영향을 주나요?

 답변
아이디어
&표현

	핵심답변	기후는 지역의 건물들에 영향을 준다	it does influence the area's buildings

부연설명
- 열대 지역에서
- 건물들이 보통 경사진 지붕을 갖고 있다
- 물이 더 효과적으로 떨어지도록 돕는다
- 만약 지붕이 평평했다면 빗물이 지붕에 놓여 있게 될 것이다

- in tropical areas
- buildings usually have sloped roofs
- helps water fall down more effectively
- If the roofs were flat, rain would sit on the roof

 나의 답변   답변 아이디어와 표현을 참고해서 나의 답변을 말해보고 모범답변을 참고하여 답변을 보완해보자.

모범 답변

핵심답변 Yes, it does influence the area's buildings. 부연설명 **For example**, in tropical areas where there is a lot of rainfall, buildings usually have sloped roofs. This helps water fall down more effectively. If the roofs were flat, rain would sit on the roof and that would be problematic.

핵심답변 네, 기후는 지역의 건물들에 영향을 줍니다. 부연설명 예를 들어, 강우량이 많은 열대 지역에서, 건물들은 보통 경사진 지붕을 갖고 있습니다. 이는 물이 더 효과적으로 떨어지도록 돕습니다. 만약 지붕이 평평했다면, 빗물이 지붕에 놓여 있게 되고 이는 문제가 될 것입니다.

어휘 rainfall[réinfɔːl] 강우량   slope[sloup] 경사지게 하다   flat[flæt] 평평한

UNIT
02

Accommodation & Buildings 집과 건물   HACKERS **IELTS** SPEAKING

집	Part 2에서는 집에 대해 묘사하라는 문제가 자주 출제됩니다. 이 경우, Part 3에서는 아파트와 주택의 차이, 큰 집과 작은 집의 차이에 대한 질문을 할 경우가 많습니다.

PART 2

4

Describe your ideal future home. 당신의 이상적인 미래의 집에 대해 말하라.

You should say:
   what this house would look like 이 집이 어떻게 생겼을지
   where this house would be 이 집이 어디에 있을지
   who you want to live with 누구와 함께 살고 싶은지
and explain why you want to have this house. 그리고 왜 이 집을 소유하고 싶은지 설명하라.

 답변 아이디어 & 표현

① 이 집이 어떻게 생겼을지	• 매우 커야 한다 • 큰 창문들 • 뒤뜰에 수영장 • 아름다운 정원 • 크고 아늑한 거실이 꼭 필요하다	• would have to be very big • big windows • a pool in the backyard • a gorgeous garden • a large and cozy living room would be a must
② 이 집이 어디에 있을지	• 해변 근처에	• near the beach
③ 누구와 함께 살고 싶은지	• 조부모님을 포함한 온 가족	• my whole family, including my grandparents
④ 왜 이 집을 소유하고 싶은지	• 대가족과 함께 사는 것은 언제나 나의 꿈이었다	• living with my extended family has always been my dream

 나의 노트

 나의 답변 | 답변 아이디어와 표현을 참고해서 나의 답변을 말해보고 모범답변을 참고하여 답변을 보완해보자.

- very big
- big windows
- pool in the backyard
- garden
- large, cozy living room, a must
- near the beach
- whole family, grandparents
- living with extended family, dream

Unit 02 Track 12

모범 답변

① My ideal future home would have to be very big **because** I've wanted to live in a large home with my whole family ever since I was young. It would have big windows, too. That would let in tons of natural light and fresh air and help me to wake up in the morning. **I also** want to have a pool in the backyard, so I could invite my friends over for pool parties. **In addition**, it should have a gorgeous garden where my mom could spend her time. **Lastly**, a large and cozy living room would be a must for our family quality time.

② I don't really care about the location, as long as it's near the beach. But a city like Miami, Santa Barbara, or Busan would be great.

③ As I mentioned earlier, I want my whole family, including my grandparents, to live there with me.

④ Living with my extended family has always been my dream, and living in this house would make my dream come true. I'm sure my home would always be filled with laughter and joy.

① 저의 이상적인 집은 매우 커야 하는데 왜냐하면 저는 어렸을 때부터 온 가족과 함께 커다란 집에서 살고 싶었기 때문입니다. 집에는 큰 창문들도 있을 것입니다. 이는 많은 양의 자연광과 신선한 공기가 들어오게 하고, 아침에 제가 잠에서 깨도록 도와줄 것입니다. 저는 제 친구들을 수영장 파티에 초대하기 위해 뒤뜰에 수영장도 갖고 싶습니다. 추가로, 저희 어머니께서 시간을 보내실 수 있는 아름다운 정원도 있어야 합니다. 마지막으로, 크고 아늑한 거실이 저희 가족의 오붓한 시간을 위해 꼭 필요합니다.

② 저는 집이 해변 근처이기만 하면 위치는 그다지 신경 쓰지 않습니다. 하지만 마이애미, 산타바바라, 아니면 부산과 같은 도시면 좋겠습니다.

③ 제가 앞에서 언급했듯이, 저는 제 조부모님을 포함한 온 가족이 그곳에서 저와 함께 살기를 바랍니다.

④ 대가족과 함께 사는 것은 언제나 제 꿈이었고, 이 집에서 사는 것은 제 꿈을 실현시켜 줄 것입니다. 저는 집이 항상 웃음과 기쁨으로 가득 찰 것이라고 확신합니다.

어휘 natural light 자연광 gorgeous[ɡɔ́ːrdʒəs] 아름다운 must[məst] 꼭 필요한 것 extended family 대가족
come true 실현되다, 이루어지다 be filled with ~으로 가득차다 laughter[lǽftər] 웃음, 웃음소리

UNIT 02

Accommodation & Buildings 건물과 건물 HACKERS **IELTS** SPEAKING

5 Do people prefer living in apartments or houses in your country? Why?

당신의 나라에서 사람들은 아파트에 사는 것을 선호하나요 아니면 주택에 사는 것을 선호하나요? 왜 그런가요?

 답변 아이디어 & 표현

핵심답변	사람들은 아파트에 사는 것을 선호한다	people prefer to live in apartments
부연설명	• 보안이 더 좋다	• have better security
	• 모든 복도에 CCTV 카메라가 있다	• there are CCTV cameras in every hallway
	• 근무 중인 경비원들	• guards on duty
	• 다양한 편의시설을 갖추고 있다	• are equipped with various amenities
	• 삶을 더 편리하게 만든다	• makes life more convenient

 나의 답변

답변 아이디어와 표현을 참고해서 나의 답변을 말해보고 모범답변을 참고하여 답변을 보완해보자.

 모범 답변

핵심답변 I think people in my country generally prefer to live in apartments. 부연설명 **This is because** apartment buildings usually have better security. **For instance**, there are CCTV cameras in every hallway of an apartment building. You can find guards on duty **as well. Furthermore**, modern apartment buildings are often equipped with various amenities, like pools, gyms, and convenience stores. Having these things in the complex makes life more convenient.

핵심답변 우리나라 사람들은 대개 아파트에 사는 것을 선호하는 것 같습니다. 부연설명 이는 아파트 건물들이 보통 보안이 더 좋기 때문입니다. 예를 들어, 아파트 건물의 모든 복도에는 CCTV 카메라가 있습니다. 또한 근무 중인 경비원들도 발견할 수 있습니다. 더욱이 현대 아파트 건물들은 흔히 수영장, 체육관, 편의점과 같은 다양한 편의시설을 갖추고 있습니다. 건물 단지 내에 이러한 것들이 있는 것은 삶을 더 편리하게 만들어 줍니다.

어휘 security[səkjúrəti] 보안 hallway[hɔ́:lwei] 복도 guard[gɑ:rd] 경비원 on duty 근무 중인
be equipped with ~을 갖추고 있다 amenity[əménəti] 편의시설 complex[kɑ́:mpleks] 건물 단지, 복합 건물

6 **Some people prefer living in a small house to living in a big house. Why is that?** 어떤 사람들은 큰 집보다 작은 집에 사는 것을 선호합니다. 왜 그럴까요?

답변
아이디어
& 표현

핵심답변 ①	관리하기가 더 쉬운	easier to maintain
부연설명	• 청소할 때 훨씬 더 적은 시간과 힘이 든다 • 수리가 더 적다	• require much less time and effort to clean • repairs are minor
핵심답변 ②	덜 비싼	less expensive
부연설명	• 한정된 예산을 가진 사람들에게 더 나은 선택권	• a better choice for people who are on a budget

🎤 나의 답변   답변 아이디어와 표현을 참고해서 나의 답변을 말해보고 모범답변을 참고하여 답변을 보완해보자.

모범 답변

핵심답변 ① The specific reasons **would be different from person to person, but** I think people prefer smaller homes **because** they are far easier to maintain. 부연설명 They require much less time and effort to clean, and repairs are usually relatively minor. 핵심답변 ② **Also**, smaller homes are less expensive. 부연설명 This makes them a much better choice for people who are on a budget.

핵심답변 ① 사람마다 구체적인 이유는 다르 겠지만, 제 생각에 사람들이 작은 집을 선호 하는 이유는 관리하기가 훨씬 더 쉽기 때문인 것 같습니다. 부연설명 작은 집은 청소할 때 훨씬 더 적은 시간과 힘이 들고, 보통 수리가 비교적 더 적습니다. 핵심답변 ② 또한, 작은 집들은 덜 비쌉니다. 부연설명 이는 한정된 예산을 가진 사람들에게 작은 집들이 훨씬 더 나은 선택권이 되도록 만듭니다.

어휘 maintain[meintéin] 관리하다, 유지하다 minor[máinər] 보다 적은, 중요하지 않은

* 나의 답변을 말해본 후, 348페이지의 답변 셀프 체크 포인트를 통해 나의 답변을 점검하고 보완하도록 합니다.

UNIT
02

Accommodation & Buildings 집과 건물 HACKERS **IELTS** SPEAKING

Cities & Towns 도시와 동네

도시·동네는 스피킹 시험에서 거의 모든 수험생들이 질문 받는 주제 중 하나입니다. 따라서 도시·동네와 관련된 빈출문제, 관련 아이디어 및 표현, 그리고 모범답변을 학습하여 꼭 준비해야 합니다.

■ PART 1 빈출문제

Part 1에서는 사는 동네가 어디인지, 고향이 어디인지 등 사는 곳과 고향에 대한 개인적인 질문을 합니다. 따라서 다음 Part 1 빈출문제를 확인하여 본인이 사는 곳과 고향에 관련된 기본적인 내용을 미리 영어로 정리해 보고 연습하도록 합니다.

동네	**Which region of your country do you live in?** 최빈출 당신은 당신 나라의 어느 지역에 사나요? **What are some good things about where you live?** 당신이 사는 곳의 좋은 점들은 무엇인가요? **Is there anything you don't like about your city?** 당신의 도시에 대해 좋아하지 않는 점이 있나요? **Do you think the public transportation is good in your area?** 당신 지역의 대중교통이 좋다고 생각하나요? **What things can people do in your area?** 당신의 지역에서는 사람들이 어떤 것들을 할 수 있나요?
고향	**Tell me about your hometown.** 최빈출 당신의 고향에 대해 말해주세요. **Is your hometown a good place to be raised?** 당신의 고향은 아이를 키우기에 좋은 곳인가요?
시골	**Do you want to live in the countryside when you get old?** 최빈출 당신은 나이 들면 시골에 살고 싶나요?

■ PART 2&3 빈출문제

Part 2에서는 도시에서 가장 좋아하는 장소, 휴식하기 좋은 장소를 묘사하라는 문제가 자주 나옵니다. 가장 자주 나오는 문제인 도시에서 가장 좋아하는 장소가 어디인지에 대한 답변을 준비해두면, 휴식하기 좋은 장소 등을 묻는 다른 문제에도 활용할 수 있습니다.

Part 3에서는 도시 여가 시설의 무료 개방에 대해 어떻게 생각하는지, 시골과 도시의 차이점은 무엇인지와 같이 일상적으로 생각해보지 않았을 가능성이 높은 질문을 하므로 미리 빈출문제와 모범답변을 살펴보고 나의 답변을 준비해둡니다.

도시

PART 2

Describe your favourite place in your city. 당신의 도시에서 가장 좋아하는 곳에 대해 말하라. 최빈출

You should say:
> **where it is** 그것이 어디인지
> **how often you visit there** 그곳을 얼마나 자주 들르는지
> **what kind of things you can do there** 그곳에서 무엇을 할 수 있는지
and explain why you like it. 그리고 왜 그곳을 좋아하는지 설명하라.

PART 3

Do you think there should be more places to enjoy leisure activities in cities? 최빈출
당신은 도시에 여가 활동을 즐길 수 있는 공간이 더 많이 있어야 한다고 생각하나요?

Do you think leisure facilities should be free for the public?
당신은 여가 시설들이 대중에 무료여야 한다고 생각하나요?

동네

PART 2

Describe your neighbourhood. 당신의 동네에 대해 말하라. 최빈출

You should say:
> **where your neighbourhood is** 당신의 동네가 어디인지
> **what kind of things you can do there** 그곳에서 무엇을 할 수 있는지
> **what you don't like about it** 어떤 점을 좋아하지 않는지
and explain what things you like about it. 그리고 어떤 점을 좋아하는지 설명하라.

PART 3

What are the differences between life in the countryside and life in the city? 최빈출
시골의 생활과 도시의 생활 사이의 차이점은 무엇인가요?

What sorts of problems do most cities have?
대부분의 도시들은 어떤 종류의 문제점을 갖고 있나요?

Unit 03 Track 1

1 Which region of your country do you live in?
당신은 당신 나라의 어느 지역에 사나요?

동네

 답변 아이디어 & 표현

아이디어 1	핵심답변	우리나라의 수도인 서울	Seoul, the country's capital
	부연설명	• 한국 인구의 5분의 1이 그곳에 거주한다	• one-fifth of the Korean population resides there
		• 이 도시는 강에 의해 나뉜다	• the city is divided by a river
아이디어 2	핵심답변	경상도	Gyeongsang Province
	부연설명	• 한국의 남동쪽에 위치해 있다	• is located in the southeast of Korea
		• 부산시를 포함한다	• includes the city of Busan

나의 답변 　답변 아이디어와 표현을 참고해서 나의 답변을 말해보고 모범답변을 참고하여 답변을 보완해보자.

모범 답변

핵심답변 I live in the northwestern part of South Korea in Seoul, the country's capital. 부연설명 **Even though** it is just one of the many cities in Korea, almost one-fifth of the Korean population resides there. The city is divided by a river, and my apartment is in one of the districts north of it.

핵심답변 저는 한국의 북서부에 있는 우리나라의 수도인 서울에 삽니다. 부연설명 비록 서울은 한국의 많은 도시들 중 하나이지만, 한국 인구의 거의 5분의 1이 그곳에 거주합니다. 이 도시는 강에 의해 나뉘고, 제 아파트는 강의 북부에 있는 구역들 중 한 곳에 있습니다.

어휘 northwestern[nɔ̀ːrθwéstərn] 북서부의　capital[kǽpitl] 수도　reside[rizáid] 거주하다, 살다
district[dístrikt] 구역, 지역

Unit 03 Track 2

2 What are some good things about where you live?
당신이 사는 곳의 좋은 점들은 무엇인가요?

동네

 답변 아이디어 & 표현

아이디어 1	핵심답변	내 도시에는 극장이 아주 많다	there are so many theaters in my city
	부연설명	• 커다란 야구 경기장이 있다	• there is a giant baseball stadium
		• 친구들과 나는 엄청난 야구 팬이다	• my friends and I are huge baseball fans
아이디어 2	핵심답변	좋은 이웃들	good neighbors
	부연설명	• 비상시에 도움이 되는	• helpful in emergencies
		• 집을 봐주고 개에게 먹이를 준다	• look after the house and feed the dog

 나의 답변 　답변 아이디어와 표현을 참고해서 나의 답변을 말해보고 모범답변을 참고하여 답변을 보완해보자.

모범 답변

핵심답변 **Because** I really like to watch plays, I love that there are so many theaters in my city. 부연설명 **In addition**, there is a giant baseball stadium downtown. **Since** all my friends and I are huge baseball fans, we are very glad to have it.

핵심답변 저는 연극을 보는 것을 정말 좋아하기 때문에, 제 도시에 극장이 아주 많다는 점이 좋습니다. 부연설명 게다가, 도심에는 커다란 야구 경기장도 있습니다. 제 모든 친구들과 저는 엄청난 야구 팬이어서, 저희는 경기장이 있어 매우 기쁩니다.

어휘 stadium[stéidiəm] 경기장

3 **Is there anything you don't like about your city?**

당신의 도시에 대해 좋아하지 않는 점이 있나요?

동네

 답변
아이디어
& 표현

아이디어 1	핵심답변	교통	traffic
	부연설명	• 교통 혼잡이 매우 심하다 • 운전을 할 때 스트레스를 받는다	• congestion is very heavy • get stressed out while driving
아이디어 2	핵심답변	직업이 많지 않다	there are not many jobs
	부연설명	• 인구가 적은 소도시에 산다 • 고액 연봉 직업이 많지 않다	• live in a small town with a small population • there are few high salary jobs

 나의 답변

답변 아이디어와 표현을 참고해서 나의 답변을 말해보고 모범답변을 참고하여 답변을 보완해보자.

모범 답변

핵심답변 What I detest about my city is the traffic. 부연설명 I live in Seoul, where the congestion is very heavy at all times. **Furthermore**, traffic gets even worse on the weekend. I always get stressed out while driving.

핵심답변 제 도시에 대해 싫어하는 점은 교통입니다. 부연설명 저는 교통 혼잡이 항상 매우 심한 서울에 살고 있습니다. 게다가, 주말에는 교통이 훨씬 더 악화됩니다. 저는 운전을 할 때 항상 스트레스를 받습니다.

어휘 detest[ditést] 싫어하다   congestion[kəndʒéstʃən] (교통의) 혼잡, 정체

---

4 **Do you think the public transportation is good in your area?**

당신 지역의 대중교통이 좋다고 생각하나요?

동네

 답변
아이디어
& 표현

아이디어 1	핵심답변	대중교통에 아주 만족한다	I'm pretty satisfied with it
	부연설명	• 믿을 만하고 빠른 • 다른 국가들의 운송 서비스에 비해 승차권이 저렴하다	• reliable and fast • tickets are cheap compared to the transportation services in other countries
아이디어 2	핵심답변	그렇지 않다	not really
	부연설명	• 매일 버스가 몇 대 없다 • 거의 모든 사람이 차를 갖고 있다	• there's only a few buses each day • almost everyone owns a car

나의 답변

답변 아이디어와 표현을 참고해서 나의 답변을 말해보고 모범답변을 참고하여 답변을 보완해보자.

모범 답변

핵심답변 I'm pretty satisfied with the public transportation in my area. 부연설명 It is quite reliable and fast, especially the subway system. Some people worry that the tickets are getting too expensive. **However**, I think they are rather cheap compared to the transportation services in other countries.

핵심답변 저는 제 지역의 대중교통에 아주 만족합니다. 부연설명 그것은 꽤 믿을 만하고 빠른데, 특히 지하철 시스템이 그렇습니다. 몇몇 사람들은 승차권이 너무 비싸지는 것을 걱정합니다. 하지만, 저는 다른 국가들의 운송 서비스에 비해 상당히 저렴하다고 생각합니다.

어휘 reliable[riláiəbl] 믿을 만한, 신뢰할 만한   compared to ~에 비해, ~과 비교하여

5

동네

What things can people do in your area?

당신의 지역에서는 사람들이 어떤 것들을 할 수 있나요?

 답변
아이디어
& 표현

아이디어 1	핵심답변	다양한 문화 행사에 참석한다	attend various cultural events
	부연설명	• 미술 전시회와 콘서트에 간다	• attend art exhibitions and concerts
		• 전통 미술관이 많은 것으로 유명한	• famous for having many traditional art galleries
아이디어 2	핵심답변	자연에서 시간을 보낸다	spend time in nature
	부연설명	• 도심 지역에서 멀리 떨어져 있는	• far away from the downtown area
		• 낚시를 하고 호수에서 수영을 한다	• go fishing and swim in the lake

🎙 나의 답변　답변 아이디어와 표현을 참고해서 나의 답변을 말해보고 모범답변을 참고하여 답변을 보완해보자.

모범 답변

핵심답변 I live in an urban area, so there are many good places for attending various cultural events. 부연설명 **For example**, people can attend art exhibitions and concerts in various areas. Insa-dong, **for instance**, is a district in my city that is famous for having many traditional art galleries and shows.

핵심답변 저는 도시 지역에 살고 있어서, 다양한 문화 행사에 참석할 수 있는 좋은 곳들이 많이 있습니다. 부연설명 예를 들어, 사람들은 다양한 지역에서 미술 전시회와 콘서트에 갈 수 있습니다. 한 예로, 인사동은 제 도시에서 전통 미술관과 공연이 많은 것으로 유명한 지역입니다.

어휘 urban[ə́ːrbən] 도시의 attend[əténd] 참석하다, 가다

6

고향

Tell me about your hometown.

당신의 고향에 대해 말해주세요.

 답변
아이디어
& 표현

아이디어 1	핵심답변	한국에서 가장 큰 항구 도시인 부산	Busan, which is the largest port city in Korea
	부연설명	• 한반도의 남쪽 끝에 위치해 있다	• is located on the south end of the Korean Peninsula
		• 멋진 해변이 많다	• has a number of great beaches
아이디어 2	핵심답변	서울 근처의 도시인 안양	Anyang, a city near Seoul
	부연설명	• 서울에서 차로 20분 거리	• a 20-minute drive by car from Seoul
		• 살기 좋은 주거 지역	• a liveable residential area

🎙 나의 답변　답변 아이디어와 표현을 참고해서 나의 답변을 말해보고 모범답변을 참고하여 답변을 보완해보자.

모범 답변

핵심답변 My hometown is Busan, which is the largest port city in Korea. 부연설명 It is located on the south end of the Korean Peninsula. **Not only** does it have many skyscrapers, **but** it **also** has a number of great beaches.

핵심답변 제 고향은 부산이고, 한국에서 가장 큰 항구 도시입니다. 부연설명 부산은 한반도의 남쪽 끝에 위치해 있습니다. 고층건물이 많을 뿐만 아니라, 멋진 해변도 많습니다.

어휘 port[pɔːrt] 항구 peninsula[pənínsələ] 반도 skyscraper[skáiskreipər] 고층건물, 마천루

7 Is your hometown a good place to be raised?

고향 당신의 고향은 아이를 키우기에 좋은 곳인가요?

 답변 아이디어 & 표현

아이디어 1	핵심답변	그렇게 생각한다	I think so
	부연설명	• 아이들이 놀고 배울 수 있는 공간들이 많이 있다	• has lots of places where kids can play and learn
		• 아버지는 나를 해변으로 데려가시곤 했다	• my father used to take me to the beach
아이디어 2	핵심답변	아이를 기르기에 최고의 공간은 아니다	it is not the best place to raise children
	부연설명	• 좋은 학교의 부족	• a lack of good schools
		• 아이들을 위한 공공시설이 많지 않다	• there are not many public facilities for children

🎙 나의 답변　답변 아이디어와 표현을 참고해서 나의 답변을 말해보고 모범답변을 참고하여 답변을 보완해보자.

모범 답변

핵심답변 I think so. 부연설명 It has lots of places where kids can play and learn. **For example**, my father used to take me to the beach every Sunday to teach me how to swim. **In addition**, there was a big aquarium near my home, and I enjoyed watching exotic sea creatures every now and then.

핵심답변 그렇게 생각합니다. 부연설명 아이들이 놀고 배울 수 있는 공간들이 많이 있습니다. 예를 들어, 저희 아버지는 제게 수영하는 법을 가르치시기 위해 일요일마다 저를 해변으로 데려가시곤 했습니다. 게다가, 저희 집 근처에는 큰 수족관이 있었는데, 저는 때때로 이국적인 바다 생물을 보는 것을 즐겼습니다.

어휘 aquarium[əkwériəm] 수족관　exotic[igzá:tik] 이국적인, 외국의　every now and then 때때로, 가끔

8 Do you want to live in the countryside when you get old?

시골 당신은 나이 들면 시골에 살고 싶나요?

💡 답변 아이디어 & 표현

아이디어 1	핵심답변	그것은 별로 좋은 생각이 아닌 것 같다	I don't think that would be a good idea
	부연설명	• 이전에 시골에 살아본 적이 없다	• have never lived in the countryside before
		• 그곳으로 이사한다면 배워야 할 것이 많을 것이다	• would have to learn a lot of things if I moved there
		• 새로운 것을 배우는 것은 나이를 먹을수록 더 어려워진다	• learning new things gets harder with age
아이디어 2	핵심답변	시골에 살고 싶다	I want to live in the countryside
	부연설명	• 자연과 더 가까이에 있고 싶다	• want to get closer to nature
		• 조용한 곳에 산다	• live in a quiet place

🎙 나의 답변　답변 아이디어와 표현을 참고해서 나의 답변을 말해보고 모범답변을 참고하여 답변을 보완해보자.

모범 답변

핵심답변 I don't think that would be a good idea. 부연설명 **Since** I have never lived in the countryside before, I'd have to learn a lot of things if I moved there. **Besides**, learning new things gets harder with age, so it would be very difficult for me to adjust.

핵심답변 그것은 별로 좋은 생각이 아닌 것 같습니다. 부연설명 저는 이전에 시골에 살아본 적이 없으므로, 제가 그곳으로 이사한다면 배워야 할 것이 많을 것입니다. 게다가, 새로운 것을 배우는 것은 나이를 먹을수록 더 어려워져서, 제가 적응하기 매우 어려울 것입니다.

어휘 adjust[ədʒʌ́st] 적응하다, 맞추다

UNIT 03 Cities & Towns 도시와 동네　HACKERS **IELTS** SPEAKING

도시	Part 2에서는 도시에서 좋아하는 장소에 대해 묘사하라는 문제가 자주 출제됩니다. 이 경우, Part 3에서는 도시에 편리시설이 많아져야 하는지, 그것들이 무료로 제공되어야 하는지에 대한 질문을 할 경우가 많습니다.

PART 2

1

Describe your favourite place in your city. 당신의 도시에서 가장 좋아하는 곳에 대해 말하라.

You should say:
    where it is 그것이 어디인지
    how often you visit there 그곳을 얼마나 자주 들르는지
    what kind of things you can do there 그곳에서 무엇을 할 수 있는지
and explain why you like it. 그리고 왜 그곳을 좋아하는지 설명하라.

답변 아이디어 & 표현

① 그것이 어디인지	• 공공도서관 • 집 근처에 위치해 있다 • 버스로 5분이 걸린다	• public library • is located near my house • takes 5 minutes by bus
② 그곳을 얼마나 자주 들르는지	• 매주 토요일마다 • 주중에 들르기도 한다	• every Saturday • also visit during the week
③ 그곳에서 무엇을 할 수 있는지	• 다 읽은 책을 반납한다 • 컴퓨터실에서 VOD를 본다	• return books that I have finished reading • watch VODs in the computer room
④ 왜 그곳을 좋아하는지	• 조용한 • 소음에 방해 받지 않고 쉬거나 공부할 수 있다 • 많은 책을 읽을 수 있다	• quiet • can rest or study without being distracted by noise • can read many books

나의 노트

나의 답변   답변 아이디어와 표현을 참고해서 나의 답변을 말해보고 모범답변을 참고하여 답변을 보완해보자.

- public library
- near my house
- 5 minutes by bus
- every Saturday
- visit during the week, refer to for work
- return, borrow books
- watch VODs
- quiet
- rest or study
- bookworm, read books for free

🎧 Unit 03 Track 9

모범 답변

① **There are many** great places to go in my city, **but my favorite one is** the public library. It is located near my house. **In fact**, it only takes 5 minutes by bus to get there. **Since** it is located right next to the bus stop, I don't have to walk for very long.

② I go there every Saturday. Sometimes, I **also** visit during the week, when I need books to refer to for my work.

③ Whenever I visit, I return books that I have finished reading and borrow some more. I can take out books for free as long as I'm a resident of my city. They'll even let me watch VODs in the computer room.

④ **There are many reasons why** the public library is my favorite place. **First**, it's quiet. As you know, it's hard to find anywhere to relax when you live in a city. **However**, in the library, I can rest or study without being distracted by noise. **Also**, I can read many books. I'm a bookworm, and reading is my favorite hobby. Being able to read many different kinds of books for free is great for me.

① 제 도시에는 가기 좋은 곳들이 많지만, 제가 가장 좋아하는 곳은 공공 도서관입니다. 도서관은 저희 집 근처에 위치해 있습니다. 사실, 그곳에 가는 것은 버스로 5분 밖에 걸리지 않습니다. 도서관이 버스 정류장 바로 옆에 위치해 있기 때문에, 저는 그렇게 오래 걷지 않아도 됩니다.

② 저는 그곳에 매주 토요일마다 갑니다. 가끔 저는 제 과제에 참고할 책이 필요할 때 주중에 들르기도 합니다.

③ 제가 방문할 때마다, 저는 다 읽은 책을 반납하고 책을 몇 권 더 빌립니다. 제가 도시의 주민이기만 하면 책을 무료로 빌릴 수 있습니다. 심지어 그들은 제가 컴퓨터실에서 VOD를 볼 수 있게 해 줍니다.

④ 공공 도서관이 제가 가장 좋아하는 곳인 데에는 많은 이유가 있습니다. 우선, 조용합니다. 아시다시피, 도시에 살면 휴식을 취할 곳을 찾기 힘듭니다. 하지만, 저는 도서관에서 소음에 방해 받지 않고 쉬거나 공부할 수 있습니다. 또한, 저는 많은 책을 읽을 수 있습니다. 저는 독서광이고 독서는 제가 가장 좋아하는 취미입니다. 많은 여러 종류의 책을 무료로 읽을 수 있는 것은 저에게 정말 좋습니다.

어휘 week[wi:k] 주중, 평일   refer[rifə́:r] 참고하다, 참조하게 하다   resident[rézidənt] 주민, 거주자
distract[distrǽkt] 방해하다   bookworm[búkwə:rm] 독서광, 책벌레

2 Do you think there should be more places to enjoy leisure activities in cities?

당신은 도시에 여가 활동을 즐길 수 있는 공간이 더 많이 있어야 한다고 생각하나요?

 답변
아이디어
&표현

핵심답변	그렇게 생각하지 않는다	not really
부연설명	• 여가 활동을 즐길 수 있는 장소가 이미 많이 있다	• there are already a number of areas to enjoy leisure activities
	• 수많은 체육관, 도서관, 영화관, 그리고 쇼핑 센터	• tons of gyms, libraries, theaters, and shopping centers
	• 무언가 할 것을 찾고 있는 사람들에게 유용한	• great for people looking for things to do
	• 더 많이 있다면 좋겠다	• it would be great if we had even more
	• 하지만 그것이 필수적이라고 생각하지 않는다	• but I don't think that is essential

🎤 나의 답변   답변 아이디어와 표현을 참고해서 나의 답변을 말해보고 모범답변을 참고하여 답변을 보완해보자.

모범 답변

핵심답변 Not really. 부연설명 It seems there are already a number of areas to enjoy leisure activities. **For example**, like any large city, Seoul has tons of gyms, libraries, theaters, and shopping centers. These are all great for people looking for things to do. Of course, it would be great if we had even more leisure facilities, but I don't think that is essential.

핵심답변 그렇게 생각하지 않습니다. 부연설명 여가 활동을 즐길 수 있는 장소는 이미 많이 있는 것 같습니다. 예를 들어, 다른 어느 대도시와 같이, 서울에는 수많은 체육관, 도서관, 영화관, 그리고 쇼핑 센터가 있습니다. 이것들은 모두 무언가 할 것을 찾고 있는 사람들에게 유용합니다. 물론, 더 많은 여가 시설들이 있다면 좋겠지만, 그것이 필수적이라고 생각하지는 않습니다.

어휘 tons of 수많은 facility[fəsíləti] 시설 essential[isénʃəl] 필수적인, 꼭 필요한

3 **Do you think leisure facilities should be free for the public?**

당신은 여가 시설들이 대중에 무료여야 한다고 생각하나요?

답변
아이디어
& 표현

핵심답변	대중에 무료로 이용 가능하게 되어야 한다	they should be made available to the public without charge
부연설명	• 사람들을 더 건강하고 행복하게 만든다 • 사람들은 충분한 휴식을 취하지 못한다 • 과도한 업무량 • 사람들이 그곳들에 더 많이 방문할 것이다 • 향상된 정신 건강과 신체 건강을 낳는다	• make people healthier and happier • people don't get enough rest • heavy workloads • people would visit them more • result in their enhanced mental and physical health

나의 답변   답변 아이디어와 표현을 참고해서 나의 답변을 말해보고 모범답변을 참고하여 답변을 보완해보자.

모범 답변

핵심답변 **I know that people have a lot of different opinions about this, but** I think recreation centers should be made available to the public without charge. 부연설명 **This is because** these places make people healthier and happier in general. A lot of people these days don't get enough rest due to their heavy workloads. **However,** if leisure facilities were offered for free, people would visit them more, and it would result in their enhanced mental and physical health.

핵심답변 사람들이 이것에 대해 많은 다양한 의견을 갖고 있다는 것을 알지만, 저는 휴양 시설들이 대중에게 무료로 이용 가능하게 되어야 한다고 생각합니다. 부연설명 이는 이런 곳들이 사람들을 전반적으로 더 건강하고 행복하게 만들기 때문입니다. 오늘날 많은 사람들은 과도한 업무량으로 인해 충분한 휴식을 취하지 못합니다. 하지만, 여가 시설이 무료로 제공된다면, 사람들은 그곳들에 더 많이 방문할 것이고, 그것은 향상된 정신 건강과 신체 건강을 낳을 것입니다.

어휘 recreation[rèkriéiʃən] 휴양, 레크리에이션 without charge 무료로 in general 전반적으로, 보통, 대개
workload[wɔ́:rkloud] 업무량, 작업량 enhance[inhǽns] 향상하다, 강화하다

PART 2

4

Describe your neighbourhood. 당신의 동네에 대해 말하라.

You should say:
   where your neighbourhood is 당신의 동네가 어디인지
   what kind of things you can do there 그곳에서 무엇을 할 수 있는지
   what you don't like about it 어떤 점을 좋아하지 않는지
and explain what things you like about it. 그리고 어떤 점을 좋아하는지 설명하라.

답변
아이디어
& 표현

① 당신의 동네가 어디인지	• 종로 • 서울의 북부에 위치해 있다	• Jongno • is located in northern Seoul
② 그곳에서 무엇을 할 수 있는지	• 지역 공원을 걷는다 • 배드민턴을 친다	• walk in the local park • play badminton
③ 어떤 점을 좋아하지 않는지	• 주차 문제 • 비용 • 부동산 임대 비용이 엄청나게 높다	• the parking problem • the cost • real estate rental fees are outrageously high
④ 어떤 점을 좋아하는지	• 근처에 훌륭한 여가 시설이 많다 • 대중교통이 잘 되어 있다	• there are many great leisure facilities nearby • has excellent public transportation

나의 노트

나의 답변   답변 아이디어와 표현을 참고해서 나의 답변을 말해보고 모범답변을 참고하여 답변을 보완해보자.

- *Jongno*
- *northern Seoul*
- *walk in the park*
- *play badminton*
- *parking problem*
- *cost, high real estate rental fees*
- *many leisure facilities nearby*
- *excellent public transportation*

🎧 Unit 03 Track 12

모범 답변

① My neighborhood is Jongno, which is located in northern Seoul.

② **There are many** things I like about my neighborhood, **but** what I enjoy most is walking in the local park. I take a walk there almost every day after dinner. It is **also** a good place to play badminton with my friends.

③ For the most part, I'm happy with my neighborhood, but there are a few things I don't like about it. One of these is the parking problem. **Since** it's a very popular area, there are never enough places to leave your car. Another issue is the cost. My neighborhood's popularity makes it an expensive place to live. In particular, real estate rental fees are outrageously high.

④ **Despite** these downsides, I love my neighborhood **for several reasons. First**, there are many great leisure facilities nearby. **For example**, parks and gyms are easily accessible. **Second**, it has excellent public transportation. The subway station is very close to my home. It's only about a ten-minute walk from my front door, which is very convenient for me.

① 저희 동네는 종로이고, 서울의 북부에 위치해 있습니다.

② 제가 저희 동네에 대해 좋아하는 점들이 많습니다. 하지만 제가 가장 좋아하는 것은 동네 공원을 걷는 것입니다. 저는 저녁을 먹고 나서 거의 매일 그곳을 걷습니다. 또한 이곳은 제 친구들과 배드민턴을 치기에 좋은 곳입니다.

③ 저는 저희 동네에 대부분 만족하지만, 몇 가지 좋아하지 않는 점이 있습니다. 그 중 하나는 주차 문제입니다. 이곳은 매우 인기 있는 지역이기 때문에, 차를 놓아둘 공간이 충분하지 않습니다. 또 다른 문제는 비용입니다. 저희 동네의 인기는 그곳을 살기에 값비싼 곳으로 만듭니다. 특히, 부동산 임대 비용이 엄청나게 높습니다.

④ 이러한 부정적인 면들에도 불구하고, 저는 몇 가지 이유로 저희 동네를 정말 좋아합니다. 먼저, 근처에 훌륭한 여가 시설이 많습니다. 예를 들어, 공원과 체육관을 쉽게 이용할 수 있습니다. 둘째, 대중교통이 잘 되어 있습니다. 지하철역은 저희 집에서 매우 가깝습니다. 제 현관문에서 걸어서 10분 정도밖에 걸리지 않는데, 이것은 제게 매우 편리합니다.

어휘 **for the most part** 대부분은, 대개는 **parking** [páːrkiŋ] 주차, 주차 공간 **popularity** [pὰːpjulǽrəti] 인기
real estate 부동산 **outrageously** [autréidʒəsli] 엄청나게, 터무니없이 **downside** [dáunsaid] 부정적인(불리한)면

5 What are the differences between life in the countryside and life in the city? 시골의 생활과 도시의 생활 사이의 차이점은 무엇인가요?

답변
아이디어
& 표현

핵심답변 ①	도시 생활이 더 편리하다	city life is more convenient
부연설명	• 도처에 대중교통과 소매점들이 있다	• have public transportation and retail outlets all over the place
	• 돌아다니고 필요한 것들을 사기 쉬운	• easy to get around and buy whatever you need
	• 시골에서는 그만큼 이용하기 쉽지 않다	• aren't as accessible in the countryside
핵심답변 ②	시골 지역의 사람들은 더 평화롭고 더 건강한 삶을 산다	people in rural areas enjoy more peaceful and healthier lives
부연설명	• 도시 밖의 공기가 훨씬 더 깨끗하다	• the air outside of cities is much cleaner
	• 소음이 훨씬 더 적다	• there is a lot less noise

🎤 나의 답변   답변 아이디어와 표현을 참고해서 나의 답변을 말해보고 모범답변을 참고하여 답변을 보완해보자.

모범 답변

핵심답변 ① One major difference is that city life is more convenient. 부연설명 Cities have public transportation and retail outlets all over the place, so it is easy to get around and buy whatever you need. Unfortunately, these things aren't as accessible in the countryside. 핵심답변 ② **However**, people who live in rural areas often enjoy more peaceful and healthier lives. 부연설명 **This is because** the air outside of cities is much cleaner and there is a lot less noise.

핵심답변 ① 가장 주요한 차이점은 도시 생활이 더 편리하다는 것입니다. 부연설명 도시에는 도처에 대중교통과 소매점들이 있어서, 돌아다니고 필요한 것들을 사기 쉽습니다. 안타깝게도, 이것들은 시골에서는 그만큼 이용하기 쉽지 않습니다. 핵심답변 ② 하지만, 시골 지역의 사람들은 대개 더 평화롭고 더 건강한 삶을 삽니다. 부연설명 이는 도시 밖의 공기가 훨씬 더 깨끗하고 소음이 훨씬 더 적기 때문입니다.

어휘 retail outlet 소매점   get around 돌아다니다   accessible[æksésəbl] 이용하기 쉬운, 접근 가능한
rural[rúrəl] 시골의, 지방의   peaceful[píːsfəl] 평화로운, 조용한

PART 3

6

What sorts of problems do most cities have?

대부분의 도시들은 어떤 종류의 문제점을 갖고 있나요?

답변 아이디어 & 표현

핵심답변	사람이 너무 많은 것	overcrowding
부연설명	• 사람들에게 불편뿐만 아니라 교통 체증도 야기한다	• causes traffic jams as well as discomfort for people
	• 심각한 주거 문제를 야기한다	• causes severe housing problems
	• 부동산 가격이 급등하도록 만든다	• makes real estate prices skyrocket

나의 답변

답변 아이디어와 표현을 참고해서 나의 답변을 말해보고 모범답변을 참고하여 답변을 보완해보자.

모범 답변

핵심답변 Cities face many different kinds of problems, but I think the biggest concern is overcrowding. 부연설명 This is a huge problem **because** it causes traffic jams as well as discomfort for people who have to commute using public transportation. **In addition**, overcrowding causes severe housing problems. It especially makes real estate prices skyrocket.

핵심답변 도시들은 많은 여러 종류의 문제에 직면하지만, 저는 가장 큰 문제가 사람이 너무 많은 것이라고 생각합니다. 부연설명 이는 대중교통을 이용해 통근해야 하는 사람들에게 불편뿐만 아니라 교통 체증도 야기하기 때문에 큰 문제입니다. 게다가, 사람이 너무 많은 것은 심각한 주거 문제를 야기합니다. 이는 특히 부동산 가격이 급등하도록 만듭니다.

어휘 face[feis] 직면하다, 직시하다 overcrowd[òuvərkráud] 사람을 너무 많이 수용하다, 혼잡하게 하다 traffic jam 교통 체증 discomfort[diskʌ́mfərt] 불편, 불쾌 severe[sivíər] 심각한 skyrocket[skáirɑːkit] 급등하다, 급상승하다

* 나의 답변을 말해본 후, 348페이지의 답변 셀프 체크 포인트를 통해 나의 답변을 점검하고 보완하도록 합니다.

UNIT **03** Cities & Towns 도시와 동네 HACKERS **IELTS** SPEAKING

UNIT 04

Leisure time & Hobbies 여가시간과 취미

여가시간·취미는 스피킹 시험에서 수험생들이 자주 질문 받는 주제입니다. 따라서 여가시간·취미와 관련된 빈출 문제, 관련 아이디어 및 표현, 그리고 모범답변을 학습하여 준비해둡니다.

■ PART 1 빈출문제

Part 1에서는 노래하는 것을 좋아하는지, 스트레스를 받을 땐 무엇을 하는지 등 취미와 휴식에 관련된 개인적인 질문을 합니다. 따라서 다음 Part 1 빈출문제를 확인하여 본인이 여가시간을 보내는 방식과 취미생활에 관련된 기본적인 내용을 미리 영어로 정리해 보고 연습을 하도록 합니다.

노래	**What kind of songs do you like to sing?** 최빈출 당신은 어떤 종류의 노래를 부르는 것을 좋아하나요? **Did you learn to sing when you were a child?** 당신은 어렸을 때 노래 부르는 것을 배웠나요? **Do people in your country like to sing? Why?** 당신의 나라 사람들은 노래하는 것을 좋아하나요? 왜 그런가요?
춤	**Do you like dancing?** 최빈출 당신은 춤추는 것을 좋아하나요? **When do people usually dance in your country?** 당신의 나라에서 사람들은 보통 언제 춤을 추나요?
모으기	**Do you collect anything?** 최빈출 당신은 무언가를 수집하나요? **Why do you collect them?** 당신은 왜 그것들을 수집하나요?
휴식	**What do you do when you get stressed out?** 최빈출 당신은 스트레스를 받았을 때 무엇을 하나요?

Part 2에서는 좋아하는 영화, 최근에 본 영화, 싫어하는 영화 등을 묘사하라는 문제가 자주 나옵니다. 가장 자주 나오는 문제인 좋아하는 영화가 무엇인지에 대한 답변을 준비해두면, 최근에 본 영화와 싫어하는 영화 등을 묻는 다른 문제에도 활용할 수 있습니다.

Part 3에서는 휴식의 중요성에 대해 어떻게 생각하는지, 사람들이 선호하는 영화 장르에는 무엇이 있는지와 같이 답변하기 다소 까다로운 질문을 하므로, 미리 빈출문제와 모범답변을 살펴보고 나의 답변을 준비해둡니다.

PART 2

> **Describe an activity that you do when you have free time.** 최빈출
> 당신이 자유 시간이 있을 때 하는 활동에 대해 말하라.
>
> **You should say:**
>   **what this activity is** 무슨 활동인지
>   **where you do this** 어디서 하는지
>   **how long you have done this** 얼마 동안 했는지
> **and explain why you do this when you have free time.** 그리고 자유 시간이 있을 때 왜 하는지 설명하라.

휴식

PART 3

What are the benefits of having free time? 최빈출
자유 시간을 갖는 것의 좋은 점은 무엇인가요?

Are there any differences between how we spend our free time now and how we spent it previously?
오늘날 우리가 자유 시간을 보내는 방식과 이전에 보냈던 방식 사이에 차이점이 있나요?

PART 2

> **Describe the movie that you like the most.** 당신이 가장 좋아하는 영화에 대해 말하라. 최빈출
>
> **You should say:**
>   **what genre the movie belongs to** 그 영화가 어떤 장르인지
>   **what plot it has** 줄거리가 무엇인지
>   **how many times you've watched it** 몇 번 봤는지
> **and explain why you like this movie the most.** 그리고 왜 이 영화를 가장 좋아하는지 설명하라.

영화

PART 3

What movie genre do people in your country enjoy most? 최빈출
당신의 나라 사람들은 어떤 장르의 영화를 가장 즐겨 보나요?

Do people prefer watching movies at home or at a cinema?
사람들은 영화를 집에서 보는 것을 선호하나요 아니면 영화관에서 보는 것을 선호하나요?

1 What kind of songs do you like to sing?

🎧 Unit 04 Track 1

노래

당신은 어떤 종류의 노래를 부르는 것을 좋아하나요?

💡 답변 아이디어 &표현	아이디어 1	핵심답변	즐겁고 유쾌한 노래	merry and cheerful songs
		부연설명	• 친구들과 함께 그것들을 부르는 것이 재미있는 • 유치한 가사나 기억하기 쉬운 멜로디	• fun to sing them with my friends • silly lyrics or catchy melodies
	아이디어 2	핵심답변	내가 어릴 때의 노래	songs from my youth
		부연설명	• 내가 십대였을 때 듣던 노래들 • 향수를 불러 일으키게 한다	• the songs I listened to when I was a teenager • make me feel nostalgic

🎤 나의 답변 · 답변 아이디어와 표현을 참고해서 나의 답변을 말해보고 모범답변을 참고하여 답변을 보완해보자.

모범 답변

핵심답변 I like merry and cheerful songs the best. 부연설명 **That's because** it's so fun to sing them with my friends at Karaoke. **More specifically**, I love the ones with silly lyrics or catchy melodies.

핵심답변 저는 즐겁고 유쾌한 노래를 가장 좋아합니다. 부연설명 노래방에서 친구들과 함께 그것들을 부르는 것이 정말 재미있기 때문입니다. 더 구체적으로, 저는 유치한 가사나 기억하기 쉬운 멜로디가 있는 노래들을 좋아합니다.

어휘 merry[méri] 즐거운 cheerful[tʃíərfəl] 유쾌한, 쾌활한 catchy[kǽtʃi] 기억하기 쉬운

2 Did you learn to sing when you were a child?

🎧 Unit 04 Track 2

노래

당신은 어렸을 때 노래 부르는 것을 배웠나요?

💡 답변 아이디어 &표현	아이디어 1	핵심답변	배우지 않았다	not really
		부연설명	• 음악 수업 시간에 노래를 불렀다 • 우리에게 노래 부르는 법을 가르쳐 주시지 않았다	• sang songs during music classes • never really taught us how to sing
	아이디어 2	핵심답변	어릴 때 노래를 배웠다	I learned singing as a child
		부연설명	• 학생 합창단에 있었다 • 특히 캐롤 부르는 것을 좋아했다	• was in a student choir • especially loved to sing carols

 나의 답변 · 답변 아이디어와 표현을 참고해서 나의 답변을 말해보고 모범답변을 참고하여 답변을 보완해보자.

모범 답변

핵심답변 Not really. 부연설명 **Although** I sang songs during music classes in elementary school, the teachers never really taught us how to sing. **However**, I wish my teacher did, **because** I love to sing.

핵심답변 아니요. 부연설명 저는 초등학교 때 음악 수업 시간에 노래를 부르긴 했지만, 선생님들은 저희에게 노래 부르는 법을 가르쳐 주시지 않았습니다. 하지만, 저는 노래하는 것을 좋아하기 때문에 선생님이 가르쳐주셨다면 좋았겠다고 생각합니다.

어휘 elementary school 초등학교

3

노래

Do people in your country like to sing? Why?
당신의 나라 사람들은 노래하는 것을 좋아하나요? 왜 그런가요?

답변 아이디어 & 표현	아이디어 1	핵심답변	한국인들은 정말 좋아하는 것 같다	I think Koreans really do
		부연설명	• 노래방이 많다 • 보컬 훈련 수업을 받는다	• there are a lot of Karaoke businesses • take vocal training courses
	아이디어 2	핵심답변	많은 사람들은 노래하는 것을 너무 수줍어 한다	many people are too shy to sing
		부연설명	• 사람들 앞에서 노래하는 것이 두려운 • 대신 노래를 듣는 것을 좋아한다	• scared of singing in public • like to listen to songs instead

 답변 아이디어와 표현을 참고해서 나의 답변을 말해보고 모범답변을 참고하여 답변을 보완해보자.

모범 답변

핵심답변 I think Koreans really do. 부연설명 **For instance**, there are a lot of Karaoke businesses in the country, and people of all ages love to go there. **Besides**, these days, many people take vocal training courses even when they don't plan to become professional singers.

핵심답변 제 생각에 한국인들은 정말 좋아하는 것 같습니다. 부연설명 예를 들면, 한국에는 많은 노래방이 있고, 모든 연령의 사람들은 그곳에 가는 것을 좋아합니다. 게다가, 요즘에는 많은 사람들이 전문 가수가 될 계획이 없는 데도 불구하고 보컬 훈련 수업을 받습니다.

어휘 of all ages 모든 연령의

4

춤

Do you like dancing?
당신은 춤추는 것을 좋아하나요?

답변 아이디어 & 표현	아이디어 1	핵심답변	춤추는 것을 좋아한다	I like to dance
		부연설명	• 내 친구들에게 언제나 깊은 인상을 주는 몇몇 동작들이 있다 • 로봇 춤 동작을 선보인다	• have several moves that never fail to impress my friends • perform my robot dance routine
	아이디어 2	핵심답변	춤추는 것을 좋아하지 않는다	I do not like dancing
		부연설명	• 춤을 추는 모습이 아주 어색하다 • 춤을 출 때 우스꽝스럽게 느낀다	• have two left feet • feel ridiculous when dancing

 답변 아이디어와 표현을 참고해서 나의 답변을 말해보고 모범답변을 참고하여 답변을 보완해보자.

모범 답변

핵심답변 Yes, I like to dance. 부연설명 **Even though** I do not know many dances, I have several moves that never fail to impress my friends. So, whenever I have the chance, I perform my robot dance routine.

핵심답변 네, 저는 춤추는 것을 좋아합니다. 부연설명 제가 춤 동작을 많이 알지는 못하지만, 제 친구들에게 언제나 깊은 인상을 주는 몇몇 동작들이 있습니다. 그래서, 저는 기회가 있을 때마다 제 로봇 춤 동작을 선보입니다.

어휘 impress[imprés] 깊은 인상을 주다   dance routine 춤 동작

5
춤

When do people usually dance in your country?

당신의 나라에서 사람들은 보통 언제 춤을 추나요?

 답변
아이디어
& 표현

아이디어 1	핵심답변	파티를 할 때	when they are partying
	부연설명	• 힙합이나 일렉트로닉 음악에 춤을 춘다 • 장기 자랑이 있을 때마다	• dance to hip-hop or electronic music • whenever there is a talent show
아이디어 2	핵심답변	축제에서	at festivals
	부연설명	• 특별한 의상을 입는다 • 새로운 사람들과 어울린다	• wear special costume • socialize with new people

나의 답변   답변 아이디어와 표현을 참고해서 나의 답변을 말해보고 모범답변을 참고하여 답변을 보완해보자.

모범 답변

핵심답변 Koreans mostly dance when they are partying. 부연설명 Young people like to go to clubs to party and they usually dance to hip-hop or electronic music while there. **In addition**, Koreans also dance whenever there is a talent show.

핵심답변 한국인들은 파티를 할 때 주로 춤을 춥니다. 부연설명 젊은 사람들은 클럽에 파티를 하러 가는 것을 좋아하고 그곳에서 주로 힙합이나 일렉트로닉 음악에 춤을 춥니다. 게다가, 한국인들은 또한 장기 자랑이 있을 때마다 춤을 춥니다.

어휘 talent show 장기 자랑, 오디션 프로그램

6
모으기

Do you collect anything?

당신은 무언가를 수집하나요?

 답변
아이디어
& 표현

아이디어 1	핵심답변	다양한 국가의 동전	coins of different countries
	부연설명	• 해외 여행을 좋아한다 • 몇몇 유럽과 아시아 국가들의 동전	• love to travel overseas • coins from several European and Asian countries
아이디어 2	핵심답변	향수	perfume
	부연설명	• 유명한 향수 브랜드들을 모았다 • 머스크는 내가 가장 좋아하는 향이다	• have collected famous perfume brands • musk is my favorite scent

나의 답변   답변 아이디어와 표현을 참고해서 나의 답변을 말해보고 모범답변을 참고하여 답변을 보완해보자.

모범 답변

핵심답변 I collect coins from different countries. 부연설명 I started doing this **because** I love to travel overseas. So far, I have collected coins from several European and Asian countries, including France, Spain, Italy, Thailand, China, and Japan.

핵심답변 저는 다양한 국가의 동전을 수집합니다. 부연설명 저는 해외 여행을 좋아해서 이것을 하기 시작했습니다. 지금까지 저는 프랑스, 스페인, 이탈리아, 태국, 중국, 일본을 포함한 몇몇 유럽과 아시아 국가들의 동전을 수집했습니다.

어휘 collect[kəlékt] 수집하다, 모으다   so far 지금까지

7

모으기

Why do you collect them?
당신은 왜 그것들을 수집하나요?

답변
아이디어
&표현

아이디어 1	핵심답변	좋은 기억들을 상기시켜준다	remind me of good memories
	부연설명	• 여행한 경험들을 회상한다 • 독특한 디자인을 가지고 있다	• recall my experiences traveling • have unique designs
아이디어 2	핵심답변	향수를 뿌리는 것은 즉시 기분을 밝게 해준다	wearing a perfume instantly lightens my mood
	부연설명	• 기분에 따라 다른 향수를 뿌린다 • 훌륭한 집 장식품	• put on different perfumes depending on my mood • great home decor items

나의 답변

답변 아이디어와 표현을 참고해서 나의 답변을 말해보고 모범답변을 참고하여 답변을 보완해보자.

모범 답변

핵심답변 I collect them **because** they remind me of good memories. 부연설명 **For example**, when I see the coins that I collected from various countries, I recall my experiences traveling to each of them. **Also**, all of them have unique designs, so I enjoy looking at them.

핵심답변 그것들이 제게 좋은 기억들을 상기시켜주기 때문에 저는 그것들을 수집합니다. 부연설명 예를 들어, 다양한 국가에서 모은 동전들을 볼 때, 저는 각각의 나라에서 여행한 제 경험들을 회상합니다. 또한, 그것들은 모두 독특한 디자인을 가지고 있어서, 저는 그것들을 보는 것을 좋아합니다.

어휘 remind[rimáind] 상기시키다 recall[rikɔ́:l] 회상하다, 기억해 내다

8

휴식

What do you do when you get stressed out?
당신은 스트레스를 받았을 때 무엇을 하나요?

답변
아이디어
&표현

아이디어 1	핵심답변	친구들과 내 문제에 대해 논의한다	discuss my problems with my friends
	부연설명	• 그들은 나의 말을 주의 깊게 듣는다 • 내 상황에 어떻게 대처해야 하는지에 대한 조언을 제공해 준다	• they listen to me carefully • give me advice on how to deal with my situation
아이디어 2	핵심답변	운동을 한다	work out
	부연설명	• 운동은 긍정적인 힘을 발산시킨다 • 잠시 동안 정신을 다른 곳으로 돌린다	• exercise releases positive energy • distract the mind with something else briefly

나의 답변

답변 아이디어와 표현을 참고해서 나의 답변을 말해보고 모범답변을 참고하여 답변을 보완해보자.

모범 답변

핵심답변 Whenever I get stressed out, I like to discuss my problems with my friends. 부연설명 I talk about my feelings and they listen to me carefully. Sometimes, they give me advice on how to deal with my situation, too.

핵심답변 스트레스를 받을 때마다, 저는 친구들과 제 문제에 대해 논의합니다. 부연설명 저는 제 생각에 대해 말하고 그들은 저의 말을 주의 깊게 듣습니다. 가끔, 그들은 제 상황에 어떻게 대처해야 하는지에 대한 조언을 제공해 주기도 합니다.

어휘 deal with ~에 대처하다 situation[sìtʃuéiʃn] 상황, 처치

휴식	Part 2에서는 휴식을 할 때 하는 활동에 대해 묘사하라는 문제가 자주 출제됩니다. 이 경우, Part 3에서는 휴식의 중요성에 대한 생각, 과거와 현재에 휴식을 취하는 방식의 차이에 대한 질문을 할 경우가 많습니다.

PART 2

Describe an activity that you do when you have free time.
당신이 자유 시간이 있을 때 하는 활동에 대해 말하라.

You should say:
    what this activity is 무슨 활동인지
    where you do this 어디서 하는지
    how long you have done this 얼마 동안 했는지
and explain why you do this when you have free time. 그리고 자유 시간이 있을 때 왜 하는지 설명하라.

답변
아이디어
&표현

① 무슨 활동인지	• 조깅을 한다	• go jogging
② 어디서 하는지	• 한강과 청계천을 따라	• along the Han River and the Cheongye Stream
③ 얼마 동안 했는지	• 2년이 되었다	• has been 2 years
④ 자유 시간이 있을 때 왜 하는지	• 내 몸은 훨씬 가볍다 • 나를 더 건강하게 만들었다 • 조깅을 시작한 이후로 감기에 걸리지 않았다 • 조깅 동호회에서 친구들을 많이 만들었다	• my body feels much lighter • made me healthier • haven't caught a cold since I started jogging • made many friends in my jogging club

나의 노트

 나의 답변   답변 아이디어와 표현을 참고해서 나의 답변을 말해보고 모범답변을 참고하여 답변을 보완해보자.

모범 노트

- *jog*
- *along Han River and Cheongye Stream*
- *2 years*
- *feel lighter, healthier*
- *haven't caught a cold*
- *made friends in the jogging club, get together often*

🎧 Unit 04 Track 9

모범 답변

① When I have free time, I often go jogging with my jogging club. We jog for a couple of hours and then have dinner together afterwards. While we jog, we constantly cheer each other on.

② When I jog, I use several different jogging courses. **However**, my favorites are the ones along the Han River and the Cheongye Stream. I can feel the breeze when I run along these bodies of water and it feels great.

③ It has been 2 years since I started jogging, and I've enjoyed every single minute of it.

④ **There are a couple of reasons why** I do this when I have free time. **First**, although the activity itself is exhausting, my body feels much lighter after I jog. **Also**, it seems to have made me healthier. I haven't caught a cold or had a headache since I started jogging. **Moreover**, I've made many friends in my jogging club. We get together often to buy sportswear and to just hang out.

① 자유 시간이 있을 때, 저는 보통 조깅 동호회와 함께 조깅을 합니다. 우리는 몇 시간 동안 조깅을 하고 나서 그 이후에 함께 저녁을 먹습니다. 우리가 조깅을 할 때, 우리는 계속해서 서로를 응원해 줍니다.

② 조깅을 할 때, 저는 몇 개의 다른 조깅 코스를 이용합니다. 하지만, 제가 가장 좋아하는 것은 한강과 청계천을 따라 있는 코스입니다. 물줄기를 따라 뛸 때 저는 산들바람을 느낄 수 있고 기분이 정말 좋습니다.

③ 제가 조깅을 시작한지는 2년이 되었고, 저는 그 매 순간을 즐깁니다.

④ 제가 자유 시간이 있을 때 이것을 하는 데에는 몇 가지 이유가 있습니다. 우선, 이 활동 자체가 피로하긴 하지만, 제 몸은 조깅을 한 후에 훨씬 가볍습니다. 또한, 조깅은 저를 더 건강하게 만든 것 같습니다. 저는 조깅을 시작한 이후로 감기에 걸리거나 두통이 생기지 않았습니다. 게다가, 저는 조깅 동호회에서 친구들을 많이 만들었습니다. 저희는 운동복을 사고 그냥 어울려 놀기 위해 자주 만납니다.

어휘 constantly[ká:nstəntli] 계속, 끊임없이 cheer on ~을 응원하다 breeze[bri:z] 산들바람 body of water 물줄기
exhausting[igzɔ́:stiŋ] 피로하게 하는, 심신을 지치게 하는 get together 만나다 sportswear[spɔ́:rtsweər] 운동복

2 What are the benefits of having free time?
자유 시간을 갖는 것의 좋은 점은 무엇인가요?

 답변 아이디어 & 표현

핵심답변 ①	스트레스를 줄여 준다	reduces stress
부연설명	• 사람들이 좋아하는 것들을 한다 • 스트레스와 걱정을 해소하는 것을 돕는다	• people do the things they enjoy • helps relieve stress and anxiety
핵심답변 ②	당신에게 재충전할 기회를 준다	gives you the opportunity to recharge
부연설명	• 머리를 맑게 하고 더 잘 집중하도록 해준다 • 장기적으로 당신을 더 생산적으로 만든다	• clears your head and allows you to focus better • makes you more productive in the long run

🎙 나의 답변 답변 아이디어와 표현을 참고해서 나의 답변을 말해보고 모범답변을 참고하여 답변을 보완해보자.

모범 답변

서론 **There are tons of advantages to** enjoying free time. 핵심답변 ① **For one**, free time significantly reduces stress. 부연설명 Free time allows people to spend time doing the things they enjoy, which helps relieve stress and anxiety. 핵심답변 ② **In addition**, it gives you the opportunity to recharge. 부연설명 This clears your head and allows you to focus better, which makes you more productive in the long run.

서론 자유 시간을 즐기는 것에는 아주 많은 장점이 있습니다. 핵심답변 ① 우선 첫째로, 자유 시간은 스트레스를 상당히 줄여 줍니다. 부연설명 자유 시간은 사람들이 좋아하는 것들을 하며 시간을 보낼 수 있게 하고, 이는 스트레스와 걱정을 해소하는 것을 도와줍니다. 핵심답변 ② 게다가, 그것은 당신에게 재충전할 기회를 줍니다. 부연설명 이것은 머리를 맑게 하고 집중을 더 잘 하도록 해주는데, 이는 장기적으로 당신을 더 생산적으로 만듭니다.

어휘 relieve[rilíːv] 해소하다 anxiety[æŋzáiəti] 걱정, 염려 recharge[riːtʃɑ́ːrdʒ] 재충전하다

3

Are there any differences between how we spend our free time now and how we spent it previously? 오늘날 우리가 자유 시간을 보내는 방식과 이전에 보냈던 방식 사이에 차이점이 있나요?

답변
아이디어
& 표현

핵심답변	우리는 오늘날 자유 시간을 다르게 보낸다	we spend our free time differently now
부연설명	• 오늘날 현대인들은 더 많은 시간을 집에서 보낸다	• modern people stay home more now
	• 기술의 발전으로 인해	• due to technological development
	• 집에 머물며 유튜브 영상을 본다	• stay home watching YouTube videos
	• 과거에 그들은 운동을 하거나 산책을 하기 위해 밖으로 나갔다	• in the past, they went out to play sports or to stroll

나의 답변   답변 아이디어와 표현을 참고해서 나의 답변을 말해보고 모범답변을 참고하여 답변을 보완해보자.

모범 답변

핵심답변 Yes, we spend our free time differently now than we did in the past. 부연설명 The biggest difference is that modern people stay home more now than in the past **due to** technological development. **For example**, nowadays, people seem to stay home watching YouTube videos, listening to music, or surfing the internet on their smartphones. But, in the past, they went out to play sports or to stroll.

핵심답변 네, 우리는 오늘날 자유 시간을 과거에 그랬던 것과 다르게 보냅니다. 부연설명 가장 큰 차이점은 오늘날 현대인들은 기술의 발전으로 인해 과거보다 더 많은 시간을 집에서 보낸다는 점입니다. 예를 들어, 오늘날 사람들은 집에 머물며 유튜브 영상을 보고, 음악을 듣거나, 스마트폰으로 인터넷을 검색하는 것 같습니다. 하지만, 과거에 그들은 운동을 하거나 산책을 하기 위해 밖으로 나갔습니다.

 technological[tèknəlá:dʒikəl] 기술의, 전문의   development[divéləpmənt] 발전   stroll[stroul] 산책하다, 거닐다

UNIT
04

Leisure time & Hobbies 여가시간과 취미   HACKERS **IELTS** SPEAKING

영화	Part 2에서는 영화에 대해 묘사하라는 문제가 자주 출제됩니다. 이 경우, Part 3에서는 사람들이 선호하는 영화 장르, 영화를 집에서 보는 것과 영화관에서 보는 것의 차이점에 대한 질문을 할 경우가 많습니다.

4

Describe the movie that you like the most. 당신이 가장 좋아하는 영화에 대해 말하라.

You should say:

what genre the movie belongs to 그 영화가 어떤 장르인지
what plot it has 줄거리가 무엇인지
how many times you've watched it 몇 번 봤는지
and explain why you like this movie the most. 그리고 왜 이 영화를 가장 좋아하는지 설명하라.

답변
아이디어
&표현

① 그 영화가 어떤 장르인지	• 홀리데이 코미디 액션 영화	• a holiday comedy and action movie
② 줄거리가 무엇인지	• Kevin이란 이름의 어린 소년에 대한 • 그의 가족은 뜻하지 않게 그를 잊어버린다 • 그들이 크리스마스 휴가를 떠날 때 • 두 명의 도둑들에 맞서 집을 지킨다	• about a young boy named Kevin • his family accidentally forgets him • when they leave for their Christmas vacation • defend the house against two thieves
③ 몇 번 봤는지	• 적어도 10번	• at least 10 times
④ 왜 이 영화를 가장 좋아하는지	• 웃음이 나게 하는 • 편안한 마음으로 재미있게 볼 수 있는 • 배우들의 연기가 훌륭하다	• good for a laugh • fun to watch with a relaxed mind • actors' performances are great

📝 나의 노트

🎤 나의 답변   답변 아이디어와 표현을 참고해서 나의 답변을 말해보고 모범답변을 참고하여 답변을 보완해보자.

모범 노트

- Home Alone
- holiday comedy and action
- a young boy named Kevin
- his family forgets him
- leave for Christmas vacation
- defend the house against thieves
- 10 times
- good for a laugh
- actors' performances, great

Unit 04 Track 12

모범 답변

① **There are many** movies that I like, **but** my all-time favorite is *Home Alone*, which is a holiday comedy and action movie.

② It's about a young boy named Kevin. On Christmas, his family accidentally forgets him when they leave for their Christmas vacation. Then, he is put in a situation where he has to defend the house against two thieves.

③ I have watched this movie at least 10 times **because** I have watched it every Christmas since I was young.

④ **There are several reasons** that I love this movie the most. **First**, it's good for a laugh. I like movies that make me laugh without thinking too seriously. In this movie there are no hidden serious messages — it's just fun to watch with a relaxed mind. **Also**, the actors' performances are great. The actor who plays Kevin is really good at acting, despite his young age. **In addition**, the performances by the supporting actors, the thieves, are so realistic that they really seem like bad guys.

① 제가 좋아하는 영화는 많지만, 제가 시대를 초월하여 가장 좋아하는 것은 *나 홀로 집에*이고, 이것은 홀리데이 코미디 액션 영화입니다.

② 이 영화는 Kevin이란 이름의 어린 소년에 대한 것입니다. 크리스마스에 그의 가족은 크리스마스 휴가를 떠나면서 뜻하지 않게 그를 잊어버립니다. 그 다음에, 그는 두 명의 도둑들에 맞서 집을 지켜야 하는 상황에 처하게 됩니다.

③ 저는 이 영화를 적어도 10번은 봤는데 왜냐하면 제가 어릴 때부터 매년 크리스마스에 그것을 보았기 때문입니다.

④ 제가 이 영화를 가장 좋아하는 데에는 몇 가지 이유가 있습니다. 첫째로, 이 영화는 웃음이 나게 합니다. 저는 너무 심각하게 생각하는 것 없이 저를 웃게 만드는 영화를 좋아합니다. 이 영화에는 감춰진 진지한 메시지가 없고, 그저 편안한 마음으로 재미있게 볼 수 있습니다. 또한, 배우들의 연기가 훌륭합니다. Kevin을 연기하는 배우는 어린 나이에도 불구하고 정말 연기를 잘 합니다. 게다가, 도둑들인 조연 배우들의 연기도 매우 현실적이어서 그들은 정말로 악당처럼 보입니다.

어휘 **all-time** 시대를 초월한, 영원한, 불변의 **accidentally**[æ̀ksədéntəli] 뜻하지 않게, 우연히
good for a laugh 웃음을 나게 하는, 웃고 싶어지는 **seriously**[síriəsli] 심각하게, 진지하게
hidden[hidn] 감춰진, 숨은 **supporting actor** 조연 배우 **realistic**[rì:əlístik] 현실적인, 사실적인

UNIT 04 Leisure time & Hobbies 여가시간과 취미 HACKERS IELTS SPEAKING

5 What movie genre do people in your country enjoy most?

당신의 나라 사람들은 어떤 장르의 영화를 가장 즐겨 보나요?

 답변 아이디어 &표현

핵심답변	코미디	comedy
부연설명	• 많은 스트레스와 걱정을 겪는다	• experience a great deal of stress and worry
	• 일시적으로 그들의 걱정거리를 잊는다	• forget about their concerns temporarily
	• 즐겁거나 웃긴 것에 웃는다	• laugh at something amusing or ridiculous
	• 그들의 골칫거리들은 머리 뒤편으로 미루어진다	• their problems get pushed to the back of their minds

 나의 답변   답변 아이디어와 표현을 참고해서 나의 답변을 말해보고 모범답변을 참고하여 답변을 보완해보자.

 모범 답변

핵심답변 **Individual preferences differ from person to person, but** I think the most popular genre overall is comedy. 부연설명 **This is because** people these days experience a great deal of stress and worry. Watching funny movies allows them to forget about their concerns temporarily. When they laugh at something amusing or ridiculous on screen, their problems get pushed to the back of their minds.

핵심답변 개인적인 선호는 사람마다 다르지만, 저는 일반적으로 가장 인기 있는 장르가 코미디라고 생각합니다. 부연설명 이것은 요즘 사람들이 많은 스트레스와 걱정을 겪기 때문입니다. 웃긴 영화를 보는 것은 그들이 일시적으로 걱정거리를 잊을 수 있게 해 줍니다. 그들이 화면에 있는 즐겁거나 웃긴 것에 웃을 때, 그들의 골칫거리들은 머리 뒤편으로 미루어집니다.

어휘 individual[ìndəvídʒuəl] 개인적인, 개개의   overall[òuvərɔ́ːl] 일반적으로, 전반적으로
temporarily[tèmpərérəli] 일시적으로, 임시로   amusing[əmjúːziŋ] 즐거운   ridiculous[ridíkjələs] 웃기는, 우스운

6

Do people prefer watching movies at home or at a cinema?

사람들은 영화를 집에서 보는 것을 선호하나요 아니면 영화관에서 보는 것을 선호하나요?

답변
아이디어
&표현

핵심답변	차라리 집에서 영화를 본다	would rather stay home to watch movies
부연설명	• 시간과 돈을 절약해 준다	• saves time and money
	• 영화관 티켓은 꽤 비싸다	• movie theater tickets are quite pricey
	• 훨씬 더 편하다	• is much more comfortable
	• 소파에 누울 수 있다	• can lie down on the sofa
	• 화장실에 뛰어 다녀오기 위해 영화를 잠시 멈춘다	• pause the movie to run to the bathroom

나의 답변

답변 아이디어와 표현을 참고해서 나의 답변을 말해보고 모범답변을 참고하여 답변을 보완해보자.

모범 답변

핵심답변 I think many people would rather stay home to watch movies. 부연설명 **First**, watching them at home saves time and money. Movie theater tickets are quite pricey today. It **also** takes a while to get to the theater, if you don't live nearby. **Second**, watching movies at home is much more comfortable. At home, you can lie down on the sofa, chat with your family, and even pause the movie to run to the bathroom. **However**, at a cinema, none of these are possible.

핵심답변 저는 많은 사람들이 차라리 집에서 영화를 보고 싶어 한다고 생각합니다. 부연설명 첫째, 집에서 영화를 보는 것은 시간과 돈을 절약해 줍니다. 요즘 영화관 티켓은 꽤 비쌉니다. 또 당신이 근처에 살지 않는다면, 영화관까지 가는 데 시간이 걸립니다. 둘째, 집에서 영화를 보는 것이 훨씬 더 편합니다. 집에서 당신은 소파에 누울 수 있고, 가족들과 이야기하고, 심지어는 화장실에 뛰어 다녀오기 위해 영화를 잠시 멈출 수도 있습니다. 하지만 영화관에서는 이것들 중 그 무엇도 가능하지 않습니다.

어휘 pricey[práisi] 비싼   lie down 눕다   chat[tʃæt] 이야기하다   pause[pɔːz] 잠시 멈추다

* 나의 답변을 말해본 후, 348페이지의 답변 셀프 체크 포인트를 통해 나의 답변을 점검하고 보완하도록 합니다.

UNIT
04

Leisure time & Hobbies 여가시간과 취미   HACKERS IELTS SPEAKING

UNIT 05

Music & Art 음악과 미술

음악 · 미술은 스피킹 시험에서 수험생들이 자주 질문 받는 주제입니다. 따라서 음악 · 미술과 관련된 빈출문제, 관련 아이디어 및 표현, 그리고 모범답변을 학습하여 준비해둡니다.

■ PART 1 빈출문제

Part 1에서는 어떤 음악을 듣는 것을 좋아하는지, 사진 찍는 것을 좋아하는지 등 음악과 미술에 대한 개인적인 질문을 합니다. 따라서 다음 Part 1 빈출문제를 확인하여 본인의 음악, 그림, 사진 취향과 관련된 기본적인 내용을 미리 영어로 정리해 보고 연습하도록 합니다.

음악	**What kind of music do you like to listen to?** 최빈출 당신은 어떤 종류의 음악을 즐겨 듣나요? **Do you prefer to listen to live music or recorded music?** 당신은 라이브 음악을 듣는 것을 선호하나요 아니면 녹음된 음악을 듣는 것을 선호하나요?
사진	**Do you like to take pictures? Why?** 최빈출 낭신은 사진 찍는 것을 좋아하나요? 왜 그런가요? **What do you do with the pictures that you take?** 당신은 찍은 사진들로 무엇을 하나요? **Do you think you should learn skills related to photography?** 당신은 당신이 사진과 관련된 기술들을 배워야 한다고 생각하나요?
그림	**Do you like to go to art galleries?** 최빈출 당신은 미술관에 가는 것을 좋아하나요? **Do you like to draw?** 당신은 그림 그리는 것을 좋아하나요? **Did you take art classes when you were young?** 당신은 어렸을 때 미술 수업을 들었나요?

Part 2에서는 기억에 남는 음악이나 좋아하는 음악에 대해 묘사하라는 문제가 자주 나옵니다. 가장 자주 나오는 문제인 기억에 남는 음악이 무엇인지에 대한 답변을 준비해두면, 좋아하는 음악 등을 묻는 다른 문제에도 활용할 수 있습니다.

Part 3에서는 나이 든 사람과 젊은 사람이 좋아하는 음악 사이에 차이가 있는지, 아이들이 그림을 배워야 하는지와 같이 다소 까다로운 질문을 하므로, 미리 빈출문제와 모범답변을 살펴보고 나의 답변을 준비해둡니다.

음악

PART 2

Describe a memorable song to you. 당신에게 기억에 남는 노래에 대해 말하라. 최빈출

You should say:
　　what the song is 무슨 노래인지
　　when you first heard this song 언제 처음 이 노래를 들었는지
　　how often you hear this song 이 노래를 얼마나 자주 듣는지
and explain why it is memorable to you. 그리고 왜 그것이 당신에게 기억에 남는지 설명하라.

PART 3

What kind of music do people like in your country? 최빈출
당신의 나라 사람들은 어떤 종류의 음악을 좋아하나요?

Are there any differences between the music young people like and the music old people like in your country? 당신의 나라에서 젊은 사람들이 좋아하는 음악과 나이 많은 사람들이 좋아하는 음악 사이에는 차이점이 있나요?

사진

PART 2

Describe a photograph that you like. 당신이 좋아하는 사진에 대해 말하라. 최빈출

You should say:
　　when and where the photo was taken 사진이 언제 어디서 찍혔는지
　　what you can see in the photo 사진에서 무엇을 볼 수 있는지
　　how you keep this photo 사진을 어떻게 보관하는지
and explain why you like this photo. 그리고 왜 당신이 이 사진을 좋아하는지 설명하라.

PART 3

What are the pros and cons of taking pictures with a smartphone? 최빈출
스마트폰으로 사진을 찍는 것의 장단점은 무엇인가요?

Do you think children should learn how to paint?
당신은 아이들이 그림 그리는 법을 배워야 한다고 생각하나요?

UNIT
05

Music & Art 음악과 미술　HACKERS IELTS SPEAKING

1 What kind of music do you like to listen to?

음악

당신은 어떤 종류의 음악을 즐겨 듣나요?

Unit 05 Track 1

답변 아이디어 & 표현

아이디어 1	핵심답변	댄스 음악	dance music
	부연설명	• 걸그룹들의 최신 유행 노래	• trendy songs by girl groups
		• 빠른 박자와 경쾌한 멜로디	• fast tempos and upbeat melodies
		• 내 기분을 아주 좋게 만든다	• improve my mood greatly
아이디어 2	핵심답변	재즈	jazz
	부연설명	• 색소폰 소리를 좋아한다	• love the sound of saxophone
		• 여유롭고 평온하게 만들어 준다	• makes me feel relaxed and tranquil

 나의 답변 답변 아이디어와 표현을 참고해서 나의 답변을 말해보고 모범답변을 참고하여 답변을 보완해보자.

모범 답변

핵심답변 I'm into dance music nowadays. 부연설명 **More specifically**, I love to listen to trendy songs by girl groups. They usually have fast tempos and upbeat melodies, so they improve my mood greatly.

핵심답변 저는 요즘 댄스 음악에 빠져 있습니다. 부연설명 좀더 구체적으로 말하면, 저는 걸그룹들의 최신 유행 노래를 듣는 것을 좋아합니다. 그것들은 주로 빠른 박자와 경쾌한 멜로디를 갖고 있어서, 제 기분을 아주 좋게 만듭니다.

여휘 be into ~에 빠져 있다, 관심이 많다   upbeat[ʌ́pbìːt] 경쾌한

2 Do you prefer to listen to live music or recorded music?

음악

당신은 라이브 음악을 듣는 것을 선호하나요 아니면 녹음된 음악을 듣는 것을 선호하나요?

Unit 05 Track 2

답변 아이디어 & 표현

아이디어 1	핵심답변	라이브 음악	live music
	부연설명	• 예술가들이 실제로 무대에서 공연하는 것을 본다	• watch artists actually perform on stage
		• 콘서트 티켓이 비싸다	• concert tickets are expensive
		• 내가 듣는 대부분의 노래들은 녹음된 것이다	• most of the songs I listen to are recorded
아이디어 2	핵심답변	녹음된 음악	recorded music
	부연설명	• 원할 때마다 음악을 들을 수 있다	• can listen to music whenever I want to
		• 콘서트의 음질은 나쁠 수 있다	• sound quality of concerts can be poor

 나의 답변 답변 아이디어와 표현을 참고해서 나의 답변을 말해보고 모범답변을 참고하여 답변을 보완해보자.

모범 답변

핵심답변 I definitely prefer live music. 부연설명 Listening to recorded songs cannot compare to watching artists actually perform on stage. **However**, concert tickets are expensive, so most of the songs I listen to are recorded.

핵심답변 저는 확실히 라이브 음악을 선호합니다. 부연설명 녹음된 노래를 듣는 것은 예술가들이 실제로 무대에서 공연하는 것과 비교할 수 없습니다. 하지만, 콘서트 티켓이 비싸서, 제가 듣는 대부분의 노래들은 녹음된 것입니다.

여휘 record[rikɔ́ːrd] 녹음하다   compare to ~와 비교하다

3 Do you like to take pictures? Why?

사진

당신은 사진 찍는 것을 좋아하나요? 왜 그런가요?

답변 아이디어 & 표현	아이디어 1	핵심답변	사진 찍는 것을 좋아한다	like to take pictures
		부연설명	• 사진들만이 진정한 기념품이다 • 그것들을 기억할 수 있는 다른 방법이 없다	• photos are the only real souvenirs • there's no other way to remember them
	아이디어 2	핵심답변	사진 찍는 데 관심이 없다	I'm not interested in taking pictures
		부연설명	• 사진 찍는 데 재능이 없다 • 순간을 즐기는 것을 선호한다 • 가끔 셀카를 찍는다	• have no talent for photography • prefer to live in the moment • sometimes take selfies

🎙 나의 답변 | 답변 아이디어와 표현을 참고해서 나의 답변을 말해보고 모범답변을 참고하여 답변을 보완해보자.

모범 답변

핵심답변 I do like to take pictures. 부연설명 In my opinion, photos are the only real souvenirs. **For example**, if I go to a restaurant and the dishes look fabulous, I need to take pictures of them. There's no other way to remember them or show them to friends.

핵심답변 저는 사진 찍는 것을 좋아합니다. 부연설명 제 의견으로는, 사진들만이 진정한 기념품입니다. 예를 들어, 만약 제가 레스토랑에 갔는데 음식이 멋져 보인다면, 저는 그것들의 사진을 찍어야 합니다. 그것들을 기억하거나 친구들에게 보여줄 수 있는 다른 방법은 없습니다.

어휘 souvenir[sùːvəníər] 기념품 fabulous[fǽbjələs] 멋진, 굉장한

4 What do you do with the pictures that you take?

사진

당신은 찍은 사진들로 무엇을 하나요?

답변 아이디어 & 표현	아이디어 1	핵심답변	친구들과 가족과 함께 공유한다	share them with my friends and family
		부연설명	• 여러 장의 사진을 찍는다 • 여러 소셜 네트워킹 웹사이트에 업로드한다	• take multiple shots • upload them on various social networking websites
	아이디어 2	핵심답변	사진 앨범을 만든다	create photo albums
		부연설명	• 사진을 아름답게 편집한다 • 그것들을 액자에 넣고 집에 걸어둔다	• edit the pictures beautifully • frame and hang them in my house

🎙 나의 답변 | 답변 아이디어와 표현을 참고해서 나의 답변을 말해보고 모범답변을 참고하여 답변을 보완해보자.

모범 답변

핵심답변 Most of the time, I share them with my friends and family. 부연설명 Whenever I take pictures, I take multiple shots. After that, I choose the ones I like the most. Then I upload them on various social networking websites.

핵심답변 대부분의 경우, 저는 그것들을 친구들과 가족과 함께 공유합니다. 부연설명 제가 사진을 찍을 때마다, 저는 여러 장을 찍습니다. 그 이후에, 저는 가장 맘에 드는 것들을 고릅니다. 그리고 나서 저는 그것들을 여러 소셜 네트워킹 웹사이트에 업로드합니다.

어휘 multiple[mʌ́ltəpl] 여러, 다양한

UNIT 05 Music & Art 음악과 미술 HACKERS **IELTS** SPEAKING

5

Do you think you should learn skills related to photography?

당신은 당신이 사진과 관련된 기술들을 배워야 한다고 생각하나요?

사진

답변
아이디어
&표현

아이디어 1	핵심답변	내게 그다지 중요하지 않다	it isn't really that important to me
	부연설명	• 내 휴대폰을 사용해서 사진을 찍는다 • 내 사진 실력은 그렇게 나쁘지 않다	• use my cell phone to take photos • my photography skills aren't that bad
아이디어 2	핵심답변	배워야 한다고 생각한다	I think I should
	부연설명	• 눈길을 끄는 사진들을 만들 수 있다 • 놀라운 디테일을 포착하고 싶다	• can create eye-catching shots • want to capture incredible detail

🎙 나의 답변 답변 아이디어와 표현을 참고해서 나의 답변을 말해보고 모범답변을 참고하여 답변을 보완해보자.

모범 답변

핵심답변 For now, studying photography isn't really that important to me. 부연설명 I only use my cell phone to take photos, so there might not be a lot to learn. **Besides**, my photography skills aren't that bad for the kind of pictures I usually take.

핵심답변 현재로서는 사진을 공부하는 것이 저에게 그다지 중요하지 않습니다. 부연설명 저는 제 휴대폰만을 사용해서 사진을 찍어서, 아마 배울 것이 많지 않을 것입니다. 게다가, 제 사진 실력은 제가 주로 찍는 사진의 종류에 비해서는 그렇게 나쁘지 않습니다.

어휘 besides[bisáidz] 게다가

6

Do you like to go to art galleries?

당신은 미술관에 가는 것을 좋아하나요?

그림

답변
아이디어
&표현

아이디어 1	핵심답변	가능할 때마다 미술관에 방문한다	visit art galleries whenever I can
	부연설명	• 지역 예술가들의 그림을 본다 • 특별 전시	• see paintings by local artists • a special exhibition
아이디어 2	핵심답변	전혀 방문하지 않는다	don't visit them at all
	부연설명	• 예술에 대해 배경 지식이 많지 않다 • 온라인에서도 그림들을 찾을 수 있다	• don't have much background knowledge of art • can find paintings online, too

🎙 나의 답변 답변 아이디어와 표현을 참고해서 나의 답변을 말해보고 모범답변을 참고하여 답변을 보완해보자.

모범 답변

핵심답변 Yes, I visit art galleries whenever I can. 부연설명 There is a municipal art gallery not far from where I live, so I usually go there to see paintings by local artists. **Also**, I sometimes go to the National Museum of Modern and Contemporary Art when there is a special exhibition.

핵심답변 네, 저는 가능할 때마다 미술관에 방문합니다. 부연설명 제가 사는 곳에서 멀지 않은 곳에 시립 미술관이 있어서, 저는 지역 예술가들의 그림을 보러 보통 그곳에 갑니다. 또한, 저는 특별 전시가 있을 때 종종 국립현대미술관에 갑니다.

어휘 municipal[mjuːnísipl] 시립의, 지방 자치제의
National Museum of Modern and Contemporary Art 국립현대미술관 exhibition[èksibíʃn] 전시

7 Do you like to draw?

그림

당신은 그림 그리는 것을 좋아하나요?

답변 아이디어 & 표현	아이디어 1	핵심답변	공책에 스케치하는 것을 좋아한다	like to sketch in my notebooks
		부연설명	• 지루함을 느낄 때 낙서를 끄적거린다 • 내 친구들의 캐리커처	• doodle when I'm bored • caricatures of my friends
	아이디어 2	핵심답변	그림을 그리는 것을 좋아하지 않는다	don't like to draw
		부연설명	• 그림 실력이 형편 없는 • 학교에서 미술 수업을 좋아하지 않았다	• terrible at drawing • didn't like art classes at school

🎤 나의 답변   답변 아이디어와 표현을 참고해서 나의 답변을 말해보고 모범답변을 참고하여 답변을 보완해보자.

모범 답변

핵심답변 **Even though** I had no formal training, I do like to sketch in my notebooks and personal diaries. 부연설명 **Also**, I sometimes doodle when I'm bored. Most often, they are caricatures of my friends or random objects around me.

핵심답변 저는 정식 교육을 받지는 않았지만, 공책과 개인 일기장에 스케치하는 것을 좋아합니다. 부연설명 또한, 저는 지루함을 느낄 때 종종 낙서를 끄적거립니다. 대부분의 경우, 그것들은 제 친구들의 캐리커처나 제 주위에 있는 임의의 물건들입니다.

어휘 doodle[dúːdl] 낙서를 끄적거리다   random[rǽndəm] 임의의, 되는대로의

---

8 Did you take art classes when you were young?

그림

당신은 어렸을 때 미술 수업을 들었나요?

답변 아이디어 & 표현	아이디어 1	핵심답변	학교에서 그림 그리는 법을 배웠다	was taught how to draw at school
		부연설명	• 완벽한 사과를 그렸던 것을 기억한다 • 물체들을 강조하고 음영을 넣는 법을 가르쳐 주셨다	• remember drawing a perfect apple • taught me how to highlight and shade the objects
	아이디어 2	핵심답변	방과 후 미술 수업을 들었다	took after-school art classes
		부연설명	• 그림을 통해 내 감정을 표현했다 • 다양한 예술 기법들을 배웠다	• expressed my feelings through paintings • learned different artistic techniques

🎤 나의 답변   답변 아이디어와 표현을 참고해서 나의 답변을 말해보고 모범답변을 참고하여 답변을 보완해보자.

모범 답변

핵심답변 Yes, I was taught how to draw in art classes at school. 부연설명 I remember drawing a perfect apple while observing a real apple. My art teacher taught me how to highlight and shade the objects I drew.

핵심답변 네, 저는 학교 미술 시간에 그림 그리는 법을 배웠습니다. 부연설명 저는 실제 사과를 관찰하면서 완벽한 사과를 그린 것을 기억합니다. 제 미술 선생님은 제가 그린 물체들을 강조하고 음영을 넣는 법을 가르쳐 주셨습니다.

어휘 observe[əbzə́ːrv] 관찰하다, 보다   shade[ʃeid] 음영을 넣다

UNIT **05**

Music & Art 음악과 미술   HACKERS IELTS SPEAKING

| 음악 | Part 2에서는 음악에 대해 묘사하라는 문제가 자주 출제됩니다. 이 경우, Part 3에서는 사람들이 좋아하는 음악 장르, 나이 많은 사람과 젊은 사람이 좋아하는 음악의 차이에 대한 질문을 할 경우가 많습니다 |

PART 2

1

Describe a memorable song to you. 당신에게 기억에 남는 노래에 대해 말하라.

You should say:
 what the song is 무슨 노래인지
 when you first heard this song 언제 처음 이 노래를 들었는지
 how often you hear this song 이 노래를 얼마나 자주 듣는지
and explain why it is memorable to you. 그리고 왜 그것이 당신에게 기억에 남는지 설명하라.

① 무슨 노래인지	• 존 레논의 '이매진' • 존 레논의 첫 솔로곡 중 하나	• *Imagine* by John Lennon • one of Lennon's first solo songs
② 언제 처음 들었는지	• 초등학생 시절	• sometime when I was in elementary school
③ 얼마나 자주 듣는지	• 자주 듣지 않는다 • 최소 일 년에 한 번	• don't listen to this song often • at least once a year
④ 왜 당신에게 기억에 남는지	• 아버지의 생신 파티에서 불렀다 • 남동생과 나의 첫 듀엣 곡 • 가사가 의미있다	• sang it at my father's birthday party • my first duet with my brother • lyrics are meaningful

📝 나의 노트

🎤 나의 답변   답변 아이디어와 표현을 참고해서 나의 답변을 말해보고 모범답변을 참고하여 답변을 보완해보자.

모범 노트

- Imagine, John Lennon, first solo song
- can't remember exactly when
- probably in elementary school
- not often
- once a year, father's birthday
- birthday party, my first duet
- lyrics, meaningful, conflicts in the world

모범 답변

① The song that has left the biggest impression on me is *Imagine* by John Lennon, one of the co-founders of the Beatles. *Imagine* was one of Lennon's first solo songs after the band split up. It was also his most popular solo release.

② I can't really remember when I first heard the song. But it was probably sometime when I was in elementary school. My father is a huge fan of John Lennon, so his music was always playing in our house.

③ I don't listen to this song often **since** I'm into other types of music, like hip hop, these days. **However**, I play this song at least once a year, on my father's birthday, **because** it's his favorite song.

④ **There are a couple of reasons why** this song is memorable. **First**, my brother and I sang it together at my father's birthday party. It was **not only** my first time performing in front of many people, **but also** my first duet with my brother. **Second**, the lyrics are meaningful. They describe a world where there is peace. With all the conflicts going on in the world today, it's hard not to think about the song's lyrics from time to time.

① 제게 가장 큰 인상을 남긴 곡은 비틀즈의 공동 창시자 중 한 명인 존 레논의 '이매진'입니다. '이매진'은 밴드가 해체된 이후 레논의 첫 번째 솔로 곡 중 하나였습니다. 또한 이것은 그의 가장 인기 있는 솔로 발매 음반이었습니다.

② 제가 언제 처음 그 곡을 들었는지는 기억이 나지 않습니다. 하지만 아마도 초등학생 시절이었던 것 같습니다. 저희 아버지는 존 레논의 열렬한 팬이어서, 저희 집에는 항상 그의 음악이 재생되고 있었습니다.

③ 저는 요즘 힙합과 같은 다른 종류의 음악에 빠져 있기 때문에 이 노래를 자주 듣지 않습니다. 하지만, 저는 아버지의 생신 때 이 노래를 최소 일 년에 한 번은 트는데, 이 노래가 아버지가 가장 좋아하시는 노래이기 때문입니다.

④ 이 곡이 왜 제게 인상적인지에는 몇 가지 이유가 있습니다. 먼저, 제 아버지의 생신 파티에서 남동생과 저는 그 노래를 함께 불렀습니다. 많은 사람들 앞에서 공연하는 것이 처음이었을 뿐 아니라, 남동생과 하는 첫 번째 듀엣 곡이었습니다. 둘째로 가사가 의미 있습니다. 가사는 평화가 있는 세계를 묘사합니다. 오늘날 세계에서 분쟁이 계속되고 있는 가운데, 때때로 이 노래의 가사를 생각해보지 않기란 어렵습니다.

어휘 memorable[mémərəbl] 기억할 만한, 인상적인　release[rilíːs] 발매 음반　duet[djuːét] 듀엣 곡, 이중창
lyric[lírik] 가사　conflict[kάːnflikt] 분쟁, 다툼

PART 3

2 What kind of music do people like in your country?

당신의 나라 사람들은 어떤 종류의 음악을 좋아하나요?

답변 아이디어 & 표현			
핵심답변 ①	대중 음악		pop music
부연설명	• 따라 부르기 즐거운 • 특히 노래방에 갔을 때		• fun to sing along to • especially when you're at a karaoke room
핵심답변 ②	랩 음악		rap music
부연설명	• 특히 젊은이들에게 엄청나게 인기 있는 • 랩 스타를 찾는 TV 오디션 프로그램		• extremely popular, especially with young people • TV talent shows searching for rap stars

 나의 답변   답변 아이디어와 표현을 참고해서 나의 답변을 말해보고 모범답변을 참고하여 답변을 보완해보자.

모범 답변

서론 **There are several** types of music **that** are popular in Korea at the moment. 핵심답변 ① One of them is pop music. 부연설명 I think Koreans like pop music **because** it's fun to sing along to, especially when you're at a karaoke room with friends. 핵심답변 ② Koreans love to listen to rap music **as well**. 부연설명 It's gotten extremely popular, especially with young people, as TV talent shows searching for rap stars have become increasingly common.

서론 현재 한국에서 인기 있는 몇 가지 종류의 음악이 있습니다. 핵심답변 ① 그 중 하나는 대중 음악입니다. 부연설명 저는 한국인들이 대중 음악을 좋아한다고 생각하는데, 왜냐하면 특히 친구들과 함께 노래방에 갔을 때 따라 부르기 즐겁기 때문입니다. 핵심답변 ② 한국인들은 랩 음악을 듣는 것도 좋아합니다. 부연설명 랩 스타를 찾는 TV 오디션 프로그램들이 점점 더 흔해지면서, 특히 젊은이들에게 엄청나게 인기를 얻었습니다.

어휘 popular[pάːpjələr] 인기 있는 pop music 대중 음악 sing along 노래를 따라 부르다

3

Are there any differences between the music young people like and the music old people like in your country?

당신의 나라에서 젊은 사람들이 좋아하는 음악과 나이 많은 사람들이 좋아하는 음악 사이에는 차이점이 있나요?

답변 아이디어 & 표현

핵심답변	한국에서 중장년층이 듣는 음악은 완전히 다르다	the music that the elderly listen to in Korea is totally different
부연설명	• 어르신들은 트로트 음악을 듣는다 • 미국의 컨트리 음악과 비슷한 • 젊은이들은 랩과 힙합 음악을 즐긴다 • 서양문화가 한국에 큰 영향을 끼쳤다	• senior citizens listen to trot music • similar to American country music • youth enjoy rap and hip hop music • Western culture has had a big influence on Korea

🎤 나의 답변 ｜ 답변 아이디어와 표현을 참고해서 나의 답변을 말해보고 모범답변을 참고하여 답변을 보완해보자.

모범 답변

핵심답변 Yes, the music that the elderly listen to in Korea is totally different from the music young people listen to. 부연설명 Many senior citizens listen to trot music. This is a traditional style of music. I guess it's a bit similar to American country music in some ways. **Meanwhile**, today's youth enjoy rap and hip hop music. I think it's **because** Western culture has had a big influence on Korea in the last couple of decades.

핵심답변 네, 한국에서 중장년층이 듣는 음악은 젊은이들이 듣는 음악과 완전히 다릅니다. 부연설명 많은 어르신들은 트로트 음악을 듣습니다. 이는 전통적인 스타일의 음악입니다. 어떤 점에서는 미국의 컨트리 음악과 약간 비슷한 것 같습니다. 한편, 요즘 젊은이들은 랩과 힙합 음악을 즐깁니다. 제 생각에는 서양 문화가 지난 몇십 년간 한국에 큰 영향을 끼쳤기 때문인 것 같습니다.

어휘 the elderly 중장년층, 노인들   senior citizen 어르신, 고령자   meanwhile[mí:nwàil] 한편   youth[ju:θ] 젊은이들
decade[dékeid] 십 년

UNIT
05

Music & Art 음악과 미술   HACKERS **IELTS** SPEAKING

Part 2에서는 사진에 대해 묘사하라는 문제가 자주 출제됩니다. 이 경우, Part 3에서는 스마트폰이나 일반 카메라로 찍는 사진의 장단점에는 무엇이 있는지, 아이들이 그림 그리는 것을 배워야 한다고 생각하는지에 대한 질문을 할 경우가 많습니다.

PART 2

4

Describe a photograph that you like. 당신이 좋아하는 사진에 대해 말하라.

You should say:
when and where the photo was taken 사진이 언제 어디서 찍혔는지
what you can see in the photo 사진에서 무엇을 볼 수 있는지
how you keep this photo 사진을 어떻게 보관하는지
and explain why you like this photo. 그리고 왜 당신이 이 사진을 좋아하는지 설명하라.

답변 아이디어 & 표현

① 사진이 언제 어디서 찍혔는지	• 작년에 사진관에서	• at a photo studio last year
② 사진에서 무엇을 볼 수 있는지	• 부모님, 형, 나 • 모두가 옷을 잘 차려 입고 활짝 웃고 있다	• my parents, my brother and I • everyone is dressed up and smiling from ear to ear
③ 사진을 어떻게 보관하는지	• 나무로 된 액자에 넣어서 거실에 걸어 놓았다 • 사진을 휴대폰 배경화면으로 설정했다	• put it in a wooden frame and hung it in our living room • set the picture as the background image on my phone
④ 왜 이 사진을 좋아하는지	• 긍정적인 에너지를 준다 • 기분이 좋아진다	• gives me positive energy • my spirits are lifted

나의 노트

나의 답변 답변 아이디어와 표현을 참고해서 나의 답변을 말해보고 모범답변을 참고하여 답변을 보완해보자.

모범 노트

- photo studio, last year
- parents, brother and I
- dressed up, smile
- in a wooden frame & hung it in living room
- background image on my phone
- positive energy
- feel blue, spirits are lifted

🎧 Unit 05 Track 12

모범 답변

① I've probably seen **thousands of** photographs in my life. **However, my favorite one is** a family portrait that was taken at a photo studio last year to celebrate my parents' wedding anniversary.

② It's a really great picture. In the photo, my parents are sitting on a small bench, and my brother and I are standing behind them. Everyone is dressed up and smiling from ear to ear. **Even though** it seems like we were just standing and sitting there, it took more than an hour to get this perfect shot.

③ My mom put it in a wooden frame and hung it in our living room. She **also** had a digital copy and sent it to all of us. I set the picture as the background image on my phone so that I can see it whenever I check my device.

④ I love this picture and look at it almost every single day. **That's because** it gives me positive energy. Anytime I'm feeling blue, all I have to do is look at it, and my spirits are lifted.

① 저는 아마도 제 인생에서 수천 장의 사진을 봐왔을 겁니다. 하지만, 제가 가장 좋아하는 사진은 부모님의 결혼 기념일을 축하하기 위해 작년에 사진관에서 찍은 가족 사진입니다.

② 이것은 정말 멋진 사진입니다. 사진에서, 저희 부모님은 작은 벤치에 앉아 계시고, 형과 저는 부모님의 뒤에서 있습니다. 모두가 옷을 잘 차려 입고 활짝 웃고 있습니다. 저희가 그저 거기에 서 있거나 앉아 있는 것처럼 보이지만, 이 완벽한 사진을 얻기 위해 한 시간이 넘게 걸렸습니다.

③ 저희 어머니는 나무로 된 액자에 그것을 넣어서 거실에 걸어 놓으셨습니다. 어머니는 또한 그것의 디지털 사본을 가지고 계셨고 저희 모두에게 그것을 보내 주셨습니다. 저는 그 사진을 휴대폰의 배경 화면으로 설정하여 제가 휴대폰을 확인할 때마다 그것을 볼 수 있게 했습니다.

④ 저는 이 사진을 정말 좋아하고 그것을 거의 매일 봅니다. 이는 그 사진이 제게 긍정적인 에너지를 주기 때문입니다. 제가 우울할 때마다, 저는 그 사진을 보기만 하면 기분이 좋아집니다.

어휘 portrait[pɔ́:rtrət] 사진, 초상화 be dressed up 옷을 잘 차려 입다 smile from ear to ear 활짝 웃다
feel blue 우울하다 spirit[spírit] 기분, 마음, 정신 lift[lift] (기분이) 좋아지다, 홀가분해지다

UNIT
05

Music & Art 음악과 미술 HACKERS **IELTS** SPEAKING

5 What are the pros and cons of taking pictures with a smartphone?

스마트폰으로 사진을 찍는 것의 장단점은 무엇인가요?

 답변
아이디어
& 표현

핵심답변 ①	편리성	convenience
부연설명	• 가벼운 • 특별한 관리가 필요하지 않다 • 사진을 편집하고 다른 사람들에게 보내는 것이 빠르고 쉬운	• lightweight • don't need special care • quick and easy to edit pictures and send them to other people
핵심답변 ②	일반 카메라로 찍은 것만큼 고품질이 아닌	not as high quality as those taken with regular cameras
부연설명	• 일반 카메라로 찍은 사진이 더 선명하다	• pictures taken with regular cameras are clearer

 나의 답변 답변 아이디어와 표현을 참고해서 나의 답변을 말해보고 모범답변을 참고하여 답변을 보완해보자.

모범 답변

핵심답변 ① Well, with regard to the pros, convenience is the most obvious advantage. 부연설명 Smartphones are lightweight and don't need special care, like expensive cameras. **Also**, thanks to the many photo apps that are now available for mobile devices, it is quick and easy to edit pictures and send them to other people. 핵심답변 ② As for the drawbacks, a major one is that photos taken with smartphones are not as high quality as those taken with regular cameras. 부연설명 The pictures taken with regular cameras are usually much clearer.

핵심답변 ① 장점에 대해서라면, 편리성이 가장 명백한 장점입니다. 부연설명 스마트폰은 가볍고, 비싼 카메라처럼 특별한 관리가 필요하지 않습니다. 또한, 모바일 기기에서 현재 이용할 수 있는 많은 사진 앱들 덕분에, 사진을 편집하고 다른 사람들에게 보내는 것이 빠르고 쉽습니다. 핵심답변 ② 단점에 관해서라면, 주된 단점은 스마트폰으로 찍은 사진은 일반 카메라로 찍은 것만큼 고품질이 아니라는 것입니다. 부연설명 일반 카메라로 찍은 사진이 주로 더 선명합니다.

어휘 with regard to ~에 관해서는 lightweight[láitweit] 가벼운, 경량의 high quality 고품질의

PART 3

6

Do you think children should learn how to paint?

당신은 아이들이 그림 그리는 법을 배워야 한다고 생각하나요?

 답변
아이디어
&표현

핵심답변	아이들은 그림 그리는 것을 배워야 한다	children should learn to paint
부연설명	• 상상력을 기르는 것을 도와준다 • 머리 속으로 무언가를 상상하는 것을 배운다 • 아이들이 감정들을 표현하도록 해준다 • 감정에 대한 통제력을 얻고 평정을 유지한다	• helps build imagination • learn to picture something in their minds • allow children to express feelings • gain control over their emotions and remain calm

 나의 답변

답변 아이디어와 표현을 참고해서 나의 답변을 말해보고 모범답변을 참고하여 답변을 보완해보자.

모범 답변

핵심답변 Yes, I absolutely think that children should learn to paint. 부연설명 **For one**, it helps build imagination. When children paint, they learn to picture something in their minds and to figure out how to depict that image on paper. This process boosts their imagination. **Moreover**, painting can allow children to express feelings that they may not be able to express in words. This can help them gain control over their emotions and remain calm.

핵심답변 네, 저는 전적으로 아이들이 그림 그리는 것을 배워야 한다고 생각합니다. 부연설명 우선 첫째로, 그것은 상상력을 기르는 것을 도와줍니다. 아이들이 그림을 그릴 때, 그들은 머리 속으로 무언가를 상상하고 그 이미지를 종이에 어떻게 그려야 하는지 생각해 내는 것을 배웁니다. 이 과정은 그들의 상상력을 증대시킵니다. 게다가, 그림 그리기는 아이들이 말로는 표현하지 못할 수 있는 감정들을 표현하도록 해줄 수 있습니다. 이는 그들이 감정에 대한 통제력을 얻고 평정을 유지하도록 도와줄 수 있습니다.

어휘 imagination[imǽdʒənéiʃn] 상상력 depict[dipíkt] 그리다, 묘사하다 boost[buːst] 증대시키다, 밀어 올리다

*나의 답변을 말해본 후, 348페이지의 답변 셀프 체크 포인트를 통해 나의 답변을 점검하고 보완하도록 합니다.

UNIT
05

Music & Art 음악과 미술 HACKERS IELTS SPEAKING

UNIT 06 Fashion & Shopping 패션과 쇼핑

패션·쇼핑은 스피킹 시험에서 수험생들이 자주 질문 받는 주제입니다. 따라서 패션·쇼핑과 관련된 빈출문제, 관련 아이디어 및 표현, 그리고 모범답변을 학습하여 준비해둡니다.

■ PART 1 빈출문제

Part 1에서는 어떤 가방을 좋아하는지, 모자를 언제 쓰는지 등 패션 아이템에 관한 개인적인 선호 및 착용 습관에 대해 질문을 합니다. 따라서 다음 Part 1 빈출문제를 확인하여 본인의 패션 취향, 쇼핑 습관에 관련된 기본적인 내용을 미리 영어로 정리해보고 연습하도록 합니다.

가방	**What kind of factors do you consider when buying a bag?** 최빈출 당신은 가방을 살 때 어떤 요소들을 고려하나요? **Do you carry different bags depending on the situation?** 당신은 상황에 따라 다른 가방을 가지고 다니나요?
모자	**When do people wear hats or caps in your country?** 최빈출 당신의 나라에서는 사람들이 언제 모자를 쓰나요? **Do you wear caps for your convenience or for fashion?** 당신은 편의를 위해 모자를 쓰나요 아니면 패션을 위해 쓰나요?
신발	**Do you like to wear fashionable shoes or comfortable shoes?** 최빈출 당신은 멋있는 신발을 신는 것을 좋아하나요 아니면 편안한 신발을 신는 것을 좋아하나요? **How often do you buy shoes?** 당신은 얼마나 자주 신발을 사나요?
색깔	**What is your favourite colour?** 최빈출 당신이 가장 좋아하는 색은 무엇인가요?
쇼핑	**Do you like shopping?** 최빈출 당신은 쇼핑을 좋아하나요?

Part 2에서는 가장 좋아하는 물건, 유용한 물건, 고장 난 물건에 대해 묘사하라는 문제가 자주 나옵니다. 가장 자주 나오는 문제인 가장 좋아하는 물건이 무엇인지에 대한 답변을 준비해두면, 유용한 물건, 고장 난 물건 등을 묻는 다른 질문에도 활용할 수 있습니다.

Part 3에서는 온라인 쇼핑의 장단점이 무엇인지, 유니폼의 장단점은 무엇인지와 같이 일상적으로 생각해보지 않았을 가능성이 높은 질문을 하므로, 미리 빈출문제와 모범답변을 살펴보고 나의 답변을 준비해둡니다.

옷

PART 2

Describe a clothing item that you like. 당신이 좋아하는 옷에 대해 말하라. 최빈출

You should say:
  what the clothing item looks like 그 옷이 어떻게 생겼는지
  how you got it 그것을 어떻게 얻었는지
and explain why you like this clothing item. 그리고 왜 이 옷을 좋아하는지 설명하라.

PART 3

Why do people dress differently at work than at other times? 최빈출
사람들은 왜 직장에서는 옷을 다른 때와 다르게 입나요?

What are the pros and cons of wearing a uniform?
유니폼을 입는 것의 장단점은 무엇인가요?

쇼핑

PART 2

Describe your favourite item. 당신이 가장 좋아하는 물건에 대해 말하라. 최빈출

You should say:
  what this item is 이 물건이 무엇인지
  when and where you bought this item 이 물건을 언제 어디서 샀는지
  how you use it 그것을 어떻게 이용하는지
and explain why you like this item. 그리고 왜 이 물건을 좋아하는지 설명하라.

PART 3

Tell me about the benefits and drawbacks of online shopping. 최빈출
온라인 쇼핑의 장단점에 대해 말해주세요.

Do people prefer small shops or large shops in your country?
당신의 나라 사람들은 작은 상점을 선호하나요 아니면 큰 상점을 선호하나요?

1 가방

What kind of factors do you consider when buying a bag?

🎧 Unit 06 Track 1

당신은 가방을 살 때 어떤 요소들을 고려하나요?

아이디어 1	핵심답변	내가 가방을 살 때 고려하는 두 가지가 있다	there are two things I consider when I buy a bag
	부연설명	• 내 옷과 잘 어울리는 가방 • 다양한 물건들을 가지고 다닌다 • 주머니와 칸막이	• a bag that matches well with my clothes • carry many different items • pockets and compartments
아이디어 2	핵심답변	가격과 품질	price and quality
	부연설명	• 적당한 가격이어야 한다 • 방수가 되고 내구력이 강한	• should be reasonably priced • waterproof and durable

🎙️ 나의 답변 | 답변 아이디어와 표현을 참고해서 나의 답변을 말해보고 모범답변을 참고하여 답변을 보완해보자.

모범 답변

핵심답변 There are two things I consider when I buy a bag. 부연설명 **First**, I look for a bag that matches well with my clothes. **Second**, since I carry many different items, it is handy to have one with many pockets and compartments.

핵심답변 제가 가방을 살 때 고려하는 두 가지가 있습니다. 부연설명 첫째로, 저는 제 옷과 잘 어울리는 가방을 찾습니다. 둘째로, 저는 많은 다양한 물건들을 가지고 다니기 때문에, 주머니와 칸막이가 많은 가방을 가지는 것이 편리합니다.

어휘 handy[hǽndi] 편리한, 유용한   compartment[kəmpάːrtmənt] 칸막이, 구분

---

2 가방

Do you carry different bags depending on the situation?

🎧 Unit 06 Track 2

당신은 상황에 따라 다른 가방을 가지고 다니나요?

아이디어 1	핵심답변	확실히 다른 가방을 가지고 다닌다	I certainly do
	부연설명	• 주로 회색 천 가방을 가지고 다닌다 • 격식을 갖춘 행사에는 • 기본 검은색 가죽 가방을 가지고 간다	• usually carry around my gray fabric backpack • on formal events • take a basic black leather bag
아이디어 2	핵심답변	한 가지 가방만 가지고 다닌다	I only carry one bag
	부연설명	• 갈색 숄더백이 있다 • 어떤 상황에도 적당한	• have a brown shoulder bag • appropriate for any situation

🎙️ 나의 답변 | 답변 아이디어와 표현을 참고해서 나의 답변을 말해보고 모범답변을 참고하여 답변을 보완해보자.

모범 답변

핵심답변 Yes, I certainly do. 부연설명 I usually like to carry around my gray fabric backpack **because** it is comfortable and has a lot of room. **However**, on formal events, such as a friend's wedding, I take a basic black leather bag with me.

핵심답변 네, 확실히 그렇습니다. 부연설명 저는 주로 회색 천 가방을 가지고 다니는 것을 좋아하는데 왜냐하면 편하고 공간이 많이 있기 때문입니다. 하지만, 친구의 결혼식과 같이 격식을 갖춘 행사에는 저는 기본 검은색 가죽 가방을 가지고 갑니다.

어휘 fabric[fǽbrik] 천   room[ruːm] 공간, 자리   formal[fɔ́ːrml] 격식을 갖춘, 공식적인

3 When do people wear hats or caps in your country?

당신의 나라에서는 사람들이 언제 모자를 쓰나요?

모자

답변 아이디어 & 표현	아이디어 1	핵심답변	등산을 가거나 바닷가에 갈 때	when they go hiking or go to the beach
		부연설명	• 눈부신 햇빛으로부터 눈과 얼굴을 보호한다 • 옷으로 좋은 인상을 준다	• protect one's eyes and face from the glaring sunlight • dress to impress
	아이디어 2	핵심답변	여름 동안에	during the summer
		부연설명	• 얼굴이 햇빛에 타는 것을 원치 않는다 • 겨울에는 그만큼 자주 모자를 쓰지 않는다	• don't like to get sunburned on their faces • don't wear hats or caps as frequently in the winter

 나의 답변 답변 아이디어와 표현을 참고해서 나의 답변을 말해보고 모범답변을 참고하여 답변을 보완해보자.

모범 답변

핵심답변 In Korea, people generally wear hats and caps when they go hiking or go to the beach. 부연설명 I guess it is to protect their eyes and face from the glaring sunlight. **Additionally, because** young people here consider caps and beanies fashion items, they like to wear them when they dress to impress.

핵심답변 한국에서, 사람들은 보통 등산을 가거나 바닷가에 갈 때 모자를 씁니다. 부연설명 아마도 눈부신 햇빛으로부터 눈과 얼굴을 보호하기 위한 것 같습니다. 추가로, 이곳의 젊은이들은 모자와 비니를 패션 아이템이라고 생각하므로, 옷으로 좋은 인상을 주기 위할 때 그것들을 쓰는 것을 좋아합니다.

어휘 glaring[glériŋ] 눈부신, 너무 밝은 beanie[bíːni] 비니(작고 챙이 없는 모자)

4 Do you wear caps for your convenience or for fashion?

당신은 편의를 위해 모자를 쓰나요 아니면 패션을 위해 쓰나요?

모자

답변 아이디어 & 표현	아이디어 1	핵심답변	편의를 위해	for my convenience
		부연설명	• 내 기름진 머리를 감춘다 • 준비할 시간이 많지 않을 때 유용한	• hide my greasy hair • useful when I don't have much time to get ready
	아이디어 2	핵심답변	패션을 위해	for fashion
		부연설명	• 모자를 옷에 맞춘다 • 나를 더 유행에 뒤떨어지지 않고 멋지게 보이도록 한다	• match caps with my clothes • make me look more stylish and trendy

 나의 답변 답변 아이디어와 표현을 참고해서 나의 답변을 말해보고 모범답변을 참고하여 답변을 보완해보자.

모범 답변

핵심답변 I usually wear them for my convenience. 부연설명 If I can't wash my hair and it's a bit greasy, I put on a cap. That way, I can hide my greasy hair. So, caps are pretty useful when I don't have much time to get ready in the morning.

핵심답변 저는 주로 편의를 위해 모자를 씁니다. 부연설명 제가 머리를 감지 못해서 머리가 좀 기름지면, 저는 모자를 씁니다. 그렇게 하면, 저는 제 기름진 머리를 감출 수 있습니다. 따라서, 모자는 제가 아침에 준비할 시간이 많지 않을 때 꽤 유용합니다.

어휘 greasy[gríːsi] 기름진 hide[haid] 감추다, 숨기다

UNIT 06

Fashion & Shopping 패션과 쇼핑 HACKERS IELTS SPEAKING

5

신발

Do you like to wear fashionable shoes or comfortable shoes?
당신은 멋있는 신발을 신는 것을 좋아하나요 아니면 편안한 신발을 신는 것을 좋아하나요?

 답변
아이디어
& 표현

아이디어 1	핵심답변	두 가지 특성 모두를 선택한다	go for both qualities
	부연설명	• 편안한 신발이 좋다 • 보기 흉한 것을 신고 싶지 않다 • 내게 꼭 맞는 한 짝을 찾다	• like comfortable shoes • don't want to wear something ugly • find the right pair for me
아이디어 2	핵심답변	편안한 신발	comfy shoes
	부연설명	• 걸어서 통근한다 • 뒤꿈치에 쿠션이 많은 운동화를 선호 한다	• commute on foot • prefer sneakers with lots of cushion in the heel

나의 답변 답변 아이디어와 표현을 참고해서 나의 답변을 말해보고 모범답변을 참고하여 답변을 보완해보자.

모범 답변

핵심답변 I try to go for both qualities when buying shoes. 부연설명 I like comfortable shoes, but obviously I don't want to wear something ugly. So when I shop for shoes, I visit as many stores as possible to find the right pair for me.

핵심답변 저는 신발을 살 때 두 가지 특성 모두를 선택하려고 합니다. 부연설명 저는 편안한 신발이 좋긴 하지만, 당연히 보기 흉한 것을 신고 싶지는 않습니다. 그래서 신발을 사러 갈 때 저는 제게 꼭 맞는 한 짝을 찾기 위해 가능한 한 많은 상점에 갑니다.

어휘 go for ~을 선택하다

6

신발

How often do you buy shoes?
당신은 얼마나 자주 신발을 사나요?

 답변
아이디어
& 표현

아이디어 1	핵심답변	6개월에 한 번 정도씩	every 6 months or so
	부연설명	• 걷는 것을 좋아한다 • 내 신발은 꽤 빨리 닳는 편이다	• love to walk around • my shoes tend to wear out pretty quickly
아이디어 2	핵심답변	일년에 세네 번	3 or 4 times a year
	부연설명	• 특정 디자이너의 신발을 모은다 • 그 브랜드가 새로운 라인을 내놓을 때마다	• collect shoes by a certain designer • whenever that brand puts out a new line

나의 답변 답변 아이디어와 표현을 참고해서 나의 답변을 말해보고 모범답변을 참고하여 답변을 보완해보자.

모범 답변

핵심답변 On average, I think I buy shoes once every 6 months or so. 부연설명 Because I love to walk around, my shoes tend to wear out pretty quickly. Therefore, I need to get new ones more often than most other people.

핵심답변 저는 평균적으로 6개월에 한 번 정도씩 신발을 사는 것 같습니다. 부연설명 저는 걷는 것을 좋아하기 때문에, 제 신발은 꽤 빨리 닳는 편입니다. 따라서 저는 대부분의 다른 사람들보다 더 자주 새 신발을 사야 합니다.

어휘 average[ǽvəridʒ] 평균 or so ~ 정도, 쯤 wear out 닳다

7 What is your favourite colour?

색깔

당신이 가장 좋아하는 색은 무엇인가요?

아이디어 1	핵심답변	• 검은색	• black
	부연설명	• 내 소지품의 대부분이 검은색이다	• most of my possessions are black
		• 검은색 옷을 사는 것을 그만 둘 수 없다	• can't help but buy black clothing
아이디어 2	핵심답변	빨간색	red
	부연설명	• 빨간색이 튀어서 좋아한다	• like red since it sticks out
		• 다른 사람들로부터 주목받는 것을 좋아한다	• like to get attention from other people

나의 답변 답변 아이디어와 표현을 참고해서 나의 답변을 말해보고 모범답변을 참고하여 답변을 보완해보자.

모범 답변

핵심답변 My favorite color is black **because** it goes with everything, and it's so chic. 부연설명 **Therefore**, most of my possessions, including my clothes, are black. **Even though** my mom always says that I should wear brighter colors, I can't help but buy black clothing.

핵심답변 제가 가장 좋아하는 색깔은 검은색인데, 왜냐하면 그것은 모든 것과 잘 어울리고 세련되기 때문입니다. 부연설명 따라서, 옷을 포함한 제 소지품의 대부분은 검은색입니다. 제 어머니는 제가 더 밝은 색의 옷을 입어야 한다고 항상 말씀하시지만, 저는 검은색 옷을 사는 것을 그만 둘 수 없습니다.

어휘 go with ~과 잘 어울리다 chic[ʃiːk] 세련된, 멋진 possession[pəzéʃən] 소지품

 Unit 06 Track 8

8 Do you like shopping?

쇼핑

당신은 쇼핑을 좋아하나요?

아이디어 1	핵심답변	물론이다	of course
	부연설명	• 멋지고 근사한 새로운 물건들을 발견한다	• discover cool and stylish new products
		• 최고의 거래를 얻어내려 한다	• try to get the best deal
아이디어 2	핵심답변	쇼핑을 좋아하지 않는다	I don't care for shopping
	부연설명	• 많은 시간과 노력이 든다	• takes a lot of time and effort
		• 무언가 필요하면 온라인으로 산다	• when I need something, I buy it online

나의 답변 답변 아이디어와 표현을 참고해서 나의 답변을 말해보고 모범답변을 참고하여 답변을 보완해보자.

모범 답변

핵심답변 Of course! Who doesn't like it? 부연설명 When I go shopping, I get to discover cool and stylish new products, so it is very exciting for me. **Additionally**, it's very fun to compare different items and try to get the best deal. I love shopping so much that I can do it all day.

핵심답변 물론이죠! 좋아하지 않는 사람도 있나요? 부연설명 제가 쇼핑하러 갈 때 저는 멋지고 근사한 새로운 물건들을 발견하게 되므로 매우 즐겁습니다. 더욱이, 다른 물건들을 비교하며 최고의 거래를 얻어내려 하는 것도 재미있습니다. 저는 쇼핑을 매우 좋아해서 하루 종일 할 수도 있습니다.

어휘 discover[diskʌ́vər] 발견하다 compare[kəmpéər] 비교하다

옷	Part 2에서는 옷에 대해 묘사하라는 문제가 자주 출제됩니다. 이 경우, Part 3에서는 유니폼의 장단점, 상황에 따라 다른 옷을 입는 이유에 대한 질문을 할 경우가 많습니다.

PART 2

1

Describe a clothing item that you like. 당신이 좋아하는 옷에 대해 말하라.

You should say:
    what the clothing item looks like 그 옷이 어떻게 생겼는지
    how you got it 그것을 어떻게 얻었는지
and explain why you like this clothing item. 그리고 왜 이 옷을 좋아하는지 설명하라.

답변
아이디어
&표현

① 그 옷이 어떻게 생겼는지	• 내 무릎을 덮을 정도로 충분히 긴 • 주머니가 여섯 개 있다	• long enough to cover my knees • has six pockets
② 그것을 어떻게 얻었는지	• 작년에 내 생일 선물로 어머니께서 그것을 내게 주셨다	• my mother gave it to me for my birthday last year
③ 왜 이 옷을 좋아하는지	• 내가 몹시 추운 한국의 겨울을 견딜 수 있을 만큼 충분히 따뜻한 • 디자인이 딱 내 취향이다 • 때와 얼룩이 눈에 덜 띈다	• warm enough for me to endure the freezing Korean winters • its design is just my type • dirt and stains are less noticeable

📄 나의 노트

나의 답변

답변 아이디어와 표현을 참고해서 나의 답변을 말해보고 모범답변을 참고하여 답변을 보완해보자.

모범 노트

- duck-down coat

- long enough to cover my knees
- 6 pockets

- mom, my birthday last year

- warm in the winter
- design, my type
- dirt & stains, less noticeable

🎧 Unit 06 Track 9

모범 답변

① **I'd like to tell you about** my duck-down coat, which is my favorite clothing item. It's a great coat that is long enough to cover my knees. That means I don't have to worry about wind on my legs. **Also**, it has six pockets, which offers me room for my hands and all the things I need to carry.

② My mother gave it to me for my birthday last year. At the time, I had been shopping for a new coat, but all the good-looking ones cost an arm and a leg for a student like me. **Therefore**, I was so grateful when I received this coat.

③ I absolutely love this coat **for several reasons. First of all**, it is warm enough for me to endure the freezing Korean winters. **Actually**, I didn't used to go out much in winter **because** I'm very sensitive to cold temperatures. But, thanks to this coat, I went outside a lot last winter. **Moreover**, its design is just my type. I especially like its color, black. I love the color black since it goes with everything. **Plus**, dirt and stains are less noticeable on it.

① 제가 가장 좋아하는 옷인 오리털 코트에 대해 말하겠습니다. 이 코트는 제 무릎을 덮을 정도로 충분히 긴 좋은 코트입니다. 이는 제 무릎에 부는 바람에 대해 걱정할 필요가 없다는 것을 의미합니다. 또한, 코트에는 주머니가 여섯 개 있는데, 이는 제 손과 제가 가지고 다녀야 하는 모든 것들을 위한 공간을 제공합니다.

② 작년에 제 생일 선물로 어머니께서 그것을 제게 주셨습니다. 그 당시, 저는 새로운 코트를 찾아다니고 있었지만, 멋진 것들은 저 같은 학생에게 너무 큰 돈이 들었습니다. 그 까닭에, 저는 이 코트를 받았을 때 정말 감사했습니다.

③ 저는 몇 가지 이유로 이 코트를 정말 좋아합니다. 우선, 이 코트는 제가 몹시 추운 한국의 겨울을 견딜 수 있을 만큼 충분히 따뜻합니다. 사실, 저는 추위에 매우 민감하기 때문에 겨울에는 밖에 잘 나가지 않곤 했습니다. 하지만, 이 코트 덕분에, 저는 지난 겨울에 밖에 많이 나갔습니다. 더욱이, 코트의 디자인이 딱 제 취향입니다. 저는 특히 그것의 색인 검은색을 좋아합니다. 저는 검은색이 모든 것과 잘 어울리기 때문에 좋아합니다. 또한, 이 코트에서는 때와 얼룩이 눈에 덜 띕니다.

어휘 down[daun] (새의) 부드러운 털　shop for 찾아다니다, 물색하다　cost an arm and a leg 큰 돈이 들다
grateful[gréitfəl] 감사하는, 고마워하는　endure[indjúər] 견디다, 지속하다　freezing[fríːziŋ] 몹시 추운
thanks to ~ 덕분에, 덕택에　dirt[dəːrt] 때　stain[stein] 얼룩　noticeable[nóutisəbl] 눈에 띄는, 두드러진

2 Why do people dress differently at work than at other times?

사람들은 왜 직장에서는 옷을 다른 때와 다르게 입나요?

 답변
아이디어
& 표현

핵심답변 ①	직장에서는 전문적으로 보이도록 요구된다	are expected to look professional at work
부연설명	• 사무실에 정장을 입고 온다 • 비즈니스 상황에 적합한 복장	• show up at the office in suits • outfits appropriate for a business setting
핵심답변 ②	편하길 원한다	want to be comfortable
부연설명	• 사람들이 집에 있거나 친구들을 만날 때 • 캐주얼한 복장을 입는다	• when people stay at home or meet their friends • wear casual clothing

 나의 답변   답변 아이디어와 표현을 참고해서 나의 답변을 말해보고 모범답변을 참고하여 답변을 보완해보자.

모범 답변

핵심답변 ① The specific reasons **differ from person to person, but** it seems that it's mostly because people are expected to look professional at work. 부연설명 **Therefore**, most employees show up at the office in suits or other outfits appropriate for a business setting. 핵심답변 ② **On the other hand**, when people stay at home or meet their friends, they want to be comfortable. 부연설명 So, they generally wear casual clothing, like jeans, T-shirts, and sneakers.

핵심답변 ① 세부적인 이유는 사람마다 다르겠지만, 대부분은 사람들이 직장에서는 전문적으로 보이도록 요구되기 때문인 것 같습니다. 부연설명 따라서, 대부분의 직원들은 사무실에 정장이나 비즈니스 상황에 적합한 다른 복장을 입고 옵니다. 핵심답변 ② 반면에, 사람들이 집에 있거나 친구들을 만날 때, 그들은 편하길 원합니다. 부연설명 그래서 그들은 주로 청바지, 티셔츠, 운동화와 같은 캐주얼한 복장을 입습니다.

어휘 professional[prəféʃənl] 전문적인 suit[suːt] 정장 outfit[áutfit] 복장, 옷

3 What are the pros and cons of wearing a uniform?
유니폼을 입는 것의 장단점은 무엇인가요?

답변
아이디어
& 표현

핵심답변 ①	아침에 옷을 입기가 훨씬 더 쉽고 빠르다	it is a lot easier and quicker to get dressed in the morning
부연설명	• 단 하나의 의복 선택권이 있다 • 적절한 옷을 고르는 데 시간을 쓰지 않아도 된다	• only have one wardrobe option • don't need to spend time selecting appropriate clothes
핵심답변 ②	개성을 제한할 수 있다	can limit your individuality
부연설명	• 개성을 표현하는 하나의 방법 • 다른 사람들과 같이 똑같은 옷을 입는다	• one way of expressing your personality • wear the same outfit as everyone else

나의 답변   답변 아이디어와 표현을 참고해서 나의 답변을 말해보고 모범답변을 참고하여 답변을 보완해보자.

모범 답변

핵심답변 ① One main advantage is that it is a lot easier and quicker to get dressed in the morning if uniforms are required. 부연설명 When you only have one wardrobe option, you don't need to spend time selecting appropriate clothes for work or school. 핵심답변 ② **On the other hand**, having to wear a uniform can limit your individuality. 부연설명 Choosing to wear certain clothes is one way of expressing your personality. **However**, if you have to wear the same outfit as everyone else, you can't do that.

핵심답변 ① 한 가지 큰 장점은 유니폼을 입어야 하는 경우 아침에 옷을 입기가 훨씬 더 쉽고 빠르다는 것입니다. 부연설명 당신에게 단 하나의 의복 선택권이 있을 때, 직장이나 학교를 위해 적절한 옷을 고르는 데 시간을 쓰지 않아도 됩니다. 핵심답변 ② 반면에, 유니폼을 입어야 하는 것은 당신의 개성을 제한할 수 있습니다. 부연설명 어떤 옷을 입기로 선택하는 것은 당신의 개성을 표현하는 하나의 방법입니다. 하지만, 다른 사람들과 같이 똑같은 옷을 입어야만 한다면, 당신은 개성을 표현할 수 없습니다.

어휘 wardrobe[wɔ́ːrdroub] 의복, 의상   individuality[ìndəvìdʒuǽləti] 개성, 특성   personality[pə̀ːrsənǽləti] 개성

UNIT
06

Fashion & Shopping 패션과 쇼핑   HACKERS IELTS SPEAKING

Part 2에서는 쇼핑과 관련된 문제가 자주 출제됩니다. 이 경우, Part 3에서는 온라인 쇼핑의 장단점, 큰 상점과 작은 상점에 대한 일반적인 선호도에 대한 질문을 할 경우가 많습니다.

PART 2

4

Describe your favourite item. 당신이 가장 좋아하는 물건에 대해 말하라.

You should say:
    what this item is 이 물건이 무엇인지
    when and where you bought this item 이 물건을 언제 어디서 샀는지
    how you use it 그것을 어떻게 이용하는지
and explain why you like this item. 그리고 왜 이 물건을 좋아하는지 설명하라.

⚡ 답변
아이디어
& 표현

① 이 물건이 무엇인지	• 노트북	• laptop
② 이 물건을 언제 어디서 샀는지	• 지난해 연말 세일 때 • 쇼핑몰에서	• last year at a year-end sale • at the shopping mall
③ 그것을 어떻게 이용하는지	• 과제, 서류 업무, 조사를 한다 • 오락을 위해 • 게임을 한다	• do assignments, paperwork, and research • for entertainment • play games
④ 왜 이 물건을 좋아하는지	• 디자인이 내 취향에 맞다 • 멋진 • 빠른 • 작고 가벼운	• its design suits my taste • chic • speedy • small and lightweight

📄 나의 노트

 나의 답변

답변 아이디어와 표현을 참고해서 나의 답변을 말해보고 모범답변을 참고하여 답변을 보완해보자.

- laptop
- last year, year-end sale
- mall
- assignments, paperwork, research
- entertainment, play games
- design suits my taste, chic
- speedy
- small, lightweight

🎧 Unit 06 Track 12

모범 답변

① I've bought **many** things, **but my favorite** purchase of all time **is** my laptop. It was one of the latest models when I bought it, and it still has cutting edge features.

② I bought it last year at a year-end sale at the shopping mall. It was a bit pricey, but I got a great deal on it. I saved nearly 50 percent off the regular price!

③ I think I've used it every day since I purchased it. **In fact**, I do all of my assignments, paperwork, and research on it. When I'm not using it for those things, I **also** use it for entertainment. I usually play games on it.

④ **There are a couple of** things **that** I like about my laptop. **First**, its design really suits my taste. It's so chic that I want to show it to everyone. **Moreover**, it is speedy. My previous laptop took more than 5 minutes just to boot up. But this one works so fast that I don't get stressed out due to its speed. It's **also** small and lightweight. It weighs less than a kilogram and easily fits into my backpack.

① 저는 많은 것들을 샀지만, 지금껏 가장 마음에 드는 구입품은 제 노트북입니다. 그것은 제가 살 때 가장 최신 모델 중 하나였고 여전히 최첨단 특징들을 갖고 있습니다.

② 저는 이것을 지난해 연말 세일 때 쇼핑몰에서 샀습니다. 약간 비싸긴 했지만, 좋은 조건에 샀습니다. 저는 정가에서 거의 50퍼센트를 절약했습니다!

③ 저는 그것을 구매한 이후로 매일 사용해온 것 같습니다. 사실, 저는 이것으로 모든 과제, 서류 업무, 조사를 합니다. 이런 것들을 위해 노트북을 사용하지 않을 때는, 저는 오락을 위해서도 사용합니다. 저는 주로 이것으로 게임을 합니다.

④ 제 노트북에 대해 마음에 드는 몇 가지가 있습니다. 첫째, 디자인이 정말 제 취향에 맞습니다. 정말 멋져서 모든 사람에게 보여주고 싶습니다. 게다가, 이것은 빠릅니다. 제 이전 노트북은 부팅하는 데만 5분이 넘게 걸렸습니다. 하지만 이건 정말 빠르게 작동해서 속도 때문에 스트레스를 받지 않아도 됩니다. 또한 이 노트북은 작고 가볍습니다. 무게가 1킬로그램보다 적게 나가고 제 배낭 안에 꼭 맞습니다.

어휘 purchase[pə́ːrtʃəs] 구입품, 산 물건 latest[léitist] 최신의 cutting edge 최첨단의 regular price 정가
suit one's taste 취향에 맞다 chic[ʃiːk] 멋진, 세련된 boot up 컴퓨터를 부팅하다 weigh[wei] 무게가 ~이다

Tell me about the benefits and drawbacks of online shopping.

온라인 쇼핑의 장단점에 대해 말해주세요.

 답변
아이디어
&표현

핵심답변 ①	편리하다	it is convenient
부연설명	• 몇 번의 클릭만으로 물건을 산다 • 어디에 갈 필요 없이	• make a purchase with a few clicks • without having to go anywhere
핵심답변 ②	잘 맞지 않는 것을 살 수도 있다	might purchase something that doesn't fit properly
부연설명	• 어떤 것도 입어볼 수 없다 • 환불이나 교환을 받기 어렵다	• can't try anything on • it is difficult to get a refund or replacement

 나의 답변   답변 아이디어와 표현을 참고해서 나의 답변을 말해보고 모범답변을 참고하여 답변을 보완해보자.

모범 답변

핵심답변 ① The main advantage is that online shopping is convenient. 부연설명 You can make a purchase with a few clicks without having to go anywhere. 핵심답변 ② But, as for its disadvantages, you might purchase something that doesn't fit properly **since** you can't try anything on. 부연설명 Even worse, it is difficult to get a refund or replacement when you get items that are not your size.

핵심답변 ① 가장 큰 장점은 온라인 쇼핑이 편리하다는 것입니다. 부연설명 당신은 어디에 갈 필요 없이 몇 번의 클릭 만으로 물건을 살 수 있습니다. 핵심답변 ② 그러나 단점에 있어서는, 당신은 어떤 것도 입어볼 수 없기 때문에 당신에게 잘 맞지 않는 것을 살 수도 있습니다. 부연설명 심지어 더 나쁜 것은, 당신에게 맞지 않는 크기의 상품을 받게 되더라도 교환이나 환불을 받기가 어렵습니다.

어휘 make a purchase 물건을 사다   fit[fit] (의복 등이) 맞다, 어울리다   try on ~을 입어보다   refund[rífʌnd] 흰불
replacement[ripléismənt] 교환

6 Do people prefer small shops or large shops in your country?

당신의 나라 사람들은 작은 상점을 선호하나요 아니면 큰 상점을 선호하나요?

 답변
아이디어
& 표현

핵심답변	큰 상점	large shops
부연설명	• 더 다양한 물건을 제공한다	• offer more diverse products
	• 더 많은 재고품을 수용한다	• accommodate a greater inventory
	• 더 좋은 서비스를 받는다	• receive better service
	• 고객들의 요구를 처리하도록 특별히 훈련 받은 직원들	• employees who have been specially trained to handle customer needs

 나의 답변

답변 아이디어와 표현을 참고해서 나의 답변을 말해보고 모범답변을 참고하여 답변을 보완해보자.

모범 답변

서론 I think **individual preferences differ from person to person**. 핵심답변 **However**, most people seem to prefer large shops to smaller ones. 부연설명 **For one**, bigger stores tend to offer more diverse products than small shops **because** their large size can accommodate a greater inventory. **Plus**, I think shoppers receive better service at large stores because there are plenty of employees who have been specially trained to handle customer needs.

서론 개인적인 선호는 사람마다 다르다고 생각합니다. 핵심답변 하지만, 대부분의 사람들이 작은 상점보다 큰 상점을 선호하는 것 같습니다. 부연설명 우선, 더 큰 상점들은 그것들의 큰 규모가 더 많은 재고품을 수용할 수 있기 때문에 작은 상점들보다 더 다양한 물건을 제공하는 경향이 있습니다. 게다가, 큰 상점에는 고객들의 요구를 처리하도록 특별히 훈련 받은 직원들이 많기 때문에, 쇼핑객들이 더 좋은 서비스를 받는 것 같습니다.

어휘 diverse[divə́ːrs] 다양한　accommodate[əká:mədeit] 수용하다　inventory[ínvəntɔːri] 재고품, 물품 목록
handle[hǽndl] 처리하다, 디루다

* 나의 답변을 말해본 후, 348페이지의 답변 셀프 체크 포인트를 통해 나의 답변을 점검하고 보완하도록 합니다.

UNIT
06

Fashion & Shopping 패션과 쇼핑　HACKERS IELTS SPEAKING

UNIT 07

Sports & Activities 스포츠와 활동

스포츠·활동은 스피킹 시험에서 수험생들이 자주 질문 받는 주제입니다. 따라서 스포츠·활동과 관련된 빈출문제, 관련 아이디어 및 표현, 그리고 모범답변을 학습하여 준비해둡니다.

■ PART 1 빈출문제

Part 1에서는 걷기를 좋아하는지, 공원에 자주 가는지 등 스포츠와 활동에 관한 개인적인 선호에 대해 질문을 합니다. 따라서 다음 Part 1 빈출문제를 확인하여 스포츠 및 다양한 활동과 관련된 기본적인 내용을 미리 영어로 정리해보고 연습하도록 합니다.

걷기	**Do you like walking?** 최빈출 당신은 걷는 것을 좋아하나요?
공원	**Do you visit parks often?** 최빈출 당신은 공원에 자주 가나요?
스포츠	**Have you learned to swim?** 최빈출 당신은 수영하는 것을 배운 적이 있나요? **Do you think children should learn to swim?** 당신은 아이들이 수영하는 것을 배워야 한다고 생각하나요? **What is the most popular sport in your country?** 당신의 나라에서 가장 인기 있는 스포츠는 무엇인가요?
활동	**What kind of outdoor activities did you participate in when you were a child?** 최빈출 당신은 어렸을 때 어떤 종류의 야외 활동에 참여했나요? **Which do you prefer: indoor or outdoor activities?** 당신은 실내 활동과 야외 활동 중에 어느 것을 선호하나요? **What kind of indoor activities do you enjoy?** 당신은 어떤 종류의 실내 활동을 즐기나요?

Part 2에서는 이전에 배운 스포츠나 좋아하는 스포츠에 대해 묘사하라는 문제가 자주 나옵니다. 가장 자주 나오는 문제인 이전에 배운 스포츠가 무엇인지에 대한 답변을 준비해두면, 좋아하는 스포츠 등을 묻는 다른 문제에도 활용할 수 있습니다.

Part 3에서는 공원 조성이 중요하다고 생각하는지, 사람들이 익스트림 스포츠를 즐기는 이유는 무엇인지와 같이 일상적으로 생각해보지 않았을 가능성이 높은 질문을 하므로, 미리 빈출문제와 모범답변을 살펴보고 나의 답변을 준비해둡니다.

공원

PART 2

Describe a park that you visit often. 당신이 자주 가는 공원에 대해 말하라. 최빈출

You should say:
  where this park is 이 공원이 어디에 있는지
  how often you visit it 얼마나 자주 가는지
  what attractions it has 어떤 즐길 거리들이 있는지
and explain why you go to this park often. 그리고 왜 이 공원에 자주 가는지 설명하라.

PART 3

What do people usually do at the park? 최빈출
사람들은 공원에서 주로 무엇을 하나요?

Do you think parks are important?
당신은 공원이 중요하다고 생각하나요?

스포츠

PART 2

Describe a sport that you've learned to play. 당신이 배운 적이 있는 스포츠에 대해 말하라. 최빈출

You should say:
  what this sport is 이것이 어떤 스포츠인지
  why you learned it 왜 배웠는지
  how you learned it 어떻게 배웠는지
and explain what benefits you've gained from it. 그리고 그것으로부터 어떤 유익함을 얻었는지 설명하라.

PART 3

Why do you think extreme sports are popular? 최빈출
당신은 왜 익스트림 스포츠가 인기 있다고 생각하나요?

Do you think students should take P.E. classes?
당신은 학생들이 체육 수업을 들어야 한다고 생각하나요?

1
걷기

Do you like walking?

당신은 걷는 것을 좋아하나요?

🎧 Unit 07 Track 1

답변 아이디어 & 표현	아이디어 1	핵심답변	마음을 느긋하게 해준다고 생각한다	I find it relaxing
		부연설명	• 스트레스를 받을 때마다 • 산책을 하러 나간다 • 내 건강에 좋은	• whenever I'm stressed • go out for a walk • good for my health
	아이디어 2	핵심답변	걷는 것을 좋아하지 않는다	I don't like walking
		부연설명	• 대신 차나 자전거를 이용한다 • A지점에서 B지점까지 가기가 더 쉬운	• use a car or a bicycle instead • easier to get from point A to point B

🎤 **나의 답변** 답변 아이디어와 표현을 참고해서 나의 답변을 말해보고 모범답변을 참고하여 답변을 보완해보자.

모범 답변

핵심답변 Yes, I find it relaxing to walk around town. 부연설명 Whenever I'm stressed or have a lot on my mind, I go out for a walk. **Since** I usually don't exercise much, I think it is good for my health, too.

핵심답변 네, 저는 동네를 걷는 것이 마음을 느긋하게 해준다고 생각합니다. 부연설명 제가 스트레스를 받거나 머리가 복잡할 때마다, 저는 산책을 하러 나갑니다. 보통 저는 운동을 많이 하지 않기 때문에, 이것이 제 건강에도 좋다고 생각합니다.

어휘 have a lot on one's mind 머리가 복잡하다   go out for a walk 산책하러 나가다

2
공원

Do you visit parks often?

당신은 공원에 자주 가나요?

🎧 Unit 07 Track 2

답변 아이디어 & 표현	아이디어 1	핵심답변	한 달에 두세 번	two to three times a month
		부연설명	• 날씨가 화창하고 맑을 때 • 자연을 즐기기 위해 공원을 거닌다	• when the weather's sunny and clear • stroll around the park to enjoy nature
	아이디어 2	핵심답변	매일 공원에 방문한다	I visit the park every day
		부연설명	• 우리 집에서 걸어서 단지 5분 거리 • 운동을 하기에 좋은 곳	• just a five-minute walk from my home • a lovely place to get some exercise

🎤 **나의 답변** 답변 아이디어와 표현을 참고해서 나의 답변을 말해보고 모범답변을 참고하여 답변을 보완해보자.

모범 답변

핵심답변 I go to the park near my house two to three times a month. 부연설명 **However**, when the weather's sunny and clear, I visit it almost every day. When I visit, I usually stroll around the park to enjoy nature.

핵심답변 저는 집 근처에 있는 공원에 한 달에 두세 번 갑니다. 부연설명 하지만, 날씨가 화창하고 맑을 때, 저는 거의 매일 그곳에 방문합니다. 저는 방문할 때 자연을 즐기기 위해 주로 공원을 거닙니다.

어휘 stroll[stroul] 거닐다, 산책하다

3 Have you learned to swim?

스포츠
당신은 수영하는 것을 배운 적이 있나요?

 답변
아이디어
& 표현

아이디어 1	핵심답변	최근에 수영하는 것을 배웠다	I learned to swim recently
	부연설명	• 물에 대한 두려움이 있었다 • 두려움을 극복하고 싶었다	• had a fear of water • wanted to overcome my fear
아이디어 2	핵심답변	수영하는 것을 배운 적이 없다	I haven't learned to swim
	부연설명	• 우리 부모님은 나를 수영하러 데려 가시지 않았다 • 우리 학교에는 수영장이 없었다	• my parents never took me swimming • my school didn't have a pool

 나의 답변   답변 아이디어와 표현을 참고해서 나의 답변을 말해보고 모범답변을 참고하여 답변을 보완해보자.

모범 답변

핵심답변 Yes, I actually learned to swim recently. 부연설명 I didn't learn how when I was a child since I had a fear of water. But as I grew up, I wanted to overcome my fear and decided to learn. Now, I can swim pretty well.

핵심답변 네, 저는 사실 최근에 수영하는 것을 배웠습니다. 부연설명 저는 물에 대한 두려움이 있었기 때문에 어릴 때 수영하는 법을 배우지 않았습니다. 하지만 저는 자라면서 두려움을 극복하고 싶었고 배우기로 결정했습니다. 이제 저는 수영을 꽤 잘합니다.

어휘 overcome[òuvərkʌ́m] 극복하다 fear[fiər] 두려움, 무서움

4 Do you think children should learn to swim?

스포츠
당신은 아이들이 수영하는 것을 배워야 한다고 생각하나요?

 답변
아이디어
& 표현

아이디어 1	핵심답변	필수적이다	it is vital
	부연설명	• 그들의 생명을 구할 수 있는 기술 • 더 건강해지면서 즐거운 시간을 보낸다	• a skill that could save their lives • have a good time while becoming healthier
아이디어 2	핵심답변	꼭 필요하지 않다	not necessarily
	부연설명	• 우리 일상의 중요한 부분이 아닌 • 그들이 배우기 원하는 것을 스스로 결정해야 한다	• not an essential part of our daily lives • should decide for themselves what they wish to learn

 나의 답변   답변 아이디어와 표현을 참고해서 나의 답변을 말해보고 모범답변을 참고하여 답변을 보완해보자.

모범 답변

핵심답변 I think it is vital for children to learn how to swim **because** it is a skill that could save their lives. 부연설명 **Furthermore**, swimming is a fun activity for children as well as a good workout. By swimming, children can have a good time while becoming healthier.

핵심답변 저는 아이들이 수영하는 법을 배우는 것이 필수적이라고 생각하는데, 왜냐하면 그것은 그들의 생명을 구할 수 있는 기술이기 때문입니다. 부연설명 더욱이, 수영은 좋은 운동일 뿐만 아니라 아이들에게 있어 즐거운 활동이기도 합니다. 수영을 함으로써, 아이들은 더 건강해지면서 즐거운 시간을 보낼 수 있습니다.

어휘 vital[váitl] 필수적인, 중요적인 workout[wɔ́:rkaut] 운동

Sports & Activities 스포츠와 활동 HACKERS IELTS SPEAKING

UNIT
07

5 What is the most popular sport in your country?

스포츠

당신의 나라에서 가장 인기 있는 스포츠는 무엇인가요?

답변 아이디어 & 표현	아이디어 1	핵심답변	야구	baseball
		부연설명	• 수십 개의 야구장이 있다 • 관객들로 가득 찬	• there are dozens of baseball stadiums • filled with spectators
	아이디어 2	핵심답변	축구	soccer
		부연설명	• 축구 경기 티켓이 종종 매진된다 • 많은 사설 축구 동호회	• tickets to soccer matches are often sold out • many private soccer clubs

나의 답변　답변 아이디어와 표현을 참고해서 나의 답변을 말해보고 모범답변을 참고하여 답변을 보완해보자.

모범 답변

핵심답변 That would be baseball. 부연설명 There are dozens of baseball stadiums throughout the country, and they are filled with spectators whenever there is a match. **Moreover**, many Koreans watch Major League Baseball matches on cable TV.

핵심답변 그것은 야구일 것입니다. 부연설명 우리나라에는 전국에 수십 개의 야구장이 있으며, 경기가 있을 때마다 관객들로 가득 찹니다. 더욱이, 많은 한국인들은 케이블 TV에서 하는 메이저 리그 야구 경기를 봅니다.

어휘 spectator[spékteitər] 관객, 관중　match[mætʃ] 경기, 시합

6 What kind of outdoor activities did you participate in when you were a child?

활동

당신은 어렸을 때 어떤 종류의 야외 활동에 참여했나요?

답변 아이디어 & 표현	아이디어 1	핵심답변	축구를 하곤 했다	used to play soccer
		부연설명	• 나이 많은 아이들이 내게 규칙을 설명해 주었다 • 아이들의 아버지도 함께 와서 우리를 가르쳐 주셨다	• older kids explained the rules to me • kids' fathers came along and taught us
	아이디어 2	핵심답변	낚시	fishing
		부연설명	• 어릴 때 아버지와 낚시를 하러 갔다 • 특히 밤낚시를 좋아했다	• went fishing with my dad when I was little • especially loved fishing at night

나의 답변　답변 아이디어와 표현을 참고해서 나의 답변을 말해보고 모범답변을 참고하여 답변을 보완해보자.

모범 답변

핵심답변 When I was five or six, I used to play soccer every day with other children from the neighborhood. 부연설명 While playing soccer, the older kids explained the rules to me. **Also**, some of the kids' fathers sometimes came along and taught us how to play better.

핵심답변 제가 다섯 살인가 여섯 살 때, 저는 이웃의 아이들과 매일 축구를 하곤 했습니다. 부연설명 축구를 하는 동안, 나이 많은 아이들이 제게 규칙을 설명해 주었습니다. 또한, 가끔 몇몇 아이들의 아버지도 함께 와서 우리에게 어떻게 더 잘할 수 있는지를 가르쳐 주시기도 했습니다.

어휘 neighborhood[néibərhùd] 이웃, 인근

7 활동

Which do you prefer: indoor or outdoor activities?

당신은 실내 활동과 야외 활동 중에 어느 것을 선호하나요?

 답변 아이디어 & 표현

아이디어 1	핵심답변	야외 활동	outdoor activities
	부연설명	• 배드민턴을 치거나 자전거를 타러 간다	• play badminton or go cycling
		• 운동도 되고 신선한 공기를 마실 수 있게 한다	• allow me to exercise and get some fresh air
아이디어 2	핵심답변	실내 활동	indoor activities
	부연설명	• 날씨에 상관 없이	• regardless of the weather
		• 책을 읽고, 영화를 보거나 요리를 한다	• read, watch movies, or cook

나의 답변 | 답변 아이디어와 표현을 참고해서 나의 답변을 말해보고 모범답변을 참고하여 답변을 보완해보자.

모범 답변

핵심답변 I prefer outdoor activities **because** I'm an active person. 부연설명 Whenever I meet with friends, we usually play badminton or go cycling. I love to do these activities **because** they allow me to exercise and get some fresh air.

핵심답변 저는 활동적인 사람이기 때문에 야외 활동을 선호합니다. 부연설명 저는 친구들을 만날 때마다 보통 배드민턴을 치거나 자전거를 타러 갑니다. 운동도 되고 신선한 공기도 마실 수 있게 하기 때문에 이런 활동을 하는 것이 좋습니다.

어휘 active[æktiv] 활동적인

8 활동

What kind of indoor activities do you enjoy?

당신은 어떤 종류의 실내 활동을 즐기나요?

 답변 아이디어 & 표현

아이디어 1	핵심답변	TV 보는 것	watching TV
	부연설명	• 스트레스를 줄여준다	• relieves my stress
		• 내가 좋아하는 또 다른 실내 활동	• my other favorite indoor activity
		• 컴퓨터 게임을 하는 것	• playing computer games
아이디어 2	핵심답변	베이킹	baking
	부연설명	• 빵을 만들기 위해 레시피를 따른다	• follow recipes to make baked goods
		• 내가 구운 것들을 다른 사람들과 나눈다	• share some of the things I bake with other people

나의 답변 | 답변 아이디어와 표현을 참고해서 나의 답변을 말해보고 모범답변을 참고하여 답변을 보완해보자.

모범 답변

핵심답변 I enjoy watching TV when I'm at home. 부연설명 There are a couple of TV shows I like, and watching them really relieves my stress. My **other** favorite indoor activity is playing computer games. I usually invite my friends to my house so that we can play them together.

핵심답변 저는 집에 있을 때 TV를 보는 것을 즐깁니다. 부연설명 제가 좋아하는 TV 쇼가 몇 개 있는데, 이것들을 보는 것은 정말로 스트레스를 줄여줍니다. 제가 좋아하는 또 다른 실내 활동은 컴퓨터 게임을 하는 것입니다. 저는 함께 게임을 할 수 있도록 친구들을 집으로 주로 초대합니다.

어휘 relieve[rilíːv] 줄이다, 완화하다

공원	Part 2에서는 공원이나 정원에 대해 묘사하라는 문제가 자주 출제됩니다. 이 경우, Part 3에서는 공원 조성의 중요성, 사람들이 공원에서 주로 하는 활동에 대한 질문을 할 경우가 많습니다.

PART 2

1

Describe a park that you visit often. 당신이 자주 가는 공원에 대해 말하라.

You should say:
　　where this park is 이 공원이 어디에 있는지
　　how often you visit it 얼마나 자주 가는지
　　what attractions it has 어떤 즐길 거리들이 있는지
and explain why you go to this park often. 그리고 왜 이 공원에 자주 가는지 설명하라.

답변
아이디어
&표현

① 이 공원이 어디에 있는지	• 서울의 한강을 따라 위치한	• located along the Han River in Seoul
② 얼마나 자주 가는지	• 적어도 일주일에 한 번	• at least once a week
③ 어떤 즐길 거리들이 있는지	• 자전거 도로, 배드민턴 코트, 화원	• bike paths, badminton courts, and flower gardens
④ 왜 이 공원에 자주 가는지	• 휴식을 취하기에 최적의 장소 • 평온함과 고요함을 즐긴다 • 잔디에 앉아 생각을 하기 위해	• the perfect place to relax • enjoy peace and quiet • to sit on the grass and think

나의 노트

나의 답변　답변 아이디어와 표현을 참고해서 나의 답변을 말해보고 모범답변을 참고하여 답변을 보완해보자.

- Han River Park
- along the Han River in Seoul
- once a week
- bike path, badminton court, flower garden
- the perfect place to relax
- enjoy peace, quiet

🎧 **Unit 07 Track 9**

모범 답변

① **There are several** parks in my city, **but my favorite is** Han River Park. It is a city park located along the Han River in Seoul. From my house, it only takes about ten minutes to get there on foot.

② **Since** it's so close, I go there at least once a week. I normally don't go until the weekend, when my friends or family can join me. **However**, I sometimes go alone during the week when I want to get some fresh air.

③ At the Han River Park, you can do a variety of things. It has some of the best bike paths, badminton courts, and flower gardens in the city. So, this park is a great choice if you want to play sports or look at colorful flowers. The best part is that all of these activities are open to the public and free of charge.

④ I visit this park quite often **because** it's the perfect place to relax. In a highly populated city like Seoul, the Han River Park is one of the few places to enjoy peace and quiet. I often go there just to sit on the grass and think without being interrupted by the sounds of the city.

① 제 도시에는 공원이 여러 개 있지만, 제가 가장 좋아하는 곳은 한강 공원입니다. 이는 서울의 한강을 따라 위치한 도시 공원입니다. 저희 집에서 그곳까지는 걸어서 약 10분 정도밖에 걸리지 않습니다.

② 공원은 정말 가까워서, 저는 그곳에 적어도 일주일에 한 번은 갑니다. 저는 보통 친구들이나 가족들이 저와 함께 할 수 있는 주말이 되어서야 그곳에 갑니다. 하지만, 때때로 신선한 공기를 쐬고 싶을 때는 주중에 혼자 갑니다.

③ 한강 공원에서, 당신은 다양한 것들을 할 수 있습니다. 그곳에는 도시 최고의 자전거 도로, 배드민턴 코트, 그리고 화원이 있습니다. 그래서, 이 공원은 당신이 운동을 하거나 형형색색의 꽃을 보기 원한다면 훌륭한 선택입니다. 가장 좋은 점은 이 모든 활동들이 대중에 개방되어 있고 무료라는 점입니다.

④ 저는 이 공원에 상당히 자주 가는데 왜냐하면 이곳은 휴식을 취하기에 최적의 장소이기 때문입니다. 서울과 같이 사람이 매우 많이 사는 도시에서, 한강 공원은 평온함과 고요함을 즐길 수 있는 몇 안 되는 곳들 중 하나입니다. 저는 그저 잔디에 앉아서 도시의 소음에 의해 방해받지 않고 생각을 하기 위해 그곳에 자주 갑니다.

어휘 **on foot** 걸어서, 도보로 **free of charge** 무료의 **populate**[pá:pjuleit] 살다, 거주하다
peace[pi:s] 평온함, 평화로운 시기 **quiet**[kwáiət] 고요함, 정적 **interrupted**[ìntərʌ́ptid] 방해받은

2

What do people usually do at the park?

사람들은 공원에서 주로 무엇을 하나요?

 답변
아이디어
＆표현

핵심답변 ①	휴식을 취하고 친구들과 함께 시간을 보낸다	relax and spend time with friends
부연설명	• 잔디에 앉아 이야기를 한다	• sit on the grass and chat
핵심답변 ②	운동을 한다	play sports
부연설명	• 자전거를 타는 사람들을 본다 • 농구 코트를 이용한다	• see people riding bicycles • use the basketball courts

 나의 답변   답변 아이디어와 표현을 참고해서 나의 답변을 말해보고 모범답변을 참고하여 답변을 보완해보자.

모범 답변

핵심답변 ① **That depends on** the person, **but** I think people usually use parks as places to relax and spend time with their friends. 부연설명 It's pretty common to see groups of people sitting on the grass and chatting. 핵심답변 ② People visit parks to play sports **as well**. 부연설명 Whenever I go to the park, I always see people riding bicycles and using the basketball courts.

핵심답변 ① 사람 나름이겠지만, 제 생각에 사람들은 공원을 주로 휴식을 취하고 친구들과 함께 시간을 보내는 장소로 이용합니다. 부연설명 잔디에 앉아 이야기하는 사람들을 꽤 흔히 볼 수 있습니다. 핵심답변 ② 사람들은 또한 운동을 하기 위해 공원을 방문하기도 합니다. 부연설명 제가 공원에 갈 때마다, 저는 언제나 자전거를 타는 사람들과 농구 코트를 이용하는 사람들을 봅니다.

어휘 common[kάːmən] 흔한   chat[tʃæt] 이야기하다

3 Do you think parks are important?

당신은 공원이 중요하다고 생각하나요?

핵심답변	공원은 매우 중요하다	parks are essential
부연설명	• 사람들에게 쉴 수 있는 장소를 제공한다	• provide people with a place to relax
	• 긴장을 풀고 재충전할 수 있다	• can unwind and recharge
	• 운동하기에 좋은 장소	• good places to exercise
	• 달리기 코스, 운동 코트, 운동 장비가 있다	• have running trails, athletic courts, and exercise equipment
	• 모든 사람에게 사용이 무료인	• free for anyone to use

답변 아이디어와 표현을 참고해서 나의 답변을 말해보고 모범답변을 참고하여 답변을 보완해보자.

모범 답변

핵심답변 Yes, I think that parks are essential **for several reasons**. 부연설명 **First**, they provide people with a place to relax. People can unwind and recharge while relaxing in the park. **Also**, parks are good places to exercise. Most parks have running trails, athletic courts, and exercise equipment. Thankfully, most of those are free for anyone to use.

핵심답변 네, 저는 몇 가지 이유로 공원이 매우 중요하다고 생각합니다. 부연설명 첫째, 공원은 사람들에게 쉴 수 있는 장소를 제공합니다. 사람들은 공원에서 휴식을 취하면서 긴장을 풀고 재충전할 수 있습니다. 또한 공원은 운동하기에 좋은 장소입니다. 대부분의 공원에는 달리기 코스, 운동 코트, 운동 장비가 있습니다. 고맙게도, 이것들의 대부분은 모든 사람에게 사용이 무료입니다.

어휘 essential[isénʃəl] 매우 중요한, 필수적인   unwind[ʌ̀nwáind] 긴장을 풀다   trail[treil] 코스, 루트
athletic[æθlétik] 운동의, 체육의   thankfully[θǽŋkfəli] 고맙게도, 다행스럽게도

스포츠	Part 2에서는 스포츠에 대해 묘사하라는 문제가 자주 출제됩니다. 이 경우, Part 3에서는 사람들이 익스트림 스포츠를 하는 이유, 체육 수업의 필요성에 대한 질문을 할 경우가 많습니다.

4

Describe a sport that you've learned to play. 당신이 배운 적이 있는 스포츠에 대해 말하라.

You should say:
    what this sport is 이것이 어떤 스포츠인지
    why you learned it 왜 배웠는지
    how you learned it 어떻게 배웠는지
and explain what benefits you've gained from it. 그리고 그것으로부터 어떤 유익함을 얻었는지 설명하라.

답변
아이디어
&표현

① 이것이 어떤 스포츠인지	• 수영 • 전신 운동	• swimming • a total body workout
② 왜 배웠는지	• 물에 대한 두려움이 있었다 • 그것을 극복하고 싶었다 • 매우 중요한 삶의 기술	• had a fear of water • wanted to overcome that • an essential life skill
③ 어떻게 배웠는지	• 수영 수업에 등록했다 • 내 수영 선생님은 나에게 참을성 있게 대해주셨다	• signed up for swimming classes • my swimming coach was very patient with me
④ 어떤 유익함을 얻었는지	• 더 이상 물을 무서워하지 않는다 • 건강을 유지하는 것을 돕는다 • 더 이상 허리의 군살이 없다	• I'm no longer scared of water • helps me to keep in shape • don't have love handles anymore

나의 노트

나의 답변   답변 아이디어와 표현을 참고해서 나의 답변을 말해보고 모범답변을 참고하여 답변을 보완해보자.

- swimming
- total body workout, build up strength
- overcome fear of water
- a life skill
- swimming class
- no longer scared of water
- keep in shape, love handles

모범 답변

① **There are several** sports that I've learned, **but I'd like to talk about** swimming, which is my favorite sport these days. Swimming is a total body workout, which means that every muscle of the body is used. So, basically, it's one of the best workouts for building up one's physical strength.

② I started swimming **because** I always had a fear of water and wanted to overcome that. I **also** thought it was an essential life skill. Not knowing how to swim could have been deadly if I'd had an accident and somehow ended up in the water. I could have easily drowned. So I gave it a go.

③ To learn how to swim, I signed up for swimming classes. When I first started swimming, I couldn't even float on my own! Thankfully, my swimming coach was very patient with me. Thanks to his help and encouragement, I continued taking lessons every morning for over a year.

④ I've experienced many benefits from swimming. Its greatest advantage is that I'm no longer scared of water. This has given me so much confidence and has made me feel like I can overcome anything. **Second**, it helps me to keep in shape. I don't have love handles anymore, like I used to!

① 제가 배운 적이 있는 스포츠는 몇 가지가 있지만, 요즘에 가장 좋아하는 운동인 수영에 대해 이야기하고 싶습니다. 수영은 전신 운동이고, 이는 몸의 모든 근육이 사용된다는 것을 의미합니다. 그래서, 기본적으로 신체의 힘을 기르는 데 있어 최고의 운동 중 하나입니다.

② 저는 항상 물에 대한 두려움이 있었고 그것을 극복하고 싶어서 수영을 시작했습니다. 저는 또한 수영이 매우 중요한 삶의 기술이라고 생각했습니다. 만약 제가 사고가 나서 물 안에 빠지게 된다면, 수영을 할 줄 모르는 것은 치명적일 수 있습니다. 저는 틀림없이 물에 빠져 죽을 수도 있습니다. 그래서 저는 한 번 해보기로 했습니다.

③ 수영하는 법을 배우기 위해, 저는 수영 수업에 등록했습니다. 처음에 수영을 시작했을 때, 저는 스스로 물에 뜰 수조차 없었습니다! 다행히도, 제 수영 선생님은 저에게 매우 참을성 있게 대해주셨습니다. 그의 도움과 격려 덕분에, 저는 1년 넘게 매일 아침 수업을 계속 들었습니다.

④ 저는 수영으로부터 많은 유익한 점들을 경험했습니다. 가장 큰 장점은 제가 더 이상 물을 무서워하지 않는다는 점입니다. 이것은 저에게 엄청난 자신감을 주었고 제가 어떤 것이라도 극복할 수 있다고 느끼도록 만들었습니다. 둘째, 수영은 제가 건강을 유지하도록 도와줍니다. 저는 예전처럼 더 이상 허리의 군살이 없습니다!

어휘 workout[wə́:rkaut] 운동 strength[streŋθ] 힘 overcome[ðuvərkʌ́m] 극복하다
deadly[dédli] 치명적인, 생명을 앗아가는 easily[íːzəli] 틀림없이, 필시 give it a go 한 번 해보다
float[flout] (물에) 뜨다 patient[péiʃənt] 참을성 있는 keep in shape 건강을 유지하다 love handle 허리의 군살

5 Why do you think extreme sports are popular?

당신은 왜 익스트림 스포츠가 인기 있다고 생각하나요?

💡 답변
아이디어
&표현

핵심답변 ①	스릴감을 준다	provide a thrill
부연설명	• 매일같이 똑같은 지루한 일을 한다 • 오래된 일상을 깰 수 있다	• do the same boring things day after day • can break up the old routine
핵심답변 ②	사람들에게 자신을 시험해 볼 수 있는 기회를 준다	give people a chance to test themselves
부연설명	• 자신을 신체적인 극한으로 밀어붙임으로써 • 그들이 생각한 것보다 훨씬 더 많은 것을 할 수 있는	• by pushing themselves to their physical limits • capable of much more than they thought

🎤 나의 답변 │ 답변 아이디어와 표현을 참고해서 나의 답변을 말해보고 모범답변을 참고하여 답변을 보완해보자.

모범 답변

서론 People are attracted to extreme sports **for so many reasons**. 핵심답변 ① **However**, I think their biggest draw is that they provide a thrill. 부연설명 Most people do the same boring things day after day. **However**, extreme sports are exciting and can break up the old routine. 핵심답변 ② **In addition**, they give people a chance to test themselves. 부연설명 By pushing themselves to their physical limits, they learn that they are capable of much more than they thought.

서론 사람들은 아주 많은 이유로 익스트림 스포츠에 매력을 느낍니다. 핵심답변 ① 하지만, 제 생각에 그것의 가장 큰 매력은 스릴감을 준다는 것입니다. 부연설명 대부분의 사람들은 매일같이 똑같은 지루한 일을 합니다. 하지만, 익스트림 스포츠는 재미있고 오래된 일상을 깰 수 있습니다. 핵심답변 ② 게다가, 그것은 사람들에게 자신을 시험해볼 수 있는 기회를 줍니다. 부연설명 자신을 신체적인 극한으로 밀어붙임으로써, 사람들은 자신이 생각한 것보다 훨씬 더 많은 것을 할 수 있다는 것을 깨닫습니다.

어휘 draw[drɔ:] 매력, 끌어당기는 것   day after day 매일같이, 날마다   limit[límit] 극한, 한계

PART 3

6

Do you think students should take P.E. classes?
당신은 학생들이 체육 수업을 들어야 한다고 생각하나요?

답변
아이디어
& 표현

핵심답변	학생들은 체육 수업을 들어야 한다	they should take P.E. classes
부연설명	• 유용한 협동력을 가르쳐 준다	• teach valuable cooperation skills
	• 팀으로 일하는 법을 배운다	• learn how to work as a team
	• 학생들의 건강과 체력을 향상시킨다	• improve students' health and fitness
	• 앉아서 하는 활동들을 하며 시간을 보낸다	• spend time doing sedentary activities
	• 그들의 신체에 매우 이로운	• highly beneficial for their body

나의 답변

답변 아이디어와 표현을 참고해서 나의 답변을 말해보고 모범답변을 참고하여 답변을 보완해보자.

모범 답변

핵심답변 Yes, they should **because** there are many benefits. 부연설명 **For one**, P.E. classes can teach valuable cooperation skills. **For instance**, when students play soccer in P.E. classes, they learn how to work as a team to score goals. **On top of that**, P.E. can improve students' health and fitness considerably. Students today do not exercise enough and spend much of their time doing sedentary activities, like playing computer games. **Therefore**, having to exercise during the school day is highly beneficial for their body.

핵심답변 네, 체육 수업은 많은 이점이 있기 때문에 학생들은 체육 수업을 들어야 합니다. 부연설명 우선, 체육 수업은 유용한 협동력을 가르쳐 줍니다. 예를 들어, 학생들이 체육 시간에 축구를 할 때, 그들은 골을 넣기 위해 팀으로 일하는 법을 배웁니다. 그밖에, 체육은 학생들의 건강과 체력을 상당히 향상시켜 줄 수 있습니다. 오늘날 학생들은 운동을 충분히 하지 않으며 많은 시간을 컴퓨터 게임하기와 같이 앉아서 하는 활동들을 하며 보냅니다. 따라서, 수업 시간에 운동을 해야 하는 것은 그들의 신체에 매우 이롭습니다.

어휘 **P.E.** [pìːíː] 체육 **cooperation** [kouàːpəréiʃn] 협동, 합동 **considerably** [kənsídərəbli] 상당히, 많이 **sedentary** [sédnteri] 앉아서 하는, 앉아 있는 **school day** 수업 시간, 수업일

* 나의 답변을 말해본 후, 348페이지의 답변 셀프 체크 포인트를 통해 나의 답변을 점검하고 보완하도록 합니다.

UNIT 08 People 사람

친구나 가족, 특정 인물 등 사람들과 관련된 주제는 스피킹 시험에서 수험생들이 자주 질문 받는 주제 중 하나입니다. 따라서 사람들과 관련된 빈출문제, 관련 아이디어 및 표현, 그리고 모범답변을 학습하여 준비해 두도록 합니다.

■ PART 1 빈출문제

Part 1에서는 친구를 얼마나 자주 만나는지, 가족과 친구 중 누가 더 중요한지 등 친구와 가족에 관한 개인적인 질문을 합니다. 따라서 다음 Part 1 빈출문제를 확인하여 본인의 친구와 가족과 관련된 기본적인 내용을 미리 영어로 정리해보고 연습하도록 합니다.

친구	**How did you meet your best friend?** 최빈출 당신은 가장 친한 친구를 어떻게 만났나요? **How often do you meet your friends?** 당신은 친구들을 얼마나 자주 만나나요? **What do you usually do when you meet your friends?** 당신은 친구들을 만날 때 주로 무엇을 하나요? **Do you prefer having lots of casual acquaintances or having a few close friends?** 당신은 가볍게 아는 사람을 많이 가지는 것과 몇 명의 친한 친구를 가지는 것 중 무엇을 선호하나요? **Do you usually get invited to visit your friend's house, or do you invite your friends to your house?** 당신은 주로 친구의 집에 초대받나요, 아니면 친구들을 당신의 집에 초대하나요?
가족	**Who do you think is more important to you, your family or your friends?** 최빈출 당신의 가족과 친구들 중에 누가 당신에게 더 중요하다고 생각하나요? **What do you usually do when you spend time with your family?** 당신은 가족과 함께 시간을 보낼 때 주로 무엇을 하나요? **Who do you resemble the most among your family members?** 당신은 가족 중에 누구를 가장 닮았나요?

■ PART 2&3 빈출문제

Part 2에서는 존경하는 리더나 똑똑한 사람에 대해 묘사하라는 문제가 자주 나옵니다. 가장 자주 나오는 문제인 존경하는 리더가 누구인지에 대한 답변을 준비해두면, 똑똑한 사람을 묻는 다른 문제에도 활용할 수 있습니다.

Part 3에서는 훌륭한 리더나 부모는 어떤 자질을 가져야 하는지와 같이 답변하기 다소 까다로운 질문을 하므로, 미리 빈출문제와 모범답변을 살펴보고 나의 답변을 준비해둡니다.

UNIT 08

People 사람 HACKERS **IELTS** SPEAKING

리더

PART 2

> **Describe a leader that you know.** 당신이 아는 리더에 대해 말하라. 최빈출
>
> **You should say:**
>   **who this person is/was** 이 사람이 누구인지/누구였는지
>   **how you got to know him/her** 그/그녀를 어떻게 알게 되었는지
> **and explain what you think about him/her.** 그리고 그/그녀에 대해 어떻게 생각하는지 설명하라.

PART 3

What are the qualities of a good leader? 최빈출
훌륭한 리더의 자질에는 무엇이 있나요?

What should schools do to help children improve their leadership skills?
학교는 학생들이 리더십 능력을 향상시키는 것을 돕기 위해 무엇을 해야 하나요?

친구

PART 2

> **Describe an interesting friend.** 흥미로운 친구에 대해 말하라. 최빈출
>
> **You should say:**
>   **what is interesting about him/her** 그/그녀에 대해서 무엇이 흥미로운지
>   **how you got to know him/her** 그/그녀를 어떻게 알게 되었는지
>   **what you usually do with him/her** 주로 함께 무엇을 하는지
> **and explain whether you think he/she is a good friend.** 그리고 그/그녀가 좋은 친구라고 생각하는지 설명하라.

PART 3

Is friendship important? 최빈출
우정이 중요한가요?

Do you think people can become friends with their colleagues?
당신은 사람들이 직장 동료들과 친구가 될 수 있다고 생각하나요?

Unit 08 Track 1

1 How did you meet your best friend?
당신은 가장 친한 친구를 어떻게 만났나요?

친구

 답변 아이디어 & 표현

아이디어 1	핵심답변	중학교에서	in middle school
	부연설명	• 서로에게 말을 많이 하지 않았다	• didn't talk much to each other
		• 점심을 먹은 뒤 그것을 금방 극복했다	• got over it quickly after having lunch
아이디어 2	핵심답변	봉사 동아리에서	in a volunteer club
	부연설명	• 같은 기관에 시간을 기부했다	• donated our time to the same organization
		• 처음부터 잘 맞았다	• hit it off from the start

🎤 나의 답변 답변 아이디어와 표현을 참고해서 나의 답변을 말해보고 모범답변을 참고하여 답변을 보완해보자.

모범 답변

핵심답변 My best friend Soo-young and I met when we were in middle school. 부연설명 She was sitting next to me on the first day. At first, we didn't talk much to each other **because** we were too shy. **However**, we got over it quickly after having lunch together and became close friends.

핵심답변 제 가장 친한 친구인 수영이와 저는 중학교 때 만났습니다. 부연설명 그녀는 학교 첫날에 제 옆에 앉아 있었습니다. 처음에 우리는 부끄러움이 너무 많아 서로에게 말을 많이 하지 않았습니다. 하지만, 우리는 점심을 함께 먹은 뒤 그것을 금방 극복했고 친한 친구가 되었습니다.

어휘 shy [ʃai] 부끄러움이 많은 get over ~을 극복하다

Unit 08 Track 2

2 How often do you meet your friends?
당신은 친구들을 얼마나 자주 만나나요?

친구

 답변 아이디어 & 표현

아이디어 1	핵심답변	적어도 일주일에 한 번 서로를 본다	see each other at least once a week
	부연설명	• 몇 년 동안 이것을 해오고 있다	• have been doing this for several years
		• 이러한 만남은 나를 정말 기쁘게 한다	• these meetings make me really happy
아이디어 2	핵심답변	한 달에 한 번	once a month
	부연설명	• 스케줄이 바쁘다	• have a demanding schedule
		• SNS로 그들과 연락한다	• keep in contact with them through social media

🎤 나의 답변 답변 아이디어와 표현을 참고해서 나의 답변을 말해보고 모범답변을 참고하여 답변을 보완해보자.

모범 답변

핵심답변 There are three friends I meet regularly, and we see each other at least once a week. 부연설명 We've been doing this for several years now. **Because** we're such good friends, these meetings make me really happy.

핵심답변 제가 정기적으로 만나는 친구는 세 명이 있는데, 우리는 적어도 일주일에 한 번은 서로를 봅니다. 부연설명 우리는 몇 년 동안 이것을 해오고 있습니다. 우리는 정말 좋은 친구이기 때문에, 이러한 만남은 저를 정말 기쁘게 합니다.

어휘 regularly [régjələrli] 정기적으로

3

친구

What do you usually do when you meet your friends?
당신은 친구들을 만날 때 주로 무엇을 하나요?

 답변 아이디어 & 표현

아이디어 1	핵심답변	영화관에 간다	go to the theater
	부연설명	• 커피숍에 가서 이야기를 나눈다 • 배우들과 곧 나올 영화들에 대해 말한다	• go to a coffee shop and chat • talk about actors and upcoming movies
아이디어 2	핵심답변	공원에 피크닉을 간다	have a picnic in the park
	부연설명	• 맛있는 피크닉 간식을 많이 만든다 • 내 친구들과 원반 던지기를 한다	• make lots of delicious picnic snacks • play frisbee with my friends

 나의 답변   답변 아이디어와 표현을 참고해서 나의 답변을 말해보고 모범답변을 참고하여 답변을 보완해보자.

모범 답변

핵심답변 When a new movie comes out, we go to the theater together. 부연설명 **However**, when there aren't any, we usually go to a coffee shop and chat. **Since** we all are avid movie fans, we like to talk about actors and upcoming movies.

핵심답변 새로운 영화가 나오면, 우리는 함께 영화관에 갑니다. 부연설명 하지만 새로운 영화가 없다면 보통 커피숍에 가서 이야기를 나눕니다. 우리는 모두 열렬한 영화광이기 때문에 배우들과 곧 나올 영화들에 대해 말하는 것을 좋아합니다.

어휘 come out 나오다, 출시되다   avid[ǽvid] 열렬한, 열심인   upcoming[ʌ́pkʌmiŋ] 곧 나올, 다가오는

4

친구

Do you prefer having lots of casual acquaintances or having a few close friends?
당신은 가볍게 아는 사람을 많이 가지는 것과 몇 명의 친한 친구를 가지는 것 중 무엇을 선호하나요?

 답변 아이디어 & 표현

아이디어 1	핵심답변	차라리 친한 친구 몇 명을 가지겠다	I'd rather have a few close friends
	부연설명	• 몇 명의 친한 친구들에게 의지한다 • 큰 부탁을 할 것이 있을 때	• turn to my few close friends • when I have a big favor to ask
아이디어 2	핵심답변	가볍게 아는 사람을 많이 만드는 것	making lots of casual acquaintances
	부연설명	• 더 다양한 아이디어에 노출된다 • 같은 사람들보다는 새로운 사람들과 이야기하는 것을 선호한다	• get exposure to more diverse ideas • prefer to talk to new people rather than the same group

 나의 답변   답변 아이디어와 표현을 참고해서 나의 답변을 말해보고 모범답변을 참고하여 답변을 보완해보자.

모범 답변

핵심답변 I'd rather have a few close friends than lots of casual acquaintances. 부연설명 **That's because** I can turn to my few close friends when I'm in need of help. **Besides**, it would be difficult for me to call casual acquaintances when I have a big favor to ask.

핵심답변 저는 가볍게 아는 사람들을 많이 가지는 것보다는 차라리 친한 친구 몇 명을 가지겠습니다. 부연설명 그 이유는 제가 도움을 필요로 할 때 몇 명의 친한 친구들에게 의지할 수 있기 때문입니다. 뿐만 아니라, 제가 큰 부탁을 할 것이 있을 때 가볍게 아는 사람들에게 전화를 하는 것은 어려울 것입니다.

어휘 casual[kǽʒuəl] 가벼운   acquaintance[əkwéintəns] 아는 사람, 지인   turn to ~에 의지하다
     in need of ~을 필요로 하는   favor[féivər] 부탁

5 친구

Do you usually get invited to visit your friend's house, or do you invite your friends to your house? 당신은 주로 친구의 집에 초대받나요, 아니면 친구들을 당신의 집에 초대하나요?

 답변 아이디어 &표현

아이디어 1	핵심답변	그들을 내 집으로 초대한다	invite them over to my place
	부연설명	• 개를 두고 집을 나서지 않으려 한다 • 내 친구들이 집에 와서 그와 함께 논다	• try not to leave home without my dog • my friends come over and play with him
아이디어 2	핵심답변	친구들의 집에 초대된다	get invited to my friends' houses
	부연설명	• 가족과 함께 산다 • 집으로 친구들을 초대하는 것이 어려운	• live with my family • difficult to invite my friends to my place

🎙 나의 답변   답변 아이디어와 표현을 참고해서 나의 답변을 말해보고 모범답변을 참고하여 답변을 보완해보자.

모범 답변

핵심답변 I'm usually the one who invites them over to my place. 부연설명 I have a dog, and he gets lonely if he is left alone in my apartment. **Therefore,** I try not to leave home without him whenever possible. **Besides**, my friends adore him, so they love to come over and play with him.

핵심답변 저는 보통 친구들을 제 집으로 초대하는 쪽입니다. 부연설명 저는 개를 기르는데, 그는 아파트에 혼자 남겨지면 외로워합니다. 따라서, 저는 가능하면 그를 두고 집을 나서지 않으려 합니다. 그 외에도, 제 친구들은 그를 아주 좋아해서, 집에 와서 그와 함께 노는 것을 좋아합니다.

어휘 adore[ədɔ́ːr] 아주 좋아하다 come over 집에 오다, 들르다

---

6 가족

Who do you think is more important to you, your family or your friends?
당신의 가족과 친구들 중에 누가 당신에게 더 중요하다고 생각하나요?

 답변 아이디어 &표현

아이디어 1	핵심답변	가족	family
	부연설명	• 나를 키워준 사람들만큼 중요하지 않은 • 내가 태어났을 때부터 내 가족과 알고 지냈다	• not as important as the people who raised me • have known my family since the moment I was born
아이디어 2	핵심답변	친구들	friends
	부연설명	• 우리는 같은 취미를 가졌다 • 서로에게 비밀을 공유한다	• we are like-minded • share secrets with one another

🎙 나의 답변   답변 아이디어와 표현을 참고해서 나의 답변을 말해보고 모범답변을 참고하여 답변을 보완해보자.

모범 답변

핵심답변 I would say that family comes before friends. 부연설명 While my friends are very dear to me, they are simply not as important as the people who raised me. After all, I've known my family since the moment I was born.

핵심답변 가족이 친구보다 중요하다고 말하겠습니다. 부연설명 제 친구들은 제게 매우 소중하지만, 그들은 다만 저를 키워준 사람들만큼 중요하지는 않습니다. 어쨌든, 저는 태어났을 때부터 제 가족과 알고 지냈으니까요.

어휘 come before ~보다 중요하다, ~에 우선하다 dear[diər] 소중한, 귀중한 raise[reiz] 키우다, 기르다 after all 어쨌든

7 What do you usually do when you spend time with your family?

당신은 가족과 함께 시간을 보낼 때 주로 무엇을 하나요?

가족

 답변 아이디어 & 표현

아이디어 1	핵심답변	함께 저녁을 먹기 위해 시내로 간다	go downtown to have dinner together
	부연설명	• 내가 어렸을 때부터 정기적으로 가족 저녁 식사를 해왔다	• have regularly had family dinners since I was a kid
		• 옛 추억을 생각나게 한다	• brings back old memories
아이디어 2	핵심답변	짧은 여행을 간다	go on a short trip
	부연설명	• 자연에서 시간을 보내기 위해 도시를 떠난다	• leave the city to spend time in nature
		• 저녁으로 야외에서 바비큐를 먹는다	• have a barbecue outside for dinner

나의 답변   답변 아이디어와 표현을 참고해서 나의 답변을 말해보고 모범답변을 참고하여 답변을 보완해보자.

모범 답변

핵심답변 Whenever I visit my family, we go downtown to have dinner together. 부연설명 There is a big Chinese restaurant there, and we have regularly had family dinners there since I was a kid. **Even though** the food isn't all that great now, we still go **because** it brings back old memories.

핵심답변 제가 가족을 방문할 때마다 우리는 함께 저녁을 먹기 위해 시내로 갑니다. 부연설명 시내엔 큰 중국 식당이 있는데, 제가 어렸을 때부터 우리는 정기적으로 그곳에서 가족 저녁 식사를 해왔습니다. 비록 이제는 음식이 그렇게 맛있지는 않지만, 우리는 여전히 그곳에 가는데 왜냐하면 옛 추억을 생각나게 하기 때문입니다.

어휘   bring back ~을 생각나게 하다, 상기시키다   old memories 옛 추억

---

8 Who do you resemble the most among your family members?

당신은 가족 중에 누구를 가장 닮았나요?

가족

 답변 아이디어 & 표현

아이디어 1	핵심답변	어머니	my mother
	부연설명	• 내게서 어머니의 이목구비가 보인다	• see my mother's features in me
		• 아버지를 꼭 닮았다	• look just like my father
아이디어 2	핵심답변	할머니	my grandmother
	부연설명	• 할머니와 눈이 닮았다	• have my grandmother's eyes
		• 성격이 비슷하다	• have similar personalities

나의 답변   답변 아이디어와 표현을 참고해서 나의 답변을 말해보고 모범답변을 참고하여 답변을 보완해보자.

모범 답변

핵심답변 I think I resemble my mother the most. 부연설명 **That's because** a lot of people tell me that they see my mother's features in me. **On the other hand**, when I was young, my grandmother used to tell me that I look just like my father.

핵심답변 저는 제 어머니를 가장 많이 닮은 것 같습니다. 부연설명 그것은 많은 사람들이 제게서 제 어머니의 이목구비가 보인다고 말하기 때문입니다. 반면에 제가 어렸을 때 할머니는 제가 아버지를 꼭 닮았다고 말씀하시곤 했습니다.

어휘   resemble[rizémbl] 닮다, 유사하다   feature[fíːtʃər] 이목구비, 특징

| 리더 | Part 2에서는 리더에 대해 묘사하라는 문제가 자주 출제됩니다. 이 경우, Part 3에서는 리더의 자질, 아이들을 리더로 키우기 위한 학교의 역할에 대한 질문을 할 경우가 많습니다. |

PART 2

1

Describe a leader that you know. 당신이 아는 리더에 대해 말하라.

You should say:
   who this person is/was 이 사람이 누구인지/누구였는지
   how you got to know him/her 그/그녀를 어떻게 알게 되었는지
and explain what you think about him/her. 그리고 그/그녀에 대해 어떻게 생각하는지 설명하라.

 답변 아이디어 & 표현

① 이 사람이 누구인지/누구였는지	• 스티브 잡스 • 애플 사의 창립자이자 최고 경영자 • 픽사 사의 최고 경영자	• Steve Jobs • founder and CEO of Apple • CEO of Pixar
② 그/그녀를 어떻게 알게 되었는지	• 아이폰이 소개되었을 때 • 그가 세계에서 가장 영향력 있는 사람들 중에 하나라고 말하는 수많은 기사들이 나왔다 • 그의 전기를 읽었다	• when the iPhone was introduced • there were tons of articles saying he was one of the most influential people in the world • read his biography
③ 그/그녀에 대해 어떻게 생각하는지	• 동기를 부여하는 리더 • 다른 사람들에게 그의 비전을 납득시키는 것을 잘하는 • 나 자신에게 믿음을 가지도록 영감을 주었다	• a very motivational leader • great at convincing others to support his vision • inspired me to have faith in myself

 나의 노트

나의 답변   답변 아이디어와 표현을 참고해서 나의 답변을 말해보고 모범답변을 참고하여 답변을 보완해보자.

- Steve Jobs, founder & CEO
- iPhone was introduced
- articles, one of the most influential people
- biography, inspiring
- motivational
- great at convincing
- inspired me, have faith in myself

모범 답변

① **There are tons of** leaders out there, **but** the one who inspired me the most was Steve Jobs. Steve Jobs was the founder and CEO of Apple. Under his watch, the company developed a successful personal computer, the Macintosh, as well as innovative devices like the iPhone and iPad. **However**, many people do not realize that he was **also** the CEO of Pixar, the famous animation studio.

② I first heard of Steve Jobs when the iPhone was introduced. After that, there were tons of articles saying he was one of the most innovative and influential people in the world. This made me curious about him, so I eventually read his biography. It was very inspiring.

③ Steve Jobs was a very motivational leader. He never let a fear of change extinguish his desire for a technological revolution. **In addition**, he was great at convincing others to support his vision for new technology. He even won over people who didn't initially like his ideas. His attitude inspired me to have faith in myself and persist with my ideas.

① 세상에는 많은 리더가 있지만, 저에게 가장 큰 영감을 준 사람은 스티브 잡스입니다. 스티브 잡스는 애플 사의 창립자이자 최고 경영자였습니다. 그의 주시 아래, 회사는 아이폰과 아이패드와 같은 혁신적인 기기들뿐만 아니라 크게 히트한 개인 컴퓨터인 매킨토시도 개발했습니다. 그러나 많은 사람들이 그가 또한 유명한 애니메이션 스튜디오인 픽사 사의 최고 경영자였다는 것은 모릅니다.

② 저는 아이폰이 소개되었을 때 스티브 잡스에 대해 처음 들었습니다. 그 이후에, 그가 세계에서 가장 혁신적이고 영향력 있는 사람들 중에 하나라고 말하는 수많은 기사들이 나왔습니다. 이것은 제가 그에 대해 궁금해 하도록 만들었고, 그래서 저는 결국 그의 전기를 읽었습니다. 그건 정말 고무적이었습니다.

③ 스티브 잡스는 정말로 동기를 부여하는 리더였습니다. 그는 변화에 대한 두려움이 기술 혁신을 위한 그의 소망을 잃게 하도록 놔두지 않았습니다. 게다가, 그는 다른 사람들에게 새로운 기술에 대한 그의 비전을 납득시키는 것을 잘했습니다. 그는 심지어 처음에 그의 아이디어를 마음에 들어 하지 않았던 사람들을 설득하기도 했습니다. 그의 태도는 저 자신에게 믿음을 가지고 제 생각을 계속 주장하도록 영감을 주었습니다.

어휘 watch[wɑːtʃ] 주시, 감시 innovative[ínəveitiv] 혁신적인 influential[ìnfluénʃl] 영향력 있는
biography[baiɑ́ːgrəfi] 전기 inspiring[inspáiəriŋ] 고무적인, 영감을 주는 extinguish[ikstíŋgwiʃ] 잃게 하다, 없애다
win over 설득하다, 자기 편으로 끌어당기다 persist[pərsíst] 계속 주장하다, 끈질기게 계속하다

2 What are the qualities of a good leader?

훌륭한 리더의 자질에는 무엇이 있나요?

핵심답변 ①	원활한 커뮤니케이션 능력	good communication skills
부연설명	• 다른 사람들을 관리하는	• in charge of other people
	• 그들에게 명확한 지시를 제공한다	• provide them with clear instructions
	• 소통을 잘하는 능력이 꼭 필요하다	• the ability to communicate well is a must
핵심답변 ②	그들이 하는 일에 열정적인	passionate about what they do
부연설명	• 리더의 열정은 다른 사람들에게 동기를 부여한다	• a leader's passion motivates other people
	• 목표를 성취하기 위해 더 열심히 일한다	• work harder to accomplish objectives

🎙 나의 답변   답변 아이디어와 표현을 참고해서 나의 답변을 말해보고 모범답변을 참고하여 답변을 보완해보자.

모범 답변

서론 **There are several** key qualities **that** all leaders should possess. 핵심답변 ① **First of all**, good communication skills are vital. 부연설명 When you're in charge of other people, you must be able to provide them with clear instructions. And to do this successfully, the ability to communicate well is a must. 핵심답변 ② **Moreover**, good leaders should be passionate about what they do. 부연설명 A leader's passion motivates other people **as well**. This makes them work harder to accomplish the objectives of their team.

서론 모든 리더들이 지녀야 할 몇 가지 주요 자질들이 있습니다. 핵심답변 ① 첫째, 원활한 커뮤니케이션 능력이 필수적입니다. 부연설명 당신이 다른 사람들을 관리하고 있을 때, 그들에게 명확한 지시를 제공해 줄 수 있어야 합니다. 그리고 이것을 성공적으로 하기 위해서는, 소통을 잘하는 능력이 꼭 필요합니다. 핵심답변 ② 게다가, 훌륭한 리더들은 그들이 하는 일에 열정적이어야 합니다. 부연설명 리더의 열정은 다른 사람들에게도 동기를 부여합니다. 이는 그들이 팀의 목표를 성취하기 위해 더 열심히 일하도록 만듭니다.

어휘 possess[pəzés] 지니다, 가지다   vital[váitl] 필수적인, 중요한   in charge of ~을 관리하고 있는, 담당하는
instruction[instrʌ́kʃn] 지시, 가르침   must[məst] 꼭 필요한 것   passionate[pǽʃənət] 열정적인
objective[əbdʒéktiv] 목표, 목적

3 What should schools do to help children improve their leadership skills?

학교는 학생들이 리더십 능력을 향상시키는 것을 돕기 위해 무엇을 해야 하나요?

핵심답변 ①	학생들이 그룹활동에 참여하도록 격려한다	encourage students to participate in group activities
부연설명	• 협동하고 소통하는 법을 가르쳐 준다 • 미래의 리더들에게 중요한 능력	• teach how to cooperate and communicate • important skills for future leaders
핵심답변 ②	숙제를 낸다	assign homework
부연설명	• 정해진 날짜까지 그것을 끝내야 한다 • 책임감을 기른다 • 시간을 관리하는 능력	• have to finish it by the assigned date • develop a sense of responsibility • the ability to manage their time

🎙 나의 답변   답변 아이디어와 표현을 참고해서 나의 답변을 말해보고 모범답변을 참고하여 답변을 보완해보자.

모범 답변

핵심답변 ① I think schools should encourage students to participate in group activities. 부연설명 This would teach students how to cooperate and communicate. After all, these are very important skills for future leaders. 핵심답변 ② **Further**, assigning homework could also help students develop their leadership skills. 부연설명 When children get homework, they have to finish it by the assigned date. By doing so, they develop a sense of responsibility and the ability to manage their time. Both of them are important leadership skills.

핵심답변 ① 저는 학교가 학생들이 그룹활동에 참여하도록 격려해야 한다고 생각합니다. 부연설명 이는 학생들에게 협동하고 소통하는 법을 가르쳐 줄 것입니다. 결국, 이것들은 미래의 리더들에게 아주 중요한 능력입니다. 핵심답변 ② 더 나아가, 숙제를 내는 것 또한 학생들이 리더십 능력을 기르는 것을 도울 수 있습니다. 부연설명 학생들이 숙제를 받을 때, 그들은 정해진 날짜까지 그것을 끝내야 합니다. 그렇게 함으로써, 그들은 책임감과 시간을 관리하는 능력을 기릅니다. 이 두 가지 모두 중요한 리더십 능력입니다.

어휘 participate [pɑːrtísəpeit] 참여하다, 참가하다   assign homework 숙제를 내다

UNIT 08

People 사람 · HACKERS **IELTS** SPEAKING

Part 2에서는 친구에 대해 묘사하라는 문제가 자주 출제됩니다. 이 경우, Part 3에서는 우정의 중요성, 동료와 친구가 될 수 있는지에 대한 질문을 할 경우가 많습니다.

PART 2

4

Describe an interesting friend. 흥미로운 친구에 대해 말하라.

You should say:
what is interesting about him/her 그/그녀에 대해서 무엇이 흥미로운지
how you got to know him/her 그/그녀를 어떻게 알게 되었는지
what you usually do with him/her 주로 함께 무엇을 하는지
and explain whether you think he/she is a good friend. 그리고 그/그녀가 좋은 친구라고 생각하는지 설명하라.

답변
아이디어
& 표현

① 그/그녀에 대해서 무엇이 흥미로운지	• 사람들 사이에서 눈에 띈다 • 엄청나게 예쁜 • 키가 매우 큰 • 쌍둥이 자매	• stands out in a crowd • extremely beautiful • very tall • twin sister
② 그/그녀를 어떻게 알게 되었는지	• 대학에서 처음 만났다 • 같은 전공이었다	• first met in college • had the same major
③ 주로 함께 무엇을 하는지	• 쇼핑을 하고, 전시회에 가거나 그냥 어울려 논다 • 해외 여행을 간다	• go shopping, check out art exhibits, or just hang out • take international trips
④ 그/그녀가 좋은 친구라고 생각하는지	• 내 생애 최고의 친구 • 다정한 마음 • 뛰어난 유머 감각	• the best friend I've ever had • kind heart • a great sense of humor

나의 노트

나의 답변   답변 아이디어와 표현을 참고해서 나의 답변을 말해보고 모범답변을 참고하여 답변을 보완해보자.

- stands out in a crowd
- beautiful, tall
- twin sister, tell the difference

- met in college
- same major

- go shopping, art exhibits, hang out
- take international trips

- the best friend, kind, humor

🎧 **Unit 08 Track 12**

모범 답변

① Of all my friends, I think **the most** interesting **is** a girl named Mina. She always stands out in a crowd. She is **not only** extremely beautiful, **but also** very tall, around 180 centimeters. She always attracts attention, especially when she's with her twin sister. They look so much alike that no one can tell the difference between them.

② I first met Mina in college. We were both at the orientation session and realized that we had the same major. We ended up taking a lot of classes together over the years and became best friends.

③ We still spend a lot of time together. We meet a couple times a week to go shopping, check out art exhibits, or just hang out. Sometimes we even take international trips. **For instance**, we went to Taiwan together last summer.

④ As I mentioned, Mina is the best friend I've ever had. She always makes me feel happy and comfortable. Her kind heart makes me feel that she'll always be there if I need her. **On top of that**, she always makes me laugh. She has such a great sense of humor that I can't stop laughing when I'm with her.

① 제 모든 친구들 중에, 저는 미나라는 친구가 가장 흥미로운 것 같습니다. 그녀는 항상 사람들 사이에서 눈에 띕니다. 그녀는 엄청나게 예쁠 뿐만 아니라, 키가 180센티미터 정도로 매우 큽니다. 그녀는 특히 쌍둥이 자매와 함께 있을 때 언제나 주목을 끕니다. 그들은 너무나 닮아서 아무도 그들 사이의 차이를 구분하지 못합니다.

② 저는 대학에서 처음 미나를 만났습니다. 우리는 모두 오리엔테이션에 참석했고 같은 전공이라는 걸 알았습니다. 우리는 결국 몇 년 동안 많은 수업을 같이 듣게 되었고 가장 친한 친구가 되었습니다.

③ 우리는 여전히 많은 시간을 함께 보냅니다. 우리는 일주일에 두세 번씩 만나 쇼핑을 하고, 전시회에 가거나, 그냥 어울려 놉니다. 심지어 우리는 때때로 해외여행을 가기도 합니다. 예를 들어, 지난여름에 우리는 함께 대만에 갔습니다.

④ 제가 말했듯이, 미나는 제 생애 최고의 친구입니다. 그녀는 항상 저를 행복하고 편안하게 만들어줍니다. 그녀의 다정한 마음은 제가 필요할 때 그녀가 항상 곁에 있어줄 것이라고 느끼도록 만듭니다. 뿐만 아니라, 그녀는 항상 저를 웃게 만듭니다. 그녀는 유머 감각이 뛰어나서 저는 그녀와 함께 있으면 웃음을 멈출 수가 없습니다.

어휘 stand out 눈에 띄다, 두드러지다 crowd[kraud] 사람들, 군중 attention[ətén∫n] 주목, 주의
tell the difference 차이를 구분하다 end up ~ing 결국 ~하게 되다 hang out 어울리다, 놀다
sense of humor 유머 감각

5 Is friendship important?
우정이 중요한가요?

답변 아이디어 & 표현

핵심답변	우정은 중요하다	friendship is vital
부연설명	• 친구들은 정신적인 지지를 준다	• friends provide emotional support
	• 우리의 삶에서 힘든 시기를 겪는다	• go through difficult times in our lives
	• 의지할 친구를 가지는 것은 위안을 준다	• having a friend to lean on provides comfort
	• 자존감을 높인다	• boost self-esteem
	• 우리 자신을 부정적인 관점으로 바라본다	• see ourselves in a negative light
	• 당신이 얼마나 좋은 사람인지 상기시켜 준다	• remind you of what a great person you are

 나의 답변   답변 아이디어와 표현을 참고해서 나의 답변을 말해보고 모범답변을 참고하여 답변을 보완해보자.

모범 답변

핵심답변 I absolutely think that friendship is vital. 부연설명 **For one**, friends provide emotional support. We all go through difficult times in our lives. And having a friend to lean on provides a lot of comfort during these times. **Moreover**, friendship can boost self-esteem. We sometimes suffer from a lack of confidence and see ourselves in a negative light. When this happens, it's nice to have friends to remind you of what a great person you are.

핵심답변 저는 우정이 정말로 중요하다고 생각합니다. 부연설명 우선, 친구들은 정신적인 지지를 줍니다. 우리는 모두 삶에서 힘든 시기를 겪습니다. 그리고 이런 시기에 의지할 친구가 있는 것은 많은 위안을 줍니다. 더욱이, 우정은 자존감을 높일 수 있습니다. 우리는 때때로 자신감을 잃고 우리 자신을 부정적인 관점으로 바라봅니다. 이럴 때, 당신이 얼마나 좋은 사람인지 상기시켜 줄 친구가 있는 것은 좋은 일입니다.

어휘 support[səpɔ́ːrt] 지지, 지원 go through ~을 겪다 lean on ~에 의지하다, 기대다 comfort[kʌ́mfərt] 위안, 위로
light[lait] 관점, 견해

6 Do you think people can become friends with their colleagues?

당신은 사람들이 직장 동료들과 친구가 될 수 있다고 생각하나요?

답변 아이디어 & 표현			
핵심답변	우정을 키우는 것이 가능하다		it is possible to develop a friendship
부연설명	• 당신이 하는 일을 잘 알고 있는		• familiar with what you do
	• 당신이 겪을 수 있는 문제와 어려운 일들을 이해한다		• understand the problems and challenges you might be experiencing
	• 당신에게 정말 도움이 되는 조언을 준다		• give you really helpful advice

나의 답변   답변 아이디어와 표현을 참고해서 나의 답변을 말해보고 모범답변을 참고하여 답변을 보완해보자.

모범 답변

핵심답변 **That** really **depends on** the work environment and the kinds of coworkers you have. In certain circumstances, it is possible to develop a friendship with someone from work. 부연설명 **This is because** they are familiar with what you do and can understand the problems and challenges you might be experiencing. **Therefore**, they might be able to give you really helpful advice, which can lead to friendships.

핵심답변 그건 정말로 당신이 가진 근무 환경과 동료들에 따라 다릅니다. 어떤 상황에서는, 직장의 사람들과 우정을 키우는 것이 가능합니다. 부연설명 이는 그들이 당신이 하는 일을 잘 알고 있으며 당신이 겪을 수 있는 문제와 어려운 일들을 이해할 수 있기 때문입니다. 따라서, 그들은 당신에게 정말 도움이 되는 조언을 줄 수 있고, 이는 우정으로 이어질 수 있습니다.

어휘 colleague[kάːliːɡ] (같은 직장이나 직종에 종사하는) 동료   circumstance[sə́ːrkəmstæns] 상황, 환경
lead to ~으로 이어지다

* 나의 답변을 말해본 후, 348페이지의 답변 셀프 체크 포인트를 통해 나의 답변을 점검하고 보완하도록 합니다.

UNIT
08

People 사람 HACKERS **IELTS** SPEAKING

UNIT 09

Food & Health 음식과 건강

음식·건강은 스피킹 시험에서 수험생들이 자주 질문 받는 주제입니다. 따라서 음식·건강과 관련된 빈출문제, 관련 아이디어 및 표현, 그리고 모범답변을 학습하여 준비해둡니다.

■ PART 1 빈출문제

Part 1에서는 좋아하는 음식이나 간식이 무엇인지, 요리하는 것을 좋아하는지 등 음식과 요리에 관한 질문을 합니다. 따라서 다음 Part 1 빈출문제를 확인하여 본인의 음식 취향, 요리 습관에 관련된 기본적인 내용을 미리 영어로 정리해보고 연습하도록 합니다.

간식	**What kind of snack do you like?** 최빈출 당신은 어떤 종류의 간식을 좋아하나요? Do you eat different snacks depending on the time of the day? 당신은 하루의 시간에 따라 다른 간식을 먹나요? Do you enjoy eating chocolate? 당신은 초콜릿 먹는 것을 좋아하나요?
요리	**Do you like cooking?** 최빈출 당신은 요리하는 것을 좋아하나요? Who does the cooking at your home? 당신의 집에서 누가 요리를 하나요? When you were a child, did you help your parents to prepare meals? 당신이 어린아이였을 때, 부모님이 음식 준비하는 것을 도왔나요? Do you think children should help their parents prepare meals? 당신은 아이들이 부모님을 도와 음식 준비를 해야 한다고 생각하나요?
음식	**What kind of food is popular in your country?** 최빈출 당신의 나라에서는 어떤 종류의 음식이 인기 있나요?

Part 2에서는 새로운 음식이나 이국적인 음식을 먹어본 경험, 좋아하는 음식에 대해 묘사하라는 문제가 자주 나옵니다. 가장 자주 나오는 문제인 새로운 음식을 먹어본 경험에 대한 답변을 준비해두면, 이국적인 음식을 먹어본 경험과 좋아하는 음식이 무엇인지를 묻는 다른 문제에도 활용할 수 있습니다.

Part 3에서는 건강을 위해 사람들이 무엇을 하는지, 새로운 음식에 대해 나이 많은 사람과 젊은 사람 사이에는 어떤 태도 차이가 있는지와 같이 일상적으로 생각해보지 않았을 가능성이 높은 질문을 하므로, 미리 빈출문제와 모범답변을 살펴보고 나의 답변을 준비해둡니다.

건강

PART 2

Describe something you do for your health. 당신이 건강을 위해 하는 것에 대해 말하라. [최빈출]

You should say:
    what this thing is 그것이 무엇인지
    why you started doing it 왜 하기 시작했는지
and explain what benefits it has. 그리고 어떤 장점이 있는지 설명하라.

PART 3

What do people usually do to stay healthy in your country? [최빈출]
당신의 나라에서 사람들이 건강을 유지하기 하기 위해 주로 무엇을 하나요?

Do you think schools should teach children about health?
당신은 학교가 어린이들에게 건강에 대해 가르쳐야 한다고 생각하나요?

음식

PART 2

Describe an experience when you tried a new food for the first time. [최빈출]
당신이 새로운 음식을 처음 시도했을 때의 경험에 대해 말하라.

You should say:
    what you had 무엇을 먹었는지
    when and where you had it 언제 어디서 먹었는지
    how it tasted 어떤 맛이었는지
and explain how you felt about it. 그리고 어떤 기분이 들었는지 설명하라.

PART 3

Do you think the responsibility for teaching children healthy eating habits lies with parents or with teachers? 당신은 아이들에게 건강한 식습관을 가르치는 것에 대한 책임이 부모님과 선생님 중 누구에게 있다고 생각하나요? [최빈출]

Who tries new and exotic food more often, the elderly or the young?
나이 든 사람들과 젊은이들 중 누가 더 새롭고 이국적인 음식을 자주 시도하나요?

🎧 Unit 09 Track 1

1 What kind of snack do you like?

간식   당신은 어떤 종류의 간식을 좋아하나요?

답변
아이디어
&표현

아이디어 1	핵심답변	감자칩	potato chips
	부연설명	• 너무 맛있어서 하루 종일 먹을 수 있는 • 여러 가지 맛으로 나온다	• so tasty that I could eat them all day • come in many different flavors
아이디어 2	핵심답변	크래커	crackers
	부연설명	• 그 위에 크림치즈를 바른다 • 커피와 먹으면 더 맛있다	• spread cream cheese on them • taste better with some coffee

🎤 나의 답변   답변 아이디어와 표현을 참고해서 나의 답변을 말해보고 모범답변을 참고하여 답변을 보완해보자.

모범 답변

핵심답변 I'm practically in love with potato chips. 부연설명 They are so tasty that I could eat them all day, every day. **Although** they come in many different flavors nowadays, my favorite has always been original.

핵심답변 저는 거의 감자칩과 사랑에 빠졌습니다. 부연설명 그것들은 너무 맛있어서 저는 그것들을 매일 하루 종일 먹을 수도 있습니다. 요즘에는 감자칩이 여러 가지 맛으로 나오기는 하지만, 제가 가장 좋아하는 맛은 언제나 오리지널 맛입니다.

어휘 practically[prǽktikəli] 거의, 사실상 flavor[fléivər] 맛, 풍미

🎧 Unit 09 Track 2

2 Do you eat different snacks depending on the time of the day?

간식   당신은 하루의 시간에 따라 다른 간식을 먹나요?

답변
아이디어
&표현

아이디어 1	핵심답변	그렇다	sure
	부연설명	• 아침엔 견과나 신선한 과일을 먹는다 • 오후엔 감자칩 한 봉지 또는 초코바를 먹는다	• eat nuts or fresh fruits in the morning • grab a bag of chips or a candy bar in the afternoon
아이디어 2	핵심답변	꼭 그렇지 않다	not necessarily
	부연설명	• 어떤 것이든 먹을 수 있는 것을 먹는다 • 시간에 상관 없이 아이스크림을 먹는다	• eat whatever is available • eat ice cream regardless of the time

🎤 나의 답변   답변 아이디어와 표현을 참고해서 나의 답변을 말해보고 모범답변을 참고하여 답변을 보완해보자.

모범 답변

핵심답변 Sure. 부연설명 I usually like to eat nuts or fresh fruits, **such** as strawberries, bananas, or kiwis, in the morning. **However**, when I get hungry in the afternoon, around 3 or 4, I usually grab a bag of chips or a candy bar.

핵심답변 그럼요. 부연설명 저는 보통 아침엔 견과나 딸기, 바나나, 키위와 같은 신선한 과일을 먹는 것을 좋아합니다. 그렇지만, 오후 세네 시 쯤에 배가 고파질 때는 보통 감자칩 한 봉지나 초코바를 먹습니다.

어휘 grab[græb] (급히) 먹다, 잡다 candy bar 초코바

3 Do you enjoy eating chocolate?

간식

당신은 초콜릿 먹는 것을 좋아하나요?

답변 아이디어 & 표현				
아이디어 1	핵심답변	초콜릿을 먹는 것을 좋아한다		I love to eat chocolates
	부연설명	• 다 없어질 때까지 멈추지 못한다		• can't stop until they're gone
		• 초콜릿을 먹는 것은 내 기분을 좋아지게 한다		• eating chocolate improves my mood
아이디어 2	핵심답변	단것에 대한 욕구가 없다		I don't have cravings for sweets
	부연설명	• 탄수화물이 많고 짭짤한 간식을 먹는다		• eat starchy and savory snacks
		• 빵을 과식한다		• binge on bread

나의 답변 답변 아이디어와 표현을 참고해서 나의 답변을 말해보고 모범답변을 참고하여 답변을 보완해보자.

모범 답변

핵심답변 Yes, I have a sweet tooth and I love to eat chocolates. 부연설명 Whenever I start eating them, I usually can't stop until they're gone. Eating chocolate improves my mood. **Since** all my friends are well aware of this, they always get me some for my birthday.

핵심답변 네, 저는 단것을 좋아하고 초콜릿 먹는 것을 좋아합니다. 부연설명 제가 그것들을 먹기 시작할 때마다 보통 저는 다 없어질 때까지 멈추지 못합니다. 초콜릿을 먹는 것은 제 기분을 좋아지게 합니다. 제 친구들은 모두 이 사실을 잘 알기 때문에 제 생일에 언제나 초콜릿을 줍니다.

어휘 have a sweet tooth 단것을 좋아하다 be aware of ~을 알다

---

4 Do you like cooking?

요리

당신은 요리하는 것을 좋아하나요?

답변 아이디어 & 표현				
아이디어 1	핵심답변	요리를 정말 좋아한다		I really do
	부연설명	• 레시피가 많은 블로그가 있다		• there is a blog with many recipes
		• 한국 전통음식들이 내게 너무 어렵다		• Korean traditional dishes are too difficult for me
		• 간단한 음식을 요리하는 것을 좋아한다		• love to cook simple food
아이디어 2	핵심답변	요리를 즐겨하지 않는다		I don't enjoy cooking
	부연설명	• 나는 차라리 나가서 먹겠다		• I'd rather eat out
		• 집에서 음식을 준비하는 것이 돈이 더 든다		• it costs more to prepare meals at home

 나의 답변 답변 아이디어와 표현을 참고해서 나의 답변을 말해보고 모범답변을 참고하여 답변을 보완해보자.

모범 답변

핵심답변 I really do. 부연설명 There is a blog with many recipes that I like to visit, and it's great fun to try them out. **While** many Korean traditional dishes are too difficult for me at this point, I love to cook simple food, such as spaghetti or beef curry.

핵심답변 저는 요리를 정말 좋아합니다. 부연설명 제가 방문하기 좋아하는 레시피가 많은 블로그가 있는데, 이 레시피들을 시도해 보는 것이 매우 재미있습니다. 많은 한국 전통음식들이 아직 제게는 너무 어렵지만, 저는 스파게티나 소고기 카레같이 간단한 음식을 요리하는 것을 좋아합니다.

어휘 try out 시도하다 dish[diʃ] 음식, 요리

UNIT
09

Food & Health 음식과 건강 HACKERS **IELTS** SPEAKING

5 Who does the cooking at your home?
당신의 집에서 누가 요리를 하나요?

요리

답변 아이디어 & 표현

아이디어 1	핵심답변	우리 어머니	my mother
	부연설명	• 밥과 국을 만든다	• makes steamed rice and soup
		• 그녀가 없을 때 스스로 내 식사를 준비한다	• fix my own meal when she's not around
		• 결코 그녀의 것만큼 맛있지 않다	• never tastes as good as hers
아이디어 2	핵심답변	내 남자 형제	my brother
	부연설명	• 가족을 위해 음식 만들기를 즐긴다	• enjoys making meals for my family
		• 음식 준비에 있어서 창의적인	• creative when it comes to food preparation

나의 답변 답변 아이디어와 표현을 참고해서 나의 답변을 말해보고 모범답변을 참고하여 답변을 보완해보자.

모범 답변

핵심답변 Most often, my mother is the one who cooks for the family. 부연설명 She usually makes steamed rice and soup and serves the main meal with various side dishes. I sometimes fix my own meal when she's not around. **However**, even when I follow her recipes and use the exact same ingredients as she does, my food never tastes as good as hers.

핵심답변 대부분 가족을 위해 요리를 하는 사람은 저희 어머니이십니다. 부연설명 그녀는 보통 밥과 국을 만들고 다양한 반찬과 함께 주메뉴를 주십니다. 때때로 저는 어머니가 안 계실 때 스스로 제 식사를 준비합니다. 하지만, 그녀의 요리법을 따르고 정확히 같은 재료를 쓸 때조차도 제 음식은 결코 그녀의 것만큼 맛있지 않습니다.

어휘 fix[fiks] (음식을) 준비하다   ingredient[ingrí:diənt] 재료

6 When you were a child, did you help your parents to prepare meals?
당신이 어린아이였을 때, 부모님이 음식 준비하는 것을 도왔나요?

요리

답변 아이디어 & 표현

아이디어 1	핵심답변	가끔 도왔다	I sometimes did
	부연설명	• 부모님을 도와서 식사를 준비하곤 했다	• used to help my parents prepare dinner
		• 야채를 씻고 만두를 빚는다	• wash vegetables and roll dumplings
아이디어 2	핵심답변	거의 돕지 않았다	I rarely did
	부연설명	• 내가 음식을 준비하는 것을 원하지 않으셨다	• didn't want me preparing meals
		• 우리가 먹고 난 뒤 설거지를 했다	• did the dishes after we ate

나의 답변 답변 아이디어와 표현을 참고해서 나의 답변을 말해보고 모범답변을 참고하여 답변을 보완해보자.

모범 답변

핵심답변 Yes, I sometimes did, especially during big holidays like New Year's and Thanksgiving. 부연설명 In my country, it is customary to cook a lot of food for these holidays, so I used to help my parents prepare dinner. **Even though** my parents didn't let me use the stove or knives, they allowed me to wash vegetables and roll dumplings.

핵심답변 네, 저는 특히 설날이나 추석같이 큰 명절 때 가끔 도왔습니다. 부연설명 우리나라에서는 이러한 명절에 음식을 많이 만드는 것이 관례이므로, 저는 부모님을 도와서 식사를 준비하곤 했습니다. 제 부모님은 제가 가스레인지나 칼을 사용하지 못하게 하셨지만, 제가 야채를 씻고 만두를 빚는 것은 허락하셨습니다.

어휘 customary[kʌ́stəməri] 관례적인, 일반적인   allow[əláu] 허락하다, ~할 수 있게 하다   dumpling[dʌ́mpliŋ] 만두

7 Do you think children should help their parents prepare meals?

요리

당신은 아이들이 부모님을 도와 음식 준비를 해야 한다고 생각하나요?

답변 아이디어 & 표현

아이디어 1	핵심답변	물론이다	of course
	부연설명	• 아이들을 교육시키는 훌륭한 방법 • 유용한 삶의 기술	• a great way to educate children • a useful life skill
아이디어 2	핵심답변	그렇게 생각하지 않는다	I don't think so
	부연설명	• 아이들은 그들의 여가시간을 즐겨야 한다 • 나중에 요리하는 것을 배울 수 있다	• kids should enjoy their leisure time • can learn to cook later in life

 나의 답변   답변 아이디어와 표현을 참고해서 나의 답변을 말해보고 모범답변을 참고하여 답변을 보완해보자.

모범 답변

핵심답변 Of course. 부연설명 In fact, I think it is a great way to educate children. **For starters**, children can learn to be responsible by being given a daily cooking assignment to complete. **Moreover**, cooking is a very useful life skill, and it is good to start learning it early on.

핵심답변 물론입니다. 부연설명 사실, 저는 그것이 아이들을 교육시키는 훌륭한 방법이라고 생각합니다. 먼저, 아이들은 매일 완료해야 할 요리 과제를 부여 받음으로써 책임감을 배울 수 있습니다. 게다가, 요리는 매우 유용한 삶의 기술이므로, 어릴 때부터 그것을 배우기 시작하는 것이 좋습니다.

어휘 educate[édʒukeit] 교육하다, 가르치다   for starters 먼저, 우선 첫째로   assignment[əsáinmənt] 과제, 임무

8 What kind of food is popular in your country?

음식

당신의 나라에서는 어떤 종류의 음식이 인기 있나요?

답변 아이디어 & 표현

아이디어 1	핵심답변	튀긴 닭	fried chicken
	부연설명	• 집까지 배달되는 인기 있는 음식 • 심지어 운동 경기장에서도 팔린다	• a popular food to have delivered to home • is even sold at sports stadiums
아이디어 2	핵심답변	패스트푸드	fast food
	부연설명	• 비교적 저렴한 • 몇 분 안에 준비되는	• relatively cheap • ready in a matter of minutes

나의 답변   답변 아이디어와 표현을 참고해서 나의 답변을 말해보고 모범답변을 참고하여 답변을 보완해보자.

모범 답변

핵심답변 Fried chicken certainly is. 부연설명 It is a very popular food to have delivered to your home, and it's even sold at sports stadiums during matches. I once heard that there are more fried chicken joints in Korea than there are McDonald's restaurants in the entire world.

핵심답변 튀긴 닭이 확실히 인기가 있습니다. 부연설명 튀긴 닭은 집까지 배달되는 매우 인기 있는 음식이며, 심지어 운동 경기 중에 경기장에서도 팔립니다. 저는 이전에 전 세계에 있는 맥도날드 매장보다 한국에 있는 치킨 가게가 더 많다고 들은 적이 있습니다.

어휘 match[mætʃ] 경기, 시합   joint[dʒɔint] 가게, 음식점

건강	Part 2에서는 건강을 위해 하는 노력에 대해 묘사하라는 문제가 자주 출제됩니다. 이 경우, Part 3에서는 사람들이 건강을 위해 하는 일, 아이들의 건강 교육에 대한 질문을 할 경우가 많습니다.

PART 2

1

Describe something you do for your health. 당신이 건강을 위해 하는 것에 대해 말하라.

You should say:
   what this thing is 그것이 무엇인지
   why you started doing it 왜 하기 시작했는지
and explain what benefits it has. 그리고 어떤 장점이 있는지 설명하라.

답변
아이디어
& 표현

① 그것이 무엇인지	• 잘 먹는 것 • 가공 식품을 섭취하는 것을 피한다 • 기름진 튀김이나 단 음료를 먹지 않는다 • 균형잡힌 식사를 한다 • 매일 비타민 보충제를 복용한다	• eating well • avoid putting processed foods into my body • don't consume oily fried foods or sugary drinks • eat balanced meals • take daily vitamin supplements
② 왜 하기 시작했는지	• 면역 체계가 약했다 • 지금보다 몸무게가 훨씬 더 많이 나갔다	• my immune system was weak • weighed a lot more than I do now
③ 어떤 장점이 있는지	• 몸무게가 줄었나 • 그걸 시작한 이후로 감기에 걸리지 않았다 • 돈을 절약했다	• lost weight • haven't had a cold since starting it • reduced my expenses

📝 나의 노트

🎤 나의 답변   답변 아이디어와 표현을 참고해서 나의 답변을 말해보고 모범답변을 참고하여 답변을 보완해보자.

모범 노트

- eat well
- avoid processed foods
- oily fried foods, sugary drinks
- balanced meals
- take vitamins

- weak immune system
- weighed more

- lost weight
- haven't had a cold
- reduced expenses

UNIT **09**

Food & Health 음식과 건강 HACKERS **IELTS** SPEAKING

모범 답변

① I do **several** things to ensure that I remain healthy. **However**, I think **the most** important of them **is** eating well. I totally agree with the old saying, "You are what you eat", so I avoid putting processed foods into my body. This means that I don't consume oily fried foods or sugary drinks and snacks. Instead, I drink a lot of organic smoothies and eat balanced meals consisting primarily of whole grains and green vegetables. **Moreover**, I never forget to take my three daily vitamin supplements.

② I initially started this diet **because** my immune system was weak, and I weighed a lot more than I do now. It seemed like I was always catching colds, so I decided to do something about it. I did some research on healthier diets and made up my mind to try one myself. It's been about a year now, and I've never felt better.

③ I've seen a lot of benefits from my new diet. **Not only** have I lost weight, **but I also** haven't had a cold since starting it. I've **also** reduced my expenses. I used to spend too much money on snacks and fast food, but now I save it instead.

① 저는 건강을 유지하기 위해 여러 가지 것들을 합니다. 하지만, 그중 가장 중요한 것은 잘 먹는 것이라고 생각합니다. 저는 오래된 속담인 '당신이 먹는 것이 곧 당신이다'라는 말에 전적으로 동감해서, 가공 식품을 섭취하는 것을 피합니다. 이는 제가 기름진 튀김이나 단 음료와 간식을 먹지 않는다는 것을 의미합니다. 대신, 저는 유기농 스무디를 많이 마시고 주로 통곡물과 초록 채소로 구성된 균형잡힌 식사를 합니다. 게다가, 저는 잊지 않고 매일 세 가지 비타민 보충제를 복용합니다.

② 제가 애초에 이 식이요법을 시작한 것은 제 면역 체계가 약했고, 지금보다 몸무게가 훨씬 더 많이 나갔기 때문입니다. 저는 언제나 감기에 걸리는 것 같았고, 그래서 그것에 대해 무언가 하기로 결정했습니다. 저는 더 건강한 식단들에 대해 조사했고 한 가지를 직접 해보기로 결심했습니다. 이제 거의 일 년 정도가 되었고, 저는 그 어느 때보다 건강합니다.

③ 저는 새로운 식이요법으로부터 많은 장점을 경험했습니다. 그걸 시작한 이후로 몸무게가 줄었을 뿐 아니라, 감기에 걸리지도 않았습니다. 저는 또한 돈을 절약하였습니다. 저는 이전에 간식과 패스트푸드에 돈을 너무 많이 쓰곤 했지만, 이제는 대신에 그 돈을 저축합니다.

어휘 saying[séiiŋ] 속담, 격언 processed food 가공 식품 consume[kənsúːm] 먹다, 소비하다
sugary[ʃúɡəri] 단, 설탕의 consist of ~으로 구성되다 primarily[praimérəli] 주로
supplement[sʌ́pləmənt] 보충물 immune system 면역 체계 make up one's mind 결심하다
expense[ikspéns] 돈, 비용

2

What do people usually do to stay healthy in your country?

당신의 나라에서 사람들이 건강을 유지하기 하기 위해 주로 무엇을 하나요?

 답변 아이디어 & 표현

핵심답변 ①	건강한 식단을 따른다	follow a healthy diet
부연설명	• 패스트푸드를 가까이 하지 않는다 • 지방과 탄수화물의 함유량이 높은 • 채소, 통곡물, 그리고 과일로 구성되어 있다	• stay away from fast food • high in fat and carbohydrates • consist of vegetables, whole grains, and fruit
핵심답변 ②	정기적으로 운동을 한다	exercise on a regular basis
부연설명	• 체육관에 가고, 운동 수업에 참여하고, 하이킹을 한다	• go to the gym, join exercise classes, and hike

🎙 나의 답변   답변 아이디어와 표현을 참고해서 나의 답변을 말해보고 모범답변을 참고하여 답변을 보완해보자.

모범 답변

서론 **There are a number of** things **that** people do to ensure their well-being in Korea. 핵심답변 ① **First**, they follow a healthy diet. 부연설명 **For example**, they stay away from fast food as much as possible because it is usually high in fat and carbohydrates. Instead, their meals mostly consist of vegetables, whole grains, and fruit. 핵심답변 ② They **also** exercise on a regular basis. 부연설명 Some people go to the gym, join exercise classes, and hike.

서론 한국에서 사람들이 건강을 지키기 위해 하는 여러 가지 것들이 있습니다. 핵심답변 ① 첫째, 그들은 건강한 식단을 따릅니다. 부연설명 예를 들어, 그들은 가능한 한 패스트푸드를 가까이 하지 않는데 왜냐하면 그것은 보통 지방과 탄수화물의 함유량이 높기 때문입니다. 대신, 그들의 식사는 주로 채소, 통곡물, 그리고 과일로 구성되어 있습니다. 핵심답변 ② 또한 그들은 정기적으로 운동을 합니다. 부연설명 몇몇 사람들은 체육관에 가고, 운동 수업에 참여하고, 하이킹을 합니다.

어휘 ensure[inʃúr] 지키나, 보장하다   diet[dáiət] 식단, 식이요법   stay away from ~을 가까이 하지 않다
high in ~의 함유량이 높은   carbohydrate[kàːrbouháidreit] 탄수화물

Do you think schools should teach children about health?

당신은 학교가 어린이들에게 건강에 대해 가르쳐야 한다고 생각하나요?

 답변
아이디어
&표현

핵심답변	학교는 학생들에게 건강 수업을 제공해야 한다	schools should offer health classes to students
부연설명	• 음식에 대한 기본 지식	• a basic knowledge of food
	• 모든 사람들이 지녀야 하는 삶의 기술	• a life skill that everyone should have
	• 사람들이 이것들을 더 일찍 배울 수록 더 좋다	• the earlier people learn these things, the better
	• 비만율을 낮춘다	• bring down the obesity rate
	• 오늘날 심각한 건강 문제	• a serious health problem these days

🎤 나의 답변 답변 아이디어와 표현을 참고해서 나의 답변을 말해보고 모범답변을 참고하여 답변을 보완해보자.

 모범 답변

핵심답변 Yes, I think schools should offer health classes to students. 부연설명 A basic knowledge of food and what we should eat to stay healthy is a life skill that everyone should have. **In fact**, I think the earlier people learn these things, the better. Teaching children about food and health can **also** bring down the obesity rate, which is a serious health problem these days.

핵심답변 네, 저는 학교가 학생들에게 건강 수업을 제공해야 한다고 생각합니다. 부연설명 음식에 대한 기본 지식과 우리가 건강을 유지하기 위해 무엇을 먹어야 하는지에 대한 기본 지식은 모든 사람들이 지녀야 하는 삶의 기술입니다. 사실, 저는 사람들이 이것들을 더 일찍 배울 수록 더 좋다고 생각합니다. 아이들에게 음식과 건강에 관해 가르치는 것은 또한 비만율을 낮출 수 있는데, 이는 오늘날 심각한 건강 문제입니다.

어휘 bring down ~을 낮추다, 하락시키다   obesity [oubíːsəti] 비만

<table>
<tr>
<td>음식</td>
<td>Part 2에서는 음식과 관련된 경험을 묘사하라는 문제가 자주 출제됩니다. 이 경우, Part 3에서는 어린이들의 식습관을 누가 가르쳐야 하는지, 이국적인 음식에 대한 세대간 태도 차이에 대해 질문을 할 경우가 많습니다.</td>
</tr>
</table>

PART 2

4

Describe an experience when you tried a new food for the first time.
당신이 새로운 음식을 처음 시도했을 때의 경험에 대해 말하라.

You should say:
    what you had 무엇을 먹었는지
    when and where you had it 언제 어디서 먹었는지
    how it tasted 어떤 맛이었는지
and explain how you felt about it. 그리고 어떤 기분이 들었는지 설명하라.

답변 아이디어 & 표현

① 무엇을 먹었는지	• 타코	• a taco
② 언제 어디서 먹었는지	• 지난달 • 이태원에 있는 유명한 식당	• last month • a famous restaurant in Itaewon
③ 어떤 맛이었는지	• 꽤 매웠다 • 독특한 풍미가 정말 좋았다 • 소고기가 촉촉하고 부드러웠다	• was quite spicy • couldn't get enough of the unique flavors • the beef was moist and tender
④ 어떤 기분이 들었는지	• 나를 깜짝 놀라게 했다 • 내가 그걸 먹어보아서 기쁘다 • 군침이 돌게 만든다	• blew my mind • I am glad I tried it • makes my mouth water

나의 노트

나의 답변   답변 아이디어와 표현을 참고해서 나의 답변을 말해보고 모범답변을 참고하여 답변을 보완해보자.

- taco
- last month
- Itaewon
- spicy
- unique flavors
- beef, moist, tender
- blew my mind
- glad
- makes my mouth water

모범 답변

① Recently, I tried a taco for the first time in my life.

② I had it last month when my friends and I visited a famous restaurant in Itaewon, a neighborhood where people from all over the world go to spend time. When we met up, one of my friends suggested going to his favorite Mexican restaurant. Not knowing what to order, I asked him and he told me I should have a taco.

③ I fell in love with tacos immediately. **Although** the taco I ordered was quite spicy, I couldn't get enough of the unique flavors from the sauces and spices. The beef was moist and tender, and the melted cheese and fresh vegetables on top complemented it perfectly. The combination was out of this world.

④ **Since** I had never tried Mexican food before, I was not expecting much. But everything about that taco blew my mind. I'm so glad I tried it. I think it's my favorite foreign dish now. Just thinking about it makes my mouth water!

① 최근에, 저는 인생에서 처음으로 타코를 먹어보았습니다.

② 저는 지난달 친구들과 함께 이태원에 있는 유명한 식당에 방문했을 때 타코를 먹었는데, 이태원은 전 세계에서 온 사람들이 시간을 보내러 가는 동네입니다. 우리가 만났을 때, 제 친구들 중 한 명이 그가 가장 좋아하는 멕시코 식당에 가자고 제안했습니다. 무엇을 주문할지 몰라서 저는 그에게 물어봤고 그는 제게 타코를 먹어야 한다고 말했습니다.

③ 저는 즉시 타코와 사랑에 빠졌습니다. 제가 주문한 타코가 꽤 매웠는데도 불구하고, 양념과 향신료의 독특한 풍미가 저는 정말 좋았습니다. 소고기는 촉촉하고 부드러웠고, 위에 녹은 치즈와 신선한 채소는 그것을 완벽하게 보완해 주었습니다. 그 조화는 너무나 훌륭했습니다.

④ 저는 이전에 멕시코 음식을 먹어본 적이 없었기 때문에 별로 기대를 하지 않았습니다. 하지만 그 타코의 모든 것들은 저를 깜짝 놀라게 했습니다. 저는 제가 그걸 먹어보아서 정말 기쁩니다. 타코는 이제 제가 가장 좋아하는 외국 음식인 것 같습니다. 그것에 대해 생각하는 것만으로도 군침이 돌게 만듭니다!

어휘 spicy[spáisi] 매운, 양념 맛이 강한 spice[spais] 향신료 tender[téndər] 부드러운
complement[ká:mpləmənt] 보완하다, 보충하다 out of this world 너무도 훌륭한 water[wɔ́:tər] 군침이 돌다

5

Do you think the responsibility for teaching children healthy eating habits lies with parents or with teachers?

당신은 아이들에게 건강한 식습관을 가르치는 것에 대한 책임이 부모님과 선생님 중 누구에게 있다고 생각하나요?

답변
아이디어
& 표현

핵심답변	부모님에게 책임이 있다	parents should be responsible
부연설명	• 아이들은 주로 부모님과 함께 식사를 한다	• children mostly have meals with their parents
	• 자녀의 식습관을 계속 지켜본다	• keep an eye on their children's eating habits
	• 건강하지 않은 것을 고쳐 준다	• correct unhealthy ones

나의 답변

답변 아이디어와 표현을 참고해서 나의 답변을 말해보고 모범답변을 참고하여 답변을 보완해보자.

모범 답변

핵심답변 Both parents and teachers have a major influence on children. **However**, when it comes to teaching them how to eat healthily, parents should be responsible. 부연설명 **This is because** children mostly have meals with their parents, not their teachers. **Therefore**, parents have more opportunities to keep an eye on their children's eating habits and correct any unhealthy ones.

핵심답변 부모님과 선생님 모두가 아이들에게 큰 영향을 미칩니다. 하지만, 건강하게 먹는 법을 가르치는 것에 관해서는, 부모님에게 책임이 있습니다. 부연설명 이는 아이들이 주로 선생님이 아닌 부모님과 함께 식사를 하기 때문입니다. 따라서, 부모님들은 그들 자녀의 식습관을 계속 지켜보고 건강하지 않은 식습관을 고쳐 줄 기회가 더 많습니다.

어휘 when it comes to ~에 관해서는 keep an eye on ~을 계속 지켜보다 correct[kərékt] 고쳐 주다, 바로잡다

6 Who tries new and exotic food more often, the elderly or the young?

나이 든 사람들과 젊은이들 중 누가 더 새롭고 이국적인 음식을 자주 시도하나요?

 답변
아이디어
& 표현

핵심답변	젊은이들이 새로운 음식을 좀 더 잘 시도한다	young people are more likely to give new foods a try
부연설명	• 안락하다고 느끼는 구역 밖을 기꺼이 모험하려 한다	• are willing to venture outside one's comfort zone
	• 새로운 것을 먹는 것을 재미있다고 생각한다	• view eating something new as fun
	• 중장년층은 그렇게 호기심이 있거나 대담하지 않다	• elderly people are not that curious or daring
	• 특정 음식을 먹는 것에 익숙하다	• are used to eating certain foods

 나의 답변   답변 아이디어와 표현을 참고해서 나의 답변을 말해보고 모범답변을 참고하여 답변을 보완해보자.

모범 답변

핵심답변 I'd say that young people are more likely to give new foods a try. 부연설명 **This is because** young people are generally more adventurous and willing to venture outside their comfort zone. They might view eating something new as fun. **In contrast**, elderly people are not that curious or daring. They are used to eating certain foods and are satisfied with them.

핵심답변 저는 젊은이들이 새로운 음식을 좀 더 잘 시도하는 것 같습니다. 부연설명 이는 젊은이들이 보통 더 모험적이고 그들이 안락하다고 느끼는 구역 밖을 기꺼이 모험하려고 하기 때문입니다. 그들은 아마 새로운 것을 먹는 것을 재미있다고 생각할 것입니다. 반대로, 중장년층은 그렇게 호기심이 있거나 대담하지 않습니다. 그들은 특정 음식을 먹는 것에 익숙하며 그것들에 만족해 합니다.

어휘 exotic[igzá:tik] 이국적인, 외국신의   adventurous[ædvéntʃərəs] 모험적인   venture[véntʃər] 모험하다
in contrast 반대로   daring[dériŋ] 대담한, 용감한

* 나의 답변을 말해본 후, 348페이지의 답변 셀프 체크 포인트를 통해 나의 답변을 점검하고 보완하도록 합니다.

UNIT 10

Travel & Transportation 여행과 교통

여행 · 교통은 스피킹 시험에서 수험생들이 자주 질문 받는 주제입니다. 따라서 여행 · 교통과 관련된 빈출문제, 관련 아이디어 및 표현, 그리고 모범답변을 학습하여 준비해둡니다.

■ PART 1 빈출문제

Part 1에서는 선호하는 교통수단은 무엇인지, 자전거를 탈 수 있는지, 버스나 기차 등을 이용하여 장거리 여행을 해본 적이 있는지 등 교통수단에 관한 질문을 합니다. 따라서 다음 Part 1 빈출문제를 확인하여 교통수단과 관련된 본인의 선호 및 생각과 경험을 정리해보고 연습하도록 합니다.

교통	**Which do you use more often, buses or taxis?** 최빈출 당신은 버스와 택시 중 어떤 것을 더 자주 이용하나요? **Which do you prefer, public transportation or private cars?** 당신은 대중교통과 자가용차 중 어느 것을 선호하나요? **What is your favourite type of transportation?** 당신이 가장 좋아하는 종류의 대중교통은 무엇인가요?
자전거	**Do you think many people ride bikes in your country?** 최빈출 당신의 나라에서 많은 사람들이 자전거를 탄다고 생각하나요? **Did you learn how to ride a bike when you were a child?** 당신은 어렸을 때 자전거 타는 법을 배웠나요? **Do you think children should learn how to ride a bike?** 당신은 아이들이 자전거 타는 법을 배워야 한다고 생각하나요? **Is it safe to ride a bike in your city?** 당신의 도시에서 자전거를 타는 것이 안전한가요?
여행	**Have you ever taken a long-distance trip by bus or train?** 최빈출 당신은 버스나 기차로 장거리 여행을 해본 적이 있나요?

Part 2에서는 여행하고 싶은 나라, 가장 좋았던 여행 경험에 대해 묘사하라는 문제가 자주 나옵니다. 가장 자주 나오는 문제인 여행하고 싶은 나라가 어디인지에 대한 답변을 준비해두면, 가장 좋았던 여행지 등을 묻는 다른 문제에도 활용할 수 있습니다.

Part 3에서는 해외여행의 장단점이 무엇인지, 사람들이 자가용을 소유하려 하는 이유는 무엇인지와 같이 답변하기 다소 까다로운 질문을 하므로, 미리 빈출문제와 모범답변을 살펴보고 나의 답변을 준비해둡니다.

여행

PART 2

Describe a country you would like to travel to. 당신이 여행하고 싶은 나라에 대해 말하라. 최빈출

You should say:
　　where this country is 이 나라가 어디에 있는지
　　why you want to travel to this country 왜 이 나라로 여행하고 싶은지
and explain what you would do there. 그리고 그곳에서 무엇을 할 것인지 설명하라.

PART 3

What are the benefits of travelling abroad? 최빈출
해외를 여행하는 것의 이점은 무엇인가요?

What are the advantages and disadvantages of a long journey?
긴 여행의 장단점은 무엇인가요?

여정

PART 2

Describe a journey that you make regularly. 당신이 정기적으로 떠나는 여정에 대해 말하라. 최빈출

You should say:
　　how often you make this journey 이 여정을 얼마나 자주 가는지
　　where you go 어디로 가는지
　　how you make it 어떻게 가는지
and explain how you feel about this journey. 그리고 당신이 이 여정에 대해 어떻게 느끼는지 설명하라.

PART 3

Do people like air travel? 최빈출
사람들은 비행기 여행을 좋아하나요?

Why do people want to have their own cars?
왜 사람들은 자신의 차를 소유하고 싶어하나요?

1

교통

Unit 10 Track 1

Which do you use more often, buses or taxis?
당신은 버스와 택시 중 어떤 것을 더 자주 이용하나요?

 답변
아이디어
& 표현

아이디어 1	핵심답변	버스	buses
	부연설명	• 택시가 갈 수 있는 곳 어디든지 간다 • 더 저렴한 • 어딘가에 빨리 가야 할 때는 택시를 탄다	• go anywhere that taxis can • cheaper • use taxis when I need to get somewhere fast
아이디어 2	핵심답변	택시	taxis
	부연설명	• 우리 지역에 버스가 자주 다니지 않는다 • 가고 싶은 곳에 정확히 데려다 준다	• buses don't operate frequently in my area • take me to exactly where I want to go

나의 답변　답변 아이디어와 표현을 참고해서 나의 답변을 말해보고 모범답변을 참고하여 답변을 보완해보자.

모범 답변

핵심답변 I use buses more often than taxis. 부연설명 Where I live, buses can go anywhere that taxis can, and they are cheaper, so it makes more sense to take buses rather than taxis. **That said**, I do use taxis when I need to get somewhere as fast as possible. **However**, these cases are quite rare.

핵심답변 저는 택시보다 버스를 더 자주 이용합니다. 부연설명 제가 사는 곳에서는 버스가 택시가 갈 수 있는 곳 어디든지 가고 더 저렴하므로, 택시보다 버스를 타는 것이 더 타당합니다. 그렇긴 하지만, 저는 어딘가에 가능한 한 빨리 가야 할 때 택시를 타기는 합니다. 하지만 이런 경우는 매우 드뭅니다.

어휘 make sense 타당하다, 말이 되다   that said 그렇긴 하지만   rare[reər] 드문, 희귀한

2

교통

Unit 10 Track 2

Which do you prefer, public transportation or private cars?
당신은 대중교통과 자가용차 중 어느 것을 선호하나요?

 답변
아이디어
& 표현

아이디어 1	핵심답변	대중교통	public transportation
	부연설명	• 차를 사고 유지하는 것은 비싸다 • 도로에 집중하지 않아도 된다	• buying and maintaining a car costs a lot • don't have to concentrate on the road
아이디어 2	핵심답변	승용차	private cars
	부연설명	• 사람들로 너무 붐비지 않는다 • 아무도 내 개인 공간을 침범하지 않는다	• don't get too crowded with people • no one invades my personal space

나의 답변　답변 아이디어와 표현을 참고해서 나의 답변을 말해보고 모범답변을 참고하여 답변을 보완해보자.

모범 답변

핵심답변 I prefer using public transportation to driving. 부연설명 Buying and maintaining a car costs a lot more than paying for buses and subways. **Furthermore**, I don't have to concentrate on the road when I take public transport, so it's more comfortable for me.

핵심답변 저는 운전하는 것보다 대중교통을 이용하는 것을 선호합니다. 부연설명 차를 사고 유지하는 것은 버스와 지하철 요금을 내는 것보다 훨씬 더 비쌉니다. 더욱이, 대중교통을 탈 때 저는 도로에 집중하지 않아도 되므로 이것이 제게는 더 편합니다.

어휘 maintain[meintéin] 유지하다, 계속하다   public transport 대중교통

3

교통

What is your favourite type of transportation?
당신이 가장 좋아하는 종류의 대중교통은 무엇인가요?

 답변
아이디어
& 표현

아이디어 1	핵심답변	기차	trains
	부연설명	• 교통체증에 걸리는 일이 결코 없다 • 기차 사고는 거의 일어나지 않는다 • 차내에 화장실 시설이 있다	• never get stuck in traffic jams • train accidents rarely happen • have on-board restroom facilities
아이디어 2	핵심답변	지하철	subway
	부연설명	• 보통 제시간에 도착한다 • 버스에 타면 속이 메스껍다	• generally arrive on time • get nauseous when on the bus

 나의 답변　답변 아이디어와 표현을 참고해서 나의 답변을 말해보고 모범답변을 참고하여 답변을 보완해보자.

모범 답변

핵심답변 I enjoy taking trains the most 부연설명 **because** they are very fast and never get stuck in traffic jams. **Also**, train accidents rarely happen, so they are safer than cars or buses. **On top of these**, unlike other land vehicles, trains have on-board restroom facilities, so they're more convenient as well.

핵심답변 저는 기차를 타는 것을 가장 좋아하는데 부연설명 왜냐하면 기차는 매우 빠르고 교통체증에 걸리는 일이 결코 없기 때문입니다. 또한 기차 사고는 거의 일어나지 않으므로, 자동차나 버스보다 더 안전합니다. 이에 더해, 다른 육상 차량들과는 달리, 기차는 차내에 화장실 시설이 있어서 더욱 편리하기도 합니다.

어휘 traffic jam 교통체증　vehicle[víːəkl] 차량, 탈 것　on-board 차내의, 기내의

4

자전거

Do you think many people ride bikes in your country?
당신의 나라에서 많은 사람들이 자전거를 탄다고 생각하나요?

 답변
아이디어
& 표현

아이디어 1	핵심답변	그렇게 생각하지 않는다	I don't think so
	부연설명	• 자전거를 타는 사람을 보지 못한다 • 도로가 너무 위험하다	• almost never see anyone riding bicycles • the roads are too dangerous
아이디어 2	핵심답변	많은 사람들이 자전거를 탄다고 생각한다	I think many people ride bikes
	부연설명	• 내 도시에는 자전거 도로가 잘 되어 있다 • 주 교통수단	• my city has excellent bike paths • the main form of transportation

 나의 답변　답변 아이디어와 표현을 참고해서 나의 답변을 말해보고 모범답변을 참고하여 답변을 보완해보자.

모범 답변

핵심답변 I don't think a lot of people ride bikes in Korea. 부연설명 I almost never see anyone riding them except in parks and city squares. **Besides**, I think the roads in my country are generally too dangerous for people to travel by bicycle.

핵심답변 저는 한국에서 많은 사람들이 자전거를 탄다고 생각하지 않습니다. 부연설명 저는 공원이나 시 광장에 있을 때를 제외하고는 자전거를 타는 사람을 거의 보지 못합니다. 게다가, 저는 우리나라의 도로가 사람들이 자전거를 타고 다니기에 대체로 너무 위험하다고 생각합니다.

어휘 square[skweər] 광장　travel[trǽvl] 다니다, 여행하다

UNIT
10

Travel & Transportation 여행과 교통　HACKERS IELTS SPEAKING

5
자전거

Did you learn how to ride a bike when you were a child?
당신은 어렸을 때 자전거 타는 법을 배웠나요?

답변 아이디어 & 표현

아이디어 1	핵심답변	아버지께서 내게 가르쳐 주셨다	my father taught me
	부연설명	• 중심을 잡는 것을 어려워 했다 • 내 자전거에 보조바퀴를 달아야 했다 • 결국 그것들 없이 자전거를 타는 것을 익혔다	• had a hard time keeping my balance • had to attach training wheels to my bike • finally learned to ride it without them
아이디어 2	핵심답변	어렸을 때 배우지 않았다	I didn't learn it when I was a child
	부연설명	• 배우기가 어려웠다 • 더 일찍 배웠으면 좋았을 것 같다	• found it difficult to learn • wished I had been taught earlier

나의 답변 답변 아이디어와 표현을 참고해서 나의 답변을 말해보고 모범답변을 참고하여 답변을 보완해보자.

모범 답변

핵심답변 Yes, my father gave me a small bike for my eighth birthday and taught me how to ride it. 부연설명 At first, I had a hard time keeping my balance, so my father had to attach training wheels to my bike. **However**, after a lot of practice, I finally learned to ride it without them.

핵심답변 네, 아버지께서 제 여덟 살 생일 때 작은 자전거를 사 주셨고 제게 그것을 어떻게 타는지 가르쳐 주셨습니다. 부연설명 처음에 저는 중심을 잡는 것을 어려워 했기 때문에, 아버지는 제 자전거에 보조바퀴를 달아주셔야 했습니다. 하지만, 많은 연습을 한 후에, 저는 결국 그것들 없이 자전거를 타는 것을 익혔습니다.

어휘 keep one's balance (몸의) 중심을 잡다, 균형을 유지하다   attach [ətǽtʃ] 달다, 부착하다

6
자전거

Do you think children should learn how to ride a bike?
당신은 아이들이 자전거 타는 법을 배워야 한다고 생각하나요?

답변 아이디어 & 표현

아이디어 1	핵심답변	아이들에게 좋다	it is a good thing for children
	부연설명	• 이것을 완전히 익히는 것은 그들의 자신감을 높여줄 수 있다 • 균형감각을 발달시킨다	• mastering it can boost their confidence • develop a sense of balance
아이디어 2	핵심답변	꼭 배워야 하는 것은 아니다	it is not a must
	부연설명	• 심각한 사고가 많았다 • 상당히 위험할 수 있다	• there have been many serious accidents • can be pretty dangerous

나의 답변 답변 아이디어와 표현을 참고해서 나의 답변을 말해보고 모범답변을 참고하여 답변을 보완해보자.

모범 답변

핵심답변 I'm sure that learning to do it is a good thing for children. 부연설명 **Since** riding a bicycle is usually challenging for children, mastering it can boost their confidence. **Plus**, by practicing riding, children can develop a sense of balance as well.

핵심답변 저는 자전거 타는 것을 배우는 것이 아이들에게 좋다고 확신합니다. 부연설명 자전거를 타는 것은 보통 아이들에게 힘든 일이기 때문에, 이것을 완전히 익히는 것은 그들의 자신감을 높여줄 수 있습니다. 게다가, 자전거를 타는 것을 연습함으로써, 아이들은 균형감각도 발달시킬 수 있습니다.

어휘 challenging [tʃǽlindʒiŋ] 힘든, 도전적인   master [mǽstər] ~을 완전히 익히다, 숙달하다

7

자전거

Is it safe to ride a bike in your city?

당신의 도시에서 자전거를 타는 것이 안전한가요?

💡 답변
아이디어
& 표현

아이디어 1	핵심답변	위험하다		it is dangerous
	부연설명	• 자전거 주행자들은 위험할 정도로 보호받지 못한다		• cyclists are dangerously unprotected
		• 일부 운전자들은 난폭하게 운전한다		• some motorists drive recklessly
아이디어 2	핵심답변	꽤 안전하다		it is pretty safe
	부연설명	• 당신이 적절한 장비를 착용하기만 한다면		• as long as you wear the appropriate equipment
		• 많은 차들이 자전거에 양보한다		• many cars yield to bikes

🎤 나의 답변

답변 아이디어와 표현을 참고해서 나의 답변을 말해보고 모범답변을 참고하여 답변을 보완해보자.

모범 답변

핵심답변 I think riding bicycles in my city is dangerous. 부연설명 **Although** some parts of the city have bike lanes and paths, most do not. Without those, cyclists are dangerously unprotected. **On top of that**, some motorists drive recklessly, which can be deadly to those on bicycles.

핵심답변 저는 제 도시에서 자전거를 타는 것이 위험하다고 생각합니다. 부연설명 도시의 일부에 자전거 전용도로나 길이 있기는 하지만, 대부분의 곳에는 없습니다. 이런 것들 없이 자전거 주행자들은 위험할 정도로 보호받지 못합니다. 그뿐만 아니라, 일부 운전자들은 난폭하게 운전하는데, 이는 자전거를 타는 사람들에게 위험할 수 있습니다.

어휘 lane[lein] 도로, 길 recklessly[réklisli] 난폭하게, 무모하게 deadly[dédli] 위험한, 치명적인

8

여행

Have you ever taken a long-distance trip by bus or train?

당신은 버스나 기차로 장거리 여행을 해본 적이 있나요?

💡 답변
아이디어
& 표현

아이디어 1	핵심답변	부산으로 가기 위해 버스를 탔다		I took a bus to get to Busan
	부연설명	• 교통 정체에 걸렸다		• got stuck in a traffic jam
		• 도착했을 무렵에 정말로 지쳐버렸다		• was really exhausted by the time I arrived
아이디어 2	핵심답변	기차로 장거리 여행을 간 적이 있다		I have taken a long-distance trip by train
	부연설명	• 내가 유럽 배낭여행을 갔을 때		• when I was backpacking through Europe
		• 기차로 유럽 국가들의 국경을 넘었다		• crossed the borders of European nations by train

🎤 나의 답변

답변 아이디어와 표현을 참고해서 나의 답변을 말해보고 모범답변을 참고하여 답변을 보완해보자.

모범 답변

핵심답변 Earlier this year, I visited my family in Busan for the holidays, and I took a bus to get there. 부연설명 **Since** the route went through the countryside, I got to see a lot of beautiful scenery. The bus was very comfortable, but we got stuck in a traffic jam for more than eight hours. **Consequently**, I was really exhausted by the time I arrived.

핵심답변 올해 초에 저는 명절을 맞아 부산에 있는 가족을 방문했는데, 그곳으로 가기 위해 버스를 탔습니다. 부연설명 길이 시골을 지나갔기 때문에, 아름다운 풍경을 많이 볼 수 있었습니다. 버스는 매우 편했지만, 8시간 이상을 교통 정체에 걸려 있었습니다. 결과적으로, 도착했을 무렵에 저는 정말로 지쳐버렸습니다.

어휘 scenery[sí:nəri] 풍경, 경치 exhausted[igzɔ́:stid] 지쳐버린, 기진맥진한

UNIT
10

Travel & Transportation 여행과 교통 HACKERS IELTS SPEAKING

여행	Part 2에서는 여행 장소에 대해 묘사하라는 문제가 자주 출제됩니다. 이 경우, Part 3에서는 장거리 여행의 장단점, 해외여행의 장단점에 대한 질문을 할 경우가 많습니다.

PART 2

1

Describe a country you would like to travel to. 당신이 여행하고 싶은 나라에 대해 말하라.

You should say:
　　where this country is 이 나라가 어디에 있는지
　　why you want to travel to this country 왜 이 나라로 여행하고 싶은지
and explain what you would do there. 그리고 그곳에서 무엇을 할 것인지 설명하라.

답변
아이디어
& 표현

① 이 나라가 어디에 있는지	• 서유럽에	• in western Europe
② 왜 이 나라로 여행하고 싶은지	• 역사적인 건물과 기념물 • 프랑스 요리	• historical buildings and monuments • French cuisine
③ 그곳에서 무엇을 할 것인지	• 에펠탑 • 루브르 박물관에 들러 모나리자를 본다 • 굉장한 프랑스 식당에서 시간을 보낸다 • 새로운 사람들을 만난다	• the Eiffel Tower • stop by the Louvre museum to check out the Mona Lisa • spend some time at a real French bistro • meet new people

📝 나의 노트

🎤 나의 답변　　답변 아이디어와 표현을 참고해서 나의 답변을 말해보고 모범답변을 참고하여 답변을 보완해보자.

> • France
>
> • western Eur.
>
> • historical buildings, monuments
> • French cuisine
>
> • Eiffel Tower, lights
> • stop by the Louvre, check out the Mona Lisa
> • spend time at a French bistro
> • meet new people

🎧 Unit 10 Track 9

모범 답변

① Out of all the countries in the world, **the one** I want to visit **most is** France. It's in western Europe, which is unfortunately quite far from Korea. **In fact**, the flight from Incheon to Paris takes at least twelve hours!

② I've always been intrigued by France because of its historical buildings and monuments. Most of the structures here in Korea are quite modern. **Aside from that**, I'm fascinated by French cuisine. French chefs make some of the world's best dishes, and I want to taste them. All of these things about France really make me want to visit.

③ **There are tons of** things I want to do in France, **but** if I get a chance to go there, my first stop would definitely be the Eiffel Tower. I've seen its sparkling lights so many times in movies, but I want to see them for myself. After that, I'd love to stop by the Louvre museum to check out the Mona Lisa, and then I'd spend some time at a real French bistro. I'd like to try some wine and dessert since both are supposed to be amazing there. **Lastly**, I want to meet new people there. France attracts many tourists from all around the world, so I might be able to meet all sorts of interesting people.

① 전 세계 모든 나라들 중에, 제가 가장 가고 싶은 곳은 프랑스입니다. 프랑스는 서유럽에 있으며, 안타깝게도 한국에서 꽤 멉니다. 실제로, 인천에서 파리로 가는 비행은 최소 열두 시간이 걸립니다!

② 저는 프랑스의 역사적인 건물과 기념물 때문에 항상 프랑스에 흥미를 가져 왔습니다. 이곳 한국에 있는 대부분의 건축물들은 꽤 현대적입니다. 그것 이외에도, 저는 프랑스 요리에 매료되었습니다. 프랑스 요리사들은 몇몇 세계 최고의 요리를 만드는데, 저는 그것들을 맛보고 싶습니다. 프랑스의 이런 모든 것들은 제가 정말로 그곳에 방문하고 싶게 만듭니다.

③ 프랑스에서 하고 싶은 많은 것들이 있지만, 제가 그곳에 갈 기회가 생긴다면, 제 첫 행선지는 분명히 에펠탑일 것입니다. 저는 영화에서 에펠탑의 반짝이는 불빛을 정말 많이 보았지만, 저 자신이 직접 그것을 보고 싶습니다. 그 이후에는, 저는 루브르 박물관에 들러 모나리자를 보고, 굉장한 프랑스 식당에서 시간을 보내고 싶습니다. 저는 와인과 디저트를 맛보고 싶은데 왜냐하면 이 두 가지 모두 그곳에서 훌륭할 것이기 때문입니다. 마지막으로, 저는 그곳에서 새로운 사람들을 만나고 싶습니다. 프랑스는 전 세계로부터 많은 관광객들을 끌어들여서, 저는 많은 흥미로운 사람들을 만날 수 있을 것입니다.

어휘 unfortunately [ʌnfɔ́ːrtʃənətli] 안타깝게도, 불행하게도 intrigue [intríːg] 흥미를 불러 일으키다
monument [mɑ́ːnjumənt] 기념물, 유적 see for oneself 자신이 직접 보다 stop by 들르다
check out ~을 보다, 확인하다 bistro [bíːstrou] 작은 식당, 카페 attract [ətrǽkt] 끌어들이다, 유인하다

UNIT
10

Travel & Transportation 여행과 교통 HACKERS **IELTS** SPEAKING

2 What are the benefits of travelling abroad?

해외를 여행하는 것의 이점은 무엇인가요?

답변 아이디어 & 표현			
핵심답변 ①	당신의 시야를 넓힐 수 있는 기회		an opportunity to broaden your horizons
부연설명	• 외국 문화에 대해 배운다		• learn about foreign cultures
	• 전 세계에서 온 사람들을 만난다		• meet people from around the world
핵심답변 ②	당신을 언어에 몰두하게 만든다		immerse yourself in a language
부연설명	• 사람들은 다른 언어를 말할 것이다		• people will be speaking a different language
	• 그 언어를 말할 수 밖에 없다		• have no choice but to speak it

 나의 답변   답변 아이디어와 표현을 참고해서 나의 답변을 말해보고 모범답변을 참고하여 답변을 보완해보자.

모범 답변

서론 **There are multiple advantages to** traveling abroad. 핵심답변 ① **First,** international travel provides an opportunity to broaden your horizons. 부연설명 You **not only** get to learn about foreign cultures, **but** you **also** get to meet people from around the world. 핵심답변 ② **Furthermore,** it is an opportunity to immerse yourself in a language and improve your skills in it. 부연설명 **Since** the people around you will be speaking a different language, you'll have no choice but to speak it.

서론 해외를 여행하는 것에는 많은 장점이 있습니다. 핵심답변 ① 첫째로, 국제 여행은 당신의 시야를 넓힐 수 있는 기회를 제공합니다. 부연설명 당신은 외국 문화에 대해 배우게 될 뿐만 아니라, 전 세계에서 온 사람들을 만나게 됩니다. 핵심답변 ② 더욱이, 이는 당신을 언어에 몰두하게 만들고 언어 능력을 향상시킬 수 있는 기회입니다. 부연설명 당신의 주변 사람들이 다른 언어를 말할 것이므로, 당신은 그 언어를 말할 수 밖에 없을 것입니다.

어휘 broaden[brɔ́:dn] ~을 넓히다, 넓게 하다 horizon[həráizn] 시야, 지평선 immerse[imə́:rs] ~에 몰두하게 만들다
have no choice but to ~할 수 밖에 없다, ~하지 않을 수 없다

3 What are the advantages and disadvantages of a long journey?
긴 여행의 장단점은 무엇인가요?

답변
아이디어
&표현

핵심답변 ①	장소를 더 속속들이 경험한다	experience a place more thoroughly
부연설명	• 그 장소를 단지 어렴풋이 본다 • 당신이 그곳에 단기간만 머무른다면	• only get a glimpse of the place • if you're only there for a short time
핵심답변 ②	정말 외로워질 수 있다	can get really lonely
부연설명	• 친구들과 가족들로부터 떨어져 • 고립된 감정을 느끼고 향수병에 걸린다	• away from your friends and family • feel isolated and homesick

🎤 나의 답변   답변 아이디어와 표현을 참고해서 나의 답변을 말해보고 모범답변을 참고하여 답변을 보완해보자.

모범 답변

핵심답변 ① The positive part about long journeys is that they give you the chance to experience a place more thoroughly, which means you get to see and learn more things. 부연설명 **On the other hand**, you might only get a glimpse of the place if you're only there for a short time. 핵심답변 ② One of the downsides is that you can sometimes get really lonely. 부연설명 If you're away from your friends and family for a long time, you might start to miss them. You could end up feeling isolated and homesick.

핵심답변 ① 긴 여행의 긍정적인 점은 장소를 더 속속들이 경험할 수 있는 기회를 준다는 것인데, 이는 당신이 더 많은 것들을 보고 배우게 된다는 것을 의미합니다. 부연설명 반면, 당신이 그곳에 단기간만 머무른다면 그 장소를 단지 어렴풋이 보게 될 수 있습니다. 핵심답변 ② 단점 중 하나는 당신이 때때로 정말 외로워질 수 있다는 것입니다. 부연설명 당신이 만약 친구들과 가족들로부터 오랫동안 떨어져 있다면, 당신은 아마 그들을 그리워하기 시작할 것입니다. 당신은 결국 고립된 감정을 느끼고 향수병에 걸리게 될 수 있습니다.

어휘 thoroughly[θɔ́:rouli] 속속들이, 완전히 glimpse[glimps] 어렴풋이 봄 miss[mis] 그리워하다
isolated[áisəleitid] 고립된, 격리된 homesick[hóumsik] 향수병에 걸린, 고향을 그리워하는

Part 2에서는 여행이나 여정에 대해 묘사하라는 문제가 자주 출제됩니다. 이 경우, Part 3에서는 교통수단에 대한 질문을 할 경우도 많습니다.

PART 2

4

Describe a journey that you make regularly. 당신이 정기적으로 떠나는 여정에 대해 말해라.

You should say:
    how often you make this journey 이 여정을 얼마나 자주 가는지
    where you go 어디로 가는지
    how you make it 어떻게 가는지
and explain how you feel about this journey. 그리고 당신이 이 여정에 대해 어떻게 느끼는지 설명하라.

답변
아이디어
& 표현

① 이 여정을 얼마나 자주 가는지	• 매일 주중 • 때때로 주말에 간다	• every weekday • sometimes go there on weekends
② 어디로 가는지	• 내 직장 • 판교에 • IT 회사들로 가득한 지역	• my workplace • in Pangyo • an area packed with IT companies
③ 어떻게 가는지	• 오전 6시에 침대에서 나온다 • 지하철을 탄다	• roll out of bed at 6 A.M. • take the subway
④ 이 여정에 대해 어떻게 느끼는지	• 내가 가장 좋아하는 이동은 아니다 • 때때로 매우 지친다	• it's not my favorite trip • I'm sometimes worn out

나의 노트

나의 답변

답변 아이디어와 표현을 참고해서 나의 답변을 말해보고 모범답변을 참고하여 답변을 보완해보자.

모범 노트

- trip to work
- every weekday
- sometimes on weekends
- my workplace
- Pangyo, packed with IT companies
- roll out of bed at 6
- take the subway
- not my favorite trip
- exhausting, worn out

🎧 Unit 10 Track 12

모범 답변

① **There are several** journeys that I make on a regular basis, **but** my trip to work **is the first one that comes to mind**. I go to my office every weekday, but I sometimes go there on weekends as well if I have work to do.

② My workplace is in Pangyo, which is an area packed with IT companies. It's kind of like the Korean Silicon Valley.

③ To get to work every morning, I roll myself out of bed when my alarm starts buzzing at 6 A.M. **Since** I have to be in the office at 8 A.M. sharp, I need to start getting ready this early. When I'm ready, I take the subway to work. The nearest station is about a ten-minute walk from my house and the entire trip takes an hour.

④ Speaking frankly, I have to say that it's not my favorite trip. **That's because** I have to stand the whole time as there are no empty seats during rush hour. **Due to** this exhausting commute, I'm sometimes worn out when I finally arrive at work. But these days, I try to make the time I spend traveling to work more enjoyable by listening to educational podcasts or watching videos in English.

① 저는 정기적으로 떠나는 여정이 몇몇 있지만, 가장 먼저 떠오르는 것은 직장으로 가는 여정입니다. 저는 매일 주중에 제 사무실로 가지만, 할 일이 있으면 때때로 주말에 가기도 합니다.

② 제 직장은 판교에 있는데, 이는 IT 회사들로 가득한 지역입니다. 이곳은 약간 한국의 실리콘 밸리 같습니다.

③ 저는 매일 아침 직장에 가기 위해 알람이 울리기 시작하는 오전 6시에 침대에서 나옵니다. 저는 오전 8시 정각에 사무실에 가있어야 하기 때문에 이렇게 일찍 준비를 시작해야만 합니다. 준비가 되면, 저는 지하철을 타고 회사에 갑니다. 가장 가까운 역은 집에서 걸어서 약 10분 거리에 있고 전체 여정은 한 시간이 걸립니다.

④ 솔직히 말하면, 저는 이것이 제가 가장 좋아하는 이동은 아니라고 말해야겠습니다. 혼잡한 시간대에는 빈 자리가 없어서 내내 서 있어야 하기 때문입니다. 이렇게 힘든 통근 때문에, 마침내 직장에 도착했을 때 저는 때때로 매우 지칩니다. 하지만 요즘에 저는 직장으로 가는 데 쓰는 시간을 교육적인 팟캐스트나 영어로 된 영상을 보며 더 즐겁게 만들려고 노력합니다.

어휘 **on a regular basis** 정기적으로 **weekday**[wíːkdei] 주중, 평일 **workplace**[wɔ́ːrkpleis] 직장, 업무 현장
packed with ~으로 가득한 **roll out of bed** 침대에서 나오다 **sharp**[ʃɑːrp] 정각에 **rush hour** 혼잡한 시간
commute[kəmjúːt] 통근, 통학 **worn out** 매우 지친

UNIT
10

Travel & Transportation 여행과 교통 HACKERS **IELTS** SPEAKING

5 Do people like air travel?

사람들은 비행기 여행을 좋아하나요?

답변
아이디어
& 표현

핵심답변	사람들은 비행기로 여행하는 것을 좋아한다	people enjoy traveling by plane
부연설명	• 어느 곳에 가든 가장 빠른 방법이다	• it's the fastest way to get anywhere
	• 항공사들은 훌륭한 서비스를 제공한다	• airlines offer great services
	• 승무원들은 모든 승객들의 요구를 처리한다	• flight attendants take care of all their passengers' needs
	• 기내 엔터테인먼트 시스템을 제공한다	• offer in-flight entertainment systems

 나의 답변　답변 아이디어와 표현을 참고해서 나의 답변을 말해보고 모범답변을 참고하여 답변을 보완해보자.

 모범 답변

핵심답변 **It depends on** the individual's preferences, **but** I think most people enjoy traveling by plane. 부연설명 **That's because** it's the fastest way to get anywhere. **For example**, traveling from Korea to Japan takes an entire day by ship, but it's less than two hours by plane. **In addition**, airlines offer great services. Flight attendants take care of all their passengers' needs. **Plus**, many airlines now offer in-flight entertainment systems with movies, TV shows, and video games.

핵심답변 개인의 선호에 달려 있지만, 저는 대부분의 사람들이 비행기로 여행하는 것을 좋아한다고 생각합니다. 부연설명 이는 비행기 여행이 어느 곳에 가든 가장 빠른 방법이기 때문입니다. 예를 들어, 한국에서 일본까지 가는 것은 배로 하루 종일 걸리지만, 비행기로는 2시간도 걸리지 않습니다. 게다가, 항공사들은 훌륭한 서비스를 제공합니다. 승무원들은 모든 승객들의 요구를 처리합니다. 게다가, 많은 항공사들이 이제 영화, TV 프로그램, 비디오 게임을 갖춘 기내 엔터테인먼트 시스템을 제공합니다.

어휘 air travel 비행기 여행　airline[érlain] 항공사　need[ni:d] 요구, 필요　in-flight 기내의, 비행 중의

6　Why do people want to have their own cars?

왜 사람들은 자신의 차를 소유하고 싶어하나요?

답변
아이디어
& 표현

핵심답변 ①	시간을 절약하기 위해	to save time
부연설명	• 버스나 지하철을 기다리지 않아도 된다 • 여러 개의 불필요한 정류장에 앉아 있지 않아도 된다	• don't have to wait for a bus or the subway • don't have to sit through multiple unnecessary stops
핵심답변 ②	훨씬 더 편하다	it is far more comfortable
부연설명	• 혼잡한 버스를 견딜 필요가 없다 • 낯선 사람들 사이에서 짓눌러지는	• don't have to endure crowded buses • squashed between strangers

🎤 나의 답변　　답변 아이디어와 표현을 참고해서 나의 답변을 말해보고 모범답변을 참고하여 답변을 보완해보자.

모범 답변

핵심답변 ① I think people purchase cars to save time. 부연설명 If you own a car, you don't have to wait for a bus or the subway, and you don't have to sit through multiple unnecessary stops. 핵심답변 ② **Plus**, it is far more comfortable to drive your own car. 부연설명 **To be specific**, when you drive, you don't have to endure crowded buses and subway cars in which you're squashed between strangers.

핵심답변 ① 제 생각에 사람들은 시간을 절약하기 위해 차를 구매하는 것 같습니다. 부연설명 당신이 차를 가지고 있으면, 버스나 지하철을 기다리지 않아도 되고, 여러 개의 불필요한 정류장에 앉아 있지 않아도 됩니다. 핵심답변 ② 게다가, 자신의 차를 운전하는 것이 훨씬 더 편합니다. 부연설명 세부적으로 말하면, 당신이 운전을 할 때는 낯선 사람들 사이에서 짓눌러지는 혼잡한 버스나 지하철을 견디지 않아도 됩니다.

여휘 unnecessary[ʌnnésəseri] 불필요한　endure[indjúər] 견디다, 참아내다　squash[skwɑːʃ] 짓누르다, 밀어 넣다
stranger[stréindʒər] 낯선 사람, 이방인

* 나의 답변을 말해본 후, 348페이지의 답변 셀프 체크 포인트를 통해 나의 답변을 점검하고 보완하도록 합니다.

UNIT
10

Travel & Transportation 요양과 교통　HACKERS **IELTS** SPEAKING

UNIT 11

Weather & Nature 날씨와 자연

날씨·자연은 스피킹 시험에서 수험생들이 자주 질문 받는 주제입니다. 따라서 날씨·자연과 관련된 빈출문제, 관련 아이디어 및 표현, 그리고 모범답변을 학습하여 준비해둡니다.

■ PART 1 빈출문제

Part 1에서는 어떤 날씨를 좋아하는지, 꽃이나 동물을 키워본 적이 있는지와 같이 날씨 및 자연과 관련된 개인적인 취향, 경험에 대해 질문합니다. 따라서 다음 Part 1 빈출문제를 확인하여 날씨와 꽃, 동물과 관련된 본인의 경험을 간단히 미리 영어로 정리해 보고 연습하도록 합니다.

계절	**What is your favourite season?** 최빈출 당신이 가장 좋아하는 계절은 무엇인가요?
날씨	**Do you like rainy days? Why?** 최빈출 당신은 비 오는 날을 좋아하나요? 왜인가요? **Do you like sunny days? Why?** 당신은 화창한 날을 좋아하니요? 왜인가요? **Is there a good place to go in your neighbourhood on sunny days?** 당신의 동네에 화창한 날에 가기 좋은 곳이 있나요? **Does the weather ever affect what you do?** 날씨가 당신이 하는 일에 영향을 미치나요?
꽃	**Have you ever taken care of flowers or any other type of plant?** 최빈출 당신은 꽃이나 다른 종류의 식물을 키워본 적이 있나요? **Have you given flowers as a gift?** 당신은 꽃을 선물로 준 적이 있나요?
동물	**Have you raised a pet?** 최빈출 당신은 애완동물을 길러본 적이 있나요?

■ PART 2&3 빈출문제

Part 2에서는 흥미로운 야생 동물, 직접 본 적이 있는 동물을 묘사하라는 문제가 자주 나옵니다. 가장 자주 나오는 문제인 흥미로운 야생 동물이 무엇인지에 대한 답변을 준비해두면, 직접 본 적이 있는 동물 등을 묻는 다른 문제에도 활용할 수 있습니다.

Part 3에서는 애완동물을 기르는 것의 장단점이 무엇인지, 날씨에 따라 사람들이 무슨 활동을 하는지와 같이 답변하기 다소 까다로운 질문을 하므로, 미리 빈출문제와 모범답변을 살펴보고 나의 답변을 준비해둡니다.

동물

PART 2

Describe an interesting wild animal. 흥미로운 야생 동물에 대해 말하라. 최빈출

You should say:
  what the animal is 무슨 동물인지
  how you came to know about the animal 어떻게 그 동물을 알게 되었는지
  whether you have seen the animal in person 그 동물을 직접 본 적이 있는지
and explain why this animal is interesting. 그리고 왜 이 동물이 흥미롭다고 생각하는지 설명하라.

PART 3

What are the advantages and disadvantages of having pets? 최빈출
애완동물을 기르는 것의 장단점은 무엇인가요?

What kind of pet is most common in your country?
당신의 나라에서는 어떤 종류의 애완동물이 가장 흔한가요?

날씨

PART 2

Describe an occasion when the weather disrupted your plans. 최빈출
날씨가 당신의 계획을 방해했던 때에 대해 말하라.

You should say:
  what you were supposed to do 당신이 무엇을 하기로 했었는지
  what the weather was like 날씨가 어땠는지
  what you did instead 대신 무엇을 했는지
and explain how you felt. 그리고 어떤 기분이 들었는지 설명하라.

PART 3

Do people often have conversations about the weather? Why? 최빈출
사람들은 흔히 날씨에 대한 대화를 하나요? 왜인가요?

What do people do in each type of weather?
사람들은 각 날씨 유형에 따라 무엇을 하나요?

---

1 계절 What is your favourite season?
당신이 가장 좋아하는 계절은 무엇인가요?

🎧 Unit 11 Track 1

답변 아이디어 & 표현

아이디어 1	핵심답변	가을	autumn
	부연설명	• 너무 덥지도 않고 춥지도 않은	• neither too hot nor too cold
		• 햇빛 양이 딱 적당하다	• the amount of sunlight is just right
아이디어 2	핵심답변	여름	summer
	부연설명	• 바다에 수영을 하러 간다	• go swimming in the ocean
		• 아이스크림을 마음껏 먹는다	• indulge in eating ice cream

🎤 **나의 답변**   답변 아이디어와 표현을 참고해서 나의 답변을 말해보고 모범답변을 참고하여 답변을 보완해보자.

모범 답변

핵심답변 Of the four seasons in my country, I like autumn the best. 부연설명 The weather is neither too hot nor too cold at that time. Likewise, the amount of sunlight is just right, so there are many beautiful sunny days in fall.

핵심답변 저는 우리나라의 사계절 중 가을을 가장 좋아합니다. 부연설명 그 때의 날씨는 너무 덥지도 않고 춥지도 않습니다. 마찬가지로, 햇빛 양이 딱 적당해서 가을에는 아름다운 화창한 날이 많습니다.

어휘   likewise[láikwaiz] 마찬가지로

2 날씨 Do you like rainy days? Why?
당신은 비 오는 날을 좋아하나요? 왜인가요?

🎧 Unit 11 Track 2

답변 아이디어 & 표현

아이디어 1	핵심답변	전혀 좋아하지 않는다	not at all
	부연설명	• 내 신발과 옷이 젖는다	• my shoes and clothes get wet
		• 내가 우산을 가지고 다니든 아니든 흠뻑 젖게 된다	• get soaked whether I carry an umbrella or not
		• 바깥에서 걸어 다니는 것은 끔찍하다	• walking outside is horrible
아이디어 2	핵심답변	비 오는 날을 좋아한다	I love rainy days
	부연설명	• 비가 내는 소리를 듣는 것을 좋아한다	• like listening to the sound rain makes
		• 공기를 더 상쾌하게 한다	• freshens the air

🎤 **나의 답변**   답변 아이디어와 표현을 참고해서 나의 답변을 말해보고 모범답변을 참고하여 답변을 보완해보자.

모범 답변

핵심답변 Not at all. 부연설명 I hate it when my shoes and clothes get wet. **Also**, if there are strong winds, I get soaked whether I carry an umbrella or not. **As a result**, walking outside is absolutely horrible on such days.

핵심답변 전혀 좋아하지 않습니다. 부연설명 저는 제 신발과 옷이 젖는 것이 싫습니다. 또한, 바람이 강하면 제가 우산을 가지고 다니든 아니든 흠뻑 젖게 됩니다. 그 결과, 이러한 날에 바깥에서 걸어 다니는 것은 완전히 끔찍합니다.

어휘   soak[souk] 흠뻑 적시다   horrible[hɔ́ːrəbl] 끔찍한

3

날씨

Do you like sunny days? Why?

당신은 화창한 날을 좋아하나요? 왜인가요?

답변 아이디어 & 표현	아이디어 1	핵심답변	확실히 좋아한다	certainly
		부연설명	• 내 피부에 닿는 따뜻한 햇볕의 감촉을 좋아한다 • 하늘이 바라보기에 아름답다 • 더욱 활기 있게 느낀다	• I like the feeling of warm sunlight on my skin • the sky is beautiful to behold • feel more energetic
	아이디어 2	핵심답변	화창한 날을 좋아하지 않는다	I'm not a fan of sunny days
		부연설명	• 햇볕에 더 타기 쉬운 • 쉽게 땀에 젖는다	• more likely to get sunburned • easily get wet from sweat

 나의 답변 답변 아이디어와 표현을 참고해서 나의 답변을 말해보고 모범답변을 참고하여 답변을 보완해보자.

모범 답변

핵심답변 Certainly. Sunny days are my favorite kinds of days. 부연설명 I like the feeling of warm sunlight on my skin, and the sky is beautiful to behold when it is clear and blue. **In addition**, I tend to feel more energetic on days like these, so I'm more productive.

핵심답변 물론입니다. 화창한 날은 제가 가장 좋아하는 날입니다. 부연설명 저는 제 피부에 닿는 따뜻한 햇볕의 감촉을 좋아하며, 맑고 파란 하늘은 바라보기에 아름답습니다. 게다가 저는 이러한 날에 더 활기 있게 느끼는 경향이 있어서, 더 생산적입니다.

어휘 behold[bihóuld] 바라보다 energetic[ènərdʒétik] 활기 있는

4

날씨

Is there a good place to go in your neighbourhood on sunny days?

당신의 동네에 화창한 날에 가기 좋은 곳이 있나요?

답변 아이디어 & 표현	아이디어 1	핵심답변	작은 공원	a small park
		부연설명	• 벤치가 몇 개 있다 • 그늘에 앉아 있는다	• has a couple of benches • take a seat in the shade
	아이디어 2	핵심답변	동네의 카페	a local café
		부연설명	• 옆에 앉아 있기 좋은 큰 창이 있다 • 냉방이 되는 환경	• has big windows, which I find nice to sit by • an air-conditioned environment

나의 답변 답변 아이디어와 표현을 참고해서 나의 답변을 말해보고 모범답변을 참고하여 답변을 보완해보자.

모범 답변

핵심답변 Yes, there is a small park in my neighborhood that I like to go to when it's sunny. 부연설명 It has a couple of benches, so I can sit down and read books on one of them while enjoying the weather. **Furthermore**, there are several big trees with many branches, so I can take a seat in the shade if the sunlight becomes too intense.

핵심답변 네, 제 동네에는 날씨가 화창할 때 제가 가기 좋아하는 작은 공원이 있습니다. 부연설명 공원에는 벤치가 몇 개 있어서 저는 그 중 하나에 앉아 날씨를 즐기며 책을 읽을 수 있습니다. 더욱이, 가지가 많은 나무들이 몇 그루 있어서 햇볕이 너무 강렬해지면 그늘에 앉아 있을 수 있습니다.

어휘 branch[bræntʃ] 가지, 나뭇가지 shade[ʃeid] 그늘 intense[inténs] 강렬한, 심한

UNIT **11** Weather & Nature 날씨와 자연 HACKERS **IELTS** SPEAKING

5

날씨

Does the weather ever affect what you do?

날씨가 당신이 하는 일에 영향을 미치나요?

답변 아이디어 & 표현			
아이디어 1	핵심답변	많이 영향을 미치지 않는다	not very much
	부연설명	• 대부분의 시간을 안에서 보낸다 • 비가 올 땐 커피를 두 배로 마신다	• spend most of my time inside • when it rains, I drink twice as much coffee
아이디어 2	핵심답변	상당히 자주 영향을 미친다	it does quite often
	부연설명	• 흐린 날에는 집에서 빈둥댄다 • 맑은 날에는 밖에 나가서 뭔가를 한다	• mess around at home on cloudy days • go out and do something on sunny days

 나의 답변 답변 아이디어와 표현을 참고해서 나의 답변을 말해보고 모범답변을 참고하여 답변을 보완해보자.

모범 답변

핵심답변 No, not very much. 부연설명 On weekdays, I spend most of my time inside, so the weather doesn't affect me. **However**, when it rains, I like to drink twice as much coffee as I usually do to keep myself awake.

핵심답변 아니요, 많이 그렇지는 않습니다. 부연설명 주중에는 저는 대부분의 시간을 안에서 보내므로, 날씨는 제게 영향을 미치지 않습니다. 하지만 비가 올 때 저는 깨어 있기 위해 평소 마시는 것보다 커피를 두 배로 마시는 것을 좋아합니다.

어휘 weekday[wíːkdei] 주중, 평일   keep oneself awake 깨어 있다

6

꽃

Have you ever taken care of flowers or any other type of plant?

당신은 꽃이나 다른 종류의 식물을 키워본 적이 있나요?

답변 아이디어 & 표현			
아이디어 1	핵심답변	키워본 적이 있다	sure, I have
	부연설명	• 그것에 물을 주는 책임을 맡았다 • 식물이 잘 자랐다	• was charged with watering it • the plant thrived
아이디어 2	핵심답변	이전에 꽃을 길러본 적이 있다	I have grown flowers before
	부연설명	• 물을 주는 것을 자주 잊어버렸다 • 한 달 뒤에 시들어 죽었다	• forgot to water them often • withered a month later

 나의 답변 답변 아이디어와 표현을 참고해서 나의 답변을 말해보고 모범답변을 참고하여 답변을 보완해보자.

모범 답변

핵심답변 Sure, I have. 부연설명 Someone gave my parents a potted plant several years ago, and I was charged with watering it. In the beginning, I made frequent mistakes **because** I was not sure how much water I should give it or how often. However, I became better at it over time, and the plant thrived.

핵심답변 그럼요, 키워본 적이 있습니다. 부연설명 몇 년 전에 누군가가 부모님께 화분을 선물했는데, 저는 그것에 물을 주는 책임을 맡았습니다. 처음에 저는 그것에 물을 얼마만큼, 얼마나 자주 줘야 하는지를 잘 몰랐기 때문에 자주 실수를 했습니다. 하지만 저는 시간이 지나면서 그것을 잘 하게 되었고, 식물은 잘 자랐습니다.

어휘 potted plant 화분   be charged with ~을 책임 맡고 있다   water[wɔ́ːtər] 물을 주다   thrive[θraiv] 잘 자라다, 번창하다

7

꽃

Have you given flowers as a gift?
당신은 꽃을 선물로 준 적이 있나요?

 답변 아이디어 & 표현

아이디어 1	핵심답변	물론이다	of course
	부연설명	• 그녀의 생일 선물로 장미 꽃다발을 샀다 • 그녀를 매우 행복하게 만들었다	• bought a bouquet of roses for her birthday • made her really happy
아이디어 2	핵심답변	꽃 선물을 한 적이 있다	I have given flowers as a gift
	부연설명	• 졸업하는 내 친구를 축하하기 위해 • 장미꽃이 제철이어서 그것을 골랐다	• to congratulate my friend on his graduation • picked roses since they were in season

🎙 나의 답변 답변 아이디어와 표현을 참고해서 나의 답변을 말해보고 모범답변을 참고하여 답변을 보완해보자.

모범 답변

핵심답변 Of course. 부연설명 The last person I gave flowers to was my mother. I bought her a bouquet of roses for her birthday. **Although** she said that I didn't have to get them for her, I could see that they made her really happy.

핵심답변 물론입니다. 부연설명 제가 가장 최근에 꽃을 선물했던 사람은 어머니였습니다. 저는 어머니의 생신 선물로 장미 꽃다발을 샀습니다. 어머니는 제가 그것을 살 필요가 없었다고 말씀하시기는 했지만 저는 꽃이 어머니를 매우 행복하게 만들었다는 것을 알아차릴 수 있었습니다.

어휘 bouquet[bukéi] 꽃다발, 부케

8

동물

Have you raised a pet?
당신은 애완동물을 길러본 적이 있나요?

💡 답변 아이디어 & 표현

아이디어 1	핵심답변	강아지 한 마리를 얻었다	I got a puppy
	부연설명	• 내가 어디에 가든지 따라다니곤 했다 • 약간 비만이 되었다	• used to follow me everywhere I went • became a bit overweight
아이디어 2	핵심답변	길러본 적이 없다	I haven't raised one
	부연설명	• 동물 털에 알레르기가 있는 • 애완동물을 기르는 것은 큰 책임이다	• allergic to animal fur • getting a pet is a big commitment

🎙 나의 답변 답변 아이디어와 표현을 참고해서 나의 답변을 말해보고 모범답변을 참고하여 답변을 보완해보자.

모범 답변

핵심답변 I got a puppy when I was ten. 부연설명 He was a small poodle that used to follow me everywhere I went. I was in charge of feeding him and, **since** I loved to do it, he became a bit overweight.

핵심답변 제가 열 살이었을 때, 강아지 한 마리를 얻었습니다. 부연설명 그 강아지는 작은 푸들이었으며, 제가 어디에 가든지 따라다니곤 했습니다. 저는 그에게 먹이를 주는 것을 맡아서 했고, 그 일을 하는 것을 좋아해서, 그가 약간 비만이 되었습니다.

어휘 be in charge of ~을 맡다 overweight[òuvərwéit] 비만의, 과체중의

UNIT 11 Weather & Nature 날씨와 자연 HACKERS IELTS SPEAKING

동물	Part 2에서는 동물에 대해 묘사하라는 문제가 자주 출제됩니다. 이 경우, Part 3에서는 애완동물을 기르는 것의 장단점, 가장 흔한 애완동물의 종류에 대한 질문을 할 경우가 많습니다.

PART 2

1

Describe an interesting wild animal. 흥미로운 야생 동물에 대해 말하라.

You should say:
   what the animal is 무슨 동물인지
   how you came to know about the animal 어떻게 그 동물을 알게 되었는지
   whether you have seen the animal in person 그 동물을 직접 본 적이 있는지
and explain why this animal is interesting. 그리고 왜 이 동물이 흥미롭다고 생각하는지 설명하라.

⚡ 답변 아이디어 & 표현

① 무슨 동물인지	• 북극곰 • 크고, 무게가 700킬로그램까지 나가는 • 모든 것이 하얀 • 눈에 덮인 지형과 조화를 이룬다 • 거대한 하얀 곰 인형처럼 보인다	• polar bear • large, weighing up to 700 kilograms • all white • blend in with the snowy landscapes • look like giant white teddy bears
② 어떻게 알게 되었는지	• 어릴 때 콜라 광고에서	• in a Coke commercial as a kid
③ 직접 본 적이 있는지	• 중학생 때, 우리 반이 동물원에 갔다 • 그들이 수영을 하고 물고기를 잡는 것을 보았다	• in middle school, my class visited the zoo • saw them swimming and catching fish
④ 왜 흥미롭다고 생각하는지	• 가장 강력한 포식자 중 하나 • 사슴보다 더 빨리 뛰고 물개보다 더 빨리 수영할 수 있다	• one of the most powerful predators • can run faster than deer and swim faster than seals

📝 나의 노트

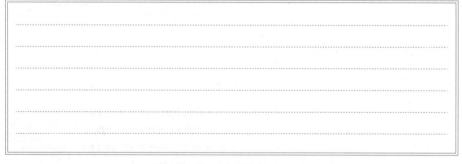

🎤 나의 답변   답변 아이디어와 표현을 참고해서 나의 답변을 말해보고 모범답변을 참고하여 답변을 보완해보자.

모범 노트

> - polar bear
> - large, weighs 700 kilos
> - all white, blends in with the snowy landscape
>
> ---
> - Coke commercial
>
> ---
> - visited the zoo in middle school
> - saw them swimming & catching fish
> - taken aback
>
> ---
> - powerful predator
> - can run and swim fast

🎧 Unit 11 Track 9

모범 답변

① The most interesting wild animal to me is the polar bear. Polar bears are quite large, weighing up to 700 kilograms. And they are all white aside from their black noses. This allows them to blend in with the snowy landscapes they inhabit. It also makes them look like giant white teddy bears.

② I first saw a polar bear in a Coke commercial as a kid. **Even though** it was an animated bear, it was the first time I learned they existed.

③ Later, when I was in middle school, my class visited the zoo and I got to see polar bears with my own eyes for the first time. It was really awesome seeing them swimming and catching fish. **However**, I was taken aback when I saw how large they really are.

④ I think these white bears are indeed interesting **for a couple of reasons. Although** they seem really cute like cartoon characters, they're one of the most powerful predators in the world. **Plus**, despite their massive size, they can run faster than deer and swim faster than seals!

① 저에게 가장 흥미로운 야생 동물은 북극곰입니다. 북극곰들은 상당히 크며, 무게가 700킬로그램까지 나갑니다. 그리고 그들은 검은색 코를 제외하고는 모든 것이 하얗습니다. 이는 그들이 사는 눈에 덮인 지형과 조화를 이룰 수 있게 해줍니다. 또한 이는 그들을 거대한 하얀 곰 인형처럼 보이게 만듭니다.

② 저는 어릴 때 콜라 광고에서 북극곰을 처음으로 봤습니다. 비록 그건 동영상으로 된 곰이었지만, 저는 그때 처음으로 북극곰이 존재한다는 걸 알게 되었습니다.

③ 이후 제가 중학생이었을 때, 저희 반은 동물원에 갔는데 저는 처음으로 실제로 북극곰을 보게 되었습니다. 그들이 수영을 하고 물고기를 잡는 것을 보는 것은 굉장했습니다. 하지만, 저는 그들이 실제로 얼마나 거대한지 보고는 깜짝 놀랐습니다.

④ 저는 몇 가지 이유로 이 하얀 곰들이 정말 흥미롭다고 생각합니다. 만화 캐릭터처럼 정말 귀엽게 보이지만, 그들은 세상에서 가장 강력한 포식자 중 하나입니다. 게다가, 그들의 거대한 크기에도 불구하고, 그들은 사슴보다 더 빨리 뛰고 물개보다 더 빨리 수영할 수 있습니다!

여휘 **up to** ~까지 **aside from** ~을 제외하고 **blend in** 조화를 이루다, 섞여들다 **inhabit**[inhǽbit] 살다, 거주하다
animated[ǽnəmeitid] 동영상으로 된 **be taken aback** 깜짝 놀라다, 당황하다 **indeed**[indíːd] 정말, 확실히
predator[prédətər] 포식자 **massive**[mǽsiv] 거대한, 엄청나게 큰

UNIT
11

Weather & Nature 날씨와 자연 **HACKERS IELTS SPEAKING**

2 What are the advantages and disadvantages of having pets?

애완동물을 기르는 것의 장단점은 무엇인가요?

 답변
아이디어
& 표현

핵심답변 ① 당신의 정신 건강에 좋다	it is good for your mental health
부연설명 • 절대 외롭지 않다 • 언제나 애정을 보여준다	• never feel lonely • always show their affection
핵심답변 ② 애완동물은 많은 돌봄을 필요로 한다	pets require a lot of maintenance
부연설명 • 많은 시간과 에너지가 있어야 한다 • 항상 쉬운 일은 아닌	• need to have a great deal of time and energy • not always an easy job

🎙 나의 답변   답변 아이디어와 표현을 참고해서 나의 답변을 말해보고 모범답변을 참고하여 답변을 보완해보자.

모범 답변

핵심답변 ① The best thing about having a pet is that it is good for your mental health. 부연설명 When you have a pet, you never feel lonely **because** they always show their affection. 핵심답변 ② On the downside, pets require a lot of maintenance. 부연설명 You need to have a great deal of time and energy to take care of them. Feeding them, playing with them, and keeping them clean are not always easy jobs.

핵심답변 ① 애완동물을 기르는 것의 가장 좋은 점은 당신의 정신 건강에 좋다는 것입니다. 부연설명 애완동물을 기르면, 그들이 언제나 애정을 보여주기 때문에 절대 외롭지 않습니다. 핵심답변 ② 부정적인 측면으로는 애완동물은 많은 돌봄을 필요로 합니다. 부연설명 그들을 돌보기 위해서 당신은 많은 시간과 에너지가 있어야 합니다. 그들에게 먹이를 주고, 그들과 함께 놀아주고, 그들을 청결하게 유지시키는 것이 항상 쉬운 일은 아닙니다.

어휘 have a pet 애완동물을 기르다   mental health 정신 건강   affection[əfékʃən] 애정, 애착   feed[fi:d] 먹이를 주다

PART 3

3 What kind of pet is most common in your country?

당신의 나라에서는 어떤 종류의 애완동물이 가장 흔한가요?

답변 아이디어 & 표현		
핵심답변	개	dogs
부연설명	• 그들은 충성스럽다	• they are loyal
	• 현관에서 주인이 집에 오기를 기다린다	• wait at the door for their owners to come home
	• 사람들의 기분이 좋아지게 만든다	• put people in a good mood
	• 긴 하루가 끝나고 당신이 집에 돌아왔을 때	• when you come home after a long day

 나의 답변   답변 아이디어와 표현을 참고해서 나의 답변을 말해보고 모범답변을 참고하여 답변을 보완해보자.

모범 답변

핵심답변 **There are many** different kinds of pets in Korea, **but** dogs are the most common. 부연설명 People here enjoy having dogs **because** they are loyal. Dogs always wait at the door for their owners to come home. **Plus**, they put people in a good mood. **For example**, when you come home after a long day, your dog comes running to you and wants to play. This makes it hard to stay angry or sad and makes you feel better.

어휘 loyal [lɔ́iəl] 충성스러운

핵심답변 한국에는 다양한 종류의 애완동물이 있지만, 개가 가장 흔합니다. 부연설명 이곳의 사람들은 개를 기르는 것을 좋아하는데 왜냐하면 그들이 충성스럽기 때문입니다. 개들은 항상 현관에서 주인이 집에 오기를 기다립니다. 게다가, 그들은 사람들의 기분이 좋아지게 만듭니다. 예를 들어, 긴 하루가 끝나고 당신이 집에 돌아왔을 때, 당신의 개는 당신에게 달려와서 놀고 싶어합니다. 이는 화나거나 슬픈 상태로 있기 어렵게 만들고 당신의 기분이 더 나아지게 만듭니다.

UNIT 11

Weather & Nature 날씨와 자연

HACKERS **IELTS** SPEAKING

| 날씨 | Part 2에서는 날씨와 관련된 경험에 대해 묘사하라는 문제가 자주 출제됩니다. 이 경우, Part 3에서는 날씨에 관한 사람들의 대화, 날씨에 따라 하는 활동에 대한 질문을 할 경우가 많습니다. |

PART 2

4

Describe an occasion when the weather disrupted your plans.
날씨가 당신의 계획을 방해했던 때에 대해 말하라.

You should say:
　　what you were supposed to do 당신이 무엇을 하기로 했었는지
　　what the weather was like 날씨가 어땠는지
　　what you did instead 대신 무엇을 했는지
and explain how you felt. 그리고 어떤 기분이 들었는지 설명하라.

 답변
아이디어
& 표현

① 당신이 무엇을 하기로 했었는지	• 전주 여행 • 역사적인 건물과 전통 음식으로 한국에서 유명한 도시 • 호텔, 식사, 몇몇 오래된 건축물의 관광을 예약했다	• a trip to Jeonju • a city famous in Korea for its historic buildings and traditional foods • reserved our hotel, dinner, and some tours of the old buildings
② 날씨가 어땠는지	• 비가 억수같이 왔다	• it was raining cats and dogs
③ 대신 무엇을 했는지	• 여행을 취소할 수밖에 없었다 • 집에 남아서 영화를 봤다	• had no choice but to cancel the trip • stayed home and watched a movie
④ 어떤 기분이 들었는지	• 정말 실망했다 • 일기 예보에 유의할 것이나	• was really disappointed • will keep an eye on the weather forecast

 나의 노트

 나의 답변 ｜ 답변 아이디어와 표현을 참고해서 나의 답변을 말해보고 모범답변을 참고하여 답변을 보완해보자.

모범 노트

> • trip to Jeonju, famous for historic buildings & traditional foods
> • reserved hotel, dinner, tour of old buildings
> ⋯⋯⋯⋯⋯⋯⋯⋯⋯⋯⋯⋯⋯⋯⋯⋯⋯⋯⋯⋯⋯⋯⋯⋯⋯⋯⋯⋯
> • rained cats and dogs
> ⋯⋯⋯⋯⋯⋯⋯⋯⋯⋯⋯⋯⋯⋯⋯⋯⋯⋯⋯⋯⋯⋯⋯⋯⋯⋯⋯⋯
> • canceled the trip
> • watched a movie at home
> ⋯⋯⋯⋯⋯⋯⋯⋯⋯⋯⋯⋯⋯⋯⋯⋯⋯⋯⋯⋯⋯⋯⋯⋯⋯⋯⋯⋯
> • disappointed
> • keep an eye on the weather forecast

모범 답변

① **I'd like to tell you about** a trip last year, which didn't go as I expected. My family and I had planned a trip to Jeonju, a city famous in Korea for its historic buildings and traditional foods. We'd spent weeks planning the trip and had already reserved our hotel, dinner, and some tours of the old buildings. So, everyone was really excited.

② Unfortunately, on the day we were supposed to leave, it was raining cats and dogs. The rain was so heavy that we couldn't see in front of our car.

③ **Therefore**, we had no choice but to cancel the trip. We couldn't risk driving under those conditions. Instead, we just stayed home and watched a movie.

④ I was really disappointed. I was looking forward to the trip and I had put in so much work planning it. To make matters worse, we still had to pay for the hotel and some of the attraction tickets, **since** we canceled at the last minute. I think I'll keep an eye on the weather forecast next time I plan a trip.

① 저는 예상한 대로 되지 않았던 작년 여행에 대해 말하고 싶습니다. 저희 가족과 저는 전주로 여행을 계획했는데, 전주는 역사적인 건물과 전통 음식으로 한국에서 유명한 도시입니다. 저희는 몇 주 동안 여행을 계획했고 이미 호텔, 식사, 몇몇 오래된 건축물의 관광을 예약했습니다. 그래서, 모두가 들떠있었습니다.

② 불행하게도, 우리가 떠나기로 했던 날, 비가 억수같이 왔습니다. 비가 너무 많이 와서 우리는 차 앞을 볼 수가 없었습니다.

③ 그래서 우리는 여행을 취소할 수밖에 없었습니다. 우리는 그런 상황 아래서 운전을 감행할 수가 없었습니다. 대신, 우리는 집에 남아서 영화를 봤습니다.

④ 저는 정말 실망했습니다. 저는 여행을 기다리고 있었고 그것을 계획하는 것에 많은 노력을 쏟았었습니다. 엎친 데 덮친 격으로, 우리는 마지막 순간에 취소를 했기 때문에 여전히 호텔과 몇몇 관광지 입장권 비용을 지불해야 했습니다. 다음 번에 여행을 계획할 때는 일기예보에 유의해야 할 것 같습니다.

어휘 rain cats and dogs 비가 억수같이 오다 have no choice but to ~할 수 밖에 없다 risk[risk] 감행하다, 감히 ~하다
put in (많은 노력을) 쏟다, 들이다 to make matters worse 엎친 데 덮친 격으로, 설상가상으로
at the last minute 마지막 순간에, 임박해서 keep an eye on ~에 유의하다

5 Do people often have conversations about the weather? Why?

사람들은 흔히 날씨에 대한 대화를 하나요? 왜인가요?

답변 아이디어 & 표현

핵심답변	사람들은 흔히 날씨에 대해 이야기한다	people often talk about the weather
부연설명	• 상황을 가볍고 단순하게 유지시켜 준다	• keeps things light and simple
	• 어떤 문제도 일으키지 않는다	• never causes any problems
	• 대화를 시작할 수 있는 좋은 방법	• a good way to start a conversation
	• 더할 나위 없이 좋은 주제	• the perfect topic

나의 답변 답변 아이디어와 표현을 참고해서 나의 답변을 말해보고 모범답변을 참고하여 답변을 보완해보자.

모범 답변

핵심답변 Yes, people often talk about the weather. 부연설명 **First**, talking about the weather keeps things light and simple. There are some subjects that could start an argument, like politics, but making a remark about the weather never causes any problems. **Besides**, it's a good way to start a conversation with anyone. Sometimes, we don't know exactly what to say but feel like it is necessary to say something. In these cases, the weather is the perfect topic.

핵심답변 네, 사람들은 흔히 날씨에 대해 이야기합니다. 부연설명 첫째로, 날씨에 대해 이야기하는 것은 상황을 가볍고 단순하게 유지시켜 줍니다. 정치와 같이 논쟁을 시작할 수 있는 몇몇 주제들이 있지만, 날씨에 대해 말하는 것은 어떤 문제도 일으키지 않습니다. 게다가, 이것은 그 누구와도 대화를 시작할 수 있는 좋은 방법입니다. 때때로, 우리는 정확히 무엇을 말해야 할지 모르지만 무언가를 말해야 할 필요를 느낍니다. 이런 경우에 날씨는 더할 나위 없이 좋은 주제입니다.

어휘 argument[á:rgjumənt] 논쟁, 말다툼 politics[pá:lətiks] 정치 remark[rimá.ɹk] 말, 언급

6 What do people do in each type of weather?

사람들은 각 날씨 유형에 따라 무엇을 하나요?

답변 아이디어 & 표현	핵심답변 ①	따뜻하고 맑은 날에 사람들은 야외에서 시간을 보낸다	on warm and sunny days, people spend their time outside
	부연설명	• 소풍을 가거나 공원에서 산책을 한다 • 일광욕을 한다	• have picnics or take strolls in parks • bathe in the sun
	핵심답변 ②	비가 오거나 어두울 때 사람들은 실내에 머무른다	when it's rainy and gloomy, people stay indoors
	부연설명	• TV를 보거나 책을 읽는다	• watch television or read books

🎙 나의 답변 답변 아이디어와 표현을 참고해서 나의 답변을 말해보고 모범답변을 참고하여 답변을 보완해보자.

모범 답변

서론 People do several different things according to the weather. 핵심답변 ① On warm and sunny days, people like to spend their time outside. 부연설명 They have picnics or take strolls in parks. I guess **that's because** people generally like to bathe in the sun. 핵심답변 ② **On the other hand**, people tend to stay indoors when it's rainy and gloomy. 부연설명 They sometimes watch television or read books.

서론 사람들은 날씨에 따라 몇 가지 다른 것들을 합니다. 핵심답변 ① 따뜻하고 맑은 날에 사람들은 야외에서 시간 보내는 것을 좋아합니다. 부연설명 그들은 소풍을 가거나 공원에서 산책을 합니다. 제 생각에 이것은 사람들이 일반적으로 일광욕을 하는 것을 좋아하기 때문인 것 같습니다. 핵심답변 ② 반면, 비가 오고 어두울 때 사람들은 실내에 머무르는 경향이 있습니다. 부연설명 그들은 때로는 TV를 보거나 책을 읽습니다.

어휘 bathe in the sun 일광욕을 하다 indoors[indɔ́:rz] 실내에 gloomy[glúːmi] 어두운, 어둑어둑한

* 나의 답변을 말해본 후, 348페이지의 답변 셀프 체크 포인트를 통해 나의 답변을 점검하고 보완하도록 합니다.

Special Events 특별 행사

특별 행사는 스피킹 시험에서 수험생들이 자주 질문 받는 주제입니다. 따라서 특별 행사와 관련된 빈출문제, 관련 아이디어 및 표현, 그리고 모범답변을 학습하여 준비해둡니다.

■ PART 1 빈출문제

Part 1에서는 생일을 누구와 함께 보내는지, 선물을 주는 것을 좋아하는지 등 특별한 날과 관련된 질문을 합니다. 따라서 다음 Part 1 빈출문제를 확인하여 특별한 날과 관련된 본인의 생각과 성향을 미리 영어로 정리해 보고 연습하도록 합니다.

생일	**Do you think birthdays are important?** 최빈출 당신은 생일이 중요하다고 생각하나요? Who do you usually spend your birthday with, friends or family? 당신은 주로 친구와 생일을 보내나요, 아니면 가족과 보내나요? How do children in your country spend their birthdays? 당신의 나라 아이들은 어떻게 생일을 보내나요?
선물	**Do you like to give gifts?** 최빈출 당신은 선물 주는 것을 좋아하나요? When do people give and receive gifts in your country? 당신의 나라에서 사람들은 언제 선물을 주고 받나요?
휴일	**What are the biggest holidays in your country?** 최빈출 당신의 나라에서 가장 큰 휴일은 무엇인가요? Do you think the number of national holidays should be increased? 공휴일의 수가 더 많아져야 한다고 생각하나요? What is your favourite holiday? 당신이 가장 좋아하는 휴일은 무엇인가요?

Part 2에서는 기억에 남는 결혼식, 최근에 참석한 가족 행사를 묘사하라는 문제가 자주 나옵니다. 가장 자주 나오는 문제인 기억에 남는 결혼식이 무엇인지에 대한 답변을 준비해두면, 최근에 참석한 가족 행사 등을 묻는 다른 문제에도 활용할 수 있습니다.

Part 3에서는 결혼하기 적절한 나이가 있다고 생각하는지, 사람들이 휴가를 혼자 보내는 것과 가족과 함께 보내는 것 중 무엇을 선호하는지와 같이 다소 까다로운 질문을 하므로 미리 빈출문제와 모범답변을 살펴보고 나의 답변을 준비해둡니다.

결혼

PART 2

Describe a memorable wedding that you attended. 최빈출
당신이 참석했던 기억에 남는 결혼식에 대해 말하라.

You should say:
   whose wedding it was 누구의 결혼식이었는지
   what happened 무슨 일이 있었는지
   how you felt 어떤 기분이 들었는지
and explain why the wedding was memorable. 그리고 왜 그 결혼식이 기억에 남았는지 설명하라.

PART 3

What do people usually give newlywed couples as a wedding gift? 최빈출
사람들은 신혼부부들에게 결혼 선물로 주로 무엇을 주나요?

Do you think there's a right age to get married?
결혼하는 것에 적당한 나이가 있다고 생각하나요?

휴가

PART 2

Describe a vacation that you enjoyed. 당신이 즐겼던 휴가에 대해 말하라. 최빈출

You should say:
   where you went 어디에 갔는지
   who you were with 누구와 함께였는지
   what you did 무엇을 했는지
and explain why you enjoyed the vacation. 그리고 왜 그 휴가를 즐겼는지 설명하라.

PART 3

Do people prefer to spend their vacations alone or with their families? 최빈출
사람들은 휴가를 혼자 보내는 것을 선호하나요 아니면 가족과 함께 보내는 것을 선호하나요?

What do people do to prepare before going on a holiday?
사람들은 휴가에 가기 전 준비하기 위해 무엇을 하나요?

1   Do you think birthdays are important?

생일

당신은 생일이 중요하다고 생각하나요?

답변 아이디어 & 표현

아이디어 1	핵심답변	생일이 중요하다고 생각한다	I think they are significant
	부연설명	• 누군가를 얼마나 사랑하는지 표현한다	• express how much I love someone
		• 사람들이 모이기 위한 좋은 기회	• great occasions for people to get together
아이디어 2	핵심답변	그것에 동의할 수 없다	I have to disagree with that
	부연설명	• 그것은 전혀 특별하지 않다	• there's nothing special about them
		• 내 생일도 종종 잊어버린다	• I sometimes even forget my own birthday

나의 답변   답변 아이디어와 표현을 참고해서 나의 답변을 말해보고 모범답변을 참고하여 답변을 보완해보자.

모범 답변

핵심답변 I think they are significant. 부연설명 Birthdays give me a chance to express how much I love and appreciate my friends and family members. **Plus**, I think birthdays are great occasions for people to get together. **For example**, my friends and I are normally too busy to see one another, but we make time to have dinner whenever it's someone's birthday.

핵심답변 네, 저는 생일이 중요하다고 생각합니다. 부연설명 생일은 제가 친구들과 가족들을 얼마나 사랑하고 고맙게 여기는지를 표현할 수 있는 기회를 줍니다. 게다가, 저는 생일이 사람들이 모이기 위한 좋은 기회라고 생각합니다. 예를 들어, 제 친구들과 저는 보통 너무 바빠서 서로 만나지 못하지만 누군가의 생일이 되면 우리는 시간을 내서 저녁식사를 함께합니다.

어휘 significant[signífikənt] 중요한   express[iksprés] 표현하다, 나타내다   appreciate[əprí:ʃieit] 고맙게 여기다, 감사하다

2   Who do you usually spend your birthday with, friends or family?

생일

당신은 주로 친구와 생일을 보내요, 아니면 가족과 보내나요?

답변 아이디어 & 표현

아이디어 1	핵심답변	둘 다	both
	부연설명	• 친구들은 나를 고급 식당으로 데려간다	• friends take me to a fancy restaurant
		• 부모님과 함께 저녁 시간을 보낸다	• spend the evening with my parents
아이디어 2	핵심답변	가족	family
	부연설명	• 나를 위해 미역국을 끓여준다	• cooks seaweed soup for me
		• 함께 생일 케이크를 먹는다	• eat birthday cake together

나의 답변   답변 아이디어와 표현을 참고해서 나의 답변을 말해보고 모범답변을 참고하여 답변을 보완해보자.

모범 답변

핵심답변 Well, I spend time with both. 부연설명 During the day, my friends normally take me to a fancy restaurant for a meal, then to a café or a bowling alley, depending on my mood. After that, I usually go home to spend the evening with my parents.

핵심답변 글쎄요, 저는 둘 다와 시간을 보냅니다. 부연설명 낮에는 친구들이 보통 식사를 하기 위해 저를 고급 식당으로 데려가고, 그 다음에는 제 기분에 따라 카페에 가거나 볼링장에 갑니다. 그 다음에 저는 보통 집으로 가서 부모님과 함께 저녁 시간을 보냅니다.

어휘 fancy[fǽnsi] 고급의, 근사한   bowling alley 볼링장   depending on one's mood ~의 기분에 따라

3 How do children in your country spend their birthdays?

생일

당신의 나라 아이들은 어떻게 생일을 보내나요?

답변 아이디어 & 표현	아이디어 1	핵심답변	친구들을 집으로 초대한다	invite friends to their house
		부연설명	• 가장 좋아하는 음식을 먹는다	• eat their favorite foods
			• 가족으로부터 선물을 받는다	• receive gifts from their family
			• 소원을 빌고 촛불을 불어서 끈다	• make a wish and blow out the candles
	아이디어 2	핵심답변	놀이공원에 간다	go to amusement parks
		부연설명	• 그들이 원하는 것을 하도록 허용된다	• are allowed to do what they want
			• 부모님과 외출하는 특별한 날	• a special day out with their parents

나의 답변 | 답변 아이디어와 표현을 참고해서 나의 답변을 말해보고 모범답변을 참고하여 답변을 보완해보자.

모범 답변

핵심답변 According to my sister who has an 8-year-old kid, Korean children usually invite friends to their house to have a birthday party. 부연설명 At the party, the children eat their favorite foods and receive gifts from their family and friends. They **also** make a wish and blow out the candles on their birthday cake.

핵심답변 8살 짜리 아이가 있는 제 여동생에 따르면, 한국 아이들은 보통 생일 파티를 하기 위해 친구들을 집으로 초대합니다. 부연설명 파티에서, 아이들은 그들이 가장 좋아하는 음식을 먹고 가족과 친구들로부터 선물을 받습니다. 그들은 또한 소원을 빌고 생일 케이크 위의 촛불을 불어서 끕니다.

어휘 make a wish 소원을 빌다 blow out ~을 불어 끄다

4 Do you like to give gifts?

선물

당신은 선물 주는 것을 좋아하나요?

답변 아이디어 & 표현	아이디어 1	핵심답변	작은 것들을 선물하는 것을 좋아한다	I love to give little things
		부연설명	• 작고 실용적인 것들	• small practical items
			• 사람들에게 그들을 고맙게 생각하고 사랑한다는 것을 보여준다	• show people that I appreciate and care about them
	아이디어 2	핵심답변	선물을 잘 하지 않는다	I don't usually give gifts
		부연설명	• 예산이 빠듯한	• on a tight budget
			• 적당하지 않은 선물을 살까봐 두려운	• afraid of buying an unsuitable gift

나의 답변 | 답변 아이디어와 표현을 참고해서 나의 답변을 말해보고 모범답변을 참고하여 답변을 보완해보자.

모범 답변

핵심답변 Sure, I love to give little things to people around me, even when there's nothing to celebrate. 부연설명 The things I like to give are small practical items, such as pens and free drink coupons. I give these to show people that I appreciate and care about them. **Plus**, I feel good when they thank me for the gifts.

핵심답변 물론입니다, 저는 주변 사람들에게 축하할 일이 없어도 작은 것들을 선물하는 것을 좋아합니다. 부연설명 제가 주기 좋아하는 것들은 펜과 무료 음료 쿠폰과 같은 작고 실용적인 것들입니다. 저는 사람들에게 그들을 고맙게 생각하고 사랑한다는 것을 보여주기 위해 이것들을 줍니다. 게다가 그들이 선물에 대해 제게 고마워할 때 기분이 좋습니다.

어휘 practical[prǽktikəl] 실용적인, 실제적인 coupon[kúːpɑn] 쿠폰

UNIT 12 Special Events 특별 행사 HACKERS **IELTS** SPEAKING

5
선물

When do people give and receive gifts in your country?
당신의 나라에서 사람들은 언제 선물을 주고 받나요?

 답변
아이디어
& 표현

아이디어 1	핵심답변	크리스마스에	at Christmas
	부연설명	• 연말에 연하장과 선물을 보낸다 • 사람들에게 감사를 표시한다	• send out cards and gifts at the end of year • express thanks to people
아이디어 2	핵심답변	생일에	on birthdays
	부연설명	• 일 년에 한 번 있는 행사 • 누군가 태어난 날을 축하한다	• a once-a-year event • celebrate the day someone is born

🎤 나의 답변   답변 아이디어와 표현을 참고해서 나의 답변을 말해보고 모범답변을 참고하여 답변을 보완해보자.

모범 답변

핵심답변 **Besides** birthdays and anniversaries, Koreans usually exchange gifts at Christmas, **even though** many of them are not Christians. 부연설명 **Additionally**, it is customary to send out cards and gifts at the end of each year. This is to express thanks to people who have helped us out during the previous twelve months.

핵심답변 생일과 기념일 이외에, 비록 많은 한국인들이 기독교인은 아니지만 그들은 크리스마스에 선물을 주고받습니다. 부연설명 추가적으로, 우리나라에서는 매년 연말에 연하장과 선물을 보내는 것이 일반적입니다. 이는 지난 한 해 동안 도움을 주었던 사람들에게 감사를 표시하기 위해서입니다.

어휘 exchange[ikstʃéindʒ] 주고받다, 교환하다   customary[kʌ́stəmeri] 일반적인, 관습상의

6
휴일

What are the biggest holidays in your country?
당신의 나라에서 가장 큰 휴일은 무엇인가요?

답변
아이디어
& 표현

아이디어 1	핵심답변	설날과 추석	Lunar New Year and Korean Thanksgiving celebrations
	부연설명	• 새로운 해의 시작과 관련 있다 • 가을 추수를 기념한다 • 음력을 따른다	• are tied to the beginning of the new year • celebrates the autumn harvest • follow the lunar calendar
아이디어 2	핵심답변	어린이날과 어버이날	Children's Day and Parents' Day
	부연설명	• 아이들은 학교를 하루 쉰다 • 부모님께 감사를 표시한다	• kids get the day off school • show their appreciation for their parents

🎤 나의 답변   답변 아이디어와 표현을 참고해서 나의 답변을 말해보고 모범답변을 참고하여 답변을 보완해보자.

모범 답변

핵심답변 The two major holidays in Korea are the Lunar New Year and Korean Thanksgiving celebrations. 부연설명 As their names suggest, the New Year's celebrations are tied to the beginning of the new year, **while** the Thanksgiving holiday celebrates the autumn harvest. Both holidays follow the lunar calendar, so their actual dates change from year to year.

핵심답변 한국의 주요 명절 두 개는 설날과 추석입니다. 부연설명 그 이름이 암시하듯이, 설날은 새로운 해의 시작과 관련되어 있는 반면, 추석은 가을 추수를 기념합니다. 두 명절 모두 음력을 따르므로, 실제 날짜는 매년 바뀝니다.

어휘 suggest[səgdʒést] 암시하다, 시사하다   tied to ~과 관련 있는   harvest[háːrvəst] 추수, 수확
from year to year 매년, 해마다

7

휴일

Do you think the number of national holidays should be increased?

공휴일의 수가 더 많아져야 한다고 생각하나요?

답변 아이디어 & 표현	아이디어 1	핵심답변	공휴일의 수가 더 많아져야 한다	there should be more national holidays
		부연설명	• 일반적인 한국인은 장시간 일을 한다 • 경제를 신장시킬 수 있다	• the average Korean works a lot of hours • could boost the economy
	아이디어 2	핵심답변	몇몇 부작용이 있을 수 있다고 생각한다	I think it could have some side effects
		부연설명	• 공휴일이 이미 너무 많이 있다 • 생산성이 떨어지지 않게 해야 한다	• there are too many national holidays already • we should keep production up

나의 답변   답변 아이디어와 표현을 참고해서 나의 답변을 말해보고 모범답변을 참고하여 답변을 보완해보자.

모범 답변

핵심답변 Yes, I think there should be more national holidays. 부연설명 Compared to workers in other countries, the average Korean works a lot of hours, so they deserve more days off. **In addition**, people usually spend quite a bit of money during the holidays. **Therefore**, having more of them could boost the economy as well.

핵심답변 네, 저는 공휴일이 더 많아야 한다고 생각합니다. 부연설명 다른 국가의 근로자들에 비해 일반적인 한국인은 장시간 일을 하므로, 그들은 더 많은 휴일을 가질 만합니다. 이에 더해, 사람들은 보통 공휴일에 상당한 돈을 씁니다. 따라서, 공휴일을 더 많이 가지는 것은 경제도 신장시킬 수 있습니다.

어휘 average[金vəridʒ] 일반적인, 평균의   day off 휴일, 쉬는날   boost[buːst] 신장시키다, 북돋우다

8

휴일

What is your favourite holiday?

당신이 가장 좋아하는 휴일은 무엇인가요?

답변 아이디어 & 표현	아이디어 1	핵심답변	크리스마스	Christmas
		부연설명	• 선물을 주고 받는 것을 좋아한다 • 어머니는 보통 호화로운 저녁식사를 준비하신다 • 식사가 맛있는 것이 보장되어 있다	• love to give and receive gifts • my mother usually prepares lavish dinners • the meal is guaranteed to be good
	아이디어 2	핵심답변	한국의 광복절	Korea's Independence Day
		부연설명	• 식민 통치로부터의 독립을 기념한다 • 시민들은 집에 국기를 게양한다	• commemorate the independence from colonial rule • citizens raise the national flag at their houses

나의 답변   답변 아이디어와 표현을 참고해서 나의 답변을 말해보고 모범답변을 참고하여 답변을 보완해보자.

모범 답변

핵심답변 Among the holidays, I like Christmas the most. 부연설명 I love to give and receive gifts, and Christmas is a good time to do that. **Moreover**, my mother usually prepares lavish dinners for the holiday. **Since** she's a great cook, the meal is guaranteed to be good.

핵심답변 휴일 중에서, 저는 크리스마스를 가장 좋아합니다. 부연설명 저는 선물을 주고 받는 것을 좋아하는데, 크리스마스는 이것을 하기에 좋은 때입니다. 더욱이, 제 어머니는 보통 휴일을 위해 호화로운 저녁식사를 준비하십니다. 어머니는 훌륭한 요리사이셔서, 식사가 맛있는 것이 보장되어 있습니다.

어휘 lavish[l金viʃ] 호화로운, 풍성한   guarantee[g金rəntíː] 보장하다

결혼	Part 2에서는 결혼식에 대해 묘사하라는 문제가 자주 출제됩니다. 이 경우, Part 3에서는 결혼하기 적절한 나이, 사람들이 신혼부부에게 주로 주는 결혼 선물에 대한 질문을 할 경우가 많습니다.

PART 2

1

Describe a memorable wedding that you attended. 당신이 참석했던 기억에 남는 결혼식에 대해 말하라.

You should say:
   whose wedding it was 누구의 결혼식이었는지
   what happened 무슨 일이 있었는지
   how you felt 어떤 기분이 들었는지
and explain why the wedding was memorable. 그리고 왜 그 결혼식이 기억에 남았는지 설명하라.

답변
아이디어
& 표현

① 누구의 결혼식이었는지	• 여동생의 결혼식	• my sister's wedding
② 무슨 일이 있었는지	• 아버지가 눈물을 흘리셨다 • 어린아이처럼 울었다 • '청혼'이라는 곡을 불렀다	• my father wept • cried like a baby • sang a song called *Proposal*
③ 어떤 기분이 들었는지	• 뒤섞인 감정이 들었다 • 그녀가 함께 늙어갈 사람을 찾았다는 것이 기뻤다 • 우리가 이전처럼 자주 서로를 보지 못할 것이라는 것이 조금 슬펐다	• had mixed feelings • was happy that she found someone to grow old with • was a bit sad that we wouldn't be seeing each other as often as before
④ 왜 그 결혼식이 기억에 남았는지	• 매우 아름다웠다 • 처음 경험해본 것이 많았다	• was very beautiful • experienced lots of firsts

나의 노트

나의 답변

답변 아이디어와 표현을 참고해서 나의 답변을 말해보고 모범답변을 참고하여 답변을 보완해보자.

- my sister's
- my father wept
- cried like a baby
- sang a song called Proposal
- mixed feelings
- happy & sad
- beautiful
- lots of firsts

🎧 **Unit 12 Track 9**

모범 답변

① I've attended several weddings in my life, **but the most** memorable **one was** my sister's. My sister and I have been inseparable for our entire lives, so it was a huge deal to me that she was getting married.

② Her wedding was very emotional. My father wept while he walked my sister down the aisle. I **also** cried like a baby when my sister and her husband exchanged vows. I think it was the first time I realized that she was really getting married. Luckily, I pulled myself together before it was time for me to sing. I sang a song called *Proposal*, which is about happiness and trust in marriage.

③ I had mixed feelings about the wedding. I was happy that she found someone to grow old with, but I was a bit sad that we wouldn't be seeing each other as often as before because she would be moving in with her husband.

④ Anyway, the wedding was impressive to me **not only because** it was very beautiful **but also because** I experienced lots of firsts. It was the first time someone close to me got married, and it was the first time I ever saw my father cry.

① 저는 인생에서 몇 번의 결혼식에 참석했지만, 가장 기억에 남는 것은 제 여동생의 결혼식이었습니다. 제 여동생과 저는 평생 동안 떨어진 적이 없어서, 그녀가 결혼한다는 것은 저에게 엄청난 일이었습니다.

② 그녀의 결혼식은 정말 감동적이었습니다. 저희 아버지는 통로를 걸어서 여동생을 바래다주시는 동안 눈물을 흘리셨습니다. 저 또한 여동생과 그녀의 남편이 서약을 주고받을 때 어린아이처럼 울었습니다. 그 순간이 그녀가 정말 결혼한다는 것을 처음 깨달은 순간이었던 것 같습니다. 다행히도, 저는 제가 노래를 부를 시간이 되기 전에 침착을 되찾았습니다. 저는 '청혼'이라는 곡을 불렀는데, 이는 결혼 생활의 행복과 신뢰에 대한 것입니다.

③ 저는 그 결혼식에 대해 뒤섞인 감정이 들었습니다. 저는 그녀가 함께 늙어갈 사람을 찾았다는 것이 기뻤지만, 그녀가 남편과 함께 살러 들어갈 것이기 때문에 우리가 이전처럼 자주 서로를 보지 못할 것이라는 것이 조금 슬펐습니다.

④ 어쨌든, 결혼식은 저에게 인상 깊었는데 그것이 매우 아름다웠을 뿐만 아니라 제가 처음 경험해본 것이 많았기 때문입니다. 저와 가까운 사람이 결혼한 것이 처음이었고, 저희 아버지께서 우시는 모습을 보는 것도 처음이었습니다.

어휘 inseparable[inséparəbl] 떨어질 수 없는 emotional[imóuʃənl] 감동적인, 감정에 호소하는
weep[wiːp] 눈물을 흘리다, 울다 exchange vows 서약을 주고받다
pull oneself together 침착을 되찾다, 냉정해지다 move in ~와 함께 살러 들어가다

2 What do people usually give newlywed couples as a wedding gift?

사람들은 신혼부부들에게 결혼 선물로 주로 무엇을 주나요?

답변
아이디어
& 표현

핵심답변	실용적인 선물	practical gifts
부연설명	• 신혼부부들은 결혼식 후에 같이 산다	• newlyweds move in together after their wedding
	• 그들의 새로운 집에 비치하기 위해 많은 것이 필요하다	• need many things to furnish their new home
	• 모든 것을 한번에 사기에는 부담이 될 수 있다	• it can be a burden to buy everything all at once
	• 가전기기와 식기류	• household appliances and dinnerware

🎙 나의 답변   답변 아이디어와 표현을 참고해서 나의 답변을 말해보고 모범답변을 참고하여 답변을 보완해보자.

모범 답변

핵심답변 I think practical gifts are given most frequently. 부연설명 **This is because** newlyweds traditionally move in together after their wedding, and they need many things to furnish their new home. It can be a burden for a young couple to buy everything all at once. So, presents like household appliances and dinnerware are very useful and can make the transition to married life easier.

핵심답변 제 생각에 실용적인 선물을 가장 흔히 주는 것 같습니다. 부연설명 이는 신혼부부들이 통상적으로 결혼식 후에 같이 살고, 그들은 새로운 집에 비치하기 위해 많은 것이 필요하기 때문입니다. 젊은 부부가 그 모든 것을 한번에 사기에는 부담이 될 수 있습니다. 그래서, 가전기기와 식기류와 같은 선물들이 매우 유용하며 결혼 생활로의 전환을 더 쉽게 만들어줄 수 있습니다.

어휘   newlywed[njúːliwèd] 신혼의; 신혼부부   furnish[fə́ːrniʃ] (필요한 것을) 비치하다   burden[bə́ːrdn] 부담, 짐
dinnerware[dínərweər] 식기류   transition[trænzíʃən] 전환, 변화

3

Do you think there's a right age to get married?

결혼하는 것에 적당한 나이가 있다고 생각하나요?

답변 아이디어 & 표현

핵심답변	결혼에는 이상적인 시기가 있다	there is an ideal time for marriage
부연설명	• 20대 후반이나 30대 초반에	• in one's late twenties or early thirties
	• 대학을 마치다	• are finished with university
	• 몇 년간 일을 해오다	• have been working for a few years
	• 약간의 저축한 돈과 함께 재정적으로 안정된	• financially stable with some savings
	• 가정을 꾸리기 더 쉬운	• easier to raise a family

나의 답변 답변 아이디어와 표현을 참고해서 나의 답변을 말해보고 모범답변을 참고하여 답변을 보완해보자.

모범 답변

핵심답변 **I know that people have different opinions about this, but** I think that there is an ideal time for marriage. 부연설명 **Specifically**, I think people should be in their late twenties or early thirties. By that age, most people are finished with university and have been working for a few years. This makes them more likely to be financially stable with some savings. This financial stability makes it easier for a couple to raise a family.

핵심답변 사람들이 이것에 대해 서로 다른 의견들을 갖고 있다는 걸 알지만, 저는 결혼에는 이상적인 시기가 있다고 생각합니다. 부연설명 구체적으로, 저는 사람들이 20대 후반이나 30대 초반이어야 한다고 생각합니다. 그 나이쯤에 대부분의 사람들은 대학을 마치고 몇 년간 일을 해옵니다. 이는 그들이 약간의 저축한 돈과 함께 좀 더 재정적으로 안정될 가능성이 많도록 만듭니다. 이 재정적인 안정성은 두 사람이 가정을 꾸리는 것을 더 쉽게 만들어 줍니다.

어휘 ideal[aidíːəl] 이상적인, 가장 알맞은 specifically[spəsífikəli] 구체적으로, 특히 be more likely to 좀 더 ~할 가능성이 많다 stable[stéibl] 안정된, 안정적인 stability[stəbíləti] 안정성 raise a family 가정을 꾸리다

Part 2에서는 휴가에 대해 묘사하라는 문제가 자주 출제됩니다. 이 경우, Part 3에서는 휴가를 보내는 성향, 휴가 전에 하는 준비에 대한 질문을 할 경우가 많습니다.

PART 2

4

Describe a vacation that you enjoyed. 당신이 즐겼던 휴가에 대해 말하라.

You should say:
　　where you went 어디에 갔는지
　　who you were with 누구와 함께였는지
　　what you did 무엇을 했는지
and explain why you enjoyed the vacation. 그리고 왜 그 휴가를 즐겼는지 설명하라.

 답변 아이디어 & 표현

① 어디에 갔는지	• 제주도	• Jeju Island
② 누구와 함께였는지	• 사촌 • 내 가이드 역할을 했다	• my cousin • acted as my guide
③ 무엇을 했는지	• 몇몇 아름다운 바닷가에 갔다 • 아름다운 풍경 사진을 찍었다 • 승마를 했다 • 회를 먹었다	• visited some beautiful beaches • took pictures of the beautiful scenery • went horseback riding • had sashimi
④ 왜 그 휴가를 즐겼는지	• 떠나서 휴식을 취하기 위한 최고의 기회 • 충분히 재충전할 수 있었다 • 진정으로 자연을 즐겼다	• the perfect opportunity to get away and relax • was able to recharge enough • truly enjoyed nature

📝 나의 노트

🎙 나의 답변　　답변 아이디어와 표현을 참고해서 나의 답변을 말해보고 모범답변을 참고하여 답변을 보완해보자.

- Jeju

- my cousin, acted as my guide

- visited beaches
- took pictures
- horseback riding
- mind-blowing sashimi

- perfect opportunity to get away & relax
- recharge
- enjoyed nature

모범 답변

① **I'd like to tell you about** my trip to Jeju Island, which was my favorite vacation ever.

② I went there with my cousin **because** he knows almost everything there is to know about Jeju Island. He has visited more than a dozen times, so he acted as my guide.

③ We got to do a lot of fun things while we were there. We visited some beautiful beaches and took a lot of pictures of the beautiful scenery. We even got to go horseback riding along one of the beaches. **However**, our favorite activity was eating. We had some mind-blowing sashimi. It was pricey because Jeju is a tourist hotspot, but it was worth it.

④ I loved the trip **for several reasons**. **First**, this trip was the perfect opportunity to get away and relax. Before we went, I'd been swamped with work due to a new project. **Although** the trip wasn't that long, I was able to recharge enough. **Also**, it was the first time I truly enjoyed nature. **Since** I was raised in a large city, I was more familiar with skyscrapers than trees and fields. **However**, on Jeju island, I was surrounded by nature no matter where I went.

① 저는 지금껏 제 최고의 여행이었던 제주도 휴가에 대해 말씀 드리겠습니다.

② 저는 그곳에 제 사촌과 함께 갔는데 왜냐하면 그가 제주도에 대해 알아야 할 거의 모든 것들을 알고 있기 때문입니다. 그는 제주도에 여러 번 방문한적이 있어서, 제 가이드 역할을 했습니다.

③ 우리는 그곳에 있을 때 많은 재미있는 것들을 했습니다. 우리는 몇몇 아름다운 바닷가에 가서 아름다운 풍경 사진을 많이 찍었습니다. 우리는 심지어 해변을 따라 승마를 하기도 했습니다. 하지만, 우리가 가장 좋았던 활동은 먹는 일이었습니다. 우리는 너무나 감동적인 회를 먹었습니다. 제주도가 관광 명소이기 때문에 값이 비싸긴 했지만, 그만한 가치가 있었습니다.

④ 저는 몇 가지 이유로 여행이 정말 좋았습니다. 첫째, 이 여행은 떠나서 휴식을 취하기 위한 최고의 기회였습니다. 우리가 가기 전에, 저는 새로운 프로젝트로 인해 일이 밀어닥쳐 정신을 못 차리고 있었습니다. 비록 여행이 그렇게 길지는 않았지만, 저는 충분히 재충전할 수 있었습니다. 또한, 저는 처음 진정으로 자연을 즐겼습니다. 저는 대도시에서 자랐기 때문에, 나무와 들판보다는 고층 건물에 더 익숙했습니다. 하지만 제주도에서 저는 어디에 가든 자연에 둘러싸여 있었습니다.

어휘 dozen[dʌzn] 여러 번, 다수 mind-blowing 너무나 감동적인, 놀라운 pricey[práisi] 값비싼
tourist[túrist] 관광의, 관람을 위한 worth it 그만한 가치가 있는 get away 떠나다, 휴가를 가다
be swamped with work 일이 밀어닥쳐 정신을 못 차리다 recharge[rìːtʃáːrdʒ] (휴식으로 에너지를) 재충전하다

5

Do people prefer to spend their vacations alone or with their families?

사람들은 휴가를 혼자 보내는 것을 선호하나요 아니면 가족과 함께 보내는 것을 선호하나요?

 답변
아이디어
&표현

핵심답변	가족과 함께 있는 것을 선호한다	prefer to be in the company of their families
부연설명	• 멋진 추억들을 만든다	• make wonderful memories
	• 사랑하는 사람들과 새로운 경험의 기쁨을 공유한다	• share the joy of new experiences with those you love
	• 위급한 상황이 생길 수 있다	• there might be an emergency
	• 당신을 아끼는 사람들과 함께 있는 것이 낫다	• it is better to be with people who care about you

 나의 답변   답변 아이디어와 표현을 참고해서 나의 답변을 말해보고 모범답변을 참고하여 답변을 보완해보자.

 모범 답변

핵심답변 Well, **individual preferences differ from person to person, but** I think most people prefer to be in the company of their families. 부연설명 **That's because** when you travel with your family, you get the chance to make wonderful memories and share the joy of new experiences with those you love. **Furthermore**, you never know when there might be an emergency. If something bad happens, it is much better to be with people who care about you than to be by yourself.

핵심답변 개인적인 선호는 사람마다 다르지만 저는 대부분의 사람들이 가족과 함께 있는 것을 선호한다고 생각합니다. 부연설명 이는 당신이 가족과 함께 여행할 때, 당신은 멋진 추억들을 만들고 사랑하는 사람들과 새로운 경험의 기쁨을 공유할 수 있는 기회를 얻기 때문입니다. 더욱이, 위급한 상황이 언제 생길지 모릅니다. 안 좋은 일이 일어났을 때, 혼자 있는 것보다는 당신을 아끼는 사람들과 함께 있는 것이 훨씬 낫습니다.

어휘 in the company of ~와 함께   emergency[imə́:rdʒənsl] 위급한 상황, 비상시

6

What do people do to prepare before going on a holiday?

사람들은 휴가를 가기 전 준비하기 위해 무엇을 하나요?

 답변
아이디어
& 표현

핵심답변 ①	지역에 대한 정보를 찾아본다	look up information on the area
부연설명	• 날씨가 어떨지 파악한다	• find out what the weather will be like
	• 예방 접종이나 비자를 받는다	• get vaccinations or visas
	• 많은 장애물을 만날 수 있다	• might encounter a number of obstacles
핵심답변 ②	여행 계획을 세운다	make travel arrangements
부연설명	• 호텔을 예약한다	• book a hotel
	• 차를 빌린다	• rent a car

🎤 나의 답변   답변 아이디어와 표현을 참고해서 나의 답변을 말해보고 모범답변을 참고하여 답변을 보완해보자.

모범 답변

핵심답변 ① **To begin with**, people look up information on the area that they'll be visiting. 부연설명 Through their research, they can find out what the weather will be like when they visit and whether they should get vaccinations or visas. If they don't check this beforehand, they might encounter a number of obstacles. 핵심답변 ② **Plus**, people make travel arrangements before going away. 부연설명 **For instance**, booking a hotel and renting a car are commonly done in advance.

핵심답변 ① 우선, 사람들은 그들이 방문할 지역에 대한 정보를 찾아봅니다. 부연설명 검색을 통해, 그들은 방문할 때 날씨가 어떨지를 파악할 수 있고 그들이 예방 접종이나 비자를 받아야 하는지 알 수 있습니다. 만약 이것을 사전에 확인하지 않는다면, 그들은 많은 장애물을 만날 수 있습니다. 핵심답변 ② 또한, 사람들은 떠나기 전에 여행 계획을 세웁니다. 부연설명 예를 들어, 일반적으로 호텔을 예약하거나 차를 빌리는 것을 미리 끝냅니다.

어휘 look up ~을 찾아보다   vaccination[væksənéiʃən] 예방 접종   beforehand[bifɔ́ːrhænd] 사전에, 미리
encounter[inkáuntər] 만나다, 마주치다   obstacle[áːbstəkl] 장애물, 방해   arrangement[əréindʒmənt] 계획
go away 떠나다

* 나의 답변을 말해본 후, 348페이지의 답변 셀프 체크 포인트를 통해 나의 답변을 점검하고 보완하도록 합니다.

UNIT
12

Special Events 특별 행사   HACKERS **IELTS** SPEAKING

UNIT 13

Daily Life 일상생활

일상생활은 스피킹 시험에서 자주 질문 받는 주제는 아니지만, 막상 시험장에서는 잘 떠오르지 않는 일상적인 일에 대해 묻기도 합니다. 따라서 일상생활과 관련된 빈출문제, 관련 아이디어 및 표현, 그리고 모범답변을 학습하여 준비해두는 것이 좋습니다.

■ PART 1 빈출문제

Part 1에서는 약속에 늦었을 때 기분이 어떤지, 주말엔 무엇을 하는지, 집안일 하는 것을 좋아하는지 등 일상생활과 관련된 개인적인 질문을 합니다. 따라서 다음 Part 1 빈출문제를 확인하여 일상생활과 관련된 기본적인 내용을 미리 영어로 정리해보고 연습하도록 합니다.

약속	**How do you feel when you are late?** 최빈출 당신은 늦었을 때 어떤 기분이 드나요? **Do people in your country think that being on time is important?** 당신의 나라 사람들은 시간을 잘 지키는 것이 중요하다고 생각하나요?
일상	**What do you usually do in the evening?** 최빈출 당신은 저녁에 주로 무엇을 하나요? **Are evenings on the weekends different from those on the weekdays?** 주말 저녁은 주중 저녁과 다른가요? **What is your favourite weekday?** 당신이 가장 좋아하는 평일은 무슨 요일인가요? **What are your plans for this weekend? What about next weekend?** 당신의 이번 주말 계획은 무엇인가요? 다음 주는 어떤가요?
집안일	**Do you like housework?** 최빈출 당신은 집안일을 좋아하나요? **What can we do to make household chores less boring?** 집안일을 덜 지루하게 만들려면 무엇을 할 수 있을까요?

■ PART 2&3 빈출문제

Part 2에서는 누군가를 기다려 본 경험, 화났던 경험 등을 묘사하라는 문제가 자주 나옵니다. 가장 자주 나오는 문제인 누군가를 기다려 본 경험에 대한 답변을 준비해두면, 화났던 경험 등을 묻는 다른 문제에도 활용할 수 있습니다.

Part 3에서는 사람들이 어떤 상황에서 기다리는지, 사람들이 일찍 일어나는 이유가 무엇인지와 같이 평소 쉽게 생각하기 힘든 질문을 하므로 미리 빈출문제와 모범답변을 살펴보고 나의 답변을 준비해둡니다.

기다림

PART 2

Describe a time when you waited for someone. 최빈출
당신이 누군가를 기다렸던 때에 대해 말하라.

You should say:
  what you were supposed to do with someone 그 사람과 무엇을 하기로 되어 있었는지
  what you did while waiting 기다리면서 무엇을 했는지
  why you had to wait 왜 기다려야만 했는지
and explain how you felt about it. 그리고 그것에 대해 어떤 기분이 들었는지 설명하라.

PART 3

Why do people not like waiting? 최빈출
사람들은 왜 기다리는 것을 좋아하지 않나요?

In what situations do people wait?
사람들은 어떤 상황에서 기다리나요?

일상

PART 2

Describe an occasion when someone woke you up early. 최빈출
누군가가 당신을 일찍 깨웠던 상황에 대해 말하라.

You should say:
  who woke you up 누가 당신을 깨웠는지
  when it was 언제였는지
  why someone woke you up early 왜 누군가가 당신을 일찍 깨웠는지
and explain how you felt about it. 그리고 그것에 대해 어떤 기분이 들었는지 설명하라.

PART 3

What are some reasons for people to wake up early in your country? 최빈출
당신의 나라에서 사람들이 일찍 일어나는 이유는 무엇인가요?

In what situations is it bad to arrive early?
어떤 상황에 일찍 도착하는 것이 좋지 않나요?

1 How do you feel when you are late?

◠ Unit 13 Track 1

당신은 늦었을 때 어떤 기분이 드나요?

약속

답변
아이디어
&표현

아이디어 1	핵심답변	아주 좌절감을 느낀다	get really frustrated
	부연설명	• 나를 기다리고 있는 사람에게 미안한 기분이 든다	• feel sorry for anyone who is waiting for me
		• 시간을 잘 지키려고 노력한다	• try to be on time
아이디어 2	핵심답변	대수롭지 않다	it's no big deal
	부연설명	• 일어날 수 있는 일이다	• it is something that could happen
		• 내가 만나는 사람에게 미리 연락한다	• contact the person I'm meeting beforehand

나의 답변   답변 아이디어와 표현을 참고해서 나의 답변을 말해보고 모범답변을 참고하여 답변을 보완해보자.

모범 답변

핵심답변 I get really frustrated when I'm late. 부연설명 I also feel sorry for anyone who is waiting for me. So, I always try to be on time, or to arrive a little earlier than planned.

핵심답변 저는 제가 늦었을 때 아주 좌절감을 느낍니다. 부연설명 또한 저는 저를 기다리고 있는 사람에게 미안한 기분이 듭니다. 그래서, 저는 항상 시간을 잘 지키려고 하거나, 계획된 것보다 약간 더 일찍 도착하려고 노력합니다.

어휘 be on time 시간을 잘 지키다

2 Do people in your country think that being on time is important?

◠ Unit 13 Track 2

당신의 나라 사람들은 시간을 잘 지키는 것이 중요하다고 생각하나요?

약속

답변
아이디어
&표현

아이디어 1	핵심답변	그렇다고 생각한다	I think they do
	부연설명	• 지각해서 다른 사람의 시간을 낭비한다	• waste other people's time by being tardy
		• 시간관념이 투철한	• time-conscious
아이디어 2	핵심답변	대부분의 사람들은 신경쓰지 않는다	most people don't care
	부연설명	• 약간 늦는 것은 괜찮다	• it is acceptable to be slightly late
		• 몇 분 늦는다고 해서 큰일이 나는 건 아니다	• being a few minutes late is not the end of the world

나의 답변   답변 아이디어와 표현을 참고해서 나의 답변을 말해보고 모범답변을 참고하여 답변을 보완해보자.

모범 답변

핵심답변 I think they do. 부연설명 In my experience, Koreans are generally well aware that they are wasting other people's time by being tardy. **While** not everyone in the country is so time-conscious, I think most people are.

핵심답변 저는 그들이 그렇다고 생각합니다. 부연설명 제 경험상, 한국인들은 지각하는 것이 다른 사람들의 시간을 낭비하는 것이라는 것을 일반적으로 잘 알고 있습니다. 우리나라의 모든 사람들이 다 시간관념이 아주 투철한 것은 아니지만, 대부분의 사람들은 그렇다고 생각합니다.

어휘 aware[əwéər] ~을 알고 있는   tardy[táːrdi] 지각한, 늦은

3

일상

What do you usually do in the evening?
당신은 저녁에 주로 무엇을 하나요?

 답변
아이디어
&표현

아이디어 1	핵심답변	친구와 저녁식사를 하거나 공부를 한다	have dinner with friends or study
	부연설명	• 체육관에 간다 • 집으로 가서 TV를 본다	• hit the gym • head home and watch TV
아이디어 2	핵심답변	소셜 미디어를 스크롤하며 살펴본다	scroll through social media
	부연설명	• 내 일상생활 사진을 올린다 • 친구들로부터 받은 댓글과 '좋아요'를 살핀다	• upload pictures of my daily life • see comments and 'likes' from friends

🎙 나의 답변 │ 답변 아이디어와 표현을 참고해서 나의 답변을 말해보고 모범답변을 참고하여 답변을 보완해보자.

모범 답변

핵심답변 I usually have dinner with friends or study in the evening. 부연설명 **Additionally**, I try to hit the gym at least three times a week. **However**, when I feel too tired to do anything at the end of the day, I just head home and watch TV.

핵심답변 저는 보통 저녁에 친구와 저녁식사를 하거나 공부를 합니다. 부연설명 추가적으로, 저는 일주일에 세 번은 체육관에 가려고 합니다. 하지만, 하루가 끝날 무렵 너무 피곤해서 그 어떤 것도 하기 힘든 날에는 그냥 집으로 가서 TV를 봅니다.

어휘 hit[hit] (장소에) 가다, 도착하다   head[hed] 가다, 향하다

4

일상

Are evenings on the weekends different from those on the weekdays?
주말 저녁은 주중 저녁과 다른가요?

 답변
아이디어
&표현

아이디어 1	핵심답변	나에게 그것들은 같지 않다	to me, they are not the same
	부연설명	• 생산적인 활동을 한다 • 친구들을 만나거나 영화를 보러 간다	• engage myself in productive activities • meet friends or go to movies
아이디어 2	핵심답변	많이 다르지 않다	they aren't very different
	부연설명	• 매일 저녁 영어를 공부한다 • 하지만, 주말 아침은 다르다 • 일요일 아침에는 늦잠을 잔다	• study English every evening • however, weekend mornings are different • sleep in on Sunday mornings

🎙 나의 답변 │ 답변 아이디어와 표현을 참고해서 나의 답변을 말해보고 모범답변을 참고하여 답변을 보완해보자.

모범 답변

핵심답변 Yes, to me, the evenings on the weekends are not the same as the ones during the week. 부연설명 On weekdays, I try to engage myself in productive activities **such as** studying or exercising in the evenings. **However**, when the weekend comes, I prefer to enjoy myself a bit by meeting friends or going to movies and concerts.

핵심답변 네, 제게 있어서 주말 저녁은 주중 저녁과 같지 않습니다. 부연설명 주중에 저는 저녁에 공부나 운동과 같이 생산적인 활동에 참여하려 합니다. 하지만, 주말이 오면, 저는 친구들을 만나거나 영화와 공연을 보러 다니며 즐기는 것을 선호합니다.

어휘 engage oneself in ~에 참여하다, 관여하다   enjoy oneself 즐기다, 즐겁게 보내다

UNIT
13

Daily Life 일상생활 HACKERS **IELTS** SPEAKING

5 What is your favourite weekday?

일상   당신이 가장 좋아하는 평일은 무슨 요일인가요?

답변 아이디어 &표현

아이디어 1	핵심답변	금요일	Friday
	부연설명	• 마지막 평일 • 원하는 만큼 늦게까지 깨어 있는다	• the last weekday • stay up as late as I like
아이디어 2	핵심답변	월요일	Monday
	부연설명	• 주말 직후에 가장 기분이 상쾌하다 • 월요일마다 내가 가장 좋아하는 TV 쇼를 본다	• feel most refreshed right after the weekend • watch my favourite TV show on Mondays

나의 답변   답변 아이디어와 표현을 참고해서 나의 답변을 말해보고 모범답변을 참고하여 답변을 보완해보자.

모범 답변

핵심답변 It's Friday, of course. 부연설명 That's the last weekday, so I have the whole weekend to look forward to. **Furthermore**, I can stay up as late as I like on Friday nights **since** I can sleep in on Saturday mornings.

핵심답변 물론 금요일입니다. 부연설명 금요일은 마지막 평일이므로 즐거운 마음으로 주말 전부를 기다릴 수 있습니다. 더욱이 저는 토요일 아침에 늦잠을 잘 수 있으므로, 금요일 밤에는 원하는 만큼 늦게까지 깨어 있을 수 있습니다.

어휘   look forward to ~을 즐거운 마음으로 기다리다, 기대하다   stay up (평소보다 더 늦게까지) 깨어 있다, 안 자다
sleep in 늦잠을 자다

---

6 What are your plans for this weekend? What about next weekend?

일상   당신의 이번 주말 계획은 무엇인가요? 다음 주는 어떤가요?

답변 아이디어 &표현

아이디어 1	핵심답변	가야 할 친구의 결혼식이 있다	have a friend's wedding to attend
	부연설명	• 내 일정이 다 찬 것 같다 • 다음 주말에는 계획된 것이 없다	• I'm pretty much booked solid • have nothing planned for next weekend
아이디어 2	핵심답변	친구와 미술관에 간다	go to an art gallery with a friend
	부연설명	• 미술 전시회에 여분의 표가 생겼다 • 좋은 레스토랑에서 식사를 한다	• have a spare ticket to an art exhibition • dine at a nice restaurant

나의 답변   답변 아이디어와 표현을 참고해서 나의 답변을 말해보고 모범답변을 참고하여 답변을 보완해보자.

모범 답변

핵심답변 I have a friend's wedding to attend this Saturday and a lunch appointment with my grandparents on Sunday. 부연설명 **Also**, one of my best friends wants to check out a new movie with me, so I'm pretty much booked solid this weekend. **However**, I have nothing planned for next weekend yet.

핵심답변 저는 이번 토요일에 가야 할 친구의 결혼식이 있으며, 일요일에는 조부모님과 점심 약속이 있습니다. 부연설명 또한, 제 가장 친한 친구 중 한 명이 저와 함께 새로 나온 영화를 보고 싶어해서, 이번 주말에는 제 일정이 다 찬 것 같습니다. 하지만, 다음 주말에는 아직 계획된 것이 없습니다.

어휘   booked solid 일정이 다 찬, 모두 예약된

7 **Do you like housework?**

집안일

당신은 집안일을 좋아하나요?

답변 아이디어 & 표현	아이디어 1	핵심답변	그다지 좋아하지 않는다	I don't like it much
		부연설명	• 그것들에 전혀 흥미를 느끼지 못한다 • 집안일을 하는 것을 막판까지 미룬다	• do not find them interesting at all • put off doing housework until the last minute
	아이디어 2	핵심답변	집안일 하는 것을 좋아한다	I enjoy doing housework
		부연설명	• 퇴근하자마자 집안일을 한다 • 청소하는 것에 집착한다	• do housework as soon as I get off work • have an obsession with cleaning

나의 답변

답변 아이디어와 표현을 참고해서 나의 답변을 말해보고 모범답변을 참고하여 답변을 보완해보자.

모범 답변

UNIT 13 Daily Life 일상생활 HACKERS IELTS SPEAKING

핵심답변 Honestly, I don't like it much. 부연설명 **Even though** I fully understand that doing household chores is necessary, even important, I do not find them interesting at all. **As a result**, I usually put off doing housework until the last minute.

핵심답변 솔직히 말해, 그다지 좋아하지 않습니다. 부연설명 저는 집안일을 하는 것이 필요하고, 심지어 중요하다는 것도 아주 잘 알지만, 그것들에 전혀 흥미를 느끼지 못합니다. 그 결과, 저는 보통 집안일을 하는 것을 막판까지 미룹니다.

어휘 fully[fúli] 아주, 완전히 put off ~을 미루다 last minute 막판, 최후의 순간

8 **What can we do to make household chores less boring?**

집안일

집안일을 덜 지루하게 만들려면 무엇을 할 수 있을까요?

답변 아이디어 & 표현	아이디어 1	핵심답변	그것들을 더 빨리 하려고 노력한다	try to do them faster
		부연설명	• 그것을 하는 가장 효율적인 방법을 찾는다 • 다음 번에는 그 일에 시간을 덜 들인다	• find the most efficient way to do it • spend less time on it the next time
	아이디어 2	핵심답변	음악을 크게 튼다	play loud music
		부연설명	• 리듬에 맞춰 집안일을 하면 시간이 빨리 간다 • 일주일에 하루를 정해 모든 일을 한다	• doing housework to a rhythm makes the time fly by • designate one day of the week to do all the chores

나의 답변

답변 아이디어와 표현을 참고해서 나의 답변을 말해보고 모범답변을 참고하여 답변을 보완해보자.

모범 답변

핵심답변 In my experience, they become less boring when you try to do them faster. 부연설명 **For example**, when I'm folding clothes, I try out different methods to find the most efficient way to do it. If I'm successful, I can spend less time on it the next time. Even if I'm not, at least the task was made more interesting **because** I had something to think about while doing it.

핵심답변 제 경험으로는, 집안일은 더 빨리 하려고 하면 덜 지루해집니다. 부연설명 예를 들어, 제가 옷을 개고 있다면, 저는 그것을 하는 가장 효율적인 방법을 찾기 위해 여러 가지 방법을 시도해 봅니다. 만일 제가 성공하면, 다음 번에는 그 일에 시간을 덜 들일 수 있습니다. 만일 성공하지 않았다 해도, 저는 그 일을 하며 생각할 거리가 있었던 것이므로, 적어도 그 일은 더 흥미로워지게 됩니다.

어휘 chore[tʃɔːr] 일, 하기 싫은 일 fold[fould] (옷을) 개다, 접다

| 기다림 | Part 2에서는 기다린 경험에 대해 묘사하라는 문제가 자주 출제됩니다. 이 경우, Part 3에서는 사람들이 왜 기다리는지, 왜 기다리는 것을 싫어하는지에 대한 질문을 할 경우가 많습니다. |

PART 2

1

Describe a time when you waited for someone. 당신이 누군가를 기다렸던 때에 대해 말하라.

You should say:
    what you were supposed to do with someone 그 사람과 무엇을 하기로 되어 있었는지
    what you did while waiting 기다리면서 무엇을 했는지
    why you had to wait 왜 기다려야만 했는지
and explain how you felt about it. 그리고 그것에 대해 어떤 기분이 들었는지 설명하라.

💡 답변
아이디어
& 표현

① 그 사람과 무엇을 하기로 되어 있었는지	• 점심을 먹는다 • 뮤지컬을 보러 간다	• have lunch • go to a musical
② 기다리면서 무엇을 했는지	• 근처 카페로 들어갔다 • 휴대폰으로 웹 서핑을 했다	• went into a nearby café • did some web surfing on my phone
③ 왜 기다려야만 했는지	• 그가 늦잠을 잤다 • 주말의 교통 체증에 갇혔다	• he had overslept • got stuck in the weekend traffic
④ 그것에 대해 어떤 기분이 들었는지	• 몹시 화가 났다 • 그가 매우 무례하고 이기적이라고 생각했다 • 내 용서를 빌었다 • 나에게 저녁을 한턱냈다	• was furious • thought he had been very rude and selfish • begged for my forgiveness • treated me to dinner

📝 나의 노트

🎤 나의 답변   답변 아이디어와 표현을 참고해서 나의 답변을 말해보고 모범답변을 참고하여 답변을 보완해보자.

- lunch
- musical
- went into a café
- web surfing on my phone
- had overslept
- got stuck in the traffic
- furious
- rude, selfish
- begged for my forgiveness
- treated me to dinner

🎧 UNIT 13 Track 9

모범 답변

① Well, of course, **there have been several** times when people have made me wait, **but I'd like to talk about** the time when I had to wait for my friend a few months ago. I was supposed to meet my friend at noon to have lunch and go to a musical. I arrived on time, but my friend was not there. I waited outside the subway station where we were supposed to meet.

② After waiting for a while, I got cold so I went into a nearby café and did some web surfing on my phone to relieve the boredom.

③ Eventually, my friend called to say that he had overslept **because** he drank too much the previous night. He said he was going to jump into a taxi and be there shortly. Unfortunately, he got stuck in the weekend traffic and was nearly two hours late.

④ I was furious by that point. I thought he had been very rude and selfish by being so late. Luckily, he showed up right before the musical started and begged for my forgiveness. After the show was over, he treated me to dinner at my favorite restaurant. That made me forgive his lateness.

① 물론, 사람들이 저를 기다리게 만든 몇 번의 경우가 있었지만, 저는 몇 달 전에 제가 친구를 기다려야 했던 일에 대해 말하고 싶습니다. 저는 친구와 낮 12시에 만나 점심 식사를 하고 뮤지컬을 보러 가기로 했습니다. 저는 제시간에 도착했지만, 제 친구는 그곳에 없었습니다. 저는 우리가 만나기로 한 지하철 역 밖에서 기다렸습니다.

② 한동안 기다린 후, 저는 너무 추워져서 근처 카페로 들어갔고 지루함을 없애기 위해 휴대폰으로 웹 서핑을 했습니다.

③ 마침내, 제 친구는 전화해서 그가 전날 밤에 술을 너무 많이 마셔서 늦잠을 잤다고 말했습니다. 그는 택시를 타고 곧 그곳에 오겠다고 말했습니다. 불행히도, 그는 주말의 교통 체증에 갇혔고 거의 두 시간을 늦었습니다.

④ 저는 그때 몹시 화가 났습니다. 그가 그렇게 늦는 것이 매우 무례하고 이기적이라고 생각했습니다. 다행히도, 그는 뮤지컬이 시작하기 직전에 도착했고 제 용서를 빌었습니다. 공연이 끝나고 그는 제가 가장 좋아하는 식당에서 저에게 저녁을 한턱냈습니다. 그것은 제가 그의 지각을 용서하도록 만들었습니다.

어휘 noon[nuːn] 낮 12시, 정오 relieve[rilíːv] 없애다, 덜다 boredom[bɔ́ːrdəm] 지루함, 따분함
furious[fjúriəs] 몹시 화가 난 selfish[sélfiʃ] 이기적인 beg[beg] 빌다, 애원하다, 간청하다
forgiveness[fərgívnəs] 용서 treat[triːt] 한턱내다, 대접하다 lateness[leitnis] 지각, 늦음

2 Why do people not like waiting?

사람들은 왜 기다리는 것을 좋아하지 않나요?

 답변
아이디어
&표현

핵심답변 ①	지루하다	it's boring
부연설명	• 시계가 똑딱거리는 것을 보는 것 이외에는 아무 것도 할 수 없다	• can't do anything but watch the clock ticking
	• 이는 사람들을 극도로 지루하게 만든다	• this bores people to death
핵심답변 ②	시간 낭비이다	it is a waste of time
부연설명	• 다른 것들을 할 기회를 놓친다	• lose the opportunity to do other things
	• 더 생산적으로 사용할 수도 있었던 시간	• time that we could've used more productively
	• 우리가 기다리게 되지 않았더라면	• if we weren't stuck waiting

🎙️ 나의 답변 답변 아이디어와 표현을 참고해서 나의 답변을 말해보고 모범답변을 참고하여 답변을 보완해보자.

모범 답변

핵심답변 ① People don't like waiting **because** it's boring. 부연설명 When we wait for someone, we can't do anything but watch the clock ticking and this bores people to death. 핵심답변 ② **Not only that, but** waiting is **also** a waste of time. 부연설명 If we're forced to wait, we lose the opportunity to do other things. That means we are wasting time that we could've used more productively if we weren't stuck waiting.

핵심답변 ① 사람들은 기다리는 것이 지루하기 때문에 좋아하지 않습니다. 부연설명 우리가 누군가를 기다릴 때, 우리는 시계가 똑딱거리는 것을 보는 것 이외에는 아무 것도 할 수 없고 이것은 사람들을 극도로 지루하게 만듭니다. 핵심답변 ② 그뿐만 아니라, 기다리는 것은 또한 시간 낭비입니다. 부연설명 우리가 어쩔 수 없이 기다리게 될 때, 우리는 다른 것들을 할 기회를 놓칩니다. 이는 우리가 기다리게 되지 않았더라면 더 생산적으로 사용할 수도 있었던 시간을 낭비한다는 것을 의미합니다.

어휘 tick[tik] 똑딱거리다 bore[bɔːr] 지루하게 만들다 to death 극도로 force[fɔːrs] (어쩔 수 없이) ~하게 만들다

3

In what situations do people wait?
사람들은 어떤 상황에서 기다리나요?

답변 아이디어 & 표현	핵심답변 ①	은행과 우체국과 같은 곳에서	in places like banks and post offices
	부연설명	• 서비스를 위해 기다리는 사람들이 종종 있다 • 줄을 서서 기다린다	• there are often people waiting for service • stand in line and wait
	핵심답변 ②	유명한 식당에서 식사를 하기 위해	to have a meal at well-known restaurants
	부연설명	• 많은 한국인들은 미식가이다 • 맛있는 음식을 맛보기 위해선 기다리는 것 을 상관하지 않는다	• many Koreans are gourmets • don't mind waiting to try delicious food

나의 답변 답변 아이디어와 표현을 참고해서 나의 답변을 말해보고 모범답변을 참고하여 답변을 보완해보자.

모범 답변

서론 **There are various** situations in which people have to wait. 핵심답변 ① **First of all**, in places like banks and post offices, there are often people waiting for service. 부연설명 **Therefore**, people have to stand in line and wait. 핵심답변 ② **Aside from that**, people sometimes wait to have a meal at well-known restaurants. 부연설명 It seems that many Koreans are gourmets, so they don't mind waiting to try delicious food.

서론 사람들이 기다려야 하는 다양한 상황들이 있습니다. 핵심답변 ① 가장 먼저, 은행과 우체국과 같은 곳에는 서비스를 위해 기다리는 사람들이 종종 있습니다. 부연설명 따라서 사람들은 줄을 서서 기다려야 합니다. 핵심답변 ② 그뿐만 아니라, 사람들은 유명한 식당에서 식사를 하기 위해 기다립니다. 부연설명 많은 한국인들은 미식가여서, 맛있는 음식을 맛보기 위해선 기다리는 것을 상관하지 않는 것 같습니다.

여휘 stand in line 줄을 서다 well-known 유명한 gourmet [gúərmei] 미식가

UNIT
13

Daily Life 일상생활 HACKERS **IELTS** SPEAKING

<table>
<tr><td>일상</td><td>Part 2에서는 누군가에 의해 일찍 일어난 경험에 대해 묘사하라는 문제가 자주 출제됩니다. 이 경우, Part 3에서는 사람들이 일찍 일어나는 이유, 약속 장소에 일찍 도착하면 좋지 않은 상황에 대한 질문을 할 경우가 많습니다.</td></tr>
</table>

PART 2

4

Describe an occasion when someone woke you up early. 누군가가 당신을 일찍 깨웠던 상황에 대해 말하라.

You should say:
  who woke you up 누가 당신을 깨웠는지
  when it was 언제였는지
  why someone woke you up early 왜 누군가가 당신을 일찍 깨웠는지
and explain how you felt about it. 그리고 그것에 대해 어떤 기분이 들었는지 설명하라.

답변 아이디어 & 표현

① 누가 당신을 깨웠는지	• 우리 엄마	• my mom
② 언제였는지	• 1월 1일 새해에 • 5시에	• on January 1st, New Year's Day • at 5 o'clock
③ 왜 누군가가 당신을 일찍 깨웠는지	• 가족들을 동해로 데리고 가기 위해 • 새해 첫 해돋이를 본다	• to bring the family to the East Sea • watch the first sunrise of the new year
④ 그것에 대해 어떤 기분이 들었는지	• 기분이 나빴다 • 더 자고 싶었다 • 그만한 가치가 있다고 느꼈다 • 기억에 남고 의미 있는 경험	• was in a grumpy mood • wanted to sleep more • felt it was worth it • a memorable and meaningful experience

나의 노트

나의 답변 답변 아이디어와 표현을 참고해서 나의 답변을 말해보고 모범답변을 참고하여 답변을 보완해보자.

모범 노트

- my mom
- Jan 1st, New Year's
- at 5
- bring the family to the East Sea
- watch the sunrise
- grumpy mood
- wanted to sleep more
- it was worth it
- memorable and meaningful

🎧 Unit 13 Track 12

모범 답변

① Well, actually, my mom woke me up early a few months ago.

② It was on January 1st, New Year's Day. I usually wake up around eight for school, but my mother shook me awake at 5 o'clock that day.

③ She did so **because** she and my father had decided to bring the family to the East Sea so we could watch the first sunrise of the new year together.

④ At first, when I awoke, I was in a grumpy mood. To be honest, I didn't agree with the plan in the beginning and I just wanted to sleep more. I didn't see why we had to get up that early to watch the sun rising. **However**, after we arrived at the East Sea and saw the sunrise, I felt it was worth it. While watching the sun, I made a New Year's resolution and a New Year's wish. It was a memorable and meaningful experience for me. **Therefore**, I'd like to do the same thing every New Year's Day.

① 사실, 저희 어머니께서 몇 달 전 저를 일찍 깨우셨습니다.

② 때는 1월 1일 새해였습니다. 저는 학교에 가기 위해 주로 8시쯤 일어나는데, 그날 제 어머니는 저를 5시에 흔들어 깨우셨습니다.

③ 어머니께서는 그렇게 하셨는데 왜냐하면 어머니와 아버지께서 우리가 새해 첫 해돋이를 함께 볼 수 있도록 가족들을 동해로 데리고 가기로 결정하셨기 때문입니다.

④ 처음에 제가 깼을 때 저는 기분이 나빴습니다. 솔직히 말하자면, 저는 처음에는 그 계획에 동의하지 않았고 그저 더 자고 싶었습니다. 저는 해가 뜨는 걸 보기 위해 왜 그렇게 일찍 일어나야 하는지 이해하지 못했습니다. 하지만, 우리가 동해에 도착해서 해돋이를 봤을 때, 저는 그만한 가치가 있다고 느꼈습니다. 해를 보면서, 저는 새해 결심을 했고 새해 소망을 빌었습니다. 그건 저에게 기억에 남고 의미 있는 경험이었습니다. 그래서, 저는 매년 새해에 같은 것을 하고 싶습니다.

어휘 shake[ʃəik] 흔들다 awake[əwéik] 깨어 있는, 잠이 깬 sunrise[sʌ́nraiz] 해돋이
     grumpy[grʌ́mpi] 기분이 나쁜, 심술난 worth it 그만한 가치가 있는 resolution[rèzəlúːʃn] 결심, 결단

5 **What are some reasons for people to wake up early in your country?**

당신의 나라에서 사람들이 일찍 일어나는 이유는 무엇인가요?

답변
아이디어
& 표현

핵심답변 ① 학교와 직장을 위해	for school and work
부연설명 • 학교와 회사들이 아침에 문을 연다 • 수업 또는 직장을 위해 일찍 일어난다	• schools and businesses open in the morning • wake up early for their classes or jobs
핵심답변 ② 운동을 하기 위해	to do exercise
부연설명 • 신체 활동은 전반적인 건강을 향상시킨다 • 하루를 위해 몸을 준비시킨다 • 요가를 하거나 조깅을 하러 간다	• physical activity improves overall health • gets the body ready for the day • do yoga or go jogging

나의 답변   답변 아이디어와 표현을 참고해서 나의 답변을 말해보고 모범답변을 참고하여 답변을 보완해보자.

모범 답변

핵심답변 ① The specific reasons **differ from person to person, but** I think the most common one is for school and work. 부연설명 **Since** most schools and businesses open in the morning, students and workers have to wake up early for their classes or jobs. 핵심답변 ② **In addition**, many people get up early to do exercise. 부연설명 Physical activity improves overall health and gets the body ready for the day. **Therefore**, many people wake up early to do yoga or to go jogging.

핵심답변 ① 사람마다 구체적인 이유는 다르지만, 저는 가장 흔한 이유가 학교와 직장을 위해서라고 생각합니다. 부연설명 대부분의 학교와 회사들이 아침에 문을 열기 때문에, 학생들과 직장인들은 수업 또는 직장을 위해 일찍 일어나야만 합니다. 핵심답변 ② 또한, 많은 사람들은 운동을 하기 위해 일찍 일어납니다. 부연설명 신체 활동은 전반적인 건강을 향상시키고 하루를 위해 몸을 준비시킵니다. 그래서, 많은 사람들은 요가를 하거나 조깅을 하러 가기 위해 일찍 일어납니다.

어휘 business[bíznəs] 회사   improve[imprúːv] ~을 향상시키다

6 In what situations is it bad to arrive early?

어떤 상황에 일찍 도착하는 것이 좋지 않나요?

답변
아이디어
&표현

핵심답변 ①	구직 면접	a job interview
부연설명	• 너무 일찍 도착하는 것 • 사람들의 일정에 지장을 준다	• showing up too early • disrupt the schedules of the people
핵심답변 ②	아는 사람이 아무도 없는 행사	an event where you don't know anyone
부연설명	• 결혼식이나 세미나에 혼자인 • 이야기할 사람이 아무도 없다 • 어색하고 외로운 감정을 느낀다	• alone at a wedding or seminar • there's no one to talk to • feel awkward and lonely

 나의 답변   답변 아이디어와 표현을 참고해서 나의 답변을 말해보고 모범답변을 참고하여 답변을 보완해보자.

모범 답변

핵심답변 ① Well, I think showing up too early for a job interview is not good. 부연설명 **Although** one shouldn't be late, arriving too early can disrupt the schedules of the people in the office. 핵심답변 ② Showing up early at an event where you don't know anyone is even worse. 부연설명 If you're alone at a wedding or seminar and there's no one to talk to, you will feel awkward and lonely.

핵심답변 ① 저는 구직 면접에 너무 일찍 도착하는 것이 좋지 않다고 생각합니다. 부연설명 늦으면 안 되긴 하지만, 너무 일찍 도착하는 것은 사무실에 있는 사람들의 일정에 지장을 줄 수 있습니다. 핵심답변 ② 아는 사람이 아무도 없는 행사에 일찍 도착하는 것은 더 안 좋습니다. 부연설명 만약 당신이 결혼식이나 세미나에 혼자 있는데 이야기할 사람이 아무도 없다면, 어색하고 외로운 감정을 느낄 것입니다.

어휘 show up 도착하다, 나타나다 disrupt [disrʌ́pt] 지장을 주다, 방해하다 awkward [ɔ́ːkwərd] 어색한, 불편한

* 나의 답변을 말해본 후, 348페이지의 답변 셀프 체크 포인트를 통해 나의 답변을 점검하고 보완하도록 합니다.

Life Experiences 삶의 경험들

삶의 경험들은 스피킹 시험에 자주 나오는 주제는 아니지만, 관련 경험에 대해 정리해 두지 않으면 시험장에서 질문을 받았을 때 당황하기 쉽습니다. 따라서 삶의 경험들과 관련된 빈출문제, 관련 아이디어 및 표현, 그리고 모범답변을 학습하여 준비해두는 것이 좋습니다.

■ PART 1 빈출문제

Part 1에서는 공부나 일을 그룹으로 하는 것을 좋아하는지 아니면 혼자 하는 것을 좋아하는지, 낯선 사람을 도와준 적이 있는지 등 살면서 겪을 수 있는 다양한 경험에 대해 질문합니다. 따라서 다음 Part 1 빈출문제를 확인하여 삶에서 일어날 수 있는 경험에 대한 기본적인 내용을 미리 영어로 정리해보고 연습하도록 합니다.

그룹활동	**Do you prefer to work or study alone or in a group?** 최빈출 당신은 공부나 일을 혼자 하는 것을 선호하나요 아니면 그룹으로 하는 것을 선호하나요? **Do you think group work is important?** 그룹활동이 중요하다고 생각하나요? **When do you usually work in a group?** 당신은 언제 주로 그룹으로 일하나요?
도움	**Have you helped a stranger? Why?** 최빈출 당신은 모르는 사람을 도운 적이 있나요? 왜인가요? **What do you think about helping people?** 사람들을 돕는 것에 대해 어떻게 생각하나요?
공유	**Do you like to share things?** 최빈출 당신은 물건을 공유하는 것을 좋아하나요? **What do you think about sharing accommodations?** 숙소를 공유하는 것에 대해 어떻게 생각하나요? **Do you think sharing is important?** 당신은 나누는 것이 중요하다고 생각하나요?

Part 2에서는 그룹 프로젝트를 한 경험, 이전에 참여한 프로젝트 경험, 살면서 성공했던 경험 등을 묘사하라는 문제가 자주 나옵니다. 가장 자주 나오는 문제인 그룹 프로젝트 경험에 대한 답변을 준비해두면, 프로젝트에 참여한 경험, 살면서 성공했던 경험 등을 묻는 다른 문제에도 활용할 수 있습니다.

Part 3에서는 그룹활동의 장단점이 무엇인지, 아이들의 실수에 대해 어른들이 어떻게 반응해야 하는지와 같이 다소 까다로운 질문을 하므로 미리 빈출문제와 모범답변을 살펴보고 나의 답변을 준비해둡니다.

UNIT
14
Life Experiences 삶의 경험들 HACKERS **IELTS** SPEAKING

그룹활동

PART 2

Describe a group project that you took part in. 최빈출
당신이 참여했던 그룹 프로젝트에 대해 말하라.

You should say:
    what it was 그것이 무엇이었는지
    who you did the project with 프로젝트를 누구와 했는지
    how you felt 어떤 기분이 들었는지
and explain what you learned from it. 그리고 그것으로부터 무엇을 배웠는지 설명하라.

PART 3

What are the disadvantages of working in a group? 최빈출
그룹으로 일하는 것의 단점은 무엇인가요?

What are the disadvantages of working alone?
혼자 일하는 것의 단점은 무엇인가요?

실수

PART 2

Describe a mistake you made. 당신이 했던 실수에 대해 말하라. 최빈출

You should say:
    when you made the mistake 언제 실수를 했는지
    what mistake it was 그것이 어떤 실수였는지
    how you felt 어떤 기분이 들었는지
and explain what you learned from it. 그리고 그것으로부터 무엇을 배웠는지 설명하라.

PART 3

What can children learn from making mistakes? 최빈출
아이들은 실수를 함으로써 무엇을 배울 수 있나요?

How should adults react to children's mistakes?
어른들은 아이들의 실수에 어떻게 반응해야 하나요?

1 Do you prefer to work or study alone or in a group?

Unit 14 Track 1

그룹
활동

당신은 공부나 일을 혼자 하는 것을 선호하나요 아니면 그룹으로 하는 것을 선호하나요?

 답변
아이디어
& 표현

아이디어 1	핵심답변	혼자서 공부하는 것이 더 낫다	studying alone is better
	부연설명	• 집중하는 것이 훨씬 쉽다 • 다른 사람들과 공부를 할 때는 • 이미 학습한 레슨으로 다시 돌아간다	• concentrating is much easier • when I'm studying with other people • go back over lessons I have already covered
아이디어 2	핵심답변	그룹으로 일하는 것을 선호한다	prefer to work in a group
	부연설명	• 다른 이들의 관점으로부터 혜택을 얻는다 • 업무를 분담할 수 있다	• benefit from other people's perspective • can split up the work

 나의 답변　답변 아이디어와 표현을 참고해서 나의 답변을 말해보고 모범답변을 참고하여 답변을 보완해보자.

모범 답변

핵심답변 Studying alone is better than working in a group. 부연설명 I find that concentrating is much easier when there is no one around to distract me. **In addition**, when I'm studying with other people, I sometimes have to go back over lessons I have already covered. **Therefore**, it is less efficient for me.

핵심답변 혼자서 공부하는 것이 그룹으로 하는 것보다 더 낫습니다. 부연설명 저는 집중을 방해하는 사람들이 제 주변에 없을 때 공부에 집중하는 것이 훨씬 쉽습니다. 이에 더해, 제가 다른 사람들과 공부를 할 때 저는 때때로 이미 학습한 레슨으로 다시 돌아가야 합니다. 따라서 이것은 제게 덜 효율적입니다.

어휘 concentrate[kάːnsəntreit] 집중하다　cover[kʌ́vər] 학습하다, 다루다　efficient[ifíʃənt] 효율적인

2 Do you think group work is important?

Unit 14 Track 2

그룹
활동

그룹활동이 중요하다고 생각하나요?

 답변
아이디어
& 표현

아이디어 1	핵심답변	그룹활동은 매우 중요하다	group activities are very important
	부연설명	• 학교와 같은 조직에 속해 있다 • 성공을 위한 열쇠	• belong to organizations such as schools • the key to success
아이디어 2	핵심답변	그룹활동은 중요하지 않다고 생각한다	I don't think group activities are crucial
	부연설명	• 시간 소모가 큰 • 결정을 내릴 때 시간이 오래 걸린다	• time-consuming • takes a long time to reach a decision

나의 답변　답변 아이디어와 표현을 참고해서 나의 답변을 말해보고 모범답변을 참고하여 답변을 보완해보자.

모범 답변

핵심답변 Yes, I think group activities are very important. 부연설명 **Since** most people belong to organizations such as schools or companies, they often have to work with others. **Therefore**, knowing how to cooperate and interact with a variety of people can sometimes be the key to success.

핵심답변 네, 저는 그룹활동이 아주 중요하다고 생각합니다. 부연설명 대부분의 사람들이 학교나 회사와 같은 조직에 속해있기 때문에, 그들은 보통 다른 사람들과 함께 일해야 합니다. 따라서, 다양한 사람들과 협동하고 소통하는 법을 아는 것은 때로는 성공을 위한 열쇠가 될 수 있습니다.

어휘 organization[ɔ̀ːrgənəzéiʃn] 조직, 기관　interact[intərǽkt] 소통하다, 교류하다

3 When do you usually work in a group?

3
그룹
활동

당신은 언제 주로 그룹으로 일하나요?

 답변
아이디어
&표현

아이디어 1	핵심답변	발표 과제가 있을 때	when I have a presentation assignment
	부연설명	• 학기마다 그런 프로젝트가 두어 개 있다 • 많은 작업과 조사를 필요로 한다	• have a couple of such projects per semester • require a lot of work and research
아이디어 2	핵심답변	농구를 할 때	when I play basketball
	부연설명	• 다른 다섯 명과 함께 농구를 한다 • 좋은 팀워크가 우승으로 이끈다	• play basketball with five other people • good teamwork leads to winning

 나의 답변　답변 아이디어와 표현을 참고해서 나의 답변을 말해보고 모범답변을 참고하여 답변을 보완해보자.

모범 답변

핵심답변 I most often work with other people when I have a presentation assignment for my management class. 부연설명 I usually have a couple of such projects per semester. **Because** they generally require a lot of work and research, four or five students are expected to work on them together.

핵심답변 대부분 저는 경영학 수업에서 발표 과제가 있을 때 다른 사람들과 일합니다. 부연설명 저는 보통 학기마다 그런 프로젝트가 두어 개 정도 있습니다. 그것들은 일반적으로 많은 작업과 조사를 필요로 하기 때문에 네다섯 명의 학생들이 함께 그것들을 작업하도록 요구됩니다.

어휘 management[mǽnidʒmənt] 경영, 관리　semester[siméstər] 학기

4 Have you helped a stranger? Why?

4
도움

당신은 모르는 사람을 도운 적이 있나요? 왜인가요?

답변
아이디어
&표현

아이디어 1	핵심답변	유모차를 가지고 애쓰고 있는 여자를 도왔다	I helped a lady who was struggling with a stroller
	부연설명	• 유모차 안에 있는 아기를 걱정하고 있는 듯 보였다 • 그것은 마땅히 해야 할 일이었다	• looked worried about her baby in the carriage • it was the right thing to do
아이디어 2	핵심답변	항상 모르는 사람들을 기꺼이 돕는다	I'm always willing to help strangers
	부연설명	• 시내에서 길을 잃은 남자를 도왔다 • 무거운 짐을 든 사람들을 도왔다	• helped a man who was lost downtown • assisted people with heavy baggage

나의 답변　답변 아이디어와 표현을 참고해서 나의 답변을 말해보고 모범답변을 참고하여 답변을 보완해보자.

모범 답변

핵심답변 Yes, I helped a lady who was struggling with a stroller on some stairs last month. 부연설명 She looked really tired and, at the same time, worried about her baby in the carriage. I went over to her and helped her move it **because** I thought it was the right thing to do.

핵심답변 네, 저는 지난달에 계단에서 유모차를 가지고 애쓰고 있는 어떤 여성분을 도왔습니다. 부연설명 그녀는 정말 지쳐 보였고, 동시에 유모차 안에 있는 아기를 걱정하고 있는 듯 보였습니다. 저는 그녀에게 가서 그녀가 유모차를 옮기는 것을 도왔는데 왜냐하면 그것이 마땅히 해야 할 일이라고 생각했기 때문입니다.

어휘 stranger[stréindʒər] 모르는 사람, 낯선 사람　stroller[stróulər] 유모차　carriage[kǽridʒ] 유모차, 탈 것

UNIT
14

Life Experiences 삶의 경험들　HACKERS IELTS SPEAKING

5 What do you think about helping people?

Unit 14 Track 5

도움

사람들을 돕는 것에 대해 어떻게 생각하나요?

 답변 아이디어 & 표현

아이디어 1	핵심답변	남은 돕는 것은 훌륭하다	helping others is great
	부연설명	• 조심할 필요가 있다 • 나쁜 사람들의 음모의 피해자가 되지 않도록	• need to be cautious • not to fall victim to bad people's schemes
아이디어 2	핵심답변	많은 사람들의 삶에 변화를 만들 수 있다	can make a difference in a lot of people's lives
	부연설명	• 어려운 사람들을 위해 돈을 모은다 • 시간을 자원하는 것은 매우 유익하다	• raise money for those in need • volunteering time is highly beneficial

🎙 나의 답변 | 답변 아이디어와 표현을 참고해서 나의 답변을 말해보고 모범답변을 참고하여 답변을 보완해보자.

모범 답변

핵심답변 Personally, I think that helping others is great. 부연설명 **However,** I **also** think that we need to be cautious **because** there are always people who try to abuse others' goodwill. We should be careful not to fall victim to such bad people's schemes and traps when doing good.

핵심답변 개인적으로, 저는 남을 돕는 것이 훌륭하다고 생각합니다. 부연설명 하지만, 다른 이들의 선의를 악용하려는 사람들이 언제나 있기 때문에 조심할 필요도 있다고 생각합니다. 우리는 좋은 일을 할 때 이러한 나쁜 사람들의 음모와 덫의 피해자가 되지 않도록 조심해야 합니다.

어휘 cautious[kɔ́ːʃəs] 조심하는, 신중한 goodwill[gùdwíl] 선의, 호의, 친절 scheme[skiːm] 음모, 책략
trap[træp] 덫, 함정 do good 좋은 일을 하다

6 Do you like to share things?

Unit 14 Track 6

공유

당신은 물건을 공유하는 것을 좋아하나요?

💡 답변 아이디어 & 표현

아이디어 1	핵심답변	필요하다면 마다하지 않는다	I don't mind it when it is necessary
	부연설명	• 음식을 나누는 것을 꺼려하는 • 나의 음식을 내어주는 것이 괜찮은 • 누군가가 정말 배가 고프다면	• reluctant to share food • fine with giving up my food • if someone is really hungry
아이디어 2	핵심답변	나누는 것을 좋아한다	I do like to share
	부연설명	• 집에서 만든 쿠키를 나누어 준다 • 내가 가진 것들을 남과 나누는 것은 나를 행복하게 만든다 • 내가 나눌 때, 항상 훨씬 더 많은 것을 보답으로 받는다	• give out homemade cookies • sharing what I have with others makes me happy • when I share, I always get much more in return

🎙 나의 답변 | 답변 아이디어와 표현을 참고해서 나의 답변을 말해보고 모범답변을 참고하여 답변을 보완해보자.

모범 답변

핵심답변 I don't exactly like sharing, but I don't mind it when it is necessary. 부연설명 **For instance,** I'm reluctant to share food in general because I want to enjoy it myself. **However,** I'm fine with giving up my food if someone is really hungry.

핵심답변 저는 나누는 것을 딱히 좋아하는 것은 아니지만 그것이 필요하다면 마다하지 않습니다. 부연설명 예를 들어, 저는 제 음식을 혼자서 즐기고 싶기 때문에 음식을 나누는 것을 대체로 꺼려합니다. 하지만 누군가가 정말 배가 고프다면, 제 음식을 내어주는 것도 괜찮습니다.

어휘 reluctant[rilʌ́ktənt] 꺼리는, 주저하는 give up ~을 내주다, 넘겨주다

7

공유

What do you think about sharing accommodations?

숙소를 공유하는 것에 대해 어떻게 생각하나요?

 답변
아이디어
& 표현

아이디어 1	핵심답변	가능하면 그것을 피하려고 한다	I try to avoid it, if possible
	부연설명	• 내게 불편한	• inconvenient for me
		• 친구들을 내 집으로 초대한다	• invite friends to my place
아이디어 2	핵심답변	현명한 일이다	it's a smart thing to do
	부연설명	• 집세를 상당히 줄인다	• reduce the cost of rent significantly
		• 곁에 사람이 있으면 좋다	• it is nice to have some company

나의 답변   답변 아이디어와 표현을 참고해서 나의 답변을 말해보고 모범답변을 참고하여 답변을 보완해보자.

모범 답변

핵심답변 I try to avoid it, if possible. 부연설명 **Even though** having a roommate makes the rent cheaper, it is really inconvenient for me. **Furthermore,** I often invite friends to my place, which would probably bother anyone who lived with me.

핵심답변 저는 가능하다면 그것을 피하려고 합니다. 부연설명 룸메이트가 있으면 집세는 싸지겠지만, 제게는 너무 불편합니다. 더욱이 저는 자주 친구들을 집으로 초대하는데, 이는 아마 저와 함께 사는 사람을 신경 쓰이게 할 것입니다.

어휘 accommodation[əká:mədèijən] 숙소, 숙박 시설   rent[rent] 집세, 방세   bother[bá:ðər] 신경 쓰이게 하다, 괴롭히다

8

공유

Do you think sharing is important?

당신은 나누는 것이 중요하다고 생각하나요?

 답변
아이디어
& 표현

아이디어 1	핵심답변	나누는 것은 우리 삶에서 매우 중요하다	sharing is very crucial in our lives
	부연설명	• 다른 사람들에게 관심을 가진다는 것을 보여준다	• shows that you care about other people
		• 관계를 쌓고 강화한다	• build up and strengthen relationships
아이디어 2	핵심답변	그 생각에 동의하지 않는다	I disagree with the idea
	부연설명	• 음악과 영화를 불법으로 공유한다	• share songs and movies illegally
		• 사람들은 얻는 것에 대해 비용을 지불해야 한다	• people need to pay for what they get

나의 답변   답변 아이디어와 표현을 참고해서 나의 답변을 말해보고 모범답변을 참고하여 답변을 보완해보자.

모범 답변

핵심답변 Sharing is very crucial in our lives. 부연설명 **That's because** it shows that you care about other people. By expressing that you care for others, you can build up and strengthen your relationships with them.

핵심답변 나누는 것은 우리의 삶에서 매우 중요합니다. 부연설명 이는 나누는 것이 당신이 다른 사람들에게 관심을 가진다는 것을 보여주기 때문입니다. 당신이 다른 사람을 신경 쓴다는 것을 표현함으로써, 당신은 그들과의 관계를 쌓고 강화할 수 있습니다.

어휘 crucial[krú:ʃəl] 중요한, 필수적인   strengthen[stréŋθən] 강화하다, 더 튼튼하게 하다

UNIT
14

Life Experiences 삶의 경험들   HACKERS **IELTS** SPEAKING

그룹활동   Part 2에서는 그룹활동을 한 경험에 대해 묘사하라는 문제가 자주 출제됩니다. 이 경우, Part 3에 서는 그룹활동의 장단점에 대한 질문을 할 경우가 많습니다.

PART 2

1

Describe a group project that you took part in. 당신이 참여했던 그룹 프로젝트에 대해 말하라.

You should say:
   what it was 그것이 무엇이었는지
   who you did the project with 프로젝트를 누구와 했는지
   how you felt 어떤 기분이 들었는지
and explain what you learned from it. 그리고 그것으로부터 무엇을 배웠는지 설명하라.

⊕ 답변
아이디어
&표현

① 그것이 무엇이었는지	• 연기 수업의 과제 • 연극을 제작해 공연한다	• an assignment for an acting class • produce a play and perform in it
② 프로젝트를 누구와 했는지	• 수업의 다른 학생들과 함께	• with other students in the class
③ 어떤 기분이 들었는지	• 처음에 그룹에 불만족스러웠다 • 서로와 편해졌다 • 완벽한 호흡을 이룬 • 우리가 성취한 것이 자랑스러웠다	• was initially unhappy with the group • grew comfortable with one another • in perfect harmony • was proud of what we'd accomplished
④ 그것으로부터 무엇을 배웠는지	• 연습이 완벽을 만든다 • 팀워크의 중요성	• practice makes perfect • the importance of teamwork

📄 나의 노트

나의 답변   답변 아이디어와 표현을 참고해서 나의 답변을 말해보고 모범답변을 참고하여 답변을 보완해보자.

- an acting class assignment
- produce a play, perform

- other students

- initially unhappy with the group
- grew comfortable
- perfect harmony
- proud of what we accomplished

- practice makes perfect
- importance of teamwork

🎧 **Unit 14 Track 9**

모범 답변

① I've been involved in **several** group projects, **but** one project I did in my junior year **comes to mind first**. This project was an assignment for the acting class I took as an elective. Everyone in this class was required to produce a play and perform in it. My team performed *Romeo and Juliet* and I played the lead role, Juliet.

② Of course, I got to work on the project with other students in the class. **However**, since the teacher randomly put all of the students into groups, I didn't know anyone on my team.

③ Honestly, I was initially unhappy with the group. I wanted to work with at least one of my friends from class. However, as we practiced, we got acquainted and grew comfortable with one another. By the time of our performance, we were in perfect harmony and no one made any mistakes. I was proud of what we'd accomplished.

④ This experience taught me that practice makes perfect. We were awful in the beginning, but our hard work made us better. I **also** learned the importance of teamwork. Performing a play in front of many people seemed like an impossible mission, but thanks to our teamwork, we pulled it off.

① 저는 여러 가지 그룹 프로젝트에 참여했지만, 제가 3학년 때 했던 프로젝트가 가장 먼저 떠오릅니다. 이 프로젝트는 제가 선택 강좌로 들었던 연기 수업의 과제였습니다. 이 수업의 모든 사람은 연극을 제작해서 공연해야 했습니다. 저희 팀은 *로미오와 줄리엣*을 연기했고 저는 주인공인 줄리엣을 맡았습니다.

② 당연히, 저는 수업의 다른 학생들과 함께 프로젝트를 해야 했습니다. 하지만, 선생님께서 모든 학생들을 임의로 그룹으로 만드셨기 때문에, 저는 제 팀에서 아무도 알지 못했습니다.

③ 솔직히 말해서, 저는 처음에 그룹에 불만족스러웠습니다. 저는 수업에 있는 제 친구들 중 적어도 한 명과 함께 일하고 싶었습니다. 하지만, 우리는 연습하면서 친해졌고 서로와 편해졌습니다. 공연을 할 무렵, 우리는 완벽한 호흡을 이루었고 아무도 실수를 하지 않았습니다. 저는 우리가 성취한 것이 자랑스러웠습니다.

④ 이 경험은 저에게 연습이 완벽을 만든다는 것을 가르쳐 주었습니다. 우리는 처음에 형편없었지만, 우리의 노력이 우리를 더 나아지게 만들겠습니다. 또한 저는 팀워크의 중요성에 대해 배웠습니다. 많은 사람들 앞에서 공연을 하는 것은 불가능한 임무처럼 보였지만, 우리는 팀워크 덕분에 그것을 해냈습니다.

UNIT 14 Life Experiences 삶의 경험들 **HACKERS IELTS SPEAKING**

여휘 junior[dʒúːniər] 3학년의 **elective**[iléktiv] 선택 강좌 **lead role** 주인공 **randomly**[rǽdəmli] 임의로, 무작위로 **initially**[iníʃəli] 처음에 **acquainted**[əkwéintid] 친한, 아는 **accomplish**[əkάːmpliʃ] 성취하다, 해내다 **mission**[míʃən] 임무 **pull something off** ~을 해내다, 성사시키다

What are the disadvantages of working in a group?
그룹으로 일하는 것의 단점은 무엇인가요?

답변 아이디어 & 표현	핵심답변	아이디어가 자주 충돌한다	ideas often clash
	부연설명	• 많은 사람들이 함께 일할 때	• when multiple people work together
		• 결정을 내릴 때 타협해야 한다	• must compromise when making decisions
		• 갈등이 생길 수 있다	• conflicts can arise
		• 합의에 도달할 수 없을 때	• when an agreement cannot be reached
		• 서로의 기분을 상하게 하는 말을 한다	• say things that hurt one another's feelings

🎙 나의 답변   답변 아이디어와 표현을 참고해서 나의 답변을 말해보고 모범답변을 참고하여 답변을 보완해보자.

모범 답변

핵심답변 I think one of the biggest drawbacks is that ideas often clash when multiple people work together. 부연설명 With so many different opinions, group members must compromise when making decisions. If they cannot do this, conflicts can arise, and the group will not be able to make any progress. **Not only that, but** when an agreement cannot be reached, people sometimes say things that hurt one another's feelings.

핵심답변 제 생각에 많은 사람들이 함께 일할 때 가장 큰 단점들 중 하나는 아이디어가 자주 충돌한다는 것입니다. 부연설명 많은 다양한 의견들이 있어서, 그룹 구성원들은 결정을 내릴 때 타협해야 합니다. 그들이 이것을 하지 못하면, 갈등이 생길 수 있고 그룹은 어떠한 진전도 이뤄낼 수 없을 것입니다. 그뿐만 아니라, 합의에 도달할 수 없을 때, 사람들은 때때로 서로의 기분을 상하게 하는 말을 합니다.

어휘   clash[klæʃ] 충돌하다, 차이를 보이다   compromise[kɑ́:mprəmàiz] 타협하다, 양보하다   conflict[kɑ́:nflikt] 갈등
arise[əráiz] 생기다, 일어나다   progress[prɑ́:gres] 진전   hurt somebody's feelings ~의 기분을 상하게 하다

PART 3

3

What are the disadvantages of working alone?

혼자 일하는 것의 단점은 무엇인가요?

답변 아이디어 & 표현	핵심답변 ①	결정을 뒷받침해줄 사람이 없다	there is no one to back up decisions
	부연설명	• 확신이 없는 선택에 대해 논의한다	• discuss choices one might be unsure about
		• 조언을 요청한다	• ask for advice
		• 이러한 도움을 줄 사람이 없다	• there is no one to give you this help
	핵심답변 ②	아이디어 부족에 시달린다	suffer from a lack of ideas
	부연설명	• 더 많은 사람들과 일할수록 더 많은 아이디어를 만들어낸다	• the more people you work with, the more ideas you generate
		• 당신의 견해에만 의존해야 한다	• only have your perspective to rely on

🎤 나의 답변 답변 아이디어와 표현을 참고해서 나의 답변을 말해보고 모범답변을 참고하여 답변을 보완해보자.

UNIT 14 Life Experiences 삶의 경험들 HACKERS IELTS SPEAKING

모범 답변

서론 **There are multiple drawbacks to** doing work on your own. 핵심답변 ① **To begin with**, there is no one to back up decisions. 부연설명 People often like to discuss choices they might be unsure about and ask for advice. **However**, when you work alone, there is no one to give you this help. 핵심답변 ② **Furthermore**, those who work on their own can suffer from a lack of ideas. 부연설명 Usually, the more people you work with, the more ideas you generate. But if you work alone, you only have your perspective to rely on.

서론 혼자서 일하는 것에는 많은 단점이 있습니다. 핵심답변 ① 우선, 결정을 뒷받침해 줄 사람이 없습니다. 부연설명 사람들은 보통 확신이 없는 선택에 대해 논의하고 조언을 요청하는 것을 좋아합니다. 하지만, 당신이 혼자 일할 때는 이러한 도움을 줄 사람이 없습니다. 핵심답변 ② 게다가 혼자서 일하는 사람들은 아이디어의 부족에 시달립니다. 부연설명 보통, 더 많은 사람들과 일할수록 더 많은 아이디어를 만들어 냅니다. 하지만 혼자 일하면, 당신은 당신의 견해에만 의존해야 합니다.

어휘 **on one's own** 혼자서, 단독으로 **back up** ~을 뒷받침하다 **suffer**[sʌfər] 시달리다, 고생하다 **lack**[læk] 부족 **perspective**[pərspéktiv] 견해, 관점 **rely on** ~에 의존하다

실수

Part 2에서는 실수한 경험에 대해 묘사하라는 문제가 자주 출제됩니다. 이 경우, Part 3에서는 아이들이 실수를 통해 배우는 것, 어른들이 아이들의 실수에 대해 어떻게 반응해야 하는지에 대한 질문을 할 경우가 많습니다.

PART 2

4

Describe a mistake you made. 당신이 했던 실수에 대해 말하라.

You should say:
    when you made the mistake 언제 실수를 했는지
    what mistake it was 그것이 어떤 실수였는지
    how you felt 어떤 기분이 들었는지
and explain what you learned from it. 그리고 그것으로부터 무엇을 배웠는지 설명하라.

답변
아이디어
& 표현

① 언제 실수를 했는지	• 대학에서 • 일학년 • 중간고사 주간 도중	• in college • freshman • the middle of midterm week
② 그것이 어떤 실수였는지	• 친구들과 외출하기로 했다 • 시험이 시작한 이후에도 침대에서 나오지 못했다 • 시험을 놓쳤고 F학점을 받았다	• decided to go out with my friends • didn't roll out of bed until after the exam had started • missed the exam and got an F
③ 어떤 기분이 들었는지	• 내 자신에게 매우 화가 났다 • 죄책감을 느꼈다	• was really angry with myself • felt guilty
④ 그것으로부터 무엇을 배웠는지	• 학업을 사교 생활보다 우선시하는 것 • 밤 열두 시까지는 잠들었다	• to priorltize my studies above my social life • was asleep by midnight

나의 노트

나의 답변

답변 아이디어와 표현을 참고해서 나의 답변을 말해보고 모범답변을 참고하여 답변을 보완해보자.

- freshman in college
- midterm week
- went out with friends
- missed the exam, got an F
- angry with myself
- guilty
- prioritized studies above social life
- asleep by midnight

🎧 Unit 14 Track 12

모범 답변

① **I'd like to talk about** the most memorable mistake I made in college. I was a freshman at that time and it was the middle of midterm week.

② I decided to go out with my friends one night during the week. At the time, I didn't realize what a huge mistake this would be. We had a great time clubbing and dancing until 3 A.M., **even though** we had an exam the next morning. Unfortunately, I didn't roll out of bed until after the exam had started, so I missed it and got an F in the class.

③ I was really angry with myself. I was supposed to be taking care of myself as an adult, but I couldn't even make it to class for an exam. I **also** felt guilty that I'd wasted the money my parents had paid for that class.

④ After this incident, I learned several things. I learned to prioritize my studies above my social life. No matter what was going on, I never stayed out past midnight on weekdays. **Also**, if I had an exam the next day, I was asleep by midnight. This had a really positive impact on my academic performance and I was able to graduate with respectable grades.

① 저는 대학에서 한 가장 기억에 남는 실수에 대해 말씀 드리겠습니다. 저는 당시 일학년이었고, 때는 중간고사 주간 도중이었습니다.

② 저는 그 주의 어느 밤에 친구들과 외출하기로 하였습니다. 그 때, 저는 그게 얼마나 큰 실수가 될지 알지 못했습니다. 우리는 그다음 날 아침에 시험이 있는데도 불구하고, 클럽에 가서 춤을 추며 오전 3시까지 즐거운 시간을 보냈습니다. 불행하게도, 저는 시험이 시작한 이후에도 침대에서 나오지 못해서, 시험을 놓쳤고 그 수업에서 F학점을 받았습니다.

③ 저는 제 자신에게 매우 화가 났습니다. 저는 성인으로서 제 자신을 책임져야 했지만, 시험을 보러 수업에 가는 것조차 하지 못했습니다. 저는 또한 부모님이 그 수업을 위해 내신 돈을 낭비했다는 것에 죄책감을 느꼈습니다.

④ 이 일 이후에, 저는 몇 가지를 배웠습니다. 저는 제 학업을 사교 생활보다 우선시하는 것을 배웠습니다. 어떤 일이 있든지, 저는 주중에는 밤 열두 시가 지나서까지 집 밖에 머무르지 않았습니다. 또한, 다음 날 시험이 있으면 밤 열두 시까지는 잠에 들었습니다. 이것은 제 학업 성취에 정말 긍정적인 영향을 끼쳤고 저는 훌륭한 성적으로 졸업할 수 있었습니다.

어휘 freshman [fréʃmən] 일학년생, 신입생 **midterm week** 중간고사 주간 **roll out of bed** 침대에서 나오다
guilty [gílti] 죄책감을 느끼는 **incident** [ínsədənt] 일, 사건 **prioritize** [praiɔ́ːrətàiz] 우선시키다, 우선 순위를 매기다
midnight [mídnait] 밤 열두 시 **academic** [æ̀kədémik] 학업의, 학교의 **respectable** [rispéktəbl] 훌륭한, 존경할 만한

5 What can children learn from making mistakes?

아이들은 실수를 함으로써 무엇을 배울 수 있나요?

답변
아이디어
& 표현

핵심답변 ①	그것들을 반복하지 않는 것을 배운다	learn not to repeat them
부연설명	• 꽃병을 깨뜨린다	• break a vase
	• 아마도 혼이 날 것이다	• will likely be punished
	• 앞으로는 그런 행동을 하지 않도록 한다	• avoid such behavior in the future
핵심답변 ②	그 누구도 완벽하지 않다는 것을 배운다	learn that no one is perfect
부연설명	• 아이들이 더 이해심이 있도록 만든다	• make children more understanding
	• 다른 사람들의 실수를 용인한다	• tolerate the mistakes of others
	• 그들을 비웃는 대신	• rather than make fun of them

나의 답변   답변 아이디어와 표현을 참고해서 나의 답변을 말해보고 모범답변을 참고하여 답변을 보완해보자.

모범 답변

핵심답변 ① **By making mistakes, children learn not to repeat them.** 부연설명 **For instance**, let's say a child is kicking a soccer ball around the house and breaks a vase. The child will likely feel bad and maybe be punished. **Because of this**, he will know to avoid such behavior in the future. 핵심답변 ② **In addition**, making mistakes can teach children that no one is perfect and that everyone makes them. 부연설명 This will make them more understanding of other people. **For example**, they will tolerate the mistakes of others rather than make fun of them.

핵심답변 ① 아이들은 실수를 함으로써 그것들을 반복하지 않는 것을 배웁니다. 부연설명 예를 들어, 한 아이가 집에서 축구공을 차다가 꽃병을 깨뜨렸다고 합시다. 이 아이는 죄책감을 느낄 것이고 아마도 혼이 날 것입니다. 이 때문에, 그는 앞으로는 그런 행동을 하지 않도록 하는 것을 알게 될 것입니다. 핵심답변 ② 또한, 실수를 하는 것은 아이들에게 그 누구도 완벽하지 않으며 모든 사람이 실수를 한다는 것을 가르쳐줄 수 있습니다. 부연설명 이는 그들이 다른 사람들에 대해 더 이해심이 있도록 만듭니다. 예를 들어, 그들은 다른 사람들을 비웃는 대신 그들의 실수를 용인하게 될 것입니다.

어휘 bad[bæd] 죄책감을 느끼는, 후회하는 punish[pʌ́niʃ] 혼내 주다, 처벌하다 avoid[əvɔ́id] ~하지 않도록 하다
understanding[ʌ̀ndərstǽndiŋ] 이해심 있는 tolerate[tɑ́:ləreit] 용인하다, 참다

6 How should adults react to children's mistakes?

어른들은 아이들의 실수에 어떻게 반응해야 하나요?

답변
아이디어
& 표현

핵심답변 ①	문제를 파악하고 아이에게 해결책을 안내한다	identify the problem and guide the child to a solution
부연설명	• 어른들은 인생 경험이 더 많다	• adults have more life experience
핵심답변 ②	실수를 가르칠 수 있는 기회로 이용한다	embrace mistakes as teachable moments
부연설명	• 아이를 꾸짖거나 창피를 주는 대신	• instead of scolding or shaming the child
	• 반드시 아이가 좋은 교훈을 얻도록 한다	• make sure the child learns a good lesson

나의 답변   답변 아이디어와 표현을 참고해서 나의 답변을 말해보고 모범답변을 참고하여 답변을 보완해보자.

모범 답변

핵심답변 ① Adults can react to a child's mistake in a lot of different ways, but I'd say that they should identify the problem and guide the child to a solution. 부연설명 Since adults have more life experience, they should be able to do this. 핵심답변 ② Plus, they should embrace mistakes as teachable moments. 부연설명 Instead of scolding or shaming the child, adults should use the opportunity to make sure the child learns a good lesson on what to do or not do in the future.

핵심답변 ① 어른들은 아이의 실수에 많은 다양한 방법으로 반응할 수 있지만, 저는 그들이 문제를 파악하고 아이에게 해결책을 안내해야 한다고 생각합니다. 부연설명 어른들은 인생 경험이 더 많기 때문에, 이것을 할 수 있어야 합니다. 핵심답변 ② 게다가, 그들은 실수를 가르칠 수 있는 기회로 이용해야 합니다. 부연설명 아이를 꾸짖거나 창피를 주는 대신, 어른들은 그 기회를 이용하여 아이가 미래에 어떤 것을 해야 하고 하면 안 되는지에 대한 좋은 교훈을 반드시 얻도록 해야 합니다.

어휘 embrace[imbréis] (기회를) 이용하다   teachable[tíːtʃəbl] 가르칠 수 있는   moment[móumənt] 기회, 경우, 때
scold[skould] 꾸짖다   shame[ʃeim] ~에게 창피를 주다, 모욕하다   lesson[lésn] 교훈, 가르침

* 나의 답변을 말해본 후, 348페이지의 답변 셀프 체크 포인트를 통해 나의 답변을 점검하고 보완하도록 합니다.

UNIT 14
Life Experiences 삶의 경험들   HACKERS IELTS SPEAKING

UNIT 15

Education & Learning 교육과 배움

교육 · 배움은 스피킹 시험에서 수험생들이 자주 질문 받는 주제입니다. 따라서 교육 · 배움과 관련된 빈출문제, 관련 아이디어 및 표현, 그리고 모범답변을 학습하여 준비해둡니다.

■ PART 1 빈출문제

Part 1에서는 학교 다닐 때 좋아했던 선생님은 누구인지, 가장 좋아하는 과목은 무엇인지 등 교육과 관련된 본인 경험에 대해 주로 질문합니다. 따라서 다음 Part 1 빈출문제를 확인하여 본인의 교육과 관련된 경험에 대한 기본적인 내용을 미리 영어로 정리해보고 연습하도록 합니다.

선생님	**Who was your favourite teacher when you were a student?** 최빈출 당신이 학생이었을 때 가장 좋아한 선생님은 누구였나요? **Do you still keep in touch with your favourite teacher?** 당신은 가장 좋아했던 선생님과 여전히 연락을 주고 받나요? **Do you like teaching?** 당신은 가르치는 것을 좋아하나요?
학교	**What did you like about your school when you were young?** 최빈출 당신은 어렸을 때 학교에 대해 무엇이 좋았나요? **What subject was the most difficult for you?** 어떤 과목이 당신에게 가장 어려웠나요? **What was your favourite subject?** 당신이 가장 좋아하는 과목은 무엇이었나요?
아이들	**What kind of toys do children play with these days?** 최빈출 요즘 아이들은 어떤 종류의 장난감을 갖고 노나요? **What kinds of activities are good for children?** 아이들에게 어떤 종류의 활동들이 좋은가요?

Part 2에서는 최근에 배운 기술이 무엇인지, 배우고 싶은 기술은 무엇인지를 묘사하라는 문제가 자주 나옵니다. 가장 자주 나오는 문제인 최근에 배운 기술이 무엇인지에 대한 답변을 준비해두면, 배우고 싶은 기술을 묻는 다른 문제에도 활용할 수 있습니다.

Part 3에서는 아이들이 배우면 좋은 기술이 무엇인지, 과거의 장난감과 요즘 장난감에는 어떤 차이점이 있는지와 같이 일상 생활에서 생각해보지 않았을 가능성이 높은 질문을 하므로 미리 빈출문제와 모범답변을 살펴보고 나의 답변을 준비해둡니다.

배움

PART 2

Describe a skill that you learned recently. 당신이 최근에 배운 기술에 대해 말하라. 최빈출

You should say:
    what you learned 무엇을 배웠는지
    why you learned it 왜 배웠는지
    how long you studied/practiced it 얼마나 공부를 하거나 연습했는지
and explain how useful it was to you. 그리고 그것이 당신에게 얼마나 유용했는지 설명하라.

PART 3

What skills are good for children to learn? 최빈출
아이들이 배우면 좋은 기술들은 무엇이 있나요?

Should male and female students learn different skills?
남학생들과 여학생들은 다른 기술을 배워야 하나요?

장난감

PART 2

Describe your favourite toy when you were young. 최빈출
당신이 어렸을 때 가장 좋아한 장난감에 대해 말하라.

You should say:
    what it was 그것이 무엇이었는지
    who gave it to you 누가 당신에게 주었는지
    what you did with it 그것으로 무엇을 했는지
and explain why it was your favourite. 그리고 왜 그것을 가장 좋아했는지 설명하라.

PART 3

How are toys today different from toys in the past? 최빈출
오늘날의 장난감은 예전의 장난감과 어떻게 다른가요?

Are there any differences between the toys boys play with and the toys girls play with?
남자아이들이 가지고 노는 장난감과 여자아이들이 가지고 노는 장난감 사이에 차이점이 있나요?

1 Who was your favourite teacher when you were a student?

선생님

당신이 학생이었을 때 가장 좋아한 선생님은 누구였나요?

🎧 Unit 15 Track 1

답변 아이디어 & 표현

아이디어 1	핵심답변	미술 선생님	the art teacher
	부연설명	• 젊고 잘생긴	• young and good-looking
		• 쪽지시험을 내주시는 일이 드물었다	• rarely gave us quizzes
아이디어 2	핵심답변	고등학교 때 담임 선생님	my homeroom teacher in high school
	부연설명	• 그분의 수업에선 절대 졸지 않았다	• never dozed off in her class
		• 학생들에게 인기가 많았다	• was popular with students

나의 답변 답변 아이디어와 표현을 참고해서 나의 답변을 말해보고 모범답변을 참고하여 답변을 보완해보자.

모범 답변

핵심답변 When I was a freshman in high school, the art teacher was my favorite. 부연설명 He was very young and good-looking as well as knowledgeable. **Although** he taught us a lot about the history of art, he rarely gave us quizzes or assignments, so everyone loved his class.

핵심답변 제가 고등학교 1학년 때, 미술 선생님이 제가 가장 좋아하는 선생님이었습니다. 부연설명 선생님은 박식하셨을 뿐 아니라 매우 젊고 잘생기셨었습니다. 선생님은 우리에게 미술사에 대해 많은 것을 가르치셨지만, 쪽지시험이나 숙제를 내주시는 일이 드물어서 모두가 선생님의 수업을 좋아했습니다.

어휘 **knowledgeable** [nɑ́:lidʒəbl] 박식한, 아는 것이 많은

2 Do you still keep in touch with your favourite teacher?

선생님

당신은 가장 좋아했던 선생님과 여전히 연락을 주고 받나요?

🎧 Unit 15 Track 2

답변 아이디어 & 표현

아이디어 1	핵심답변	안타깝게도 연락할 수 없다	unfortunately, I can't
	부연설명	• 그의 연락처가 없다	• don't have his contact information
		• 다른 학교로 전근을 가셨다	• moved to another school
아이디어 2	핵심답변	가끔씩	on occasion
	부연설명	• 페이스북에서 그의 사진을 본다	• see his pictures on Facebook
		• 문자 메시지로 연락한다	• keep in touch by text messaging

나의 답변 답변 아이디어와 표현을 참고해서 나의 답변을 말해보고 모범답변을 참고하여 답변을 보완해보자.

모범 답변

핵심답변 Unfortunately, I can't **because** I don't have his contact information. 부연설명 When I was a junior in high school, he moved to another school without telling anyone. Many of my classmates were sad about it, and they still talk about him sometimes when we meet up.

핵심답변 안타깝게도, 저는 그분의 연락처가 없어 그분에게 연락할 수 없습니다. 부연설명 제가 고등학교 2학년이 되었을 때, 선생님께서는 아무에게도 말하지 않고 다른 학교로 전근을 가셨습니다. 저희 반 친구들은 그것에 슬퍼했고, 우리가 만나면 아직도 가끔 그분에 대해 이야기를 합니다.

어휘 **contact information** 연락처 **classmate** [klǽsmeit] 반 친구 **meet up** 만나다

3

선생님

Do you like teaching?
당신은 가르치는 것을 좋아하나요?

 답변 아이디어 & 표현

아이디어 1	핵심답변	가르치는 것을 좋아한다	I enjoy teaching
	부연설명	• 사람들이 능력을 발전시키는 것을 돕는다	• help people develop their skills
		• 지난 여름 개인교사로 일했다	• worked as a private tutor last summer
아이디어 2	핵심답변	가르치는 것을 좋아하지 않는다	I do not enjoy teaching
	부연설명	• 사람들 앞에서 말할 때 긴장한다	• get cold feet when I speak in public
		• 너무 많은 준비를 필요로 한다	• involves too much preparation
		• 학생들을 다루는 것이 힘든	• hard to deal with students

 나의 답변 | 답변 아이디어와 표현을 참고해서 나의 답변을 말해보고 모범답변을 참고하여 답변을 보완해보자.

모범 답변

핵심답변 Yes, I enjoy teaching **because** I like to help people develop their skills. 부연설명 **For example**, I worked as a private tutor last summer. **Even though** it was challenging at first, I enjoyed doing it **because** I could see that my student was making progress.

핵심답변 네, 저는 가르치는 것을 좋아하는데 왜냐하면 사람들이 그들의 능력을 발전시키는 것을 돕는 것이 좋기 때문입니다. 부연설명 예를 들어, 저는 지난 여름 개인교사로 일했습니다. 처음엔 힘들었지만, 제 학생이 발전하는 것을 볼 수 있었기 때문에 그것을 하는 것이 즐거웠습니다.

어휘 private tutor 개인교사, 과외교사 challenging [tʃǽlindʒiŋ] 힘든, 도전적인

4

학교

What did you like about your school when you were young?
당신은 어렸을 때 학교에 대해 무엇이 좋았나요?

 답변 아이디어 & 표현

아이디어 1	핵심답변	큰 운동장	the big schoolyard
	부연설명	• 축구장이 들어갈 만큼 충분히 넓었다	• was large enough to fit a soccer field
		• 점심시간에 운동장으로 뛰어나가 공놀이를 했다	• ran out to the yard at lunchtime to play ball
아이디어 2	핵심답변	기숙사	the dormitory
	부연설명	• 세 명의 친구들과 방을 같이 썼다	• shared a room with three friends
		• 교실까지 걸어서 갈 수 있는 거리였다	• was within walking distance to class

🎤 나의 답변 | 답변 아이디어와 표현을 참고해서 나의 답변을 말해보고 모범답변을 참고하여 답변을 보완해보자.

모범 답변

핵심답변 My primary school had a big schoolyard and it was one of the best things about the place. 부연설명 The yard was large enough to fit a soccer field as well as a basketball court. **Therefore**, my friends and I always ran out to the yard at lunchtime to play ball.

핵심답변 제 초등학교는 큰 운동장이 있었으며, 이것이 제가 그곳에 대해 가장 좋아하던 것 중에 하나였습니다. 부연설명 운동장은 농구장뿐만 아니라 축구장도 들어갈 만큼 충분히 넓었습니다. 그래서 저와 제 친구들은 점심시간이면 항상 운동장으로 뛰어나가 공놀이를 했습니다.

어휘 primary school 초등학교 schoolyard [skúːljɑːrd] 운동장

UNIT 15

Education & Learning 교육과 배움 HACKERS IELTS SPEAKING

5 What subject was the most difficult for you?

어떤 과목이 당신에게 가장 어려웠나요?

학교

 답변 아이디어 & 표현

아이디어 1	핵심답변	화학	chemistry
	부연설명	• 모든 원소기호들을 암기해야 했다 • 복잡한 화학식을 다뤄야 했다	• had to memorize all the elements' symbols • had to deal with complex formulas
아이디어 2	핵심답변	영어	English
	부연설명	• 특히 영문법이 어려웠다 • 문법 규칙을 배우는 것에 집중했다	• found English grammar especially difficult • focused on learning grammar rules

🎙 나의 답변   답변 아이디어와 표현을 참고해서 나의 답변을 말해보고 모범답변을 참고하여 답변을 보완해보자.

모범 답변

핵심답변 The most difficult subject for me was chemistry. 부연설명 **That is because** I had to memorize all the elements' symbols by heart. It was so painfully hard for me. **In addition**, I had to deal with complex formulas, and they were very confusing to me.

핵심답변 제게 있어서 가장 어려운 과목은 화학이었습니다. 부연설명 그 이유는 제가 모든 원소기호들을 암기해야 했기 때문입니다. 그것이 제게는 아주 고통스러울 만큼 힘들었습니다. 더욱이, 저는 복잡한 화학식을 다루어야 했으며, 그것들은 제게 매우 혼란스러웠습니다.

어휘 memorize[mémǝraiz] 암기하다 by heart 암기하여, 외워서 formula[fɔ́:rmjulǝ] 화학식, 공식
confusing[kǝnfjú:ziŋ] 혼란스러운

6 What was your favourite subject?

당신이 가장 좋아하는 과목은 무엇이었나요?

학교

 답변 아이디어 & 표현

아이디어 1	핵심답변	음악	music
	부연설명	• 노래를 하고 악기를 연주하는 것을 즐겼다 • 교과서와 필기로부터의 휴식	• enjoyed singing and playing an instrument • the break from textbooks and note taking
아이디어 2	핵심답변	미술	art
	부연설명	• 나는 창의적이 되는 것을 좋아한다 • 미술 선생님이 나의 능력을 자주 칭찬해주셨다	• I like being creative • my art teacher complimented my skills frequently

🎙 나의 답변   답변 아이디어와 표현을 참고해서 나의 답변을 말해보고 모범답변을 참고하여 답변을 보완해보자.

모범 답변

핵심답변 I liked music above all the others. 부연설명 **Even though** I wasn't very talented, I enjoyed singing and playing an instrument. **Besides**, the break from textbooks and note taking gave me time to rest my brain.

핵심답변 저는 다른 모든 수업들보다 음악을 가장 좋아했습니다. 부연설명 제가 비록 그다지 재능이 있는 것은 아니었지만, 저는 노래를 하고 악기를 연주하는 것을 즐겼습니다. 그 외에도, 교과서와 필기로부터의 휴식은 제게 머리를 식힐 수 있는 시간을 주었습니다.

어휘 talented[tǽlǝntid] 재능이 있는, 유능한

7
What kind of toys do children play with these days?
요즘 아이들은 어떤 종류의 장난감을 갖고 노나요?

아이들

답변
아이디어
&표현

아이디어 1	핵심답변	장난감 자동차	toy cars
	부연설명	• 내 조카가 그것들을 많이 모아두었다 • 항상 그것을 들고 다닌다	• my nephew has a big collection of them • always carries one with him
아이디어 2	핵심답변	스마트폰	smartphones
	부연설명	• 스마트폰으로 게임을 한다 • 전자 애완동물을 키운다	• play games on smartphones • keep electronic pets

나의 답변   답변 아이디어와 표현을 참고해서 나의 답변을 말해보고 모범답변을 참고하여 답변을 보완해보자.

모범 답변

핵심답변 I think toy cars are popular with kids these days. 부연설명 I have a nephew who is four years old, and he loves toy cars. He has a big collection of them in his room, and he always carries one with him wherever he goes.

핵심답변 저는 장난감 자동차가 요즘 아이들에게 인기 있다고 생각합니다. 부연설명 저는 4살짜리 조카가 있는데, 그는 장난감 자동차를 좋아합니다. 그는 방에 그것들을 많이 모아두었으며, 어디를 가든지 그것을 항상 들고 다닙니다.

어휘 nephew[néfjuː] 조카

8
What kinds of activities are good for children?
아이들에게 어떤 종류의 활동들이 좋은가요?

아이들

답변
아이디어
&표현

아이디어 1	핵심답변	밖에 나가서 운동을 한다	go out and play sports
	부연설명	• 게임을 하면서 시간을 보낸다 • 점점 더 비만이 되고 있다	• spend time playing games • are becoming increasingly overweight
아이디어 2	핵심답변	악기를 연주하는 것	playing musical instruments
	부연설명	• 그들의 뇌를 자극한다 • 향상된 창의력으로 이어진다	• stimulate their brains • lead to increased creativity

나의 답변   답변 아이디어와 표현을 참고해서 나의 답변을 말해보고 모범답변을 참고하여 답변을 보완해보자.

모범 답변

핵심답변 I think it is good for children to go out and play sports. 부연설명 These days, children spend too much time playing games or watching TV. **Consequently**, they are becoming increasingly overweight. **Therefore**, doing physical activities such as football or baseball would be good for children's health.

핵심답변 저는 밖에 나가서 운동을 하는 것이 아이들에게 좋다고 생각합니다. 부연설명 오늘날 아이들은 게임을 하거나 TV를 보면서 너무 많은 시간을 보냅니다. 결과적으로 아이들은 점점 더 비만이 되고 있습니다. 따라서, 축구나 야구와 같은 신체 활동을 하는 것이 아이들의 건강에 좋을 것입니다.

어휘 consequently[káːnsəkwentli] 결과적으로   overweight[òuvərwéit] 비만의, 과체중의   physical activity 신체 활동

배움	Part 2에서는 배움과 관련된 문제가 자주 출제됩니다. 이 경우, Part 3에서는 아이들이 배우면 좋은 기술, 남자와 여자가 배우는 기술의 차이에 대한 질문을 할 경우가 많습니다.

PART 2

1

Describe a skill that you learned recently. 당신이 최근에 배운 기술에 대해 말하라.

You should say:
    what you learned 무엇을 배웠는지
    why you learned it 왜 배웠는지
    how long you studied/practiced it 얼마나 공부를 하거나 연습했는지
and explain how useful it was to you. 그리고 그것이 당신에게 얼마나 유용했는지 설명하라.

답변 아이디어 &표현

① 무엇을 배웠는지	• 자전거 타기	• cycling
② 왜 배웠는지	• 자전거 타는 법을 모르는 것이 항상 부끄러웠다 • 약간 소외감을 느꼈다	• was always embarrassed about not knowing how to ride a bike • felt a bit left out
③ 얼마나 공부를 하거나 연습했는지	• 다섯 달쯤 전에 • 약 두 달 동안 매 주말마다 연습했다	• about five months ago • practiced every weekend for about two months
④ 그것이 당신에게 얼마나 유용했는지	• 통학 시간을 절약해주었나 • 아름다운 풍경을 즐긴다 • 내 자신이 더 튼튼하고 건강해지고 있다는 것을 느낀다	• saved me time on my commute • enjoy the beautiful scenery • feel myself becoming more fit and healthier

📝 나의 노트

🎤 나의 답변   답변 아이디어와 표현을 참고해서 나의 답변을 말해보고 모범답변을 참고하여 답변을 보완해보자.

- cycling
- embarrassed
- felt left out
- 5 months ago
- practiced every weekend for 2 months
- saved commute time
- enjoy scenery
- fit, healthy

🎧 Unit 15 Track 9

모범 답변

① The skill I recently picked up is cycling.

② I decided to learn it **because** I was always embarrassed about not knowing how to ride a bike. **Also**, **since** all my friends could do it, I felt a bit left out, too. When I told them this, they encouraged me to learn. They all said it was great fun and a good source of exercise.

③ I first got on a bike about five months ago, and I practiced every weekend for about two months. During that time, my friends taught me how to balance myself on the bike, how to steer, and how to avoid accidents.

④ Cycling has affected my life in so many good ways. Most obviously, it's saved me time on my commute. I can now get to school in five minutes by bike, which is faster than walking for 15 minutes. **Furthermore**, I can go for rides through the countryside and enjoy the beautiful scenery. But the best part is that I can feel myself becoming more fit and healthier. I'm really glad I applied myself and learned.

① 제가 최근에 익히게 된 기술은 자전거 타기입니다.

② 저는 자전거 타는 법을 모르는 것이 항상 부끄러웠기 때문에 그것을 배우기로 결정했습니다. 또한, 제 모든 친구들이 그것을 탈 수 있어서, 저는 약간 소외감을 느끼기도 했습니다. 제가 친구들에게 이것에 대해 말했을 때, 그들은 저에게 배우도록 격려해주었습니다. 그들은 모두 자전거 타기가 매우 재미있고 좋은 운동의 원천이라고 말했습니다.

③ 저는 다섯 달쯤 전에 처음 자전거에 탔고, 약 두 달 동안은 매 주말마다 연습했습니다. 그 기간 동안, 제 친구들은 제게 어떻게 자전거에서 균형을 잡는지, 어떻게 조종하는지, 그리고 어떻게 사고를 방지하는지를 가르쳐주었습니다.

④ 자전거 타기는 제 인생에 여러 가지 긍정적인 영향을 미쳤습니다. 가장 확실한 것은 그것이 제 통학 시간을 절약해준 것입니다. 이제 저는 학교까지 자전거로 5분 안에 갈 수 있고, 이는 15분 동안 걷는 것보다 빠릅니다. 게다가, 저는 시골 지역에서 자전거를 타며 아름다운 풍경을 즐길 수 있습니다. 하지만 가장 좋은 점은 제 자신이 더 튼튼하고 건강해지고 있다는 것을 느낄 수 있다는 것입니다. 저는 힘을 쏟아서 배운 것이 정말 기쁩니다.

어휘 **pick up** 익히게 되다 **embarrassed**[imbǽrəst] 부끄러운 **feel left out** 소외감을 느끼다 **source**[sɔːrs] 원천, 근원 **steer**[stiər] 조종하다, 이끌다 **commute**[kəmjúːt] 통학, 통근 **fit**[fit] 튼튼한, 건강한 **apply oneself** 힘을 쏟다, 전념하다

2

What skills are good for children to learn?

아이들이 배우면 좋은 기술들은 무엇이 있나요?

**답변
아이디어
&표현**

핵심답변 ①	외국어	foreign languages
부연설명	• 어린 나이에 더 익히기 쉬운 • 외국어를 자연스럽게 배운다 • 많은 노력 없이	• easier to pick up at an early age • learn foreign languages naturally • without much effort
핵심답변 ②	음악적 능력	musical skills
부연설명	• 아이들의 창의적인 사고를 늘린다	• increase creative thinking in children

나의 답변

답변 아이디어와 표현을 참고해서 나의 답변을 말해보고 모범답변을 참고하여 답변을 보완해보자.

모범 답변

서론 **There are several** important skills **that** young people should learn. 핵심답변 ① **For one**, young children should be taught foreign languages. 부연설명 **This is because** languages are easier to pick up at an early age. When younger children are taught foreign languages, they learn them naturally, without much effort. 핵심답변 ② **In addition**, musical skills are also beneficial for young people. 부연설명 Musical skills can increase creative thinking in children and that would be beneficial for them overall.

서론 어린 사람들이 배워야 하는 몇 가지 중요한 기술들이 있습니다. 핵심답변 ① 우선한 가지는, 어린 아이들은 외국어를 배워야 합니다. 부연설명 이는 언어가 어린 나이에 더 익히기 쉽기 때문입니다. 어린 아이들이 외국어를 배울 때, 그들은 많은 노력 없이 자연스럽게 배웁니다. 핵심답변 ② 추가로, 음악적 능력 또한 어린 사람들에게 유익합니다. 부연설명 음악적 능력은 아이들의 창의적인 사고를 늘릴 수 있고 이는 그들에게 전반적으로 유익할 것입니다.

어휘 **pick up** 익히게 되다   **effort**[éfərt] 노력, 수고   **increase**[inkríːs] 늘리다, 증가시키다

3 **Should male and female students learn different skills?**

남학생들과 여학생들은 다른 기술을 배워야 하나요?

💡 **답변 아이디어 & 표현**

핵심답변	우리는 성별에 기반하여 학생들을 가르치지 않아야 한다	we should not teach students based on their gender
부연설명	• 개인의 관심사에 기반하여 기술을 배운다	• learn skills based on their personal interests
	• 한 남학생이 메이크업 아티스트가 되고 싶어 한다면	• if a male student wants to become a makeup artist
	• 그는 목공을 배우도록 강요되어서는 안된다	• he should not be forced to study woodworking
	• 한 여학생이 전문 권투 선수가 되고 싶어 한다면	• if a female student wants to be a professional boxer
	• 그녀에게 요리를 배우도록 요구하는 것은 말이 되지 않는다	• it doesn't make sense to require her to study cooking

🎙 **나의 답변**   답변 아이디어와 표현을 참고해서 나의 답변을 말해보고 모범답변을 참고하여 답변을 보완해보자.

모범 답변

핵심답변 In my opinion, we should not teach students based on their gender. 부연설명 But instead, students should be able to learn skills based on their personal interests and future goals. **For instance**, if a male student wants to become a makeup artist, he should not be forced to study woodworking or agriculture. **Conversely**, if a female student wants to be a professional boxer, it doesn't make sense to require her to study cooking.

핵심답변 제 생각에, 우리는 성별에 기반하여 학생들을 가르치지 않아야 합니다. 부연설명 하지만 대신 학생들은 개인의 관심사와 미래 목표에 기반하여 기술을 배울 수 있어야 합니다. 예를 들어, 한 남학생이 메이크업 아티스트가 되고 싶어 한다면, 그는 목공이나 농업을 배우도록 강요되어서는 안됩니다. 반대로, 한 여학생이 전문 권투 선수가 되고 싶어 한다면, 그녀에게 요리를 배우도록 요구하는 것은 말이 되지 않습니다.

어휘 gender[dʒéndər] 성별, 성   agriculture[ǽgrəkʌltʃər] 농업   conversely[kənvə́:rsli] 반대로, 역으로
make sense 말이 되다, 이치에 맞다

장난감	Part 2에서는 장난감에 대해 묘사하라는 문제가 자주 출제됩니다. 이 경우, Part 3에서는 과거와 현재 장난감의 차이, 남자아이와 여자아이가 좋아하는 장난감의 차이에 대한 질문을 할 경우가 많습니다.

4

Describe your favourite toy when you were young. 당신이 어렸을 때 가장 좋아한 장난감에 대해 말하라.

You should say:
    what it was 그것이 무엇이었는지
    who gave it to you 누가 당신에게 주었는지
    what you did with it 그것으로 무엇을 했는지
and explain why it was your favourite. 그리고 왜 그것을 가장 좋아했는지 설명하라.

답변
아이디어
&표현

① 그것이 무엇이었는지	• 작은 봉제 강아지 인형	• a small stuffed dog
② 누가 당신에게 주었는지	• 숙모	• my aunt
③ 그것으로 무엇을 했는지	• 집 주변을 산책시켰다 • 내가 어디를 가든 가지고 다녔다 • 그것과 대화했다	• walked it around the house • took it everywhere I'd go • had conversations with it
④ 왜 그것을 가장 좋아했는지	• 진짜 강아지에 대한 훌륭한 대체물 • 외동 • 내게 함께 놀 상대를 주었다 • 그것을 가장 친한 친구로 여겼다	• a good substitute for a real dog • an only child • gave me someone to play with • thought of it as my best friend

나의 노트

나의 답변   답변 아이디어와 표현을 참고해서 나의 답변을 말해보고 모범답변을 참고하여 답변을 보완해보자.

- a stuffed dog
- aunt
- walked it around
- took it everywhere
- had conversations
- substitute for a real dog
- only child, best friend

🎧 Unit 15 Track 12

모범 답변

① **There were many** toys that I liked, **but the first thing that comes to mind is** a small stuffed dog. It had white fur and could move and bark on its own **because** it ran on batteries.

② My aunt got it for me as a Christmas gift when I was six, and I was never without it for the next few years.

③ I treated my little dog like a real pet. I'd walk it around the house and take it everywhere I'd go. I showed it off to all my friends. I even had conversations with it. I must've looked pretty strange, but I remember asking it if it was hungry or needed to go outside.

④ I think I loved that toy **because** it was a good substitute for a real dog. As a kid, I always wanted to have a dog, but I couldn't get one due to my dad's allergies. **In addition**, I probably liked it because I was an only child and often felt lonely. Having the little dog gave me someone to play with and talk to, and I thought of it as my best friend.

① 제가 좋아한 장난감은 많았지만, 가장 먼저 떠오르는 것은 작은 봉제 강아지 인형입니다. 그건 하얀 털이 있었으며 배터리로 작동했기 때문에 스스로 움직이고 짖는 소리를 낼 수 있었습니다.

② 제가 여섯 살이었을 때 숙모가 크리스마스 선물로 그걸 주셨고, 저는 이후 몇 년 동안 그것과 항상 함께 했습니다.

③ 저는 제 작은 강아지를 진짜 애완동물처럼 다루었습니다. 저는 그것을 집 주변에서 산책시키고 제가 어디를 가든 가지고 다녔습니다. 저는 제 모든 친구들에게 그것을 자랑했습니다. 저는 심지어 그것과 대화도 했습니다. 꽤 이상해 보였겠지만, 저는 인형에게 배가 고픈지 또는 밖에 나갈 필요가 있는지를 물었던 것이 기억납니다.

④ 제가 그 인형을 좋아했던 이유는 그것이 진짜 강아지에 대한 훌륭한 대체물이었기 때문인 것 같습니다. 어렸을 때 저는 항상 강아지를 기르고 싶었는데, 아버지의 알레르기 때문에 기를 수 없었습니다. 게다가, 저는 외동이어서 자주 외로움을 느꼈기 때문에 아마도 그걸 좋아했던 것 같습니다. 강아지를 갖는 것은 제게 함께 놀고 이야기할 상대를 주었고, 저는 그것을 가장 친한 친구로 여겼습니다.

어휘 stuffed animal 봉제 동물 인형   bark[bɑːrk] 짖는 소리를 내다, 짖다   run[rʌn] (기계가) 작동하다, 돌아가다
treat[triːt] 다루다, 대하다   show off ~을 자랑하다, 으스대다   substitute[sʌ́bstətjuːt] 대체물, 대용품
allergy[ǽlərdʒi] 알레르기, 과민증   only child 외동

5

How are toys today different from toys in the past?

오늘날의 장난감은 예전의 장난감과 어떻게 다른가요?

 답변
아이디어
& 표현

핵심답변 ①	첨단 기술을 특별히 포함한다	feature advanced technologies
부연설명	• 스마트폰으로 제어될 수 있다 • 아이들은 이것들을 자연스럽게 좋아하게 된다	• can be controlled with a smartphone • children take to these naturally
핵심답변 ②	교육적인 장난감의 증가	an increase in educational toys
부연설명	• 장난감은 더 이상 재미만을 위한 것이 아니다 • 아이들이 기술을 배우도록 고안된 • 재미있게 노는 동시에	• toys are not just for having fun anymore • designed to help children learn skills • while having fun at the same time

나의 답변 | 답변 아이디어와 표현을 참고해서 나의 답변을 말해보고 모범답변을 참고하여 답변을 보완해보자.

모범 답변

서론 **There are many differences between** today's toys and those of the past. 핵심답변 ① **First of all**, many toys now feature advanced technologies. 부연설명 These days, a lot of toys can be controlled with a smartphone. Children take to these naturally and have no problems with them **since** they have lived with technology like this for their entire lives. 핵심답변 ② **Also**, there has been an increase in educational toys. 부연설명 Toys are not just for having fun anymore. Some toys are designed to help children learn skills like foreign languages while having fun at the same time.

서론 오늘날의 장난감과 예전의 장난감 사이에는 많은 차이점이 있습니다. 핵심답변 ① 첫째, 많은 장난감들이 이제 첨단 기술을 특별히 포함합니다. 부연설명 오늘날, 많은 장난감들은 스마트폰으로 제어될 수 있습니다. 아이들은 평생 동안 이런 기술과 함께 살았기 때문에 이런 장난감들을 자연스럽게 좋아하게 되고 그것들을 사용하는 데 문제가 없습니다. 핵심답변 ② 또한, 교육적인 장난감이 증가하였습니다. 부연설명 장난감은 더 이상 재미만을 위한 것이 아닙니다. 몇몇 장난감들은 아이들이 재미있게 노는 동시에 외국어와 같은 기술을 배울 수 있도록 고안되었습니다.

어휘 feature[fíːtʃər] 특별히 포함하다 take to ~을 좋아하게 되다, ~에 마음을 붙이다 design[dizáin] 고안하다, 설계하다

6 **Are there any differences between the toys boys play with and the toys girls play with?** 남자아이들이 가지고 노는 장난감과 여자아이들이 가지고 노는 장난감 사이에 차이점이 있나요?

답변
아이디어
& 표현

핵심답변	남자아이들과 여자아이들은 다른 장난감을 가지고 논다	male and female children play with different toys
부연설명	• 그들이 일반적으로 어떻게 행동하도록 기대되는지에 기반하여	• based on how they are typically thought to behave
	• 남자아이들이 더 활동적이라고 생각한다	• assume that boys are more active
	• 남자아이들에게 총, 자동차, 로봇이 주어진다	• boys are given toy guns, cars, and robots
	• 여자아이들이 예쁜 것을 좋아한다는 고정관념이 있다	• there is a stereotype that girls like pretty things
	• 많은 여자아이들이 공주 인형을 가지고 논다	• many girls play with princess dolls
	• 고정관념은 바뀌어야 한다	• stereotypes should be changed
	• 성별에 관계없이 다양한 장난감을 가지고 논다	• play with diverse toys regardless of gender

나의 답변

답변 아이디어와 표현을 참고해서 나의 답변을 말해보고 모범답변을 참고하여 답변을 보완해보자.

모범 답변

핵심답변 I do think that male and female children play with different toys. 부연설명 The key differences are based on how boys and girls are typically thought to behave. **For instance**, a lot of people assume that boys are more active than girls and more interested in knowing how things work. **That's why** boys are often given toy guns, cars, and robots to play with. **Meanwhile**, there is a stereotype that girls like pretty things. **Therefore**, it is not surprising that many girls play with princess dolls. But personally, I think these stereotypes should be changed and children should be able to play with diverse toys regardless of gender.

핵심답변 저는 남자아이들과 여자아이들이 다른 장난감을 가지고 논다고 생각합니다. 부연설명 가장 주요한 차이점은 남자아이들과 여자아이들이 일반적으로 어떻게 행동하도록 기대되는지에 기반합니다. 예를 들어, 많은 사람들은 남자아이들이 여자아이들보다 더 활동적이고 사물이 어떻게 작동하는지를 아는 데 더 흥미를 보인다고 생각합니다. 그것이 남자아이들에게 흔히 장난감 총, 자동차, 로봇이 가지고 놀도록 주어지는 이유입니다. 한편, 여자아이들은 예쁜 것을 좋아한다는 고정 관념이 있습니다. 따라서, 많은 여자아이들이 공주 인형을 가지고 노는 것은 놀랍지 않습니다. 하지만 개인적으로, 저는 이러한 고정관념들이 바뀌어야 하며 아이들이 성별에 관계없이 다양한 장난감을 가지고 놀 수 있어야 한다고 생각합니다.

어휘 behave[bihéiv] 행동하다 assume[əsúːm] 생각하다 stereotype[stériətaip] 고정 관념, 정형화된 생각

* 나의 답변을 말해본 후, 348페이지의 답변 셀프 체크 포인트를 통해 나의 답변을 점검하고 보완하도록 합니다.

UNIT 16

Communication 커뮤니케이션

커뮤니케이션은 스피킹 시험에 자주 나오는 주제는 아니지만, 커뮤니케이션과 관련된 본인의 경험 및 생각에 대해 정리해 두지 않으면 시험장에서 질문을 받았을 때 당황하기 쉽습니다. 따라서 커뮤니케이션과 관련된 빈출문제, 관련 아이디어 및 표현, 그리고 모범답변을 학습하여 준비해두는 것이 좋습니다.

■ PART 1 빈출문제

Part 1에서는 어떤 언어를 말할 수 있는지, 손으로 쓰는 것과 타이핑하는 것 중 무엇을 더 선호하는지 등 언어와 손글씨와 관련된 본인의 경험 및 선호도에 대해 질문합니다. 따라서 다음 Part 1 빈출문제를 확인하여 커뮤니케이션과 관련된 본인의 경험 및 생각에 대한 기본적인 내용을 미리 영어로 정리해보고 연습하도록 합니다.

언어	**What languages can you speak?** [최빈출] 당신은 어떤 언어들을 말할 줄 아나요? **When and how did you learn English?** 영어를 언제 그리고 어떻게 배웠나요? **What languages, other than English, do you want to learn? Why?** 당신은 영어를 제외하고 어떤 언어를 배우고 싶은가요? 왜인가요? **Which do you think is more difficult, speaking English or reading English?** 영어를 말하는 것과 영어를 읽는 것 중 어느 것이 더 어렵다고 생각하나요?
손글씨	**Do you think handwriting is important?** [최빈출] 손글씨가 중요하다고 생각하나요? **Which one do you prefer, handwriting or typing?** 당신은 손으로 쓰는 것과 타이핑하는 것 중 어느 것을 선호하나요? **When do you write things by hand?** 당신은 언제 손으로 무언가를 쓰나요? **Do you think we will use handwriting in the future as much as we use it now?** 당신은 우리가 미래에 지금처럼 손글씨를 많이 쓸 것이라고 생각하나요?

■ PART 2&3 빈출문제

Part 2에서는 최근에 즐겁게 대화를 했던 경험, 어린아이와 대화를 했던 경험을 묘사하라는 문제가 자주 나옵니다. 가장 자주 나오는 문제인 최근에 즐겁게 대화한 경험에 대한 답변을 준비해두면, 아이와 대화를 한 경험 등을 묻는 다른 문제에도 활용할 수 있습니다.

Part 3에서는 외국어를 학습하는 적절한 시기가 언제인지, 남녀의 커뮤니케이션 방식의 차이는 무엇인지와 같이 일상생활에서 생각해보지 않았을 가능성이 높은 질문을 하므로 미리 빈출문제와 모범답변을 살펴보고 나의 답변을 준비해둡니다.

언어

PART 2

Describe a time when you spoke a foreign language for the first time. 최빈출
당신이 처음으로 외국어를 말했던 때에 대해 말하라.

You should say:
    when this time was 그때가 언제였는지
    who you spoke with 누구와 이야기했는지
    what you talked about 무엇에 대해 이야기했는지
and explain how you felt. 그리고 어떤 기분이 들었는지 설명하라.

PART 3

Do you think it's important to learn foreign languages? 최빈출
외국어를 배우는 것이 중요하다고 생각하나요?

When is the best time for children to learn foreign languages?
아이들이 외국어를 배우는 최적의 시기는 언제인가요?

대화

PART 2

Describe a conversation that you enjoyed recently. 최빈출
당신이 최근에 즐겁게 한 대화에 대해 말하라.

You should say:
    who you had the conversation with 누구와 대화를 했는지
    when and where you had the conversation 언제 어디서 대화를 했는지
    what you talked about 무엇에 대해 이야기했는지
and explain how you felt during that conversation. 그리고 대화 중에 어떤 기분이 들었는지 설명하라.

PART 3

Why do people get nervous before they give a presentation? 최빈출
사람들은 왜 발표를 하기 전에 긴장을 하나요?

What are the differences between men and women when it comes to having a conversation?
대화를 할 때 남자와 여자 사이의 차이점에는 무엇이 있나요?

1
언어

What languages can you speak?
당신은 어떤 언어들을 말할 줄 아나요?

🎧 Unit 16 Track 1

⚡ 답변
아이디어
& 표현

아이디어 1	핵심답변	한국어와 영어	Korean and English
	부연설명	• 예전에 독일어를 조금 배웠다	• learned a bit of German in the past
		• 대부분의 어휘를 잊어버렸다	• forgot most of the vocabulary
아이디어 2	핵심답변	한국어와 일본어	Korean and Japanese
	부연설명	• 뉴스를 보고 신문을 읽는다	• watch news reports and read papers
		• 자신감을 갖고 말하기가 어렵다	• find it difficult to speak with confidence

🎤 나의 답변   답변 아이디어와 표현을 참고해서 나의 답변을 말해보고 모범답변을 참고하여 답변을 보완해보자.

모범 답변

핵심답변 Other than Korean and English, I can't speak any other languages. 부연설명 **Even though** I learned a bit of German in the past, I can't speak it anymore. I forgot most of the vocabulary I once knew **because** it's been so long.

핵심답변 한국어와 영어를 제외하고, 저는 다른 언어를 말하지 못합니다. 부연설명 저는 예전에 독일어를 조금 배우긴 했지만, 이제는 더 이상 말하지 못합니다. 시간이 너무 오래되어서 예전에 알던 대부분의 어휘를 잊어버렸습니다.

어휘 vocabulary [vəkǽbjəleri] 어휘, 단어

2
언어

When and how did you learn English?
영어를 언제 그리고 어떻게 배웠나요?

🎧 Unit 16 Track 2

⚡ 답변
아이디어
& 표현

아이디어 1	핵심답변	초등학교에서	in elementary school
	부연설명	• 노래를 부르며 새로운 어휘를 배웠다	• learned new vocabulary through singing
		• 영어 수업은 내가 자라면서 지루해졌다	• English classes became boring as I grew up
아이디어 2	핵심답변	3년 동안 독학했다	have been teaching myself for three years
	부연설명	• 내가 미국으로 여행을 간 이후로 계속	• ever since I went on a trip to America
		• 미국 텔레비전에 많은 노출을 통해	• through exposure to a lot of American TV

🎤 나의 답변   답변 아이디어와 표현을 참고해서 나의 답변을 말해보고 모범답변을 참고하여 답변을 보완해보자.

모범 답변

핵심답변 I first learned English when I was a kid in elementary school. 부연설명 Our teacher taught English to us in a very fun way. **For example**, I learned new vocabulary through singing songs and playing games. English classes became more boring as I grew up, but I really liked learning English when I was young.

핵심답변 저는 초등학교 어린이일 때 영어를 처음 배웠습니다. 부연설명 우리 선생님은 우리에게 영어를 매우 재밌는 방식으로 가르쳐 주었습니다. 예를 들어, 저는 노래를 배우고 게임을 하는 것을 통해 새로운 어휘를 배웠습니다. 영어 수업은 제가 자라면서 더 지루해졌지만, 저는 어릴 때 영어를 배우는 것을 정말로 좋아했었습니다.

어휘 boring [bɔ́ːriŋ] 지루한

3 What languages, other than English, do you want to learn? Why?

언어

당신은 영어를 제외하고 어떤 언어를 배우고 싶은가요? 왜인가요?

 답변 아이디어 & 표현

아이디어 1	핵심답변	표준 중국어	Mandarin Chinese
	부연설명	• 오늘날의 구직시장에서 길을 열어준다 • 언어에 능숙한 지원자를 찾는다	• open doors in today's job market • look for applicants who are proficient in the language
아이디어 2	핵심답변	프랑스어	French
	부연설명	• 프랑스 영화에 정말 관심이 많다 • 자막 없이 프랑스 영화를 보고 싶다	• I am really into French film • want to watch French movies without subtitles

 나의 답변

답변 아이디어와 표현을 참고해서 나의 답변을 말해보고 모범답변을 참고하여 답변을 보완해보자.

모범 답변

핵심답변 I really want to become fluent in Mandarin Chinese. 부연설명 Knowing how to speak Chinese well can really open doors in today's job market. **Since** a lot of Korean companies trade with Chinese businesses these days, they often look for applicants who are proficient in the language.

핵심답변 저는 정말 표준 중국어에 유창해지고 싶습니다. 부연설명 중국어를 잘 말할 줄 아는 것은 정말 오늘날의 구직시장에서 길을 열어 줄 수 있습니다. 요즘 많은 한국 회사들이 중국 업체들과 무역을 하므로, 이들은 종종 그 언어에 능숙한 지원자를 찾습니다.

어휘 fluent[flúːənt] 유창한, 능통한 Mandarin[mændərin] 표준 중국어
open doors 길을 열어 주다, 성공할 기회를 마련해 주다 proficient[prəfíʃənt] 능숙한, 능한

4 Which do you think is more difficult, speaking English or reading English?

언어

영어를 말하는 것과 영어를 읽는 것 중 어느 것이 더 어렵다고 생각하나요?

 답변 아이디어 & 표현

아이디어 1	핵심답변	말하기	speaking
	부연설명	• 읽기는 문법과 단어에 관한 지식을 필요로 한다 • 말할 수 있으려면 • 단어를 알고 정확하게 발음한다	• reading requires knowledge of grammar and vocabulary • to be able to speak • know and correctly pronounce the words
아이디어 2	핵심답변	읽기	reading
	부연설명	• 긴 지문 읽기에 대한 연습이 부족하다 • 글을 읽을 때 정신이 다른 데 가 있다	• I'm out of practice with reading long passages • my mind wanders when I read

나의 답변

답변 아이디어와 표현을 참고해서 나의 답변을 말해보고 모범답변을 참고하여 답변을 보완해보자.

모범 답변

핵심답변 I think speaking English is more difficult than reading English text. 부연설명 **The reason for this is** that reading only requires knowledge of grammar and vocabulary. **On the other hand**, to be able to speak, a person needs to know and correctly pronounce the words as well.

핵심답변 제 생각에는 영어를 말하는 것이 영어로 된 글을 읽는 것보다 어려운 것 같습니다. 부연설명 그 이유는 읽기는 문법과 단어에 관한 지식만을 필요로 하기 때문입니다. 반면에, 말할 수 있으려면 단어를 알고 정확하게 발음할 수도 있어야 합니다.

어휘 pronounce[prənáuns] 발음하다

UNIT 16

Communication 커뮤니케이션 HACKERS IELTS SPEAKING

5 Do you think handwriting is important?

손글씨가 중요하다고 생각하나요?

손글씨

 답변 아이디어 & 표현

아이디어 1	핵심답변	전혀 중요하지 않다	not at all
	부연설명	• 요즘 세상에서 대체로 무의미한 기술 • 타이핑을 하는 것이 훨씬 더 빠르고 쉽다	• a largely irrelevant skill in today's world • typing is much faster and easier
아이디어 2	핵심답변	어느 정도는 중요하다	to some extent
	부연설명	• 무언가를 작성하도록 요구되는 • 메모 남기기, 친구에게 편지 쓰기	• required to write something out • leaving a note, writing a letter to a friend

🎤 **나의 답변** 답변 아이디어와 표현을 참고해서 나의 답변을 말해보고 모범답변을 참고하여 답변을 보완해보자.

모범 답변

핵심답변 Not at all. 부연설명 In my opinion, penmanship is a largely irrelevant skill in today's world. Typing on a computer is much faster and easier for most people. **Although** it could be useful when writing cards and letters, I don't think it is important for people's everyday lives.

핵심답변 전혀 그렇지 않습니다. 부연설명 제 의견으로는 손글씨는 요즘 세상에서 대체로 무의미한 기술입니다. 대부분의 사람들에게는 컴퓨터로 타이핑을 하는 것이 훨씬 더 빠르고 쉽습니다. 카드와 편지를 쓸 때에는 유용할 수도 있지만, 저는 그것이 사람들의 일상생활에서 중요하다고 생각하지 않습니다.

어휘 penmanship[pénmənʃip] 손글씨, 서체, 서법 irrelevant[iréləvənt] 무의미한, 관계가 없는 everyday life 일상생활

6 Which one do you prefer, handwriting or typing?

당신은 손으로 쓰는 것과 타이핑하는 것 중 어느 것을 선호하나요?

손글씨

  답변 아이디어 & 표현

아이디어 1	핵심답변	타이핑	typing
	부연설명	• 요즘에는 손으로 글을 거의 쓰지 않는다 • 펜을 쥐는 것이 약간 어색하게 느껴진다	• rarely handwrite anything these days • holding a pen feels a bit awkward
아이디어 2	핵심답변	손으로 쓰는 것	writing by hand
	부연설명	• 타이핑 오타를 많이 낸다 • 내 일기장의 페이지들을 가득 채운다	• make a lot of typing mistakes • fill up page after page of my diary

🎤 **나의 답변** 답변 아이디어와 표현을 참고해서 나의 답변을 말해보고 모범답변을 참고하여 답변을 보완해보자.

모범 답변

핵심답변 Like most other people, I like typing way more than writing by hand. 부연설명 **Since** I rarely handwrite anything these days, holding a pen feels a little awkward and uncomfortable. **Besides**, I type much faster than I write, so typing is more efficient for me.

핵심답변 대부분의 다른 사람들처럼 저는 손으로 쓰는 것보다 타이핑하는 것을 훨씬 더 좋아합니다. 부연설명 저는 요즘에 손으로 글을 거의 쓰지 않으므로, 펜을 쥐는 것이 약간 어색하고 불편하게 느껴집니다. 그 밖에도, 저는 글씨를 쓰는 것보다 타이핑을 훨씬 더 빨리하므로, 제게는 타이핑하는 것이 더 효율적입니다.

어휘 handwrite[hǽndràit] 손으로 쓰다

7

손글씨

When do you write things by hand?
당신은 언제 손으로 무언가를 쓰나요?

답변 아이디어 & 표현	아이디어 1	핵심답변	편지를 쓰고 양식을 기입한다	write letters and fill out forms
		부연설명	• 편지를 쓰는 것은 매우 개인적이다 • 생일 카드의 메시지를 손으로 쓴다	• writing letters is very personal • handwrite messages in the birthday cards
	아이디어 2	핵심답변	수업에서 필기할 때	when I'm taking notes during class
		부연설명	• 아이디어를 더 잘 정리할 수 있다 • 전자기기가 필요 없이	• can arrange ideas better • without the need of electronic devices

나의 답변 답변 아이디어와 표현을 참고해서 나의 답변을 말해보고 모범답변을 참고하여 답변을 보완해보자.

모범 답변

핵심답변 I normally write letters and fill out forms at banks and government offices by hand. 부연설명 For me, writing letters is very personal, so typing them doesn't feel right to me. **Additionally**, I always handwrite messages in the birthday cards I give to my friends and family.

핵심답변 저는 손으로 편지를 쓰고 은행과 관공서에서 양식을 기입합니다. 부연설명 저에게 있어 편지를 쓰는 것은 매우 개인적이어서, 그것들을 타이핑하는 것은 적절하게 느껴지지 않습니다. 또한, 저는 친구들과 가족에게 주는 생일 카드의 메시지를 항상 손으로 씁니다.

어휘 fill out 기입하다, 작성하다 form[fɔːrm] 양식, 형식

8

손글씨

Do you think we will use handwriting in the future as much as we use it now?
당신은 우리가 미래에 지금처럼 손글씨를 많이 쓸 것이라고 생각하나요?

답변 아이디어 & 표현	아이디어 1	핵심답변	훨씬 덜 사용될 것이다	it will be used a lot less frequently
		부연설명	• 타이핑이 훨씬 더 효율적이다 • 서명조차 다른 것으로 대체될 수도 있다	• typing is so much more efficient • even signatures might be replaced with something else
	아이디어 2	핵심답변	미래에도 많이 쓸 것이라 생각한다	I think we will
		부연설명	• 손으로 글씨를 쓸 때 더 효과적으로 배운다 • 손글씨는 다시 인기를 얻을 수도 있다	• learn more effectively when we write things out by hand • handwriting might make a comeback

나의 답변 답변 아이디어와 표현을 참고해서 나의 답변을 말해보고 모범답변을 참고하여 답변을 보완해보자.

모범 답변

핵심답변 I'm pretty certain that handwriting will be used a lot less frequently in the coming years. 부연설명 **Even though** cards and letters will still be written by hand in the future, most people will prefer typing **because** it is so much more efficient. **Moreover**, I suspect that even signatures might be replaced with something else as technology continues to advance.

핵심답변 저는 앞으로 손글씨가 훨씬 덜 사용될 것이라고 매우 확신합니다. 부연설명 미래에 카드와 편지가 여전히 손으로 쓰이긴 하겠지만, 타이핑이 훨씬 더 효율적이기 때문에 대부분의 사람들이 그것을 선호할 것입니다. 더욱이, 저는 기술이 계속해서 발전하면서 아마 서명조차 다른 것으로 대체될 수 있다고 생각합니다.

어휘 suspect[səspékt] 아마 ~이라고 생각하다, 추측하다 signature[sígnətʃər] 서명 replace[ripléis] 대체하다

UNIT
16

Communication 커뮤니케이션 HACKERS IELTS SPEAKING

언어	Part 2에서는 외국어와 관련된 경험에 대해 묘사하라는 문제가 자주 출제됩니다. 이 경우, Part 3 에서는 외국어의 중요성, 외국어를 학습하기 적절한 시기에 대해 물을 경우가 많습니다.

PART 2

1

Describe a time when you spoke a foreign language for the first time.
당신이 처음으로 외국어를 말했던 때에 대해 말하라.

You should say:
    when this time was 그때가 언제였는지
    who you spoke with 누구와 이야기했는지
    what you talked about 무엇에 대해 이야기했는지
and explain how you felt. 그리고 어떤 기분이 들었는지 설명하라.

答변
아이디어
&표현

① 그때가 언제였는지	• 내가 고등학교에 다닐 때	• when I was in high school
② 누구와 이야기했는지	• 한 외국 남자	• a foreign man
③ 무엇에 대해 이야기했는지	• 시청에 가는 길을 물었다 • 그곳에 가는 법을 상세히 설명해 주었다 • 그에게 인사동에 가보라고 말했다	• asked for directions to City Hall • gave him a detailed explanation of how to get there • told him to visit Insa-dong
④ 어떤 기분이 들었는지	• 긴장되었다 • 내 자신이 정말 자랑스러웠다 • 영어를 공부하는 데 더 동기부여가 되었다	• was nervous • felt really proud of myself • felt more motivated to study English

 나의 노트

🎙 나의 답변   답변 아이디어와 표현을 참고해서 나의 답변을 말해보고 모범답변을 참고하여 답변을 보완해보자.

- high school
- a foreign man
- directions to City Hall
- gave him an explanation of how to get there
- told him to visit Insa-dong
- nervous
- proud
- felt motivated to study English

🎧 **Unit 16 Track 9**

모범 답변

① I first spoke a foreign language when I was in high school. **Even though** it has been a while, I still remember that day clearly.

② My friends and I were walking down the street when a foreign man suddenly stopped us.

③ He asked for directions to City Hall in English. I gave him a detailed explanation of how to get there. Then, he told us that he was visiting Korea and asked if there was anything he should do. That was a difficult question **because** I'd never thought about it before. **However**, after a bit of thinking, I told him to visit Insa-dong **because** there are lots of souvenirs and traditional shops there. He thanked us and then headed to his destination.

④ Initially, I was nervous about answering his questions since I wasn't good at English. I thought it would be a struggle to think of the right words. But after I helped him, I felt really proud of myself. **Plus**, I felt more motivated to study English.

① 저는 고등학교에 다닐 때 처음으로 외국어를 말했습니다. 시간이 조금 지나긴 했지만, 저는 여전히 그날을 또렷하게 기억합니다.

② 제 친구들과 저는 길을 걷고 있었는데, 그때 한 외국 남자가 우리를 갑자기 멈춰 세웠습니다.

③ 그는 영어로 시청에 가는 길을 물었습니다. 저는 그곳에 가는 법을 상세히 설명해 주었습니다. 그러고 나서, 그는 우리에게 자신이 한국을 구경하고 있다고 말하며 그가 해보아야 할 것이 있는지 물었습니다. 그건 어려운 질문이었는데 저는 그것에 대해 생각해본 적이 없었기 때문입니다. 하지만 조금 생각을 해본 뒤 저는 그에게 인사동에 가보라고 말했는데, 왜냐하면 그곳에는 기념품과 전통 상섬늘이 많기 때문입니다. 그는 우리에게 고마워하고 나서 그의 목적지로 향했습니다.

④ 처음에, 저는 영어를 잘하지 않았기 때문에 그의 질문에 대답하는 것이 긴장되었습니다. 저는 정확한 단어를 떠올리는 것이 힘들 것이라고 생각했습니다. 하지만 그를 돕고 난 뒤, 저는 제 자신이 정말 자랑스러웠습니다. 또한, 영어를 공부하는 데 더 동기부여가 되었습니다.

어휘 souvenir[sùːvəníər] 기념품 destination[dèstənéiʃən] 목적지, 도착지 initially[iníʃəli] 처음에 struggle[strʌgl] 힘든 일 motivated[móutəvèitid] 동기가 부여된, ~할 의욕이 있는

2

Do you think it's important to learn foreign languages?

외국어를 배우는 것이 중요하다고 생각하나요?

 답변
아이디어
&표현

핵심답변	외국어를 배우는 것은 중요하다	learning foreign languages is important
부연설명	• 대부분의 비즈니스가 국제적인 요소를 가지고 있다	• most business has an international component
	• 다른 국가들에서 물건을 사고 판다	• buy and sell goods in different countries
	• 여러 언어를 사용하는 사람들을 고용한다	• hire multilingual people
	• 당신이 원하는 직업을 얻기 위해	• to get the job that you want
	• 외국어를 배우는 것은 중요할 수 있다	• learning a foreign language could be crucial

 나의 답변   답변 아이디어와 표현을 참고해서 나의 답변을 말해보고 모범답변을 참고하여 답변을 보완해보자.

 모범 답변

핵심답변 I definitely think that learning foreign languages is important in today's world. 부연설명 **This is because** most business today has an international component. Companies **not only** buy and sell goods in different countries, **but** they **also** have offices in them. **As a result**, most companies prefer to hire multilingual people who can communicate accordingly. 결론 So, to get the job that you want, learning a foreign language could be quite crucial.

핵심답변 저는 확실히 외국어를 배우는 것이 요즘 세상에서 중요하다고 생각합니다. 부연설명 이는 오늘날의 대부분 비즈니스가 국제적인 요소를 가지고 있기 때문입니다. 회사들은 다른 국가들에서 물건을 사고 팔 뿐만 아니라 또한 그 국가들에 사무소를 둡니다. 결과적으로, 대부분의 회사들은 그에 맞춰 의사소통할 수 있는 여러 언어를 사용하는 사람들을 고용하는 것을 선호합니다. 결론 그래서, 당신이 원하는 직업을 얻기 위해 외국어를 배우는 것은 상당히 중요할 수 있습니다.

어휘 component[kəmpóunənt] 요소, 성분 goods[gudz] 물건, 상품 multilingual[mʌ̀ltilíŋgwəl] 여러 언어를 사용하는
accordingly[əkɔ́ːrdiŋli] 그에 맞춰

3 When is the best time for children to learn foreign languages?

아이들이 외국어를 배우는 최적의 시기는 언제인가요?

답변 아이디어 & 표현

핵심답변	약 6세쯤의 유아기에	in early childhood, at around six years old
부연설명	• 다른 언어를 배우기 위한 이상적인 시기	• the ideal time to learn another language
	• 모국어를 배우는 것과 동일한 방식으로	• in the same way they learn their native languages
	• 실수하는 것을 두려워하지 않고	• without worrying about making mistakes
	• 많은 노력 없이도 원어민처럼 말한다	• speak like a native speaker without much effort

나의 답변 답변 아이디어와 표현을 참고해서 나의 답변을 말해보고 모범답변을 참고하여 답변을 보완해보자.

모범 답변

핵심답변 **I know that many people have different opinions about this, but** I'd say the ideal time to learn another language is in early childhood, at around six years old. 부연설명 **This is because** younger children tend to learn second languages in the same way they learn their native languages. **To be specific**, they practice and experiment without worrying about making grammar or pronunciation mistakes. They simply use the language without thinking about it. 결론 **Therefore**, if they learn a foreign language early, they will be able to speak that language like a native speaker without much effort.

핵심답변 많은 사람들에 이에 대해 다른 의견을 갖고 있다는 것을 알지만, 저는 다른 언어를 배우기 위한 이상적인 시기는 약 6세쯤의 유아기라고 생각합니다. 부연설명 이는 어린 아이들이 모국어를 배우는 것과 동일한 방식으로 제2언어를 배우는 경향이 있기 때문입니다. 구체적으로 말하자면, 그들은 문법이나 발음 실수를 하는 것을 두려워하지 않고 연습하고 시도합니다. 그들은 언어를 생각하지 않고 단순히 사용합니다. 결론 그래서, 그들이 외국어를 일찍 배우면, 많은 노력 없이도 원어민처럼 그 언어를 말할 수 있게 됩니다.

어휘 ideal[aidíːəl] 이상적인 early childhood 유아기 second language 제2언어(모국어 다음으로 배우는 언어) pronunciation[prənÀnsiéiʃn] 발음

UNIT
16

Communication 커뮤니케이션 HACKERS **IELTS** SPEAKING

Part 2에서는 대화와 관련된 경험에 대해 묘사하라는 문제가 자주 출제됩니다. 이 경우, Part 3에서는 남녀 대화 방식의 차이점, 발표 전 사람들이 긴장하는 이유에 대해 물을 경우가 많습니다.

PART 2

4

Describe a conversation that you enjoyed recently. 당신이 최근에 즐겁게 한 대화에 대해 말하라.

You should say:
    who you had the conversation with 누구와 대화를 했는지
    when and where you had the conversation 언제 어디서 대화를 했는지
    what you talked about 무엇에 대해 이야기했는지
and explain how you felt during that conversation. 그리고 대화 중에 어떤 기분이 들었는지 설명하라.

답변
아이디어
& 표현

① 누구와 대화를 했는지	• 내 조카 • 7살 • 현재 유치원에 다니는 • 때때로 다루기가 꽤 힘든 아이	• my nephew • seven years old • currently in kindergarten • quite a handful sometimes
② 언제 어디서 대화를 했는지	• 지난 주말 • 여동생의 집에서	• last weekend • at my sister's house
③ 무엇에 대해 이야기했는지	• 그의 반에 있는 한 여자아이 • 그녀에게 반했다 • 내 조언을 구했다	• a girl in his class • had a crush on her • asked for my advice
④ 대화 중에 어떤 기분이 들었는지	• 정말 재미있었다 • 상당히 귀여웠다	• was really amused • was quite cute

나의 노트

나의 답변   답변 아이디어와 표현을 참고해서 나의 답변을 말해보고 모범답변을 참고하여 답변을 보완해보자.

- my nephew
- 7 years old, kindergarten, a handful
- last weekend
- at my sister's house
- a girl in his class
- a crush on her
- asked for my advice
- really amused
- cute

🎧 Unit 16 Track 12

모범 답변

① A conversation that I enjoyed recently is the one I had with my nephew. He's seven years old and currently in kindergarten, but he'll be starting primary school in a few months. He's a great kid but quite a handful sometimes.

② Last weekend, my sister and her husband were planning to celebrate their wedding anniversary with a short trip but didn't have anyone to watch him. So, I volunteered to help them out and take care of him while they were away.

③ When I got to their house, he wouldn't stop talking about a girl in his class. He said that he had a crush on her but didn't know how to talk to her. He asked for my advice, and I told him that girls like brave guys and that he should just approach her and tell her how he felt.

④ I was really amused by the conversation. I'd never heard about the romantic troubles of a child before, so it was quite cute. Now I'm just curious what happened since he hasn't given me an update yet. I hope that he talked to her and that everything went well.

① 최근에 제가 즐겁게 했던 대화는 제 조카와의 대화입니다. 그는 7살이고 현재 유치원에 다니고 있지만, 몇 달 뒤에 초등학교에 들어갑니다. 그는 훌륭한 아이지만 때때로 다루기가 꽤 힘든 아이입니다.

② 지난주, 제 여동생과 그녀의 남편은 결혼 기념일을 축하하기 위해 짧은 여행을 계획했지만 그를 돌봐줄 사람이 없었습니다. 그래서 제가 그들을 도와 그들이 떠나 있는 동안 그를 보살피겠다고 자청했습니다.

③ 제가 그들의 집으로 갔을 때, 그는 반에 있는 한 여자아이에 대해 이야기하는 것을 멈추지 않았습니다. 그는 그녀에게 반했지만 그녀에게 어떻게 말을 걸어야 하는지 모르겠다고 말했습니다. 그는 제 조언을 구했고, 저는 여자아이들이 용감한 사람을 좋아하고 그가 그녀에게 다가가서 어떤 감정을 느끼는지를 말해야 한다고 말했습니다.

④ 저는 이 대화가 정말 재미있었습니다. 저는 전에 어린아이의 연애 문제에 대해 들어본 적이 없어서, 상당히 귀여웠습니다. 그가 저에게 아직 최신 소식을 주지 않아서 저는 이제 무슨 일이 있었는지 궁금합니다. 저는 그가 그녀에게 말을 걸었고 모든 것이 다 잘되었기를 바랍니다.

UNIT 16

Communication 커뮤니케이션 HACKERS IELTS SPEAKING

어휘 nephew[néfjuː] 조카 kindergarten[kíndərgɑːrtn] 유치원 primary school 초등학교
handful[hǽndful] 다루기 힘든 사람 volunteer[vὰːləntíər] 자청하다, 자원하다 have a crush on ~에게 반하다
amused[əmjúːzd] 재미있어 하는, 즐거워 하는 romantic[rouмǽntik] 연애의 trouble[trʌbl] 문제

Why do people get nervous before they give a presentation?
사람들은 왜 발표를 하기 전에 긴장을 하나요?

 답변
아이디어
&표현

핵심답변 ①	청중이 어떻게 생각할지 걱정한다	worry what their audience will think
부연설명	• 일상에서는 많은 사람들 앞에서 말하지 않는다 • 1대 1로 대화한다 • 흔치 않은 경험	• do not address large groups in everyday lives • have conversations on a one-on-one basis • an unusual experience
핵심답변 ②	발표를 고객 집단에게 한다	presentations are given to groups of clients
부연설명	• 발표자의 경력에 중요한 • 더 긴장되도록 만든다	• important for the presenter's career • leads to increased nervousness

 나의 답변   답변 아이디어와 표현을 참고해서 나의 답변을 말해보고 모범답변을 참고하여 답변을 보완해보자.

모범 답변

핵심답변 ① I think most people become tense before presentations **because** they worry what their audience will think. 부연설명 Most people do not address large groups in their everyday lives. They usually have conversations on a one-on-one basis or with a few other individuals. **Therefore**, speaking in front of a crowd is an unusual experience. 핵심답변 ② **Furthermore**, most presentations are given to groups of clients, colleagues, or supervisors. 부연설명 This can make them very important for the presenter's career, which leads to increased nervousness.

핵심답변 ① 저는 대부분의 사람들이 발표 전에 긴장하는 이유가 청중이 어떻게 생각할지 걱정하기 때문이라고 생각합니다. 부연설명 대부분의 사람들은 일상에서 많은 사람들 앞에서 말을 하지 않습니다. 그들은 주로 1대 1로 또는 몇 명의 다른 사람들과 대화를 합니다. 그래서, 많은 사람들 앞에서 말하는 것은 흔치 않은 경험입니다. 핵심답변 ② 더욱이, 대부분의 발표는 고객, 동료, 또는 상사의 집단에게 합니다. 부연설명 이것은 발표자의 경력에 발표가 아주 중요하도록 만들 수 있고, 이는 더 긴장되도록 만듭니다.

어휘 tense[tens] 긴장한, 긴장된   address[ədrés] 말을 하다, 연설하다   crowd[kraud] 많은 사람들, 군중
supervisor[súːpərvaizər] 상사, 감독자

6

What are the differences between men and women when it comes to having a conversation? 대화를 할 때 남자와 여자 사이의 차이점에는 무엇이 있나요?

답변
아이디어
&표현

핵심답변	생각과 감정이 표현되는 방식	how thoughts and feelings are expressed
부연설명	• 남자들은 상당히 직접적이고 감정적이지 않은 경향이 있다	• men tend to be quite direct and unsentimental
	• 바로 본론으로 들어간다	• get directly to the point
	• 여자들은 소통하는 방식에 더 많은 감정을 포함시킨다	• women incorporate more emotions into how they communicate
	• 다양한 생각과 감정을 다룬다	• cover a range of ideas and feelings

나의 답변   답변 아이디어와 표현을 참고해서 나의 답변을 말해보고 모범답변을 참고하여 답변을 보완해보자.

모범 답변

핵심답변 **I know that people have a lot of different opinions about this, but** the main conversational difference between the genders seems to be how thoughts and feelings are expressed. 부연설명 **On the one hand**, men tend to be quite direct and unsentimental. They act as though conversations have an overall purpose and get directly to the point. Women, **on the other hand**, seem to incorporate more emotions into how they communicate. Their conversations often have more than one purpose and cover a range of ideas and feelings.

핵심답변 많은 사람들이 이에 대해 다른 의견이 있다는 것을 알지만, 성별 간의 주요한 대화의 차이점은 생각과 감정이 표현되는 방식인 것 같습니다. 부연설명 한편으로는, 남자들은 상당히 직접적이고 감정적이지 않은 경향이 있습니다. 그들은 대화에 전반적인 목적이 있는 것처럼 행동하며 바로 본론으로 들어갑니다. 반면에 여자들은 소통하는 방식에 더 많은 감정을 포함시키는 것 같습니다. 그들의 대화는 주로 한 가지 이상의 목적이 있고 다양한 생각과 감정을 다룹니다.

어휘 gender[dʒéndər] 성별 direct[dirékt] 직접적인 unsentimental[ʌ̀nsèntəméntl] 감정적이지 않은
get to the point 본론으로 들어가다 incorporate[inkɔ́ːrpəreit] 포함시키다 cover[kʌ́vər] 다루다, 포함시키다

*나의 답변을 말해본 후, 348페이지의 답변 셀프 체크 포인트를 통해 나의 답변을 점검하고 보완하도록 합니다.

UNIT
16

Communication 커뮤니케이션 HACKERS IELTS SPEAKING

UNIT 17
Science & Technology 과학과 기술

과학 · 기술은 스피킹 시험에서 수험생들이 자주 질문 받는 주제입니다. 따라서 과학 · 기술과 관련된 빈출문제, 관련 아이디어 및 표현, 그리고 모범답변을 학습하여 준비해둡니다.

■ PART 1 빈출문제

Part 1에서는 과학을 좋아하는지, SNS(소셜 네트워크 서비스)를 이용하는지 등 과학 및 기술과 관련된 경험 및 생각에 대해 질문합니다. 따라서 다음 Part 1 빈출문제를 확인하여 과학 및 기술과 관련된 본인의 경험 및 생각에 대한 기본적인 내용을 미리 영어로 정리해보고 연습하도록 합니다.

과학	**Do you like science?** 최빈출 당신은 과학을 좋아하나요? **Do you think science is important?** 당신은 과학이 중요하다고 생각하나요?
컴퓨터	**What do you usually use computers for?** 최빈출 당신은 컴퓨터를 주로 무엇을 위해 사용하나요? **Do you think the importance of computers will increase in the future?** 미래에 컴퓨터의 중요성이 커질 것이라고 생각하나요? **What are the drawbacks of using computers?** 컴퓨터를 사용하는 것의 단점은 무엇인가요? **What kind of jobs do you think need computer skills?** 컴퓨터 실력이 필요한 직업에는 무엇이 있다고 생각하나요?
SNS	**Do you use social networking sites?** 최빈출 당신은 SNS를 이용하나요? **Do you think many people use social networking sites in your country?** 당신의 나라에서 많은 사람들이 SNS를 이용한다고 생각하나요?

Part 2에서는 유용한 어플리케이션, 가장 자주 사용하는 어플리케이션에 대해 묘사하라는 문제가 자주 나옵니다. 가장 자주 나오는 문제인 유용한 어플리케이션이 무엇인지에 대한 답변을 준비해두면, 가장 자주 사용하는 어플리케이션을 묻는 다른 문제에도 활용할 수 있습니다.

Part 3에서는 노년층과 젊은층이 사용하는 어플리케이션의 차이점이 무엇인지, 과학이 사회에 미친 영향은 무엇인지와 같이 다소 까다로운 질문을 하므로 미리 빈출문제와 모범답변을 살펴보고 나의 답변을 준비해둡니다.

기술

PART 2

Describe a useful smartphone application. 유용한 스마트폰 어플리케이션에 대해 말하라. 최빈출

You should say:
   what this application is 이 어플리케이션이 무엇인지
   how often you use it 얼마나 자주 이용하는지
and explain why it is useful. 그리고 왜 그것이 유용한지 설명하라.

PART 3

What are the differences between applications used by old people and young people? 최빈출
나이 든 사람들과 젊은 사람들이 이용하는 어플리케이션 사이에는 어떤 차이점이 있나요?

What are some popular applications in your country?
당신의 나라에서 인기 있는 어플리케이션에는 무엇이 있나요?

과학

PART 2

Describe a branch of science that you are familiar with. 최빈출
당신에게 친숙한 과학 분야에 대해 말하라.

You should say:
   what area it is 무슨 분야인지
   how you got to know about it 어떻게 그것에 대해 알게 되었는지
and explain what effects this area has had on your life/society.
그리고 이 분야가 당신의 삶 또는 사회에 어떤 영향을 주었는지 설명하라.

PART 3

What area of science has influenced our society the most? 최빈출
우리 사회에 가장 많은 영향을 끼친 과학 분야는 무엇인가요?

Are there any negative effects due to the development of science?
과학의 발전으로 인한 부정적인 영향이 있나요?

UNIT
17

Science & Technology 과학과 기술 HACKERS **IELTS** SPEAKING

1 Do you like science?

🎧 Unit 17 Track 1

당신은 과학을 좋아하나요?

과학

답변 아이디어 & 표현

아이디어 1	핵심답변	상당히 좋아한다	quite a bit
	부연설명	• 특히 천문학과 관련된 부분 • 우주에 대해 읽고 프로그램을 본다	• especially the parts related to astronomy • read and watch programs about space
아이디어 2	핵심답변	과학을 그다지 좋아하지 않는다	don't care for science that much
	부연설명	• 과학 시간에 졸았다 • 몇몇 개념들은 이해하기 어렵다	• dozed off in science classes • certain concepts are over my head

🎙 나의 답변 | 답변 아이디어와 표현을 참고해서 나의 답변을 말해보고 모범답변을 참고하여 답변을 보완해보자.

모범 답변

핵심답변 Quite a bit, especially the parts related to astronomy. 부연설명 **For example**, I love to read and watch programs about space. Whenever I learn a new fact about the universe, I get really excited. I'm so glad that more documentary series about space are being shown on TV these days.

핵심답변 특히 천문학과 관련된 부분을 상당히 좋아합니다. 부연설명 예를 들어, 저는 우주에 대해 읽고 프로그램을 보는 것을 좋아합니다. 우주에 대한 새로운 사실을 알게 될 때마다, 저는 정말 신이 납니다. 요즘 TV에 우주에 관한 더 많은 다큐멘터리 시리즈가 방영되고 있어서 저는 너무 기쁩니다.

어휘 astronomy[əstrá:nəmi] 천문학 universe[jú:nəvə:rs] 우주

2 Do you think science is important?

🎧 Unit 17 Track 2

당신은 과학이 중요하다고 생각하나요?

과학

답변 아이디어 & 표현

아이디어 1	핵심답변	과학은 중요하다고 생각한다	I think it is important
	부연설명	• 암과 에이즈 같은 질병을 고친다 • 깨끗한 에너지원을 줄 수 있다	• cure diseases like cancer and AIDS • can give us clean energy sources
아이디어 2	핵심답변	과학이 필수적이라고 생각하지 않는다	I do not think science is essential
	부연설명	• 과거의 사람들은 그것 없이도 살았다 • 오히려 우리 삶을 복잡하게 만들었다	• people in the past managed to live without it • has rather complicated our lives

 나의 답변 | 답변 아이디어와 표현을 참고해서 나의 답변을 말해보고 모범답변을 참고하여 답변을 보완해보자.

모범 답변

핵심답변 Yes, I think it is important **because** science improves our lives. 부연설명 **For example**, we might be able to cure diseases like cancer and AIDS one day because of a scientific breakthrough. **Furthermore**, science can give us clean energy sources that do not harm the environment.

핵심답변 네, 저는 과학이 우리의 삶을 향상시키므로 중요하다고 생각합니다. 부연설명 예를 들어, 과학의 큰 발전 때문에 우리는 언젠가는 암이나 에이즈 같은 질병을 고칠 수 있을 것입니다. 게다가, 과학은 우리에게 환경을 해치지 않는 깨끗한 에너지원을 줄 수 있습니다.

어휘 cure[kjuər] 고치다, 치료하다 breakthrough[bréikθru:] 큰 발전, 새 발견 energy source 에너지원

3

컴퓨터

What do you usually use computers for?

당신은 컴퓨터를 주로 무엇을 위해 사용하나요?

답변 아이디어 & 표현

아이디어 1	핵심답변	인터넷 검색을 한다	do Internet searches
	부연설명	• 게임을 하거나 온라인 쇼핑을 한다 • 일을 한다	• play games or shop online • get some work done
아이디어 2	핵심답변	과제를 위해	for assignment
	부연설명	• 30페이지 보고서를 쓴다 • 온라인 자료를 찾는다	• write a 30-page report • look for online resources

나의 답변   답변 아이디어와 표현을 참고해서 나의 답변을 말해보고 모범답변을 참고하여 답변을 보완해보자.

모범 답변

핵심답변 I mostly use computers to do Internet searches. 부연설명 **However**, I occasionally play games or shop online when I have free time as well. **Moreover**, I sometimes take my laptop to coffee shops and libraries to get some work done.

핵심답변 저는 주로 인터넷 검색을 하기 위해 컴퓨터를 사용합니다. 부연설명 하지만, 저는 여가 시간이 있을 때는 가끔 게임을 하거나 온라인 쇼핑을 하기도 합니다. 더욱이, 저는 때로는 일을 하기 위해 제 노트북 컴퓨터를 커피숍이나 도서관에 가져가기도 합니다.

어휘 search[səːrtʃ] 검색, 찾기, 수색   occasionally[əkéiʒənəli] 가끔, 때때로

 Unit 17 Track 4

4

컴퓨터

Do you think the importance of computers will increase in the future?

미래에 컴퓨터의 중요성이 커질 것이라고 생각하나요?

답변 아이디어 & 표현

아이디어 1	핵심답변	내 대답은 '그렇다'이다	my answer is yes
	부연설명	• 사람들은 점점 더 인터넷에 의존한다 • 인터넷에 접속 가능한 모든 장비는 더 중요해질 것이다	• people increasingly rely on the Internet • any piece of equipment that can access the Internet will be more important
아이디어 2	핵심답변	아직 지켜보아야 한다	it remains to be seen
	부연설명	• 몇몇 부작용이 있다 • 중독되지 않기 위해 컴퓨터 사용을 제한해야 한다	• there are some side effects • should limit our computer use so we don't become addicted

나의 답변   답변 아이디어와 표현을 참고해서 나의 답변을 말해보고 모범답변을 참고하여 답변을 보완해보자.

모범 답변

핵심답변 If portable devices, such as smartphones and tablets, can also be considered computers, then my answer is yes. 부연설명 People increasingly rely on the Internet to do things these days, and we will probably depend on it even more in the future. **Therefore**, any piece of equipment that can access the Internet will be more important.

핵심답변 만약 스마트폰이나 태블릿과 같은 휴대용 장치도 컴퓨터로 간주된다면, 제 대답은 '그렇다'입니다. 부연설명 사람들은 요즘 무언가 하기 위해 점점 더 인터넷에 의존하고, 아마도 미래에는 훨씬 더 많이 의존할 것입니다. 따라서, 인터넷에 접속 가능한 모든 장비는 미래에 더 중요해질 것입니다.

어휘 portable[pɔ́ːrtəbl] 휴대용의, 이동식의   rely on ~에 의존하다, ~을 필요로 하다   depend on ~에 의존하다
access[ǽkses] 접속하다, 이용하다

5

컴퓨터

What are the drawbacks of using computers?
컴퓨터를 사용하는 것의 단점은 무엇인가요?

답변
아이디어
& 표현

아이디어 1	핵심답변	우리를 너무 그것에 의존하게 만든다	makes us overly dependent on them
	부연설명	• 내 컴퓨터가 고장 났었다 • 정말 좌절스러워졌다	• my computer broke down • became really frustrated
아이디어 2	핵심답변	그것들을 사용함으로써 내 몸이 아프다	my body aches from using them
	부연설명	• 내 시력이 훨씬 더 나빠졌다 • 나쁜 자세를 만든다	• my vision has gotten far worse • causes bad posture

🎤 나의 답변   답변 아이디어와 표현을 참고해서 나의 답변을 말해보고 모범답변을 참고하여 답변을 보완해보자.

모범 답변

핵심답변 I think using computers makes us overly dependent on them. 부연설명 Last month, my computer broke down while I was at home. **Since** all my files and programs were stored in that computer, I couldn't work or play any games and became really frustrated. That incident made me realize that I depend on my computer too much.

핵심답변 저는 컴퓨터를 사용하는 것이 우리를 너무 그것에 의존하게 만든다고 생각합니다. 부연설명 지난달에 제가 집에 있는 동안 제 컴퓨터가 고장 났습니다. 제 모든 파일과 프로그램이 그 컴퓨터에 저장되어 있어서, 저는 일하지도 게임을 하지도 못했고 정말 좌절스러워졌습니다. 그 사건은 제가 컴퓨터에 너무 많이 의존하고 있다는 것을 깨닫게 해 주었습니다.

어휘 overly[óuvərli] 너무, 지나치게   dependent[dipéndənt] 의존하는   break down 고장 나다   store[stɔːr] 저장하다
incident[ínsidənt] 사건

6

컴퓨터

What kind of jobs do you think need computer skills?
컴퓨터 실력이 필요한 직업에는 무엇이 있다고 생각하나요?

답변
아이디어
& 표현

아이디어 1	핵심답변	모든 직업에 필수적이다	it is essential for any job
	부연설명	• 업무를 하는 데 컴퓨터를 사용한다 • 컴퓨터를 제대로 다룰 줄 안다	• use computers to do business • know how to use computers properly
아이디어 2	핵심답변	컴퓨터 프로그래머	computer programmers
	부연설명	• 컴퓨터를 사용해 소프트웨어를 만든다 • 컴퓨터를 완전히 잘 알아야 한다	• create software using computers • should know computers inside and out

🎤 나의 답변   답변 아이디어와 표현을 참고해서 나의 답변을 말해보고 모범답변을 참고하여 답변을 보완해보자.

모범 답변

핵심답변 I have to say that having at least some knowledge of computers is essential for any job in today's world. 부연설명 Most companies nowadays use computers to do business. **Therefore**, it's vital that employees know how to use them properly.

핵심답변 저는 적어도 약간의 컴퓨터 지식을 가지는 것이 오늘날 세상의 모든 직업에 필수적이라고 말해야겠습니다. 부연설명 오늘날의 대부분의 회사는 업무를 하는 데 컴퓨터를 사용합니다. 따라서 직원들이 컴퓨터를 제대로 다룰 줄 아는 것은 필수적입니다.

어휘 at least 적어도   properly[prɑ́ːpərli] 제대로, 적당히

7 Do you use social networking sites?

SNS
당신은 SNS를 이용하나요?

답변 아이디어 &표현	아이디어 1	핵심답변	SNS에 접속한다	I log onto social networking sites
		부연설명	• 친구들의 글과 사진을 본다 • 음식점들의 후기를 작성한다	• look at my friends' posts and photos • write reviews of the restaurants
	아이디어 2	핵심답변	시간 낭비라고 생각한다	I feel that they are a waste of time
		부연설명	• 입증되지 않은 많은 소문을 퍼뜨린다 • 나의 일은 혼자서 간직하고 싶다	• spread lots of unverified rumors • I'd rather keep my business to myself

 나의 답변 답변 아이디어와 표현을 참고해서 나의 답변을 말해보고 모범답변을 참고하여 답변을 보완해보자.

모범 답변

핵심답변 Yes, I log onto social networking sites from time to time. 부연설명 When I visit these sites, I mostly look at my friends' posts and photos. Some of them like to write reviews of the restaurants they go to, and these posts are very helpful to me.

핵심답변 네, 저는 가끔 SNS 사이트에 접속합니다. 부연설명 저는 이런 사이트에 방문하면 보통 제 친구들의 글과 사진을 봅니다. 친구들 중 몇몇은 방문한 음식점들의 후기를 작성하는 것을 좋아하는데, 그 글들은 제게 매우 도움이 됩니다.

어휘 log onto ~에 접속하다 from time to time 가끔, 이따금 post[poust] (인터넷에 올리는) 글

8 Do you think many people use social networking sites in your country?

SNS
당신의 나라에서 많은 사람들이 SNS를 이용한다고 생각하나요?

답변 아이디어 &표현	아이디어 1	핵심답변	많은 한국인들이 SNS를 사용한다	a lot of Koreans use social networking sites
		부연설명	• 내 친구들은 그런 사이트를 한 개 이상 사용한다 • 심지어 아버지도 계정을 등록하셨다	• my friends use more than one such site • even my father signed up for an account
	아이디어 2	핵심답변	많은 사람들이 이용하지 않는 것 같다	I don't think many people do
		부연설명	• 대부분 10대들과 20대의 사람들 • 인구의 적은 비율을 차지한다	• mostly teenagers and people in their 20s • constitute a small percentage of the population

나의 답변 답변 아이디어와 표현을 참고해서 나의 답변을 말해보고 모범답변을 참고하여 답변을 보완해보자.

모범 답변

핵심답변 I'm pretty sure that a lot of Koreans use social networking sites these days. 부연설명 In fact, most of my friends use more than one such site. Even my father, who's over fifty years old, signed up for an account recently. He visits the site to get in touch with his friends.

핵심답변 저는 오늘날 많은 한국인들이 SNS를 사용한다고 매우 확신합니다. 부연설명 사실, 제 친구들 대부분이 그런 사이트를 한 개 이상 사용합니다. 심지어 50세가 넘으신 저희 아버지께서도 최근에 계정을 등록하셨습니다. 아버지께서는 친구들과 연락을 하시기 위해 사이트를 방문하십니다.

어휘 sign up for ~을 등록하다 account[əkáunt] 계정 get in touch with ~와 연락하다

기술	Part 2에서는 어플리케이션을 사용한 경험을 묘사하라는 문제가 자주 출제됩니다. 이 경우, Part 3에서는 가장 인기 있는 어플리케이션, 노년층과 젊은층이 사용하는 어플리케이션의 차이점에 대해 묻는 경우가 많습니다.

PART 2

1

Describe a useful smartphone application. 유용한 스마트폰 어플리케이션에 대해 말하라.

You should say:
  what this application is 이 어플리케이션이 무엇인지
  how often you use it 얼마나 자주 이용하는지
and explain why it is useful. 그리고 왜 그것이 유용한지 설명하라.

⚡ 답변
아이디어
& 표현

① 이 어플리케이션이 무엇인지	• 지도 어플리케이션 • 기본 지도를 보여준다 • 세부적인 길 안내를 제공한다 • 그곳까지 얼마나 걸릴지에 대한 추정 시간을 제공한다	• the map application • shows basic maps • gives detailed directions • provides an estimate for how long it will take to get there
② 얼마나 자주 이용하는지	• 거의 매일	• nearly every day
③ 왜 그것이 유용한지	• 매우 편리한 • 나를 많이 도와주었다 • 국제 여행에 유용한 • 앱을 이용해 길을 찾는다 • 내가 현지 언어를 이해하든 못하든지에 상관없이 길을 찾는다	• very handy • has helped me out a lot • useful on international trips • use the app to find my way • find my way regardless of whether I understand the local language or not

📝 나의 노트

🎤 나의 답변 답변 아이디어와 표현을 참고해서 나의 답변을 말해보고 모범답변을 참고하여 답변을 보완해보자.

- map application
- show basic maps
- detailed directions, provide an estimate
- every day
- handy
- helped me out
- on international trips
- find my way
- whether I understand local language or not

🎧 Unit 17 Track 9

모범 답변

① **There are so many** valuable mobile phone applications out there, **but** the map application **comes to mind first**. It, of course, shows basic maps, but it also gives detailed directions. All I have to do is type in my destination, and then it shows me the directions and provides an estimate for how long it will take to get there. If I'm taking a bus or the subway, it will even tell me any transfer information, how long I'll have to wait, and the cost of the trip.

② I use the app nearly every day and can't live without it. **Since** it also updates information on traffic conditions, it helps me decide whether to travel by bus, taxi, or the subway.

③ This app is very handy, and it's helped me out a lot. I used to get lost all the time, even on familiar routes. But now, I can just check the app if I don't know where I am. This is especially useful on international trips. I can use the app to find my way regardless of whether I understand the local language or not. It's saved me a lot of time and stress.

① 유용한 모바일 어플리케이션들이 아주 많이 있지만, 지도 어플리케이션이 가장 먼저 떠오릅니다. 물론 그것은 기본 지도를 보여주지만, 또한 세부적인 길 안내도 제공합니다. 제 목적지를 입력 하기만 하면, 그것은 제게 길 안내와 그 곳까지 얼마나 걸릴지에 대한 추정 시간을 제공해 줍니다. 만약 제가 버스나 지하철을 이용하면, 그것은 심지어 저 에게 모든 환승 정보와 얼마나 기다려 야 할지, 그리고 이동 경비를 알려줄 것 입니다.

② 저는 거의 매일 그 어플리케이션을 이용하고 그것 없이는 살 수 없습니다. 그 것은 또한 교통 상황에 대한 가장 최신 의 정보를 알려주기 때문에, 제가 버스 나 택시, 또는 지하철로 이동할지 결정 하는 것을 도와줍니다.

③ 이 앱은 매우 편리하고, 저를 많이 도 와주었습니다. 저는 익숙한 길에서조차 항상 길을 잃곤 했습니다. 하지만 이제 저는 제가 어디에 있는지 모르는 경우 에 앱을 확인하기만 하면 됩니다. 이는 국제 여행에 특히 유용합니다. 저는 현 지 언어를 이해하든 못하든지에 상관없 이 앱을 이용해 길을 찾을 수 있습니다. 이것은 저에게 시간과 스트레스를 많이 줄여 주었습니다.

어휘 direction[dirékʃn] 길 안내, 길잡이 estimate[éstəmət] 추정, 추산 transfer[trænsfəːr] 환승
handy[hændi] 편리한, 유용한 get lost 길을 잃다 route[ruːt] 길, 경로 regardless of ~에 상관없이, 구애받지 않고

2 **What are the differences between applications used by old people and young people?** 나이 든 사람들과 젊은 사람들이 이용하는 어플리케이션 사이에는 어떤 차이점이 있나요?

 답변
아이디어
&표현

핵심답변 ①	나이 든 사람들은 기본적인 앱을 사용한다	older people use basic apps
부연설명	• 새로운 앱은 배우기 어려울 것이라고 걱정한다 • 단순한 작업을 위한 앱만을 사용한다 • 메시지 보내기와 알람 설정하기	• worry that new apps will be difficult to learn • only use apps for simple tasks • sending messages and setting alarms
핵심답변 ②	젊은 사람들은 새로운 앱에 끌린다	young people are attracted to new apps
부연설명	• 다양한 목적을 위한 앱을 사용한다 • 사진 편집하기 • 건강 수준 추적하기	• use apps for diverse purposes • editing photos • tracking their fitness levels

🎤 나의 답변 | 답변 아이디어와 표현을 참고해서 나의 답변을 말해보고 모범답변을 참고하여 답변을 보완해보자.

모범 답변

서론 I'd say that **there are some differences between** the apps that the elderly use and those that the young use. 핵심답변 ① Older people tend to only use basic apps that have been on the market for a while. 부연설명 **This is because** older people often worry that new apps will be difficult to learn. **Therefore**, they tend to only use apps for simple tasks, like sending messages and setting alarms. 핵심답변 ② **On the other hand**, young people are attracted to new apps and learn how to use them quickly. 부연설명 **Also**, they use these apps for more diverse purposes, like editing photos and tracking their fitness levels.

서론 저는 중장년층이 이용하는 앱과 젊은층이 사용하는 앱 사이에 몇 가지 차이점이 있다고 말하고 싶습니다. 핵심답변 ① 나이 든 사람들은 시장에 일정 기간 나와 있었던 기본적인 앱만을 사용하는 경향이 있습니다. 부연설명 이는 나이 든 사람들이 보통 새로운 앱이 배우기 어려울 것이라고 걱정하기 때문입니다. 그래서 그들은 메시지 보내기와 알람 설정하기와 같은 단순한 작업을 위한 앱만을 사용하는 경향이 있습니다. 핵심답변 ② 반면에 젊은 사람들은 새로운 앱에 끌리고 그것들을 사용하는 법을 빨리 배웁니다. 부연설명 또한 그들은 사진 편집하기 및 건강 수준 추적하기와 같이 더 다양한 목적을 위한 이러한 앱들을 사용합니다.

어휘 on the market 시장에 나와 있는   edit[édit] 편집하다, 수정하다   track[træk] 추적하다, 뒤쫓다

3 What are some popular applications in your country?

당신의 나라에서 인기 있는 어플리케이션에는 무엇이 있나요?

 답변
아이디어
&표현

핵심답변 ①	메시지 앱	the messaging app
부연설명	• 이것을 사용하지 않는 사람을 보지 못했다 • 문자와 음성 메시지를 보낸다	• have never seen anyone who doesn't use it • send text and voice messages
핵심답변 ②	웹 브라우저	the web browser
부연설명	• 자료를 검색하고 정보를 본다 • 내가 가장 자주 사용하는 앱 • 최신 뉴스를 확인한다	• search for things and view information • the app I use most often • check out the latest news

나의 답변 | 답변 아이디어와 표현을 참고해서 나의 답변을 말해보고 모범답변을 참고하여 답변을 보완해보자.

UNIT
17

Science & Technology 과학과 기술   HACKERS IELTS SPEAKING

모범 답변

핵심답변 ① The most popular application in my country seems to be the messaging app. 부연설명 This is the most basic app, and I've never seen anyone who doesn't use it. It can be used to send text and voice messages as well as pictures and videos. 핵심답변 ② **Another** commonly used application is the web browser. 부연설명 With this app, people can search for things and view information. This is actually the app I use most often. I open it every morning to check out the latest news.

핵심답변 ① 우리나라에서 가장 인기 있는 어플리케이션은 메시지 앱인 것 같습니다. 부연설명 이것은 가장 기본적인 앱이며, 저는 이것을 사용하지 않는 사람을 보지 못했습니다. 이것은 사진과 영상뿐만 아니라 문자와 음성 메시지를 보내는 데에도 사용될 수 있습니다. 핵심답변 ② 또 다른 흔히 사용되는 어플리케이션은 웹 브라우저입니다. 부연설명 사람들은 이 앱을 가지고 자료를 검색하고 정보를 볼 수 있습니다. 이것은 사실 제가 가장 자주 사용하는 앱입니다. 저는 매일 아침 최신 뉴스를 확인하기 위해 그것을 엽니다.

어휘 text[tekst] 문자, 글   search for ~을 검색하다   check out ~을 확인하다   latest[léitist] 최신의, 최근의

Part 2에서는 특정한 과학 분야에 대해 묘사하라는 문제가 자주 출제됩니다. 이 경우, Part 3에서는 과학의 긍정적·부정적 영향, 사회에 가장 많은 영향을 준 과학 분야에 대해 묻는 경우가 많습니다.

PART 2

4

Describe a branch of science that you are familiar with. 당신에게 친숙한 과학 분야에 대해 말하라.

You should say:
　　what area it is 무슨 분야인지
　　how you got to know about it 어떻게 그것에 대해 알게 되었는지
and explain what effects this area has had on your life/society.
그리고 이 분야가 당신의 삶 또는 사회에 어떤 영향을 주었는지 설명하라.

답변
아이디어
&표현

① 무슨 분야인지	• 화학	• chemistry
② 어떻게 그것에 대해 알게 되었는지	• 다이어트 콜라를 처음 먹고 난 뒤 • 약간의 조사를 해보았다 • 설탕의 대체재로 인공 감미료를 쓰는 것	• after having my first Diet Coke • did some research • using artificial sweeteners as a substitute for sugar
③ 이 분야가 당신의 삶 또는 사회에 어떤 영향을 주었는지	• 합성 비료와 살충제의 발명 • 우리 농업 효율성을 향상시켰다 • 많은 위험한 질병들을 치료했다	• the invention of synthetic fertilizers and pesticides • improved our agricultural efficiency • cured many dangerous diseases

나의 노트

🎤 나의 답변　　답변 아이디어와 표현을 참고해서 나의 답변을 말해보고 모범답변을 참고하여 답변을 보완해보자.

- chemistry
- after my first Diet Coke
- did some research
- artificial sweetener, substitute for sugar
- invent fertilizer & pesticide
- improved agricultural efficiency
- cure diseases

🎧 **Unit 17 Track 12**

모범 답변

① **I'd like to talk about** chemistry which is the area of science I'm most interested in.

② It may seem odd, but I first learned about the study of chemistry after having my first Diet Coke. I couldn't figure out how in the world it could taste the same as regular Coke but be calorie-free. So, I did some research to see how this was possible. It turned out the secret is using artificial sweeteners as a substitute for sugar. Reading about these amazing chemicals made a big impression on me and got me interested in learning more.

③ In my opinion, chemistry has affected our lives in many positive ways. **First of all**, the invention of synthetic fertilizers and pesticides has greatly improved our agricultural efficiency. This has reduced the threat of famine around the world. **Second**, **since** medicines are basically just mixtures of various chemicals, it's safe to say that the study of chemistry has cured many dangerous diseases and extended our lives.

① 제가 가장 관심 있는 과학 분야인 화학에 대해 말하겠습니다.

② 이상해 보일 수 있지만, 저는 다이어트 콜라를 처음 먹고 난 뒤 화학에 대해 처음 알게 되었습니다. 저는 그것이 도대체 어떻게 일반 콜라와 같은 맛이 나면서 칼로리가 없는지 알아낼 수 없었습니다. 그래서, 저는 그게 어떻게 가능한지 알아내기 위해 약간의 조사를 해보았습니다. 비밀은 설탕의 대체재로 인공 감미료를 쓰는 것으로 밝혀졌습니다. 이 놀라운 화학 물질에 대해 읽는 것은 저에게 큰 인상을 주었고 제가 더 많이 아는 것에 흥미를 갖도록 만들었습니다.

③ 제 생각에 화학은 우리 삶에 많은 긍정적 영향을 끼쳤습니다. 첫째, 합성 비료와 살충제의 발명은 우리 농업의 효율성을 크게 향상시켰습니다. 이는 전 세계에서 기근의 위협을 줄였습니다. 둘째, 약품은 기본적으로 다양한 화학 물질들의 혼합물이기 때문에, 화학 연구가 많은 위험한 질병들을 치료했으며 우리의 수명을 늘렸다고 말해도 과언이 아닙니다.

어휘 chemistry[kémistri] 화학 odd[ɑːd] 이상한 figure out 알아내다, 생각해 내다 how in the world 도대체 어떻게 turn out 밝혀지다 artificial[àːrtəfíʃl] 인공의 sweetener[swíːtnər] 감미료 substitute[sʌ́bstətuːt] 대체재 synthetic[sinθétik] 합성의, 인조의 fertilizer[fɜ́ːrtəlaizər] 비료 pesticide[péstisaid] 살충제, 농약 famine[fǽmin] 기근, 굶주림 mixture[míkstʃər] 혼합물 it's safe to say that ~라고 말해도 과언이 아니다 extend[iksténd] 늘리다, 연장하다

5 What area of science has influenced our society the most?
우리 사회에 가장 많은 영향을 끼친 과학 분야는 무엇인가요?

 답변
아이디어
&표현

핵심답변	컴퓨터 과학	computer science
부연설명	• 컴퓨터의 발명은 우리의 효율성을 높였다	• the invention of computers has increased our efficiency
	• 계산을 더 빠르게 한다	• perform calculations faster
	• 데이터베이스를 유지하고 분석하는 것을 더 쉽게 만들었다	• made maintaining and analyzing databases easier
	• 전 세계의 사람들을 연결시켰다	• connected people from all over the world
	• 빠른 정보 교환을 가능하게 했다	• enabled rapid information exchanges

 나의 답변   답변 아이디어와 표현을 참고해서 나의 답변을 말해보고 모범답변을 참고하여 답변을 보완해보자.

 모범 답변

핵심답변 **There are many** areas of scientific study **that** have greatly affected our society, **but** I think computer science has brought about the biggest changes. 부연설명 The invention of computers has increased our efficiency significantly. Computers have **not only** made it possible to perform calculations faster, **but** they have **also** made maintaining and analyzing databases easier. **What's more**, the Internet has connected people from all over the world and enabled rapid information exchanges. **For example**, social networking sites give people the opportunity to instantly share anything with anyone.

핵심답변 우리 사회에 큰 영향을 끼친 과학 연구 분야는 많지만, 컴퓨터 과학이 가장 큰 변화를 가져온 것 같습니다. 부연설명 컴퓨터의 발명은 우리의 효율성을 상당히 높였습니다. 컴퓨터는 계산을 더 빠르게 하는 것을 가능하게 했을 뿐만 아니라, 데이터베이스를 유지하고 분석하는 것도 더 쉽게 만들었습니다. 뿐만 아니라, 인터넷은 전 세계의 사람들을 연결시켰고 빠른 정보 교환을 가능하게 했습니다. 예를 들어, SNS는 사람들에게 어느 누구와도 무엇이든 즉시 공유할 수 있는 기회를 줍니다.

어휘 bring about 가져오다, 초래하다 invention[invénʃn] 발명 calculation[kæ̀lkjuléiʃn] 계산
enable[inéibl] 가능하게 하다, ~을 할 수 있게 하다 rapid[ræpid] 빠른, 급속한

6

Are there any negative effects due to the development of science?

과학의 발전으로 인한 부정적인 영향이 있나요?

 답변
아이디어
&표현

핵심답변	사회에 부정적인 영향을 줄 수 있다	it can have an unfavorable impact on society
부연설명	• 환경에 해로운	• detrimental to the environment
	• 유해한 화학물질의 생산을 가능하게 했다	• has facilitated the production of harmful chemicals
	• 인간의 생명을 위협한다	• threatens human life
	• 핵무기	• nuclear weapons
	• 무고한 사람들의 죽음을 초래할 수 있다	• can lead to the deaths of innocent people

🎙 나의 답변 답변 아이디어와 표현을 참고해서 나의 답변을 말해보고 모범답변을 참고하여 답변을 보완해보자.

모범 답변

핵심답변 Yes, I'd have to say that scientific development can have an unfavorable impact on society. 부연설명 **To begin with**, scientific invention can be detrimental to the environment. **For instance**, science has facilitated the production of harmful chemicals that create a lot of pollution. **In addition**, science threatens human life. **One example of this is** nuclear weapons. These scientifically designed weapons threaten international peace and can lead to the deaths of innocent people.

핵심답변 네, 저는 과학 발전이 사회에 부정적인 영향을 줄 수 있다고 말해야겠습니다. 부연설명 첫째로, 과학의 발명은 환경에 해로울 수 있습니다. 예를 들어, 과학은 많은 오염을 일으키는 유해한 화학물질의 생산을 가능하게 했습니다. 또한, 과학은 인간의 생명을 위협합니다. 이것의 한 예는 핵무기입니다. 이 과학적으로 설계된 무기들은 국제 평화를 위협하고 무고한 사람들의 죽음을 초래할 수 있습니다.

어휘 unfavorable[ʌ̀nféivərəbl] 부정적인, 불리한 detrimental[dètriméntl] 해로운
facilitate[fəsíləteit] 가능하게 하다, 용이하게 하다 innocent[ínəsənt] 무고한, 결백한

* 나의 답변을 말해본 후, 348페이지의 답변 셀프 체크 포인트를 통해 나의 답변을 점검하고 보완하도록 합니다.

Media 미디어

> 미디어는 스피킹 시험에서 수험생들이 자주 질문 받는 주제입니다. 따라서 미디어와 관련된 빈출문제, 관련 아이디어 및 표현, 그리고 모범답변을 학습하여 준비해둡니다.

■ PART 1 빈출문제

Part 1에서는 잡지나 신문을 읽는 것을 좋아하는지, 좋아하는 TV 프로그램이 무엇인지 등 미디어와 관련된 선호에 대해 주로 질문합니다. 따라서 다음 Part 1 빈출문제를 확인하여 미디어에 대한 본인의 경험 및 취향과 관련된 기본적인 내용을 미리 영어로 정리해보고 연습하도록 합니다.

신문	**Do you like to read newspapers or magazines?** 최빈출 당신은 신문이나 잡지를 읽는 것을 좋아하나요? **What was the first newspaper or magazine that you bought?** 당신이 구매한 최초의 신문 또는 잡지는 무엇이었나요? **Do you think newspapers in the print format will still exist in 20 years?** 당신은 20년 뒤에도 인쇄된 신문이 여전히 존재할 것이라고 생각하나요?
광고	**Do you like to see advertisements?** 최빈출 당신은 광고 보는 것을 좋아하나요? **Are there any commercials that made you want to buy something?** 당신이 무언가를 사고 싶도록 만든 광고가 있었나요?
TV	**How often do you watch TV?** 최빈출 당신은 TV를 얼마나 자주 보나요? **What is your favourite TV program?** 당신이 가장 좋아하는 TV 프로그램은 무엇인가요? **How have TV programs changed in recent years?** 최근 몇 년간 TV 프로그램들이 어떻게 바뀌었나요?

Part 2에서는 뉴스에서 본 유명인, 실제로 본 연예인, 가장 좋아하는 연예인 등을 묘사하라는 문제가 자주 나옵니다. 가장 자주 나오는 문제인 뉴스에서 본 연예인이 누구인지에 대한 답변을 준비해두면, 실제로 본 연예인, 가장 좋아하는 연예인 등을 묻는 다른 문제에도 활용할 수 있습니다.

Part 3에서는 유명인이 되는 것의 장단점이 무엇인지, 과거와 현재 뉴스의 차이점은 무엇인지와 같이 대답하기 다소 까다로운 질문을 하므로, 미리 빈출문제와 모범답변을 살펴보고 나의 답변을 준비해둡니다.

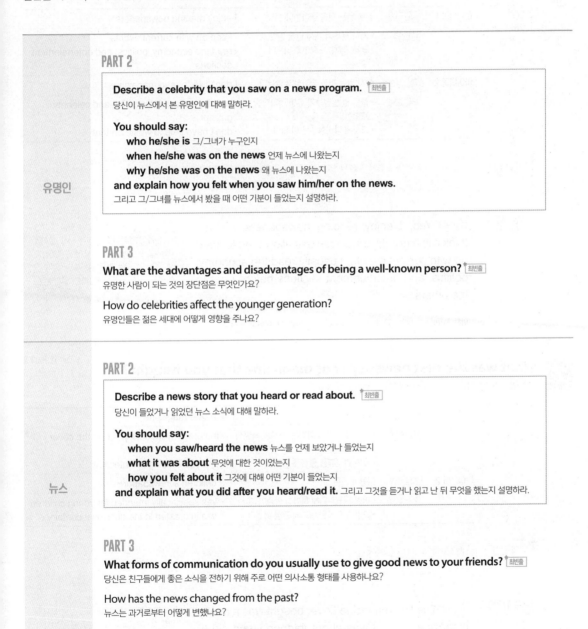

유명인

PART 2

Describe a celebrity that you saw on a news program. 최빈출
당신이 뉴스에서 본 유명인에 대해 말하라.

You should say:
  who he/she is 그/그녀가 누구인지
  when he/she was on the news 언제 뉴스에 나왔는지
  why he/she was on the news 왜 뉴스에 나왔는지
and explain how you felt when you saw him/her on the news.
그리고 그/그녀를 뉴스에서 봤을 때 어떤 기분이 들었는지 설명하라.

PART 3

What are the advantages and disadvantages of being a well-known person? 최빈출
유명한 사람이 되는 것의 장단점은 무엇인가요?

How do celebrities affect the younger generation?
유명인들은 젊은 세대에 어떻게 영향을 주나요?

뉴스

PART 2

Describe a news story that you heard or read about. 최빈출
당신이 들었거나 읽었던 뉴스 소식에 대해 말하라.

You should say:
  when you saw/heard the news 뉴스를 언제 보았거나 들었는지
  what it was about 무엇에 대한 것이었는지
  how you felt about it 그것에 대해 어떤 기분이 들었는지
and explain what you did after you heard/read it. 그리고 그것을 듣거나 읽고 난 뒤 무엇을 했는지 설명하라.

PART 3

What forms of communication do you usually use to give good news to your friends? 최빈출
당신은 친구들에게 좋은 소식을 전하기 위해 주로 어떤 의사소통 형태를 사용하나요?

How has the news changed from the past?
뉴스는 과거로부터 어떻게 변했나요?

1 신문

Do you like to read newspapers or magazines?

🎧 Unit 18 Track 1

당신은 신문이나 잡지를 읽는 것을 좋아하나요?

 답변
아이디어
&표현

아이디어 1	핵심답변	신문 읽는 것을 좋아한다	I enjoy reading newspapers
	부연설명	• 시사 문제에 대해 알게 된다 • 경제, 정치, 오락면을 읽는다	• keep up with current events • read the economy, politics, and entertainment sections
아이디어 2	핵심답변	잡지 읽는 것을 좋아하지 않는다	I don't like to read magazines
	부연설명	• 쓸모 없는 정보와 유명인 가십을 포함한다 • 그것에 낭비할 시간이 없다	• contain useless information and celebrity gossip • don't have time to waste on that

🎤 나의 답변 ⠀ 답변 아이디어와 표현을 참고해서 나의 답변을 말해보고 모범답변을 참고하여 답변을 보완해보자.

모범 답변

핵심답변 Yes, I enjoy reading newspapers. 부연설명 I think it is a good habit **because** it allows me to keep up with current events. I usually read the economy, politics, and entertainment sections before I get to the others.

핵심답변 네, 저는 신문 읽는 것을 좋아합니다. 부연설명 이것은 제가 시사 문제에 대해 알 수 있게 하므로, 좋은 습관이라고 생각합니다. 저는 보통 다른 것을 읽기 전에 경제, 정치, 그리고 오락면을 읽습니다.

어휘 keep up with ~에 대해 알다, 알게 되다 ⠀ current events 시사 문제

2 신문

What was the first newspaper or magazine that you bought?

🎧 Unit 18 Track 2

당신이 구매한 최초의 신문 또는 잡지는 무엇이었나요?

 답변
아이디어
&표현

아이디어 1	핵심답변	영화 잡지	a movie magazine
	부연설명	• 표지에 내가 좋아하는 배우를 특별히 포함하고 있었다 • 그의 인터뷰를 즐겁게 읽었다	• featured my favorite actor on the cover • enjoyed reading his interview
아이디어 2	핵심답변	어린이 신문	a children's newspaper
	부연설명	• 어린이들을 위해 특별히 만들어졌다 • 그것에 포함된 퀴즈에 관심 있었다	• was specifically intended for young children • was interested in the quizzes it contained

🎤 나의 답변 ⠀ 답변 아이디어와 표현을 참고해서 나의 답변을 말해보고 모범답변을 참고하여 답변을 보완해보자.

모범 답변

핵심답변 The first magazine I ever bought was a movie magazine. 부연설명 I was about thirteen years old at the time and the magazine featured my favorite actor on the cover. **Since** I was a big fan, I enjoyed reading his interview in the magazine.

핵심답변 제가 인생에서 처음 샀던 잡지는 영화 잡지였습니다. 부연설명 저는 그 당시 열세 살 정도였고, 그 잡지는 표지에 제가 가장 좋아하던 배우를 특별히 포함하고 있었습니다. 저는 열성 팬이었기 때문에 잡지에 있던 그의 인터뷰를 즐겁게 읽었습니다.

어휘 feature[fíːtʃər] 특별히 포함하다, 특징으로 삼다

3 Do you think newspapers in the print format will still exist in 20 years?

신문

당신은 20년 뒤에도 인쇄된 신문이 여전히 존재할 것이라고 생각하나요?

답변 아이디어 &표현	아이디어 1	핵심답변	중단될 것이다	they will have been discontinued
		부연설명	• 돈을 주고 인쇄된 신문을 살 유인이 아주 적다 • 신문을 종이 형태로 출판하는 것을 멈출 것이다	• there is very little incentive to pay for printed newspapers • will stop publishing news in the paper format
	아이디어 2	핵심답변	존재할 것이라 생각한다	I think they will exist
		부연설명	• 인쇄된 신문은 눈이 아프지 않다 • 일부 사람들은 전통적인 버전을 고수 한다	• printed newspapers don't hurt the eyes • some people stick to the traditional version

 나의 답변 ｜ 답변 아이디어와 표현을 참고해서 나의 답변을 말해보고 모범답변을 참고하여 답변을 보완해보자.

모범 답변

핵심답변 I think they'll have been discontinued by that time. 부연설명 Nowadays, people can read the news freely on various websites, so there is very little incentive to pay for printed newspapers. **As a result**, fewer people are buying them these days. If this trend continues, the newspaper companies will stop publishing their news in the paper format.

핵심답변 저는 그때쯤이면 신문이 중단될 것이라고 생각합니다. 부연설명 요즘 사람들은 뉴스를 다양한 온라인 사이트에서 자유롭게 읽을 수 있으므로, 돈을 주고 인쇄된 신문을 살 유인이 아주 적습니다. 그 결과 오늘날 더 적은 사람들이 신문을 사고 있습니다. 만약 이 경향이 지속된다면 신문사는 신문을 종이 형태로 출판하는 것을 멈출 것입니다.

어휘 discontinue[dìskəntínjuː] 중단하다 incentive[inséntiv] 유인, 동기 publish[pʌ́bliʃ] 출판하다, 출간하다

4 Do you like to see advertisements?

광고

당신은 광고 보는 것을 좋아하나요?

답변 아이디어 &표현	아이디어 1	핵심답변	대부분 광고에 짜증이 나는	mostly annoyed by advertisements
		부연설명	• 채널을 돌린다 • 반복적이고 지루해진다	• change the channel • become repetitive and boring
	아이디어 2	핵심답변	광고 보는 것을 좋아한다	I like watching commercials
		부연설명	• 시장에 나온 새로운 제품들을 알게 된다 • 보기에 재미있는 스토리를 갖고 있다	• get to know about new products on the market • have stories that are entertaining to watch

 나의 답변 ｜ 답변 아이디어와 표현을 참고해서 나의 답변을 말해보고 모범답변을 참고하여 답변을 보완해보자.

모범 답변

핵심답변 I'm mostly annoyed by advertisements. 부연설명 When there are commercials on TV, I generally change the channel or walk away to do something else. **Even though** some are genuinely funny, they become repetitive and boring after seeing them more than once.

핵심답변 저는 대부분 광고에 짜증이 납니다. 부연설명 TV에서 광고가 나오면, 저는 대개 채널을 돌리거나 다른 것을 하러 갑니다. 정말로 재미있는 것들도 있긴 하지만, 한 번 이상 보고 나면 이것들은 반복적이고 지루해집니다.

어휘 genuinely[dʒénjuinli] 정말로, 진정으로 repetitive[ripétətiv] 반복적인

5

광고

Are there any commercials that made you want to buy something?

당신이 무언가를 사고 싶도록 만든 광고가 있었나요?

답변 아이디어 & 표현	아이디어 1	핵심답변	옥수수 수염차를 광고하는 TV 광고	a TV commercial advertising corn silk tea
		부연설명	• 광고에 아름다운 여배우가 등장했다 • 이 특별한 차를 마시면 몸이 건강해질 수 있다	• a beautiful actress appeared in the ad • can get fit by drinking this special tea
	아이디어 2	핵심답변	스마트폰 광고	a smartphone commercial
		부연설명	• 인터넷에서 스마트폰 광고를 봤다 • 내가 좋아하는 연예인에 의해 홍보되었다	• saw an ad for a smartphone on the Internet • was endorsed by a celebrity I like

나의 답변 · 답변 아이디어와 표현을 참고해서 나의 답변을 말해보고 모범답변을 참고하여 답변을 보완해보자.

모범 답변

핵심답변 There was a TV commercial advertising corn silk tea that made me purchase it. 부연설명 A beautiful actress appeared in the ad and a narrator said people can get fit by drinking this special tea. **As a result**, I ended up buying more than 10 bottles of it, but nothing happened to my body, unfortunately.

핵심답변 옥수수 수염차를 광고하는 한 TV 광고가 있었는데 제가 그것을 구매하도록 만들었습니다. 부연설명 광고에는 아름다운 여배우가 등장했고 내레이터가 사람들이 이 특별한 차를 마시면 몸이 건강해질 수 있다고 말했습니다. 결과적으로, 저는 그것을 10병 넘게 구매했지만 안타깝게도 제 몸에는 아무 일도 일어나지 않았습니다.

어휘 commercial[kəmə́:rʃl] 광고 (방송)   corn silk tea 옥수수 수염차

6

TV

How often do you watch TV?

당신은 TV를 얼마나 자주 보나요?

답변 아이디어 & 표현	아이디어 1	핵심답변	매일	every single day
		부연설명	• 흥미로운 프로그램이 많다 • 나를 웃게 만드는 코미디 프로그램들	• there are so many interesting shows • comedy programs that make me laugh
	아이디어 2	핵심답변	아마도 일주일에 한두 번	probably once or twice a week
		부연설명	• 주중에는 TV를 보도록 허락되지 않는 • 밤새도록 내가 가장 좋아하는 드라마 시리즈를 본다	• not allowed to watch TV during the week • spend all night watching my favorite drama series

나의 답변 · 답변 아이디어와 표현을 참고해서 나의 답변을 말해보고 모범답변을 참고하여 답변을 보완해보자.

모범 답변

핵심답변 I watch TV every single day. 부연설명 I love to watch TV **because** there are so many interesting shows on these days. **For example**, I usually watch comedy programs that make me laugh.

핵심답변 저는 매일 TV를 봅니다. 부연설명 요즘에는 흥미로운 프로그램들이 정말 많아서 저는 TV를 보는 것을 좋아합니다. 예를 들어, 저는 저를 웃게 만드는 코미디 프로그램을 주로 봅니다.

어휘 every single day 매일

7 What is your favourite TV program?

TV 당신이 가장 좋아하는 TV 프로그램은 무엇인가요?

답변
아이디어
&표현

아이디어 1	핵심답변	'케이팝 스타'	*K-Pop Star*
	부연설명	• 발견되지 않은 가수들을 찾는 오디션 프로그램 • '아메리칸 아이돌'과 꽤 비슷한 • 훌륭한 가수들을 보고 그들의 재능을 즐긴다	• a talent show that searches for undiscovered singers • quite similar to *American Idol* • see excellent singers and enjoy their talents
아이디어 2	핵심답변	'걸어서 세계속으로'	*Backpack Travels*
	부연설명	• 우리에게 전 세계 많은 도시들을 안내해 준다 • 문화와 사람들을 진정으로 발견한다	• guides us through many cities around the world • truly discover the culture and the people

🎤 나의 답변   답변 아이디어와 표현을 참고해서 나의 답변을 말해보고 모범답변을 참고하여 답변을 보완해보자.

모범 답변

핵심답변 My favorite TV program of all time is *K-Pop Star*. 부연설명 It's a talent show that searches for undiscovered singers, which is quite similar to *American Idol*. I love this program **because** I can see so many excellent young singers and enjoy their talents.

핵심답변 제가 지금껏 가장 좋아하는 TV 프로그램은 '케이팝 스타'입니다. 부연설명 이는 발견되지 않은 가수들을 찾는 오디션 프로그램인데, '아메리칸 아이돌'과 꽤 비슷합니다. 저는 수많은 훌륭한 젊은 가수들을 보고 그들의 재능을 즐길 수 있어서 이 프로그램을 좋아합니다.

어휘 of all time 지금껏, 역대   undiscovered[ʌ̀ndiskʌ́vərd] 발견되지 않은

8 How have TV programs changed in recent years?

TV 최근 몇 년간 TV 프로그램들이 어떻게 바뀌었나요?

답변
아이디어
&표현

아이디어 1	핵심답변	리얼리티 TV 쇼가 훨씬 더 많다	there are a lot more reality TV shows
	부연설명	• 오디션 프로그램과 노래 경쟁 프로그램 • 유명인들이 나오는 음식 요리 프로그램	• talent shows and singing competition shows • food and cookery shows that feature celebrities
아이디어 2	핵심답변	더 세계화되었다	they have become more globalized
	부연설명	• 외국에서 온 사람들 • 더 많은 프로그램이 해외에서 촬영된다	• people from foreign countries • more programs are shot overseas

🎤 나의 답변   답변 아이디어와 표현을 참고해서 나의 답변을 말해보고 모범답변을 참고하여 답변을 보완해보자.

모범 답변

핵심답변 I think there are a lot more reality TV shows now than in the past. 부연설명 **For example**, these days, there are many talent shows and singing competition shows, which did not exist ten or fifteen years ago. **Also**, unlike in the past, food and cookery shows that feature celebrities are very much in vogue now.

핵심답변 오늘날에는 예전보다 리얼리티 TV 쇼가 훨씬 더 많은 것 같습니다. 부연설명 예를 들어, 요즘에는 10년 내지 15년 전에는 없었던 오디션 프로그램과 노래 경쟁 프로그램들이 많이 있습니다. 또한 예전과는 달리 유명인들이 나오는 음식 요리 프로그램이 오늘날 대단히 인기를 얻고 있습니다.

어휘 celebrity[səlébrəti] 유명인   in vogue 인기를 얻어, 유행하여

| 유명인 | Part 2에서는 유명인과 관련된 경험에 대해 묘사하라는 문제가 자주 출제됩니다. 이 경우, Part 3 에서는 유명인이 되는 것의 장단점, 유명인이 끼치는 영향에 대해 묻는 경우가 많습니다. |

PART 2

1

Describe a celebrity that you saw on a news program. 당신이 뉴스에서 본 유명인에 대해 말하라.

You should say:
    who he/she is 그/그녀가 누구인지
    when he/she was on the news 언제 뉴스에 나왔는지
    why he/she was on the news 왜 뉴스에 나왔는지
and explain how you felt when you saw him/her on the news.
그리고 그/그녀를 뉴스에서 봤을 때 어떤 기분이 들었는지 설명하라.

답변
아이디어
&표현

① 그/그녀가 누구인지	• 싸이 • 가수이자 코믹한 공연가 • '강남스타일'로 유명한	• Psy • a singer and comedic performer • famous for *Gangnam Style*
② 언제 뉴스에 나왔는지	• '강남스타일'이 공개된 직후	• just after *Gangnam Style* was released

③ 왜 뉴스에 나왔는지	• 노래의 경이적인 성공에 대해 이야기
	  하기 위해
		• to discuss the phenomenal success of
		  the song

④ 그/그녀를 뉴스에서 봤을 때 어떤 기분이 들었는지	• 정말 자랑스러웠나 • 그의 노래로 새로운 지평을 열고 있었다 • 그의 겸손한 태도에 깊은 인상을 받았다	• was really proud • was breaking new ground with his song • was impressed by his humble attitude

나의 노트

나의 답변   답변 아이디어와 표현을 참고해서 나의 답변을 말해보고 모범답변을 참고하여 답변을 보완해보자.

모범 노트

- Psy
- singer & comedic performer
- famous for Gangnam style
- after Gangnam Style was released
- discuss the phenomenal success of the song
- proud
- break new ground
- impressed by humble attitude

모범 답변

① I've seen **lots of** celebrities on news programs, **but the first one that comes to mind is** Psy. Psy is a Korean singer and comedic performer. He is most famous for the song *Gangnam Style*, which took the world by storm a few years ago. **Despite** its lyrics being in Korean, it became famous internationally, and people around the world imitated the iconic 'horse-riding dance' featured in it.

② Psy was on the news program I saw just after *Gangnam Style* was released.

③ He'd been invited on to discuss the phenomenal success of the song. It had just been named YouTube's most viewed video ever, and the song was being played in dance clubs around the world. It even reached number two on the American Billboard music chart.

④ I was really proud when I saw Psy on television **because** he was breaking new ground with his song. No Korean artist had ever been so successful abroad. I was **also** impressed by his humble attitude. **Even though** he had become an international superstar, he didn't seem arrogant at all. He just said he was lucky and glad to share his music with lots of people.

① 저는 뉴스에서 많은 유명인들을 보았지만, 가장 먼저 떠오르는 사람은 싸이입니다. 싸이는 한국의 가수이자 코믹한 공연가입니다. 그는 노래 '강남스타일'로 가장 유명한데, 이것은 몇 년 전 세계에서 대성공을 거두었습니다. 가사가 한국어로 되어 있는데도 불구하고, 그 노래는 국제적으로 유명해졌고, 전 세계의 사람들은 노래에 특별히 포함된 상징적인 '말타기 춤'을 흉내냈습니다.

② 싸이는 '강남스타일'이 공개된 직후에 제가 본 뉴스에 나왔습니다.

③ 그는 그 노래의 경이적인 성공에 대해 이야기하기 위해 초대되었습니다. 그것은 유튜브의 지금껏 가장 많이 시청된 비디오로 이름 붙여졌고, 노래는 전 세계의 댄스 클럽에서 흘러 나왔습니다. 이것은 심지어 미국 빌보드 음악 차트 2위에 오르기도 했습니다.

④ 저는 TV에서 싸이를 봤을 때 정말 자랑스러웠는데 왜냐하면 그가 그의 노래로 새로운 지평을 열고 있었기 때문입니다. 그 어떤 한국인 아티스트도 해외에서 그렇게 성공한 적이 없었습니다. 또한 저는 그의 겸손한 태도에도 깊은 인상을 받았습니다. 그는 국제적인 슈퍼스타가 되었음에도 불구하고, 전혀 거만해 보이지 않았습니다. 그는 그저 그의 음악을 많은 사람들과 나눌 수 있어서 행운이고 기쁘다고 말했습니다.

어휘 take something by storm ~에서 대성공을 거두다, ~을 단번에 사로잡다 lyric[lírik] 가사 imitate[ímiteit] 흉내내다
iconic[aikάːnik] 상징적인 release[rilíːs] 공개하다, 발표하다 phenomenal[finάːminl] 경이적인, 놀랄 만한
humble[hʌ́mbl] 겸손한 arrogant[ǽrəgənt] 거만한

2

What are the advantages and disadvantages of being a well-known person? 유명한 사람이 되는 것의 장단점은 무엇인가요?

답변 아이디어 & 표현

핵심답변 ①	매우 수익성이 높은	highly profitable
부연설명	• 새로운 상품을 홍보하거나 자신의 이름을 빌려준다	• endorse or lend one's name to new products
	• 이는 그들에게 많은 돈을 벌어다 줄 수 있다	• this can earn them huge sums of money
	• 특별 대우를 받는다	• receive special treatment
	• VIP 지위를 유지한다	• maintain VIP status
핵심답변 ②	사생활을 잃음	the loss of privacy
부연설명	• 자주 파파라치들에게 스토킹을 당한다	• are often stalked by paparazzi
	• 사적으로 한 행동 때문에 매체에 등장한다	• appear in the media because of things they've done in private

🎤 나의 답변   답변 아이디어와 표현을 참고해서 나의 답변을 말해보고 모범답변을 참고하여 답변을 보완해보자.

모범 답변

핵심답변 ① One major benefit of being famous is that it can be highly profitable, financially and otherwise. 부연설명 **For example**, celebrities are often given the opportunity to endorse, or lend their names to, new products. This can earn them huge sums of money. They also generally receive special treatment and maintain VIP status. 핵심답변 ② **On the other hand**, fame can also have downsides, such as the loss of privacy. 부연설명 **For instance**, celebrities and politicians are often stalked by paparazzi and appear in the media because of things they've done or said in private.

핵심답변 ① 유명해지는 것의 한 가지 주요한 장점은 재정적으로나 그 밖의 것에서 매우 수익성이 높을 수 있다는 것입니다. 부연설명 예를 들어, 유명인들은 종종 새로운 상품을 홍보하거나 새로운 상품에 자신의 이름을 빌려주는 기회가 주어집니다. 이는 그들에게 많은 돈을 벌어다 줄 수 있습니다. 또한 그들은 일반적으로 특별 대우를 받고 VIP 지위를 유지합니다. 핵심답변 ② 반면에, 명성은 사생활을 잃어버리는 것과 같은 부정적인 측면도 있을 수 있습니다. 부연설명 예를 들어, 유명인들과 정치인들은 자주 파파라치들에게 스토킹을 당하고 그들이 사적으로 한 행동이나 말 때문에 매체에 등장합니다.

어휘 profitable[práːfitəbl] 수익성이 높은, 돈벌이가 되는 celebrity[səlébrəti] 유명인
endorse[indɔ́ːrs] (상품을) 홍보하다, 보증하다 fame[feim] 명성 loss[lɔːs] 잃음, 상실 privacy[práivəsi] 사생활
politician[pàːlətíʃn] 정치인

3 How do celebrities affect the younger generation?

유명인들은 젊은 세대에 어떻게 영향을 주나요?

답변 아이디어 &표현	핵심답변 ①	젊은이들이 누릴 수 있는 예술과 문화를 만든다	create art and culture that youth can enjoy
	부연설명	• 많은 젊은 사람들은 음악, 패션, 영화에 열정을 느낀다 • 젊은 세대에게 즐거움을 가져다 준다	• many young people are passionate about music, fashion, and movies • bring joy to the younger generation
	핵심답변 ②	젊은이들에게 부정적으로 영향을 준다	negatively impact youth
	부연설명	• 유명인의 문화를 따른다 • 그들로부터 습관과 사고방식을 배운다 • 유명인이 어떤 부적절한 말이나 행동을 하더라도 • 그들을 모방하고 곤경에 빠진다	• follow celebrity culture • pick up habits and ideas from them • even if a celebrity says or does something inappropriate • imitate them and get into trouble

 나의 답변   답변 아이디어와 표현을 참고해서 나의 답변을 말해보고 모범답변을 참고하여 답변을 보완해보자.

모범 답변

서론 Celebrities can influence young people in so many ways. 핵심답변 ① On the positive side, celebrities create art and culture that youth can enjoy. 부연설명 **For example**, music, fashion, and movies are things that many young people are passionate about. By creating these things, celebrities bring joy to the younger generation. 핵심답변 ② **However**, celebrities can also negatively impact youth. 부연설명 Young people often follow celebrity culture closely and pick up habits and ideas from them. Even if a celebrity says or does something inappropriate, young people may imitate them and get into trouble.

서론 유명인들은 여러 가지 방법으로 젊은이들에게 영향을 줄 수 있습니다. 핵심답변 ① 긍정적인 측면으로는, 유명인들은 젊은이들이 누릴 수 있는 예술과 문화를 만듭니다. 부연설명 예를 들어, 음악, 패션, 영화는 많은 젊은 사람들이 열정을 느끼는 것들입니다. 이것들을 만들어냄으로써, 유명인들은 젊은 세대에게 즐거움을 가져다 줍니다. 핵심답변 ② 하지만, 유명인들은 젊은이들에게 부정적으로 영향을 줄 수도 있습니다. 부연설명 젊은 사람들은 흔히 유명인의 문화를 열심히 따르고 그들로부터 습관과 사고방식을 배웁니다. 유명인이 어떤 부적절한 말이나 행동을 하더라도, 젊은 사람들은 그들을 모방하고 곤경에 빠질 수 있습니다.

어휘   generation[dʒènəréiʃən] 세대   passionate[pǽʃənət] 열정적인, 열렬한   impact[ímpækt] 영향을 주다
      culture[kʌ́ltʃər] 문화, 사고방식   closely[klóusli] 열심히, 면밀히   pick up 배우다, 얻다
      imitate[íməteit] 모방하다, 따라 하다   get into trouble 곤경에 빠지다

UNIT 18   Media 미디어   HACKERS **IELTS** SPEAKING

PART 2

4

Describe a news story that you heard or read about. 당신이 들었거나 읽었던 뉴스에 대해 말하라.

You should say:
    when you saw/heard the news 뉴스를 언제 보았거나 들었는지
    what it was about 무엇에 대한 것이었는지
    how you felt about it 그것에 대해 어떤 기분이 들었는지
and explain what you did after you heard/read it. 그리고 그것을 듣거나 읽고 난 뒤 무엇을 했는지 설명하라.

답변
아이디어
& 표현

① 뉴스를 언제 보았거나 들었는지	• 몇 달 전	• a few months ago
② 무엇에 대한 것이었는지	• 선행을 한 한 노부인 • 10만 달러 넘게 모았다 • 그 모두를 자선 단체에 남겼다	• an old lady who did a good deed • had saved over $100,000 • had left it all to a charity
③ 그것에 대해 어떤 기분이 들었는지	• 인간애에 대한 더 큰 믿음을 주었다 • 세상에는 다정한 사람들이 많다는 것을 깨달았다	• gave me more faith in humanity • realized that there were many loving people out there
④ 그것을 듣거나 읽고 난 뒤 무엇을 했는지	• 같은 자선 단체에 기부를 한다	• make a donation to the same charity group

나의 노트

나의 답변 | 답변 아이디어와 표현을 참고해서 나의 답변을 말해보고 모범답변을 참고하여 답변을 보완해보자.

- a few months ago
- an old lady, a good deed
- saved $100,000
- left it to a charity
- faith in humanity
- many loving people out there
- make a donation

모범 답변

① Well, I saw a news story on TV a few months ago.

② It was about an old lady who did a good deed. She sold vegetables all day at a local market to earn a living. Everyone assumed that she was really poor because she seemed to be living in poverty. **However**, what people did not know was that she was saving almost all of her income. After she passed away, everyone was shocked to learn that she had saved over $100,000. It turns out that she'd left it all to a charity that helps low-income citizens, like herself.

③ Her heart-warming story gave me more faith in humanity. Previously, I sometimes thought the world was a cold, merciless place. **However**, after seeing the story, I realized that there were many loving people out there and that they aren't always where you'd expect to find them.

④ Her selfless giving also made me realize that I should do something, too. It encouraged me to make a donation to the same charity group. **In fact**, I now donate a little money to it every time I get paid. It's not a lot, but it's better than nothing.

① 저는 몇 달 전 TV에서 한 뉴스를 보았습니다.

② 그것은 선행을 한 한 노부인에 대한 것이었습니다. 그녀는 생계를 유지하기 위해 동네 시장에서 하루 종일 채소를 팔았습니다. 그녀가 가난하게 사는 것처럼 보였기 때문에 모든 사람들은 그녀가 정말 가난할 것이라고 추측했습니다. 하지만, 사람들이 몰랐던 것은 그녀가 수입의 거의 대부분을 저축하고 있었다는 것이었습니다. 그녀가 죽고 난 뒤, 모든 사람들은 그녀가 10만 달러가 넘는 돈을 모았다는 사실을 알고 깜짝 놀랐습니다. 그녀가 그 모두를 자신과 같은 저소득층 시민들을 돕는 자선 단체에 남겼다는 것이 밝혀졌습니다.

③ 그녀의 마음이 따뜻해지는 이야기는 저에게 인간애에 대한 더 큰 믿음을 주었습니다. 이전에, 저는 때때로 세상이 차갑고 무정한 곳이라고 생각했습니다. 하지만 이 이야기를 듣고 난 후, 저는 세상에는 다정한 사람들이 많이 있고 그들이 항상 당신이 찾을 것이라고 예상하는 곳에 있지는 않다는 것을 깨달았습니다.

④ 또한 그녀의 이타적인 기부는 저도 무언가를 해야겠다고 깨닫게 만들었습니다. 이는 제가 같은 자선 단체에 기부를 하도록 만들었습니다. 사실, 저는 현재 급여를 받을 때마다 약간의 돈을 기부합니다. 많지는 않지만, 아무것도 하지 않는 것보다는 낫습니다.

UNIT 18 Media 미디어 HACKERS **IELTS** SPEAKING

어휘 good deed 선행 earn a living 생계를 유지하다 live in poverty 가난하게 살다 income[ínkʌm] 수입
pass away 죽다, 사망하다 charity[tʃǽrəti] 자선 단체 low-income 저소득의 humanity[hjuːmǽnəti] 인간애, 인류
previously[príːviəsli] 이전에, 과거에 merciless[mɔ́ːrsiləs] 무정한, 무자비한 selfless[sélfləs] 이타적인, 사심 없는

5 What forms of communication do you usually use to give good news to your friends? 당신은 친구들에게 좋은 소식을 전하기 위해 주로 어떤 의사소통 형태를 사용하나요?

 답변
아이디어
& 표현

핵심답변 ①	전화를 건다	make telephone calls
부연설명	• 사람들에게 연락하는 가장 빠른 방법 • 즉시 그것에 대해 이야기한다	• the quickest way to reach people • discuss it right away
핵심답변 ②	문자 메시지를 통해 소식을 전한다	send the news via text message
부연설명	• 그들은 직장에 있어서 전화를 받지 못한다 • 보통 여전히 문자 메시지는 읽을 수 있다	• can't answer the phone because they're at work • can usually still read a text message

🎤 나의 답변   답변 아이디어와 표현을 참고해서 나의 답변을 말해보고 모범답변을 참고하여 답변을 보완해보자.

모범 답변

서론 **There are several** ways **that** I tell people good news. 핵심답변 ① But the method I prefer most is to make telephone calls. 부연설명 Calling is the quickest way to reach people. By placing a call, I can let my friends know the good news and discuss it right away. 핵심답변 ② **However**, if it isn't possible to call, I send the news via text message. 부연설명 Even if people can't answer the phone **because** they're at work or in class, they can usually still read a text message.

서론 제가 사람들에게 좋은 소식을 전하는 데는 몇 가지 방식이 있습니다. 핵심답변 ① 그러나 제가 가장 선호하는 방법은 전화를 거는 것입니다. 부연설명 전화를 거는 것은 사람들에게 연락하는 가장 빠른 방법입니다. 전화를 함으로써 저는 친구들에게 좋은 소식을 알리고 즉시 그것에 대해 이야기할 수 있습니다. 핵심답변 ② 하지만, 전화를 걸 수 없을 때 저는 문자 메시지를 통해 소식을 전합니다. 부연설명 사람들이 직장에 있거나 수업 중이어서 전화를 못 받더라도, 그들은 보통 여전히 문자 메시지는 읽을 수 있습니다.

어휘 reach[riːtʃ] (전화로) 연락하다, 닿다 place a call 전화를 걸다 via[víːə] ~을 통해서, ~을 이용하여

6

How has the news changed from the past?

뉴스는 과거로부터 어떻게 변했나요?

답변 아이디어 & 표현	핵심답변	이제 온라인으로 이용이 가능하다	it is now accessible online
	부연설명	• 뉴스를 구독해야만 했다	• had to subscribe to newspapers
		• 사건이 일어난 지 몇 시간 후까지 그것에 대해 알지 못했다	• did not learn about an event until hours after it occurred
		• 반면에, 뉴스 보도는 이제 즉각 온라인에 게재되고 계속 업데이트된다	• in contrast, news reports are now instantly published online and constantly updated
		• 스마트폰의 발명으로 인해	• with the invention of smartphones
		• 뉴스를 어디서든 얻을 수 있다	• can get their news anywhere

 나의 답변 | 답변 아이디어와 표현을 참고해서 나의 답변을 말해보고 모범답변을 참고하여 답변을 보완해보자.

모범 답변

핵심답변 The most significant change the news has undergone is that it is now accessible online. 부연설명 Before, people had to subscribe to newspapers or watch television news reports to get information. This meant that they sometimes did not learn about an event until hours after it occurred. **In contrast**, news reports are now instantly published online and constantly updated. **Furthermore**, with the invention of smartphones, people can get their news anywhere. This is especially true in Korea, where nearly all adults have these devices.

핵심답변 뉴스가 겪은 가장 큰 변화는 이제 온라인으로 이용이 가능하다는 것입니다. 부연설명 이전에, 사람들은 정보를 얻기 위해 신문을 구독하거나 텔레비전 뉴스 보도를 시청해야만 했습니다. 이는 그들이 때로는 어떤 사건이 일어난지 몇 시간 후까지 그것에 대해 알지 못했다는 것을 의미합니다. 반면에, 뉴스 보도는 이제 즉각 온라인에 게재되고 계속 업데이트됩니다. 추가로, 스마트폰의 발명으로 인해 사람들은 뉴스를 어디에서든 얻을 수 있습니다. 이는 거의 모든 성인들이 이러한 기기를 가지고 있는 한국에서 특히 그렇습니다.

어휘 **undergo**[ʌ̀ndərgóu] 겪다 **subscribe**[səbskráib] 구독하다, 가입하다 **occur**[əkə́:r] 일어나다, 발생하다 **constantly**[ká:nstəntli] 계속, 끊임없이

* 나의 답변을 말해본 후, 348페이지의 답변 셀프 체크 포인트를 통해 나의 답변을 점검하고 보완하도록 합니다.

UNIT
18

Media 미디어 HACKERS **IELTS** SPEAKING

UNIT 19

History & Tradition 역사와 전통

역사·전통은 스피킹 시험에서 자주 출제되는 주제는 아니지만, 우리나라의 역사 및 전통에 대해 미리 영어로 간단히 정리해 두지 않으면 시험장에서 질문을 받았을 때 당황하기 쉽습니다. 따라서 역사·전통과 관련된 빈출문제, 관련 아이디어 및 표현, 그리고 모범답변을 학습하여 준비해 두는 것이 좋습니다.

■ PART 1 빈출문제

Part 1에서는 역사를 배우는 것을 좋아하는지, 역사박물관에 자주 방문하는지 등 역사에 관한 개인적인 관심에 대해 주로 질문합니다. 따라서 다음 Part 1 빈출문제를 확인하여 역사와 관련된 본인의 생각 및 경험에 대한 내용을 미리 영어로 정리해보고 연습하도록 합니다.

<table>
<tr>
<td rowspan="6">역사</td>
<td>Do you like learning history? 최빈출
당신은 역사 배우는 것을 좋아하나요?</td>
</tr>
<tr>
<td>Do you think learning history is important?
당신은 역사를 배우는 것이 중요하다고 생각하나요?</td>
</tr>
<tr>
<td>Have you read any articles or books related to history recently?
당신은 최근에 역사와 관련된 기사나 책을 읽은 적이 있나요?</td>
</tr>
<tr>
<td>Do you like historical films?
당신은 역사 영화를 좋아하나요?</td>
</tr>
<tr>
<td>What do you do to learn the history of your country?
당신은 당신의 나라의 역사를 배우기 위해 무엇을 하나요?</td>
</tr>
<tr>
<td>What can we do to encourage interest in history amongst children?
우리는 아이들이 역사에 관심을 가지도록 장려하기 위해 무엇을 할 수 있을까요?</td>
</tr>
<tr>
<td rowspan="2">박물관</td>
<td>Do you visit history museums often? 최빈출
당신은 역사박물관에 자주 방문하나요?</td>
</tr>
<tr>
<td>What can students learn by visiting museums?
학생들은 박물관에 방문함으로써 무엇을 배울 수 있나요?</td>
</tr>
</table>

Part 2에서는 우리나라의 전통, 전통적인 축제에 대해 묘사하라는 문제가 자주 나옵니다. 가장 자주 나오는 문제인 우리나라의 전통에는 무엇이 있는지에 대한 답변을 준비해두면, 전통 축제를 묻는 다른 문제에도 활용할 수 있습니다.

Part 3에서는 과거와 현재의 전통 사이의 차이점이 무엇인지, 한국 사람들이 역사에 얼마나 관심이 있는지와 같이 대답하기 다소 까다로운 질문을 하므로, 미리 빈출문제와 모범답변을 살펴보고 나의 답변을 준비해둡니다.

전통

PART 2

Describe a tradition of your country. 당신의 나라의 전통에 대해 말하라. [최빈출]

You should say:
  what this tradition involves 이 전통이 무엇을 포함하는지
  when it started 언제 시작되었는지
and explain why you like it. 그리고 당신이 왜 그것을 좋아하는지 설명하라.

PART 3

How are traditions different today than they were in the past? [최빈출]
오늘날의 전통은 과거와 어떻게 다른가요?

What do you think about traditions disappearing?
당신은 전통들이 사라져가는 것에 대해 어떻게 생각하나요?

역사

PART 2

Describe a historic building you visited. 당신이 방문한 역사적인 건물에 대해 말하라. [최빈출]

You should say:
  what this building is 이 건물이 무엇인지
  how often you visited 얼마나 자주 방문했는지
  how it looks 그것이 어떻게 생겼는지
and explain what you thought when you visited there.
그리고 당신이 그곳을 방문했을 때 무엇을 생각했는지 설명하라.

PART 3

What do people think when they see historic buildings? [최빈출]
사람들은 역사적인 건물을 볼 때 무엇을 생각하나요?

Are people in your country interested in history?
당신의 나라 사람들은 역사에 관심이 있나요?

UNIT
19

History & Tradition 역사와 전통 **HACKERS IELTS SPEAKING**

🎧 Unit 19 Track 1

1 Do you like learning history?
역사 당신은 역사 배우는 것을 좋아하나요?

답변 아이디어 & 표현

아이디어 1	핵심답변	역사는 내가 관심이 많은 분야이다	history is something that interests me a lot
	부연설명	• 우리나라의 역사에 대한 책을 읽는다 • 옛날의 한국을 배경으로 한 영화와 TV 드라마를 본다	• read books about my country's history • watch movies and TV mini-series set in ancient Korea
아이디어 2	핵심답변	역사를 배우는 데 관심이 없다	I'm not into learning history
	부연설명	• 다뤄야 할 자료가 너무 많다 • 역사적 사실을 암기하는 데 집중한다	• there is too much material to cover • focus on memorizing historical facts

나의 답변 답변 아이디어와 표현을 참고해서 나의 답변을 말해보고 모범답변을 참고하여 답변을 보완해보자.

모범 답변

핵심답변 Yes, history is something that interests me a lot. 부연설명 I like to read books, comics, and articles about my country's history. **Moreover**, I think it is great fun to watch movies and TV mini-series set in ancient Korea.

핵심답변 네, 역사는 제가 관심이 많은 분야입니다. 부연설명 저는 우리나라의 역사에 대한 책, 만화, 그리고 기사를 읽는 것을 좋아합니다. 더욱이, 저는 옛날의 한국을 배경으로 한 영화와 TV 드라마를 보는 것이 아주 재미있다고 생각합니다.

어휘 ancient[éinʃənt] 옛날의, 고대의

🎧 Unit 19 Track 2

2 Do you think learning history is important?
역사 당신은 역사를 배우는 것이 중요하다고 생각하나요?

답변 아이디어 & 표현

아이디어 1	핵심답변	역사를 배우는 것이 중요하다	it is important to learn history
	부연설명	• 우리 민족의 문화에 대해 배운다 • 선조들의 실수를 우리에게 가르쳐준다	• study about the culture of our people • teaches us the mistakes of our ancestors
아이디어 2	핵심답변	어느 정도는 중요하다	it is somewhat important
	부연설명	• 우리 일상에 기술만큼 유용하지 않은 • 과거의 실수로부터 배우는 데 실패한다	• not as useful to our daily lives as technology • fail to learn from the mistakes of the past

나의 답변 답변 아이디어와 표현을 참고해서 나의 답변을 말해보고 모범답변을 참고하여 답변을 보완해보자.

모범 답변

핵심답변 I think that it is important to learn history, especially the history of our country. 부연설명 By studying Korean history, we're studying about the culture of our people and our identity as members of Korean society. **Furthermore**, history teaches us the mistakes of our ancestors so that we can learn from them.

핵심답변 저는 역사, 특히 우리나라의 역사를 배우는 것이 중요하다고 생각합니다. 부연설명 한국사를 배움으로써 우리는 우리 민족의 문화와 한국 사회 구성원으로서 우리의 정체성에 대해 배웁니다. 더욱이, 역사는 우리 선조들의 실수를 우리에게 가르쳐주어 우리가 그것을 보고 배울 수 있도록 합니다.

어휘 identity[aidéntəti] 정체성 ancestor[ǽnsestər] 선조, 조상

3 Have you read any articles or books related to history recently?

역사

당신은 최근에 역사와 관련된 기사나 책을 읽은 적이 있나요?

답변 아이디어 & 표현	아이디어 1	핵심답변	최근에 역사와 관련된 기사를 읽었다	I recently read an article about history
		부연설명	• 한 한국 독립운동가의 일생에 대해	• about the life of a Korean independence activist
			• 그의 생애의 다양한 측면을 다루었다	• covered various aspects of his life
	아이디어 2	핵심답변	막 역사소설을 읽는 것을 끝냈다	I've just finished reading a historical novel
		부연설명	• 조선 시대를 배경으로 하는 이야기	• a story that takes place during the Joseon dynasty
			• 역사적 사실과 허구의 조합	• a combination of historical facts and fiction

 나의 답변   답변 아이디어와 표현을 참고해서 나의 답변을 말해보고 모범답변을 참고하여 답변을 보완해보자.

모범 답변

핵심답변 Yes, I recently read an article about the life of a Korean independence activist. 부연설명 It covered various aspects of his life and the major achievements he made. It was quite interesting to me **because** the article contained many details of his life that I didn't know before.

핵심답변 네, 저는 최근에 한 한국 독립운동가의 일생에 대한 기사를 읽었습니다. 부연설명 그 기사는 그의 생애의 다양한 측면과 그가 이뤄낸 주요 업적을 다루었습니다. 그 기사는 제가 전에는 알지 못했던 그의 삶에 대한 여러 세부 정보를 포함하고 있었기 때문에 제게 상당히 흥미로웠습니다.

어휘 independence[ìndipéndəns] 독립   activist[ǽktəvist] 운동가, 활동가   achievement[ətʃíːvmənt] 업적, 성취한 것

4 Do you like historical films?

역사

당신은 역사 영화를 좋아하나요?

답변 아이디어 & 표현	아이디어 1	핵심답변	내가 가장 좋아하는 영화 종류이다	they are my favorite kinds of movies
		부연설명	• 대규모 전투를 다룬다	• feature great battles
			• 불가능해 보였던 승리를 거두었다	• won seemingly impossible victories
	아이디어 2	핵심답변	좋아하긴 하지만 때로는 내가 잠이 오게 한다	I do, although they sometimes can put me to sleep
		부연설명	• 항상 교훈을 주려고 한다	• always attempt to teach a lesson
			• 덜 진지하고 내게 웃음을 주는 영화가 좋다	• like films that are less serious and give me a good laugh

 나의 답변   답변 아이디어와 표현을 참고해서 나의 답변을 말해보고 모범답변을 참고하여 답변을 보완해보자.

모범 답변

핵심답변 Sure, they are my favorite kinds of movies. 부연설명 **More specifically**, I love the ones that feature great battles. There are several brilliant generals in Korean history who won seemingly impossible victories. So, movies about these battles are really spectacular and entertaining to watch.

핵심답변 그럼요, 이런 영화들은 제가 가장 좋아하는 종류의 영화입니다. 부연설명 더 구체적으로는, 저는 대규모 전투를 다루는 영화들을 좋아합니다. 한국 역사에는 불가능해 보였던 승리를 거둔 뛰어난 장군들이 몇몇 있습니다. 그래서, 이런 전투들에 대한 영화는 스릴이 넘치며 보기에 재미있습니다.

어휘 general[dʒénərəl] 장군   seemingly[síːmiŋli] 보기에는, 보아하니   spectacular[spektǽkjulər] 스릴이 넘치는, 극적인

UNIT 19

History & Tradition 역사와 전예   HACKERS IELTS SPEAKING

5 역사

What do you do to learn the history of your country?

당신은 당신의 나라의 역사를 배우기 위해 무엇을 하나요?

 답변 아이디어 &표현

아이디어 1	핵심답변	인터넷 검색을 통해 배운다	learn through web searches
	부연설명	• 믿을만한 온라인 자료를 찾는다	• look for reliable online sources
		• 좋은 한국사 관련 블로그	• an excellent blog about Korean history
		• 그곳에서 관련 정보를 찾는다	• find relevant information there
아이디어 2	핵심답변	역사에 대한 책을 읽는다	read books on history
	부연설명	• 도서관에 가서 역사에 대해 조사한다	• head to the library and check out on history
		• 또한 역사적인 장소를 방문한다	• also visit historical landmarks

나의 답변 　답변 아이디어와 표현을 참고해서 나의 답변을 말해보고 모범답변을 참고하여 답변을 보완해보자.

모범 답변

핵심답변 Mostly, I learn Korean history through web searches. 부연설명 When I want to know more about specific periods or historical figures, I look for reliable online sources. There is an excellent blog about Korean history that is maintained by a college professor, and I often find relevant information there.

핵심답변 대부분 저는 인터넷 검색을 통해 한국사를 배웁니다. 부연설명 제가 특정한 시기나 역사적 인물에 대해 더 알고 싶을 때, 저는 믿을만한 온라인 자료를 찾습니다. 어떤 대학 교수가 운영하는 좋은 한국사 관련 블로그가 있는데, 저는 그곳에서 종종 관련 정보를 찾습니다.

어휘 period[píːəriəd] 시기, 시대　historical figure 역사적 인물　source[sɔːrs] 자료, 출처

6 역사

What can we do to encourage interest in history amongst children?

우리는 아이늘이 역사에 관심을 가지도록 장려하기 위해 무엇을 할 수 있을까요?

 답변 아이디어 &표현

아이디어 1	핵심답변	역사적 시대를 배경으로 한 만화와 만화 영화를 더 많이 만든다	make more comics and animated movies set in historical periods
	부연설명	• 이런 유형의 매체에 관심 있는	• interested in these types of media
		• 교육적일 뿐만 아니라 상당히 재미있는	• quite entertaining as well as educational
아이디어 2	핵심답변	학교의 역사 수업을 개선한다	improve history classes at schools
	부연설명	• 구식의 수업 방식	• outdated teaching methods
		• 학생들의 적극적인 참여를 장려해야 한다	• should encourage the active participation of students

나의 답변 　답변 아이디어와 표현을 참고해서 나의 답변을 말해보고 모범답변을 참고하여 답변을 보완해보자.

모범 답변

핵심답변 Well, we could try to make more comics and animated movies set in historical periods. 부연설명 Most children are interested in these types of media, so they will surely want to read and watch them. If done correctly, I think they could be quite entertaining as well as educational.

핵심답변 우리는 역사적 시대를 배경으로 한 만화와 만화영화를 더 많이 만들어볼 수 있습니다. 부연설명 대부분의 아이들은 이런 유형의 매체에 관심이 있으므로, 그들은 분명히 그것들을 읽고 보고 싶어할 것입니다. 만일 제대로만 제작된다면, 그것들은 교육적일 뿐만 아니라 상당히 재미있을 수도 있을 것이라고 생각합니다.

어휘 set[set] 배경으로 하다　media[míːdiə] 매체, 수단

7 Do you visit history museums often?

박물관

당신은 역사박물관에 자주 방문하나요?

답변 아이디어 & 표현	아이디어 1	핵심답변	자주 방문한다	I visit them frequently
		부연설명	• 공예품과 자연물을 본다 • 우리 지역에 있는 역사박물관들이 정기전을 연다	• see artifacts and natural objects • history museums in my area hold regular exhibitions
	아이디어 2	핵심답변	일 년에 한두 번만 방문한다	I only visit once or twice a year
		부연설명	• 특별 전시가 있을 때 • 어떤 전시가 열릴지 보기 위해 온라인을 확인한다	• when there is a special exhibition going on • check online to see what exhibitions are coming up

🎙 나의 답변   답변 아이디어와 표현을 참고해서 나의 답변을 말해보고 모범답변을 참고하여 답변을 보완해보자.

UNIT
19

History & Tradition 역사와 전통   HACKERS IELTS SPEAKING

모범 답변

핵심답변 I certainly do visit them frequently. 부연설명 **Since** I love to see artifacts and natural objects from the Goryeo period, I head to museums when I have free time on weekends. **Because** several history museums in my area hold regular exhibitions of such artifacts, they are the ones I visit most often.

핵심답변 저는 확실히 그것들을 자주 방문합니다. 부연설명 저는 고려시대 공예품과 자연물을 보는 것을 좋아하므로, 주말에 자유 시간이 있으면 박물관에 갑니다. 우리 지역에 있는 몇몇 역사박물관들은 이러한 유물들의 정기전을 열기 때문에, 이곳들이 제가 가장 자주 방문하는 박물관들입니다.

어휘 artifact[ɑ́ːrtifækt] 공예품, 인공 유물

🎧 Unit 19 Track 8

8 What can students learn by visiting museums?

박물관

학생들은 박물관에 방문함으로써 무엇을 배울 수 있나요?

답변 아이디어 & 표현	아이디어 1	핵심답변	역사를 이해하고 진가를 알아본다	understand and appreciate history
		부연설명	• 유물들을 직접 눈으로 본다 • 역사의 중요성을 이해한다	• actually see the relics with one's own eyes • realize the importance of their history
	아이디어 2	핵심답변	예의 바르게 행동하는 것을 배운다	learn to conduct themselves properly
		부연설명	• 공공 장소를 방문할 때 조용히 해야 한다 • 또한 역사적인 공예품에 대해 질문하도록 격려될 수 있다	• need to be quiet when visiting public areas • can also be encouraged to ask questions about historical artifacts

🎙 나의 답변   답변 아이디어와 표현을 참고해서 나의 답변을 말해보고 모범답변을 참고하여 답변을 보완해보자.

모범 답변

핵심답변 I think students learn to understand and appreciate history when they go to museums. 부연설명 **For example**, it is one thing to read about the ingenuity of ancient tools and other cultural objects. **However**, it is quite another to actually see these relics with one's own eyes. In my opinion, students need to visit museums to realize the importance of their history.

핵심답변 저는 학생들이 박물관을 방문할 때 역사를 이해하고 그 진가를 알아보는 것을 배울 수 있다고 생각합니다. 부연설명 예를 들어, 오래된 도구와 다른 문화적 물건들의 정교함 대해 읽어볼 수는 있습니다. 하지만 이러한 유물들을 직접 눈으로 보는 것은 완전히 다른 것입니다. 저는 학생들이 그들의 역사의 중요성을 이해하기 위해 박물관에 가야 한다고 생각합니다.

어휘 appreciate[əpríːʃieit] 진가를 알아보다   ingenuity[ìndʒənúːəti] 정교, 독창력   relic[rélik] 유물, 유적

전통	Part 2에서는 우리나라의 전통에 대해 묘사하라는 문제가 자주 출제됩니다. 이 경우 Part 3에서는 과거와 현재 전통의 차이점, 사라지는 전통에 대한 생각에 대해 묻는 경우가 많습니다.

PART 2

1

Describe a tradition of your country. 당신의 나라의 전통에 대해 말하라.

You should say:
    what this tradition involves 이 전통이 무엇을 포함하는지
    when it started 언제 시작되었는지
and explain why you like it. 그리고 당신이 왜 그것을 좋아하는지 설명하라.

답변
아이디어
&표현

① 이 전통이 무엇을 포함 하는지	• 차례를 지낸다 • 조상의 묘를 찾아간다	• perform rituals • visit ancestral graves
② 언제 시작되었는지	• 적어도 7세기부터 • 정확한 날짜는 여전히 불명확하게 남아있다	• since at least the 7th century • the exact date remains a mystery
③ 당신이 왜 그것을 좋아 하는지	• 모든 친척들을 본다 • 전통 한국 음식을 즐긴다 • 송편이라고 불리는 떡	• see all of my relatives • enjoy traditional Korean foods • a rice cake called songpyeon

나의 노트

나의 답변

답변 아이디어와 표현을 참고해서 나의 답변을 말해보고 모범답변을 참고하여 답변을 보완해보자.

모범 노트

- Chuseok, biggest annual holiday
- perform rituals
- ancestral graves
- 7th century
- exact date, mystery
- see relatives
- enjoy traditional food, songpyeon, honey & sesame filling

모범 답변

① **There are many** traditions in Korea, **but the first that comes to mind is** celebrating *Chuseok*. It is the biggest annual holiday in Korea. During this holiday, people perform rituals and visit ancestral graves to honor their ancestors.

② Historical records show that Koreans have been celebrating this holiday since at least the 7th century. This makes *Chuseok* one of the oldest Korean traditions. **However**, the exact date of the first *Chuseok* celebration remains a mystery.

③ *Chuseok* is my favorite Korean tradition **for several reasons**. The most important is that it gives me the opportunity to see all of my relatives. We all live far apart now, so we don't have many chances to see one another. But we can all meet during *Chuseok*. It's always great to see our extended family. It is **also** a great time to enjoy traditional Korean foods. There are several items that are usually only made for *Chuseok*. This includes a rice cake called songpyeon. They are filled with a special honey and sesame filling and they're the best things ever. Just thinking about them makes my mouth water!

① 한국에는 많은 전통이 있지만, 가장 먼저 떠오르는 것은 추석을 기념하는 것입니다. 추석은 한국에서 가장 큰 한 해에 한 번 있는 명절입니다. 사람들은 이 명절 동안 그들의 조상을 기리기 위해 차례를 지내고 조상의 묘를 찾아갑니다.

② 역사적 기록은 한국인들이 이 명절을 적어도 7세기부터 지냈다는 것을 보여줍니다. 이는 추석을 가장 오래 된 한국 전통 중 하나로 만듭니다. 하지만, 첫 추석을 기념한 정확한 날짜는 여전히 불명확하게 남아있습니다.

③ 추석은 몇 가지 이유로 제가 가장 좋아하는 한국 전통입니다. 가장 중요한 것은 그것이 제게 모든 친척들을 볼 수 있는 기회를 준다는 것입니다. 우리는 이제 모두 다 멀리 떨어져 살아서, 서로를 볼 수 있는 기회가 많지 않습니다. 하지만 우리는 모두 추석에 만날 수 있습니다. 우리 대가족을 보는 것은 언제나 즐겁습니다. 또한 추석은 전통 한국 음식을 즐길 수 있는 좋은 시간입니다. 주로 추석에만 만드는 몇 가지 음식들이 있습니다. 이는 송편이라고 불리는 떡을 포함합니다. 송편은 특별한 꿀과 깨로 속이 채워져 있고 최고로 맛있습니다. 그것을 생각하는 것만으로도 제 입에 군침이 돌게 합니다!

어휘 tradition[trədíʃən] 전통   annual[ǽnjuəl] 한 해 한 번의, 해마다의   ritual[rítʃuəl] 차례, 제사, 의식
ancestral[ænséstrəl] 조상의   grave[greiv] 묘, 무덤   extended family 대가족   rice cake 떡
sesame[sésəmi] 참깨   make somebody's mouth water 군침이 돌게 하다

2 **How are traditions different today than they were in the past?**

오늘날의 전통은 과거와 어떻게 다른가요?

답변 아이디어 & 표현

핵심답변 ①	의식이 점점 더 간소화되고 짧아지고 있다	rituals are becoming simpler and briefer
부연설명	• 추석을 위한 의식 • 예전에는 3일 동안 계속되었다 • 준비는 훨씬 더 미리 시작되었다 • 대신에 명절을 이용해 해외 여행을 한다	• ceremonies for *Chuseok* • previously lasted three days • preparations began well in advance • use the holiday to travel abroad instead
핵심답변 ②	한복도 변화를 겪었다	*hanbok* has also undergone changes
부연설명	• 일상복으로 여겨지지 않는다 • 특별한 경우에만 그것을 입는다	• is not regarded as an everyday outfit • only wear it for special occasions

나의 답변   답변 아이디어와 표현을 참고해서 나의 답변을 말해보고 모범답변을 참고하여 답변을 보완해보자.

모범 답변

핵심답변 ① **First**, most holiday rituals are becoming simpler and briefer. 부연설명 **For example**, ceremonies for the Korean thanksgiving holiday, *Chuseok* previously lasted three days and preparations began well in advance. **However**, they are now simpler and usually take one day. Some people don't even do that. They use the holiday to travel abroad instead. 핵심답변 ② **Second**, our traditional outfit, the *hanbok*, has also undergone changes. 부연설명 Today, the hanbok is not regarded as an everyday outfit. We now only wear it for special occasions like weddings and funerals.

핵심답변 ① 첫째로, 대부분의 명절 의식은 점점 더 간소화되고 짧아지고 있습니다. 부연설명 예를 들어, 한국의 추수감사절인 추석을 위한 의식은 예전에는 3일 동안 계속되었고 준비는 훨씬 더 미리 시작되었습니다. 하지만, 그것들은 이제 더 간단해졌고 보통 하루가 걸립니다. 심지어 몇몇 사람들은 그것조차 하지 않습니다. 대신 그들은 명절을 이용해 해외 여행을 합니다. 핵심답변 ② 둘째로, 우리의 전통 의복인 한복도 변화를 겪었습니다. 부연설명 오늘날 한복은 일상복으로 여겨지지 않습니다. 이제 우리는 결혼식과 장례식과 같은 특별한 경우에만 그것을 입습니다.

어휘 brief[briːf] 짧은, 간단한   in advance 미리, 앞서   undergo[ʌ̀ndərgóu] 겪다   outfit[áutfit] 의복, 옷
occasion[əkéiʒən] 경우, 때   funeral[fjúːnərəl] 장례식

PART 3

3

What do you think about traditions disappearing?

당신은 전통들이 사라져가는 것에 대해 어떻게 생각하나요?

핵심답변	상반된 감정을 갖고 있다	have mixed feelings
부연설명	• 우리의 유산을 지키는 것이 중요하다 • 그것들이 사라지지 않도록 해야 한다 • 반대로, 몇몇 전통들은 현대 사회에 적합하지 않다 • 그것들을 잃어버리는 것이 자연스럽다 • 돈이 많이 들고 시간 소모가 큼 • 합리적이고 불가피해 보인다	• preserving our heritage is important • should ensure they do not disappear • conversely, some traditions do not fit modern society • it's natural to lose them • expensive and time consuming • seems reasonable and inevitable

🎤 나의 답변   답변 아이디어와 표현을 참고해서 나의 답변을 말해보고 모범답변을 참고하여 답변을 보완해보자.

UNIT 19

History & Tradition 역사와 전통   **HACKERS IELTS SPEAKING**

모범 답변

핵심답변 I know that many people have different opinions about disappearing traditions, but I have mixed feelings about it. 부연설명 **On the one hand**, preserving our heritage is important. We should ensure that traditional songs, stories, and activities do not disappear. **Conversely**, some traditions do not really fit modern society, so it's natural to lose them and develop new traditions. **For instance**, traditional ceremonies and ancestral rituals in Korea are expensive and time consuming. **Therefore**, people choose to simplify them. This seems reasonable and inevitable.

핵심답변 많은 사람들이 사라져가는 전통들에 대해 많은 다양한 의견을 갖고 있다는 것을 알지만, 저는 그것에 대해 상반된 감정을 갖고 있습니다. 부연설명 한편으로는, 우리의 유산을 지키는 것은 중요합니다. 우리는 전통 노래, 이야기, 그리고 활동들이 사라지지 않도록 해야 합니다. 반대로, 몇몇 전통들은 현대 사회에 그다지 적합하지 않아서, 그것들을 잃어버리고 새로운 전통을 발전시키는 것이 자연스럽습니다. 예를 들어, 한국의 전통적인 의식과 제례는 돈이 많이 들고 시간 소모가 큽니다. 따라서, 사람들은 그것들을 간소화하는 것을 선택합니다. 이는 합리적이고 불가피해 보입니다.

어휘 preserve[prizə́ːrv] 지키다, 보호하다   heritage[héritidʒ] 유산   ancestral ritual 제례
time consuming 시간 소모가 큰   simplify[símpləfai] 간소화하다, 단순화하다
inevitable[inévitəbl] 불가피한, 필연적인

PART 2

4

Describe a historic building you visited. 당신이 방문한 역사적인 건물에 대해 말하라.

You should say:
    what this building is 이 건물이 무엇인지
    how often you visited 얼마나 자주 방문했는지
    how it looks 그것이 어떻게 생겼는지
and explain what you thought when you visited there.
그리고 당신이 그곳을 방문했을 때 무엇을 생각했는지 설명하라.

답변
아이디어
& 표현

① 이 건물이 무엇인지	• 경복궁	• Gyeongbok Palace
② 얼마나 자주 방문했는지	• 최소 한 달에 한 번 • 매주 주말마다	• at least once a month • every weekend
③ 그것이 어떻게 생겼는지	• 숨이 막히도록 아름다운 • 엄청난 규모로 지어졌다 • 7,700개가 넘는 방을 가지고 있다 • 궁의 석조와 목재 앞벽에 조각되어 있는 해태	• breathtakingly beautiful • was constructed on a grand scale • contains more than 7,700 rooms • the haetae carved onto the palace's stone and wood front walls
④ 당신이 그곳을 방문했을 때 무엇을 생각했는지	• 먼 옛날의 왕족이 된 기분이 들었다 • 건축자들이 얼마나 발전했있는시 생각한다	• felt like a member of the ancient royal family • think about how advanced the builders were

나의 노트

나의 답변   답변 아이디어와 표현을 참고해서 나의 답변을 말해보고 모범답변을 참고하여 답변을 보완해보자.

- Gyeongbok Palace
- once a month
- every weekend
- beautiful
- grand scale
- contains 7,700 rooms
- the haetae
- felt like a member of the ancient royal family
- advanced

모범 답변

① **I'd like to talk about** Gyeongbok Palace, which is the most memorable historic building I've visited. Gyeongbok Palace was built in the 1300s and remained the Joseon dynasty's main royal palace until Japanese invaders burned it to the ground in the late 16th century. It remained in ruins until it was restored 300 years later.

② **Since** it's not far from my house, I visit the palace at least once a month. **However**, when the weather's great, I go every weekend.

③ I am always awed by the palace complex's beauty. It is breathtakingly beautiful, **since** it was constructed on a grand scale to show the majesty and dignity of the king. **In fact**, it contains more than 7,700 rooms. **However**, some of the most impressive elements are the haetae carved onto the palace's stone and wood front walls. These mythical lion-unicorn hybrids were thought to offer protection from disasters, **such as** fires.

④ Whenever I visit the palace, it gives me some odd feelings. **For one**, when I went wearing a traditional Korean outfit, a *hanbok*, I felt like a member of the ancient royal family. Seeing the intricate construction **also** made me think about how advanced the builders were. Even without modern tools, including nails, they built a sturdy, magnificent palace.

① 저는 제가 방문한 가장 기억에 남는 역사적인 건물인 경복궁에 대해 말씀드리겠습니다. 경복궁은 1300년대에 지어졌으며 16세기 후반에 일본 침략자들이 그것을 완전히 불태워버렸을 때까지 조선 왕조의 정궁으로 남아있었습니다. 궁은 300년 뒤 복원되었을 때까지 폐허로 남아있었습니다.

② 경복궁은 제 집에서 그렇게 멀지 않아서, 저는 최소 한 달에 한 번 궁에 방문합니다. 하지만 날씨가 좋을 때는 매주 주말마다 갑니다.

③ 저는 궁궐 단지의 아름다움에 항상 압도됩니다. 이것은 왕의 위엄과 품위를 보여주기 위해 엄청난 규모로 지어졌기 때문에 숨이 막히도록 아름답습니다. 사실, 이것은 7,700개가 넘는 방을 가지고 있습니다. 하지만, 가장 인상적인 요소들 중 일부는 궁의 석조와 목재 앞벽에 조각되어 있는 해태입니다. 이 상상의 사자와 유니콘이 섞인 동물은 화재와 같은 재해로부터 보호해준다고 여겨져 왔습니다.

④ 궁에 방문할 때마다 저는 약간의 이상한 기분이 듭니다. 우선 하나는, 제가 한국 전통 의복인 한복을 입고 갔을 때, 먼 옛날의 왕족이 된 기분이 들었습니다. 또한 복잡한 건축물을 보는 것은 제게 건축자들이 얼마나 발전했었는지를 생각하게 했습니다. 못을 포함한 현대적인 도구들 없이도 그들은 견고하고 아름다운 궁궐을 지었습니다.

여휘 invader[invéidər] 침략자 **to the ground** 완전히, 아주 **in ruins** 폐허가 된, 엉망이 된 awe[ɔː] ~을 압도하다, 위압하다 complex[káːmpleks] (건물) 단지 majesty[mǽdʒəsti] 위엄 dignity[dígnəti] 품위 carve[kɑːrv] 조각하다, 새기다 mythical[míθikəl] 상상의, 신화 속에 나오는 disaster[dizǽstər] 재해, 재앙 intricate[íntrikət] 복잡한, 뒤얽힌

5 What do people think when they see historic buildings?

사람들은 역사적인 건물을 볼 때 무엇을 생각하나요?

답변 아이디어 & 표현

핵심답변 ①	아름다움과 복잡한 디자인에 깜짝 놀라는	astonished by the beauty and intricate design
부연설명	• 매우 아름답게 장식된 • 아름답고 정교한 건축물	• exquisitely decorated • beautiful, elaborate structures
핵심답변 ②	• 건축물의 배경 • 그곳에서 일어난 역사적인 사건들	• the background of the structure • historic things that happened there
부연설명	• 한때 그곳에 살았던 왕족에 대한 이야기를 떠올린다	• think of stories about the imperial family that once lived there

🎙 **나의 답변** 답변 아이디어와 표현을 참고해서 나의 답변을 말해보고 모범답변을 참고하여 답변을 보완해보자.

모범 답변

핵심답변 ① **First**, people are astonished by the beauty and intricate design of historic buildings when they see them. 부연설명 **This is because** many old buildings are exquisitely decorated. People who see them are often amazed that people could build these beautiful, elaborate structures so long ago. 핵심답변 ② **Second**, they probably think about the background of the structure and all the historic things that probably happened there. 부연설명 **For example**, when people see Gyeongbok Palace in Korea, they probably think of stories they've heard about the imperial family that once lived there.

핵심답변 ① 우선, 사람들은 역사적인 건물을 볼 때 그것의 아름다움과 복잡한 디자인에 깜짝 놀랍니다. 부연설명 이는 많은 오래된 건물들이 매우 아름답게 장식되었기 때문입니다. 그것들을 보는 사람들은 그렇게 오래전에 사람들이 이런 아름답고 정교한 건축물을 지을 수 있었다는 것에 대해 흔히 놀랍니다. 핵심답변 ② 둘째로, 그들은 아마도 건축물의 배경과 그곳에서 일어났을지도 모를 모든 역사적인 사건들을 생각합니다. 부연설명 예를 들어, 사람들이 한국의 경복궁을 볼 때 그들은 아마도 그들이 들었던 한때 그곳에 살았던 왕족에 대한 이야기를 떠올릴 것입니다.

어휘 astonished[əstɑ́ːniʃt] 깜짝 놀란 exquisitely[ikskwízitli] 매우 아름답게, 절묘하게
elaborate[ilǽbərət] 정교한, 공들인 structure[strʌ́ktʃər] 건축물, 구조물

PART 3

6

Are people in your country interested in history?

당신의 나라 사람들은 역사에 관심이 있나요?

핵심답변	한국 사람들은 역사에 아주 관심이 많다	Korean people are very interested in history
부연설명	• 한국의 학교에서 역사 수업이 일찍 시작된다	• history lessons begin early on in Korean schools
	• 학생들은 그들의 역사의 중요성에 대해 배운다	• students are taught the importance of their history
	• 그들의 국가를 자랑스럽게 여기게 된다	• become proud of their country
	• 많은 영화들이 실제 역사적 인물을 이용한 허구적인 이야기를 보여준다	• many movies portray fictional stories using real historical figures
	• 일반 대중에게 아주 인기 있는	• very popular with the general public

답변 아이디어와 표현을 참고해서 나의 답변을 말해보고 모범답변을 참고하여 답변을 보완해보자.

모범 답변

핵심답변 **Individual interests differ from person to person, but I** think most Korean people are very interested in history. 부연설명 **That's because** history lessons begin early on in Korean schools and continue through all educational levels. Students are taught the importance of their history and become proud of their country at a very young age. **In addition**, many Korean television programs and movies portray fictional stories using real historical figures or periods. These are very popular with the general public. I guess that shows how interested in history Korean people are.

핵심답변 개인의 취향은 사람마다 다르겠지만, 저는 대부분의 한국 사람들이 역사에 아주 관심이 많다고 생각합니다. 부연설명 이는 한국의 학교에서 역사 수업이 일찍 시작되고 모든 교육 단계 동안 계속되기 때문입니다. 학생들은 매우 어린 나이에 그들의 역사의 중요성에 대해 배우고 그들의 국가를 자랑스럽게 여기게 됩니다. 게다가, 많은 한국 텔레비전 프로그램과 영화는 실제 역사적 인물이나 시대를 이용한 허구적인 이야기를 보여줍니다. 이것들은 일반 대중에게 아주 인기 있습니다. 저는 그것이 한국 사람들이 얼마나 역사에 관심 있는지를 보여준다고 생각합니다.

어휘 portray[pɔːrtréi] 보여주다   fictional[fíkʃənl] 허구적인, 소설의   historical figure 역사적 인물
general public 일반 대중

* 나의 답변을 말해본 후, 348페이지의 답변 셀프 체크 포인트를 통해 나의 답변을 점검하고 보완하도록 합니다.

Society 사회

사회는 스피킹 시험에서 많은 수험생들이 자주 질문 받는 주제는 아니지만, 법과 환경 문제 등 사회의 전반적인 부분과 관련하여 일상적으로 생각해보지 않았던 질문을 할 수 있으므로 영어로 미리 정리해두는 것이 좋습니다. 따라서 사회와 관련된 빈출문제, 관련 아이디어 및 표현, 그리고 모범답변을 학습하여 준비해둡니다.

■ PART 1 빈출문제

Part 1에서는 소음, 교통 체증과 같은 사회의 문제에 대해 주로 질문합니다. 따라서 다음 Part 1 빈출문제를 확인하여 사회 문제와 관련된 본인의 생각 및 경험을 미리 영어로 정리해보고 연습하도록 합니다.

소음	**Tell me about a noise that you can hear around your home.** 최빈출 당신의 집 주변에서 들을 수 있는 소리에 대해 말해주세요. **What kinds of sounds do you like?** 당신은 어떤 종류의 소리를 좋아하나요? **What kinds of sounds do you dislike?** 당신은 어떤 종류의 소리를 싫어하나요? **In which kind of place do you prefer to work or study, a noisy place or a quiet place?** 당신은 시끄러운 곳과 조용한 곳 중 어느 곳에서 일이나 공부하는 것을 선호하나요? **Do you think there is a lot of noise in your city or town?** 당신의 도시 또는 동네에 소음이 많다고 생각하나요?
교통	**Are traffic jams a big issue in your city?** 최빈출 당신의 도시에서 교통 체증이 큰 문제인가요? **What can you do to help reduce traffic jams?** 당신은 교통 체증을 줄이는 것을 돕기 위해 무엇을 할 수 있나요?
법	**Do you obey the law all the time?** 최빈출 당신은 항상 법을 준수하나요?

Part 2에서는 중요한 법, 흥미로운 법, 좋아하는 법 등을 묘사하라는 문제가 자주 나옵니다. 가장 자주 나오는 문제인 중요한 법이 무엇인지에 대한 답변을 준비해두면, 흥미로운 법, 좋아하는 법 등을 묻는 다른 문제에도 활용할 수 있습니다.

Part 3에서는 우리 사회에 경찰관이 필요한지, 환경오염을 해결하기 위한 방안에는 무엇이 있는지와 같이 대답하기 다소 까다로운 질문을 하므로, 미리 빈출문제와 모범답변을 살펴보고 나의 답변을 준비해둡니다.

법

PART 2

Describe an important law. 중요한 법에 대해 말하라. [최빈출]

You should say:
   what this law is 무슨 법인지
   how you know about this law 당신이 어떻게 이 법에 대해 알고 있는지
and explain why it is important. 그리고 왜 그것이 중요한지 설명하라.

PART 3

Do you think people would prefer to be police officers or lawyers? [최빈출]
당신은 사람들이 경찰이 되는 것을 선호한다고 생각하나요 아니면 변호사가 되는 것을 선호한다고 생각하나요?

Does society need police officers?
사회는 경찰을 필요로 하나요?

환경

PART 2

Describe a place with severe pollution that you have visited. [최빈출]
당신이 방문했던 심각하게 오염된 장소에 대해 말하라.

You should say:
   where this place was 이곳이 어디였는지
   why you went to this place 이곳에 왜 갔는지
   how bad the pollution was 오염이 얼마나 심했는지
and explain how you felt when you visited. 그리고 당신이 방문했을 때 어떤 기분이 들었는지 설명하라.

PART 3

What is the biggest environmental issue these days? [최빈출]
오늘날 가장 큰 환경 문제는 무엇인가요?

What can we do to improve the environment?
우리는 환경을 개선시키기 위해 무엇을 할 수 있나요?

1

소음

Tell me about a noise that you can hear around your home.

당신의 집 주변에서 들을 수 있는 소리에 대해 말해주세요.

🎧 Unit 20 Track 1

답변 아이디어 & 표현

아이디어 1	핵심답변	동물과 새 소리	those of animals and birds
	부연설명	• 내 이웃들 중 하나가 강아지를 기른다	• one of my neighbors has a puppy
		• 밤에 짖는 소리를 낸다	• makes a howling noise at night
		• 비둘기들이 발코니 난간에 앉아있다	• pigeons sit on balcony rails
아이디어 2	핵심답변	자동차	cars
	부연설명	• 분주한 거리 앞에 산다	• live in front of a busy street
		• 한밤중에 일어난다	• wake up in the middle of the night

🎤 나의 답변   답변 아이디어와 표현을 참고해서 나의 답변을 말해보고 모범답변을 참고하여 답변을 보완해보자.

모범 답변

핵심답변 Most of the noises I hear around my apartment are those of animals and birds. 부연설명 One of my neighbors has a puppy and sometimes it makes a howling noise at night. **Moreover**, pigeons like to sit on my apartment's balcony rails, so I often hear them in the morning.

핵심답변 제 아파트 주변에서 들을 수 있는 소리의 대부분은 동물과 새 소리입니다. 부연설명 제 이웃들 중 하나가 강아지를 기르는데 때때로 밤에 짖는 소리를 냅니다. 게다가, 비둘기들이 제 아파트의 발코니 난간에 앉아있길 좋아해서, 저는 아침에 자주 그것들의 소리를 듣습니다.

어휘 howling[háuliŋ] 짖는, 울부짖는   pigeon[pídʒən] 비둘기

2

소음

What kinds of sounds do you like?

당신은 어떤 종류의 소리를 좋아하나요?

🎧 Unit 20 Track 2

답변 아이디어 & 표현

아이디어 1	핵심답변	바다의 파도 소리	sound of ocean waves
	부연설명	• 마음을 달래고 긴장을 누그러뜨리는	• soothing and relaxing
		• 내가 바다 근처에 살던 때를 떠올리게 한다	• reminds me of the time I used to live near the sea
아이디어 2	핵심답변	웃음 소리	sound of laughter
	부연설명	• 밝고 쾌활한	• bright and cheerful
		• 나를 편안하게 만든다	• makes me feel at ease

 🎤 나의 답변   답변 아이디어와 표현을 참고해서 나의 답변을 말해보고 모범답변을 참고하여 답변을 보완해보자.

 모범 답변

핵심답변 My favorite sound is that of the ocean waves gently breaking onto the shore. 부연설명 It is one of the reasons that I sometimes go to the beach. The sound is **not only** soothing and relaxing, **but** it **also** reminds me of the time I used to live near the sea.

핵심답변 제가 가장 좋아하는 소리는 바다의 파도가 부드럽게 해변에 부서지는 소리입니다. 부연설명 이것은 제가 가끔 해변에 가는 이유 중 하나입니다. 이 소리는 마음을 달래고 긴장을 누그러뜨릴 뿐 아니라 제가 바다 근처에 살던 때를 떠올리게 합니다.

어휘 gently[dʒéntli] 부드럽게, 온화하게   shore[ʃɔːr] 해변, 해안   soothing[súːðiŋ] 달래는, 누그러뜨리는

3 What kinds of sounds do you dislike?

당신은 어떤 종류의 소리를 싫어하나요?

소음

 답변 아이디어 & 표현

아이디어 1	핵심답변	대부분의 시끄러운 소리	most loud noises
	부연설명	• 사이렌, 알람, 자동차 경적, 엔진 소음	• the sounds of sirens, alarms, car horns, and engine noises
		• 시끄러운 음악에 짜증이 난다	• get annoyed by loud music
아이디어 2	핵심답변	삐걱거리는 소리	squeaky sounds
	부연설명	• 손톱이 칠판을 긁을 때 나는 소리	• the sound that fingernails make when they scratch against a blackboard
		• 내 머리털이 쭈뼛해지게 만든다	• makes my hair stand on end

 나의 답변 | 답변 아이디어와 표현을 참고해서 나의 답변을 말해보고 모범답변을 참고하여 답변을 보완해보자.

모범 답변

핵심답변 I don't like most loud noises. 부연설명 **For instance**, I hate the sounds of sirens, alarms, car horns, and engine noises. **Moreover**, I sometimes get annoyed by loud music, **such as** heavy metal, too.

핵심답변 저는 대부분의 시끄러운 소리들을 좋아하지 않습니다. 부연설명 예를 들어, 저는 사이렌, 알람, 자동차 경적, 엔진 소음을 싫어합니다. 더욱이, 저는 때로로 헤비메탈과 같은 시끄러운 음악에도 짜증이 납니다.

어휘 horn[hɔːrn] (자동차 등의) 경적 annoyed[ənɔ́id] 짜증이 난

4 In which kind of place do you prefer to work or study, a noisy place or a quiet place?

당신은 시끄러운 곳과 조용한 곳 중 어느 곳에서 일이나 공부하는 것을 선호하나요?

소음

 답변 아이디어 & 표현

아이디어 1	핵심답변	조금 시끄러운 장소	places that are slightly noisy
	부연설명	• 도서관이 같이 조용한 장소	• quiet places like libraries
		• 큰 소리를 내지 않도록 주의해야 한다	• have to be careful not to make loud noises
		• 만약 소음이 너무 크다면	• if there's too much noise
		• 소음 때문에 산만해진다	• get distracted by the noise
아이디어 2	핵심답변	조용한 장소	quiet places
	부연설명	• 시끄러운 장소에서 쉽게 집중을 잃는다	• easily lose focus in a noisy place
		• 그냥 집에서 공부한다	• just stay home to study

나의 답변 | 답변 아이디어와 표현을 참고해서 나의 답변을 말해보고 모범답변을 참고하여 답변을 보완해보자.

모범 답변

핵심답변 I like places that are slightly noisy. 부연설명 When I work or study in quiet places like libraries, I have to be careful not to make loud noises myself. **As a result**, I'm too uncomfortable to concentrate on my task. **On the other hand**, if there's too much noise, I get distracted by it, so I become unproductive.

핵심답변 저는 조금 시끄러운 장소를 좋아합니다. 부연설명 도서관과 같이 조용한 장소에서 일이나 공부를 할 때 저는 저 자신이 큰 소리를 내지 않도록 주의해야 합니다. 그 결과, 저는 너무 불편해서 제 일에 집중을 할 수 없습니다. 반면에, 만약 소음이 너무 크다면 저는 그것 때문에 산만해져서 생산적이지 못하게 됩니다.

어휘 slightly[sláitli] 조금, 약간 task[tæsk] 일, 과제 unproductive[ʌ̀nprədʌ́ktiv] 비생산적인

UNIT 20

Society 사회 HACKERS IELTS SPEAKING

5

소음

Do you think there is a lot of noise in your city or town?
당신의 도시 또는 동네에 소음이 많다고 생각하나요?

 답변 아이디어 & 표현

아이디어 1	핵심답변	비교적 조용하다	it is relatively quiet
	부연설명	• 공항과 같이 시끄러운 곳들이 없다	• there aren't any loud places such as air ports
		• 때때로 자동차 경적이 요란하게 울리는 소리를 듣는다	• sometimes hear the blaring of car horns
아이디어 2	핵심답변	상당히 시끄럽다	it is quite noisy
	부연설명	• 내 도시에는 인구가 많다	• my city has a large population
		• 어디서든 항상 소음이 많다	• there's always so much noise everywhere

나의 답변   답변 아이디어와 표현을 참고해서 나의 답변을 말해보고 모범답변을 참고하여 답변을 보완해보자.

모범 답변

핵심답변 I think my town is relatively quiet. 부연설명 There aren't any loud places such as airports or big construction sites in my area. **Even though** I can sometimes hear the blaring of car horns, it happens very rarely and doesn't bother me much.

핵심답변 저는 저희 동네가 비교적 조용하다고 생각합니다. 부연설명 제 지역에는 공항이나 대규모 공사장 같이 시끄러운 곳들이 없습니다. 때때로 저는 자동차 경적이 요란하게 울리는 소리를 듣기는 하지만, 이는 매우 드물게 일어나며 저를 그다지 성가시게 하지 않습니다.

어휘 relatively[rélətivli] 비교적, 상대적으로   construction site 공사장, 건축 현장   blare[bleər] 요란하게 울리다
horn[hɔːrn] 경적   rarely[réərli] 드물게

6

교통

Are traffic jams a big issue in your city?
당신의 도시에서 교통 체증이 큰 문제인가요?

답변 아이디어 & 표현

아이디어 1	핵심답변	가장 큰 문제들 중 하나이다	they are one of the biggest problems
	부연설명	• 차가 매우 많은 대도시에 산다	• live in a big city with a lot of cars
		• 때때로 교통이 매우 느려진다	• traffic becomes really slow at times
아이디어 2	핵심답변	큰 문제가 아닌 것 같다	they don't seem to be a big issue
	부연설명	• 거리에 차가 많지 않다	• there are not many cars on the street
		• 대부분의 사람들이 대중교통을 이용한다	• most people use public transportation

나의 답변   답변 아이디어와 표현을 참고해서 나의 답변을 말해보고 모범답변을 참고하여 답변을 보완해보자.

모범 답변

핵심답변 They certainly are one of the biggest problems our city faces. 부연설명 I live in a big city with a lot of cars, so traffic becomes really slow at times. **Because of that**, I am sometimes late for appointments or classes even when I leave home early.

핵심답변 그것은 확실히 우리 도시가 직면한 가장 큰 문제들 중 하나입니다. 부연설명 저는 차가 매우 많은 대도시에 사는데, 그래서 때때로 교통이 매우 느려집니다. 그것 때문에 저는 집에서 일찍 출발해도 약속이나 수업에 늦을 때가 있습니다.

어휘 face[feis] 직면하다, 직시하다   appointment[əpɔ́intmənt] 약속

7 What can you do to help reduce traffic jams?

Unit 20 Track 7

교통

당신은 교통 체증을 줄이는 것을 돕기 위해 무엇을 할 수 있나요?

아이디어 1	핵심답변	지하철을 더 자주 이용한다	use the subway more often
	부연설명	• 도로에 너무 많은 자가용	• too many private vehicles on the road
		• 도로 위의 자동차 수를 줄인다	• reduce the number of cars on the road
아이디어 2	핵심답변	직장까지 카풀을 한다	carpool to work
	부연설명	• 적어도 다른 한 명과 함께 직장에 운전해 간다	• drive to work with at least one other person
		• 내 통근 시간 스트레스를 또한 줄여준다	• also reduces the stress of my commute

나의 답변 답변 아이디어와 표현을 참고해서 나의 답변을 말해보고 모범답변을 참고하여 답변을 보완해보자.

모범 답변

핵심답변 One of the contributions I can make to reducing traffic jams is using the subway more often. 부연설명 From what I see, traffic jams happen when there are too many private vehicles on the road. **Therefore**, by taking the subway instead of driving, I'll be reducing the number of cars on the road.

핵심답변 제가 교통 체증을 줄이는 데 기여할 수 있는 것들 중 하나는 지하철을 더 자주 이용하는 것입니다. 부연설명 제가 보기에, 교통 체증은 도로에 자가용이 너무 많을 때 발생합니다. 따라서, 운전하는 대신에 지하철을 탐으로써, 저는 도로 위의 자동차 수를 줄이게 될 것입니다.

어휘 contribution[kὰːntrəbjúːʃn] 기여, 원인 제공

8 Do you obey the law all the time?

Unit 20 Track 8

법

당신은 항상 법을 준수하나요?

아이디어 1	핵심답변	거의 항상 법을 준수한다	I almost always abide by the law
	부연설명	• 때때로 오는 차가 없을 때 무단 횡단을 한다	• sometimes jaywalk when there are no oncoming cars
		• 내가 늦었을 때 유혹을 참을 수가 없다	• can't resist when I'm late
아이디어 2	핵심답변	내 최선을 다한다	I try my best
	부연설명	• 모든 법이 존재하는 데는 이유가 있다	• all laws exist for a reason
		• 법을 준수하는 시민이 되려고 노력한다	• try to be a law-abiding citizen

나의 답변 답변 아이디어와 표현을 참고해서 나의 답변을 말해보고 모범답변을 참고하여 답변을 보완해보자.

모범 답변

핵심답변 Yes, I almost always abide by the law and I think it is important to do so. 부연설명 **However**, I sometimes jaywalk when there are no oncoming cars. **Even though** I'm aware that it's not the right thing to do, I sometimes can't resist when I'm late for something.

핵심답변 네, 저는 거의 항상 법을 준수하며, 그렇게 하는 것이 중요하다고 생각합니다. 부연설명 하지만 저는 때때로 오는 차가 없을 때 무단 횡단을 합니다. 그렇게 하는 것이 올바른 행동이 아니라는 것을 알고 있지만, 제가 무엇인가에 늦었을 때 때때로 유혹을 참을 수가 없습니다.

어휘 abide by 준수하다 jaywalk[dʒéiwɔ̀ːk] (도로를) 무단 횡단하다 resist[rizíst] (유혹 등을) 참다, 견디다

법	Part 2에서는 특정한 법에 대해 묘사하라는 문제가 자주 출제됩니다. 이 경우, Part 3에서는 법에 관련된 직업인 경찰관, 변호사에 대해 묻는 경우가 많습니다.

PART 2

1

Describe an important law. 중요한 법에 대해 말하라.

You should say:
  what this law is 무슨 법인지
  how you know about this law 당신이 어떻게 이 법에 대해 알고 있는지
and explain why it is important. 그리고 왜 그것이 중요한지 설명하라.

답변
아이디어
&표현

① 무슨 법인지	• 저작권법 • 지적 컨텐츠의 창작자들을 보호한다 • 허락 없이 배포되는 것을 방지한다	• copyright laws • protect the creators of intellectual content • prevent the distribution without permission
② 당신이 어떻게 이 법에 대해 알고 있는지	• 사람들에게 저작권을 준수하라고 촉구하는 광고캠페인 • 정부에서 광고캠페인을 진행했다	• an advertising campaign that urged people to respect copyrights • the government ran an ad campaign
③ 왜 그것이 중요한지	• 창작자들이 그들의 작품에 대한 보수를 반드시 받도록 한다 • 창작자들의 마음을 편안하게 해준다 • 복제되는 것으로부터 보호된다 • 창작하는 데에 전념한다	• ensure that creators get paid for their work • put creators at ease • is protected from being copied • dedicate oneself to creating

나의 노트

나의 답변 답변 아이디어와 표현을 참고해서 나의 답변을 말해보고 모범답변을 참고하여 답변을 보완해보자.

- copyright law
- protect the creators
- prevent distribution without permission

- ad campaign, respect copyrights
- gov. campaign

- creators get paid for their work
- put them at ease
- protect from being copied
- dedicate to creating

🎧 **Unit 20 Track 9**

모범 답변

① **There are so many** important laws, **but** some of the most important laws are copyright laws. Copyright laws are regulations that protect the creators of intellectual content, **such as** music, movies, and books. They prevent the distribution of someone's work without their permission.

② I first learned about copyright laws from an advertising campaign that urged people to respect copyrights. As a middle school student, I never really knew about copyrights and just downloaded songs and movies illegally. **However**, the government ran an ad campaign, and I learned that what I had been doing was wrong. I never downloaded anything without paying after that again.

③ I think copyright laws are important **for several reasons**. **First**, they ensure that creators get paid for their work. Without copyright protection, everything would be copied, and creators wouldn't make money. **Therefore**, they would not be able to afford to make anything else. In addition, copyrights put creators at ease. With copyright protection, they know that their work is protected from being copied, so they don't have to worry. This allows them to dedicate themselves to creating more.

① 중요한 법들이 많지만, 가장 중요한 법들 중 일부는 저작권법입니다. 저작권법은 음악, 영화, 책과 같은 지적 컨텐츠의 창작자들을 보호하기 위한 법규입니다. 이것은 누군가의 작업물이 허락 없이 배포되는 것을 방지합니다.

② 저는 사람들에게 저작권을 준수하라고 촉구하는 광고캠페인을 통해 저작권법을 처음 알게 되었습니다. 중학생이었던 저는 저작권에 대해 아는 것이 전혀 없었고 불법으로 음악과 영화를 다운받았습니다. 하지만 정부에서 광고 캠페인을 진행했고, 저는 제가 하던 것들이 잘못된 것이었음을 깨달았습니다. 저는 그 이후로 비용을 지불하지 않고는 그 어떤 것도 다운받지 않았습니다.

③ 저는 몇 가지 이유로 저작권법이 중요하다고 생각합니다. 첫째, 그것은 창작자들이 그들의 작품에 대한 보수를 반드시 받도록 합니다. 저작권 보호 없이는 모든 것이 복제될 것이고 창작자들은 수익을 얻을 수 없을 것입니다. 그 결과, 그들은 다른 것들을 만들 형편이 안될 것입니다. 게다가, 저작권은 창작자들의 마음을 편안하게 해줍니다. 저작권 보호로 인해 그들은 자신의 작품이 복제되는 것으로부터 보호된다는 것을 알기 때문에 걱정할 필요가 없습니다. 이는 그들이 더 많은 것들을 창작하는 데에 전념할 수 있도록 해 줍니다.

UNIT
20

Society 사회 HACKERS **IELTS** SPEAKING

어휘 copyright[káːpirait] 저작권 regulation[règjuléiʃn] 법규, 규정 intellectual[ìntəléktʃuəl] 지적인, 지력의
distribution[dìstrəbjúːʃn] 배포, 분배 urge[əːrdʒ] 촉구하다, 설득하다 respect[rispékt] (법을) 준수하다
ensure[inʃúər] 반드시 ~하도록 하다 afford[əfɔ́ːrd] 형편이 되다 put somebody at ease ~을 편안하게 해주다
dedicate[dédikeit] 전념하다

2

Do you think people would prefer to be police officers or lawyers?

당신은 사람들이 경찰이 되는 것을 선호한다고 생각하나요 아니면 변호사가 되는 것을 선호한다고 생각하나요?

 답변 아이디어 &표현

핵심답변 경찰	police officers
부연설명 • 더 많은 안정성을 준다	• provides more stability
• 안정적인 공무원직으로 여겨진다	• are seen as secure public servant positions
• 은퇴할 때까지 안정적인 수입을 번다	• earn a steady income until they retire
• 정부 연금을 받는다	• receive a government pension

🎤 나의 답변

답변 아이디어와 표현을 참고해서 나의 답변을 말해보고 모범답변을 참고하여 답변을 보완해보자.

모범 답변

핵심답변 I think **individual preferences differ from person to person but** today, I think more people in Korea would prefer to be police officers. 부연설명 **This is because** police work provides more stability than being an attorney. In Korea, police officers are seen as some of the most secure public servant positions. They earn a steady income until they retire and they receive a government pension as well after retirement. **Due to** the difficult job market these days, a lot of people want to find secure jobs, and being an officer seems quite attractive.

핵심답변 저는 사람마다 개인적인 선호가 다르다고 생각하지만, 오늘날 한국에서 더 많은 사람들이 경찰관이 되는 것을 선호한다고 생각합니다. 부연설명 이는 경찰직이 변호사가 되는 것보다 더 많은 안정성을 주기 때문입니다. 한국에서 경찰관들은 가장 안정적인 공무원직 중 하나로 여겨집니다. 그들은 은퇴할 때까지 안정적인 수입을 벌고 퇴직 후에는 정부 연금도 받습니다. 오늘날 어려운 구직 시장 때문에, 많은 사람들은 안정적인 직업을 찾길 원하고, 경찰관이 되는 것은 상당히 매력 있어 보입니다.

어휘 stability[stəbíləti] 안정성 attorney[ətə́ːrni] 변호사 public servant 공무원 steady[stédi] 인정직인, 꾸순한 pension[péɲʃɪ] 연금, 생활 보조금 retirement[ritáiərmənt] 퇴직

3 Does society need police officers?

사회는 경찰을 필요로 하나요?

 답변
아이디어
&표현

핵심답변	경찰관은 사회를 위해 필요하다	police officers are necessary for society
부연설명	• 공공 안전을 유지하는 데에 중요한	• important for maintaining public safety
	• 살인자들과 강도들을 철창 안에 가둔다	• lock up murderers and robbers
	• 범죄자들이 범죄를 저지르는 것을 막는다	• prevents criminals from committing crimes
	• 교통 안전과 흐름을 유지하는 것을 돕는다	• help maintain traffic safety and flow
	• 음주 운전을 한다	• get behind the wheel when they are intoxicated

 나의 답변   답변 아이디어와 표현을 참고해서 나의 답변을 말해보고 모범답변을 참고하여 답변을 보완해보자.

모범 답변

핵심답변 I'd have to say that police officers are necessary for society. 부연설명 **First of all**, police officers are important for maintaining public safety. **For instance**, they lock up murderers and robbers. This prevents criminals from committing more crimes, which keeps people safe. **Furthermore**, they help maintain traffic safety and flow. They ensure that people do not drive too fast or get behind the wheel when they are intoxicated.

핵심답변 저는 경찰관이 사회를 위해 필요하다고 말하겠습니다. 부연설명 우선 첫째로, 경찰관들은 공공 안전을 유지하는 데에 중요합니다. 예를 들어, 그들은 살인자들과 강도들을 철창 안에 가둡니다. 이는 범죄자들이 더 많은 범죄를 저지르는 것을 막고, 사람들을 안전하게 지켜줍니다. 게다가, 그들은 교통 안전과 흐름을 유지하는 것을 돕습니다. 그들은 사람들이 너무 빨리 운전하거나 음주 운전을 하지 않도록 합니다.

어휘 lock up ~을 철창 안에 가두다   criminal[krímln] 범죄자   commit[kəmít] 저지르다, 범하다
get behind the wheel 운전하다   intoxicated[intáːksikeitid] (술에) 취한

PART 2

4

Describe a place with severe pollution that you have visited.
당신이 방문했던 심각하게 오염된 장소에 대해 말하라.

You should say:
    where this place was 이곳이 어디였는지
    why you went to this place 이곳에 왜 갔는지
    how bad the pollution was 오염이 얼마나 심했는지
and explain how you felt when you visited. 그리고 당신이 방문했을 때 어떤 기분이 들었는지 설명하라.

답변 아이디어 & 표현

① 이곳이 어디였는지	• 경포해변 • 한국의 강원도에 위치한	• Gyeongpo Beach • located in Korea's Gangwon Province
② 이곳에 왜 갔는지	• 작년 여름 휴가로 • 아름다운 환경을 즐기기 위해	• for summer vacation last year • to enjoy beautiful environment
③ 오염이 얼마나 심했는지	• 쓰레기가 도처에 있었다 • 폭죽 잔해, 빈 병, 쓰레기가 해변을 뒤덮었다 • 심지어 물에 떠다니는 쓰레기도 있었다	• there was trash everywhere • firework debris, empty bottles, and garbage covered the beach • there was even trash floating in the water
④ 당신이 방문했을 때 어떤 기분이 들었는지	• 어떻게 느껴야 할지 몰랐다 • 실망했다 • 슬펐다 • 다소 화가 났다	• didn't know how to feel • was disappointed • was sad • felt a bit angry

나의 노트

 나의 답변 | 답변 아이디어와 표현을 참고해서 나의 답변을 말해보고 모범답변을 참고하여 답변을 보완해보자.

모범 노트

- Gyeongpo Beach
- Gangwon Province
- summer vacation last year
- enjoy beautiful environment
- trash everywhere
- firework debris, bottles, garbage
- trash in the water
- didn't know how to feel
- disappointed
- sad
- angry

모범 답변

① I've been to several polluted places, **but the first one that comes to mind is** Gyeongpo Beach which is located in Korea's Gangwon Province.

② I visited this place with my family for summer vacation last year. I'd checked it out online and saw many beautiful pictures. In the pictures, I could see powdery sand and clear water. There was **also** a pine grove nearby, so people can enjoy both the ocean and the forest. So, I decided to visit with my family to enjoy this beautiful environment.

③ Unfortunately, it didn't live up to my expectations. The beach was pretty polluted, unlike the pictures we had seen. There was trash everywhere. Firework debris, empty bottles, and garbage covered the beach. There was even trash floating in the water. It was really gross.

④ Seeing this, I didn't know how to feel. I was disappointed, but I was sad as well. This is one of Korea's most beautiful landscapes, but people carelessly trashed it. I **also** felt a bit angry at how thoughtless we all are. If we were all a little more responsible and did our part to protect the environment, this would not have happened.

① 저는 몇몇 오염된 곳들에 가보았지만, 가장 먼저 떠오르는 것은 한국의 강원도에 위치한 경포해변입니다.

② 저는 작년 여름 휴가로 가족과 함께 이곳에 방문했습니다. 저는 온라인으로 그곳을 확인했고 아름다운 사진들을 많이 보았습니다. 그 사진들에서 저는 가루 같은 모래와 맑은 물을 볼 수 있었습니다. 그리고 또한 근처에 소나무 숲이 있어서, 사람들은 바다와 숲을 모두 즐길 수 있습니다. 그래서, 저는 이 아름다운 환경을 즐기기 위해 가족과 방문하기로 했습니다.

③ 불행하게도, 그곳은 제 기대에 부응하지 못했습니다. 해변은 우리가 봤던 사진들과 달리 상당히 오염되어 있었습니다. 쓰레기가 도처에 있었습니다. 폭죽 잔해, 빈 병, 쓰레기가 해변을 뒤덮고 있었습니다. 심지어 물에 떠다니는 쓰레기도 있었습니다. 정말 보기 흉했습니다.

④ 이것을 보고 저는 어떻게 느껴야 할지 몰랐습니다. 저는 실망했지만, 슬프기도 했습니다. 이곳은 한국의 가장 아름다운 풍경들 중 하나인데, 사람들은 무관심하게 쓰레기를 버렸습니다. 저는 또한 우리 모두가 얼마나 부주의한지에 대해 다소 화가 났습니다. 우리 모두가 조금만 더 책임감 있고 환경을 지키기 위해 우리의 역할을 했더라면, 이런 일은 일어나지 않았을 것입니다.

어휘 polluted[pəlúːtid] 오염된, 더럽혀진 province[prάːvins] (행정 단위인) 도, 주 pine[pain] 소나무
grove[grouv] 숲, 수풀 live up to expectations 기대에 부응하다 debris[dəbríː] 잔해, 쓰레기
float[flout] 뜨다, 떠오르다 gross[grous] 보기 흉한, 역겨운 carelessly[kέərlisli] 무관심하게, 부주의하게
thoughtless[θɔ́ːtlis] 부주의한, 생각이 없는

5 What is the biggest environmental issue these days?

오늘날 가장 큰 환경 문제는 무엇인가요?

답변 아이디어 &표현	핵심답변	지구 온난화	global warming
	부연설명	• 동물들의 서식지 유실을 초래한다	• cause habitat loss for animals
		• 사람들에게 부정적으로 영향을 준다	• negatively impact humans
		• 극지방의 만년설이 녹는다	• polar ice caps melt
		• 해수면 상승을 야기한다	• cause sea level to rise
		• 해안 지역에 사는 사람들에게 큰 위협	• a huge threat to people who live in coastal areas

 나의 답변 답변 아이디어와 표현을 참고해서 나의 답변을 말해보고 모범답변을 참고하여 답변을 보완해보자.

 모범 답변

핵심답변 **There are so many** environmental concerns out there, **but** I think the biggest one today is global warming. 부연설명 This is causing widespread habitat loss for animals in colder ecosystems, like the polar bear. Global warming is **also** negatively impacting humans. As temperatures rise, polar ice caps melt and cause sea level to rise. This could be a huge threat to people who live in coastal areas, where rising sea levels will lead to flooding.

핵심답변 많은 환경 문제가 있지만, 오늘날 가장 큰 문제는 지구 온난화인 것 같습니다. 부연설명 이는 북극곰과 같이 더 추운 생태계에 사는 동물들의 광범위한 서식지 유실을 초래하고 있습니다. 또한 지구 온난화는 사람들에게도 부정적으로 영향을 주고 있습니다. 온도가 높아지면서, 극지방의 만년설이 녹아 해수면 상승을 야기합니다. 이는 해안 지역에 사는 사람들에게 큰 위협이 될 수 있는데, 그곳의 상승하는 해수면은 홍수를 초래할 것입니다.

어휘 **widespread**[wáidspred] 광범위한, 널리 퍼진 **habitat**[hǽbitæt] 서식지 **loss**[lɔːs] 유실, 분실
   ecosystem[íːkousistəm] 생태계 **ice cap** 만년설, 빙원 **sea level** 해수면 **coastal area** 해안 지역

PART 3

6

What can we do to improve the environment?

우리는 환경을 개선시키기 위해 무엇을 할 수 있나요?

 답변
아이디어
&표현

핵심답변 ①	재생 가능한 에너지로 바꾼다	switch to renewable energy
부연설명	• 석탄과 석유 같은 화석 연료 • 환경 오염의 주범 • 태양과 바람과 같은 깨끗하고 재생 가능한 에너지원 • 환경 훼손을 줄인다	• fossil fuels such as coal and petroleum • major contributors to environmental pollution • clean, renewable energy sources like solar and wind • reduce environmental damage
핵심답변 ②	에너지를 낭비하는 것을 자제한다	refrain from wasting energy
부연설명	• 대중교통을 이용하고 걷거나 자전거를 탄다	• use public transportation, walk, or ride bikes

나의 답변   답변 아이디어와 표현을 참고해서 나의 답변을 말해보고 모범답변을 참고하여 답변을 보완해보자.

모범 답변

핵심답변 ① **To begin with**, we can switch to renewable energy. 부연설명 Fossil fuels, **such as** coal and petroleum, are major contributors to environmental pollution. Switching to clean, renewable energy sources like solar and wind would reduce environmental damage. 핵심답변 ② **In addition**, we can refrain from wasting energy. 부연설명 **For example**, instead of driving, people can use public transportation, walk, or ride bikes to get where they need to go.

핵심답변 ① 우선, 우리는 재생 가능한 에너지로 바꿀 수 있습니다. 부연설명 석탄과 석유와 같은 화석 연료는 환경 오염의 주범입니다. 태양과 바람과 같은 깨끗하고 재생 가능한 에너지원으로 바꾸는 것은 환경 훼손을 줄일 것입니다. 핵심답변 ② 추가로, 우리는 에너지를 낭비하는 것을 자제할 수 있습니다. 부연설명 예를 들어, 사람들은 운전하는 대신 가야 하는 곳까지 대중교통을 이용하고 걷거나 자전거를 탈 수 있습니다.

어휘 switch[switʃ] 바꾸다, 전환하다 fossil fuel 화석 연료 coal[koul] 석탄 petroleum[pətróuliəm] 석유
renewable[rinúːəbl] 재생 가능한 refrain[rifréin] 자제하다

* 나의 답변을 말해본 후, 348페이지의 답변 셀프 체크 포인트를 통해 나의 답변을 점검하고 보완하도록 합니다.

UNIT
20

Society 사회 HACKERS IELTS SPEAKING

HACKERS

IELTS

SPEAKING

goHackers.com

학습자료 제공·유학정보 공유

부록

1. 시험장 위기상황 대처 표현
2. 알면서도 틀리는 스피킹 포인트 24
3. 답변 셀프 체크 포인트

시험장 위기상황 대처 표현을 통해 질문을 듣고 답하는 과정에서 발행하는 예상치 못한 상황에 대처할 수 있도록 하였습니다.

알면서도 틀리는 스피킹 포인트 24에는 IELTS 스피킹 학습자들이 자주하는 스피킹 실수들을 모아두었습니다. 시험장에서 이런 실수들을 하지 않도록 미리 확인하고 연습해 둡니다.

답변 셀프 체크 포인트를 사용하여 본인의 답변이 어떤 부분에서 잘되었고 부족한지 체크해볼 수 있습니다.

1. 시험장 위기상황 대처 표현

IELTS 스피킹 시험은 면대면 시험인 만큼, 시험장에서 생각하지 못했던 상황을 겪게 될 수도 있습니다. 아래의 표현을 익혀 두면, 당황스러운 위기상황에 조금 더 자연스럽게 대처할 수 있습니다. 어떤 상황에서도 자유자재로 활용할 수 있도록 반복하여 연습하는 것이 좋습니다.

상황 1 질문을 명확히 듣지 못했을 때

질문을 명확히 듣지 못한 경우, 아래의 표현을 사용해 다시 질문하여 질문을 정확히 파악하도록 합니다. 단, 해당 질문을 많이 하지 않도록 시험관의 질문을 최대한 집중하여 듣도록 합니다.

죄송하지만 잘 못 들었습니다. 다시 한 번 더 말해 주시겠습니까?	**I'm sorry, I didn't quite get that. Could you say that again, please?**
죄송하지만 질문을 다시 반복해 주시겠습니까?	**Sorry, could you repeat that question, please?**
다시 한 번 말씀해 주시겠습니까?	**Pardon me?**

상황 2 질문을 이해하지 못했을 때

Part 3의 경우, 질문 자체가 어렵거나 질문에 모르는 단어가 포함되어 있어 이해하지 못하는 경우가 발생할 수 있습니다. 이때는 아래의 표현을 사용하여 시험관의 질문을 정확히 이해하도록 합니다. 하지만 아래의 표현을 남용하는 것은 시험관에게 좋지 않은 인상을 줄 수 있으니 유의하여 사용합니다.

죄송하지만 그 질문을 다른 방식으로 설명해 주시겠습니까?	**Sorry, can you explain that question in a different way please?**
죄송하지만 단어 ~을 이해하지 못했습니다. 그것을 제게 설명해주시겠습니까?	**I'm sorry but I don't quite understand the word ~. Can you explain it to me?**
죄송하지만 ~이 무엇을 의미하는지 설명해 주시겠습니까?	**Sorry, can you explain what ~ means?**

상황 3 답변을 다시 하고 싶을 때

본인이 답변을 잘못했다고 생각하거나 주제에 벗어난 이야기를 하여 답변을 다시 하고 싶을 때는 아래의 표현을 사용하여 새로운 답변을 합니다.

제가 지금 주제에서 벗어난 것 같아요. 명확하게 다시 말해보겠습니다.	I think I'm off topic now. Let me rephrase it clearly.
제가 말하는 것이 요점에서 벗어난 것 같아요. 다시 말해보겠습니다.	I think what I'm saying is out of the point. Let me say it again.

상황 4 질문에 대한 답변이 떠오르지 않아 시간이 필요할 때

질문에 답변할 내용이 바로 떠오르지 않을 경우 정적으로 시간을 보내거나 "uh…"로 일관하는 것보다는 아래의 표현을 사용하여 유연하게 대처하는 것이 좋습니다.

솔직히, 그 주제에 대해 익숙하지 않습니다.	To be honest, I'm not familiar with this subject.
그것에 대해 많이 생각해본 적이 없습니다.	I haven't given it much thought.
그것에 대해 생각할 시간을 좀 주시겠습니까?	Would you give me a second to think about that?
꽤나 어려운 질문이네요.	That's quite a tough question.
~을 크게 좋아하지 않기 때문에 할 말이 많지는 않습니다.	I'm not a big fan of ~, so I really don't have much to talk about.

상황 5 답변에 사용할 영어 표현이 떠오르지 않을 때

답변에 사용할 영어 표현이 바로 떠오르지 않을 때는 아래의 표현을 사용하여 단어가 떠오르지 않는다고 말한 뒤, 바로 풀어서 설명하는 것이 좋습니다.

생각이 날 듯 말 듯 합니다. 하지만 그냥 풀어서 설명하겠습니다. 그것은 마음의 결심이나 힘과도 같습니다.	**It's on the tip of my tongue. But let me just explain it.** It's like determination or strength of mind. *끈기(grit)라는 표현을 잊어버려 풀어서 설명
그 단어를 완전히 잊어버렸습니다. 이건 오렌지와 비슷한 과일인데요, 좀 쓴 맛을 가지고 있습니다. 그것은 다이어트에도 좋습니다.	**The name of it has completely slipped my mind.** It's a fruit that is similar to an orange, but has a bitter taste. It's good for dieting, too. *자몽(grapefruit)이라는 단어를 잊어버려 풀어서 설명
단어가 뭐였더라... 이것은 당신이 일하기 싫고 그냥 아무것도 하기 싫을 때 드는 감정입니다.	**What's the word for...** It's like a feeling that you have when you don't want to work but just want to do nothing. *게으른(lazy)이라는 단어를 잊어버려 풀어서 설명
뭐라고 부르더라... 이건 사람을 그들의 외적인 생김새를 바탕으로 판단하는 겁니다.	**What do you call...** It's something like judging people based on one's physical appearance. *외모 지상주의(lookism)라는 단어를 잊어버려 풀어서 설명

상황 6 내가 한 답변에 맞지 않는 연계 질문을 받았을 때

가끔 시험관으로부터 내가 앞서 말한 답변과 맞지 않는 질문을 받을 수도 있습니다. 예를 들어, "걷는 것을 좋아하나요?"라는 질문에 "걷는 것을 싫어해요."라는 답변을 했음에도 불구하고 "주변에 걷기 좋아하는 곳이 있나요?"라는 연계 질문을 받는 경우가 있습니다. 이런 상황에서는 당황하지 않고 아래의 표현을 사용하여 답변하면 됩니다.

제가 아까 말했듯이, 저는 걷는 것을 좋아하지 않습니다. 그러나 어딘가를 걸어야 한다면, 저는 집 주위 공원을 걷겠습니다.	**As I mentioned before,** I don't like walking. **But if I have to** walk around somewhere, I would walk around the park near my house.
제가 말했듯이, 저는 걷는 것을 좋아하지 않아서 걷기 좋은 곳들을 잘 모릅니다. 그러나 그것에 관해 한 가지 이야기해야 한다면, 한강공원이 걷기에 좋은 곳인 것 같습니다.	**Like I said,** I'm not a big fan of walking so I don't know much about good places to walk. **But if I have to say a thing about it,** Han River Park seems to be a good place to walk.

2. 알면서도 틀리는 스피킹 포인트 24

IELTS 학습자들이 자주하는 스피킹 실수들을 모아두었습니다. 자신이 하는 실수는 없는지 체크해보고 시험장에서 실수하지 않도록 연습해둡니다.

01 똑같이 '보다' 이지만 see와 watch는 달라요.

전 어제 TV를 봤습니다.	I **saw** TV yesterday.(X) I watched TV yesterday.(O)

see와 watch는 둘 다 '보다'이지만, see는 '막연히 눈을 뜨고 보는 것'이고, watch는 '주의를 기울여 일정 시간 동안 시청·관찰하는 것'입니다.

예 우연히 그가 요리하고 있는 것을 본 경우 – I saw him cooking.
　그가 요리하는 것을 관찰하고 있던 경우 – I watched him cooking.

QUIZ 다음 우리말 문장을 영어로 말해보세요.

1. 저는 신문에서 제가 가장 좋아하는 가수를 봤습니다.

🎤 I (　　　　　) my favorite singer in the newspaper.

2. 저는 저녁에 뉴스를 보는 것을 좋아합니다.

🎤 I like to (　　　　　) the news in the evening.

1. saw 2. watch

02 쓸 때마다 혼동되는 빌려주다(lend), 빌려오다(borrow)

전 도서관에서 책을 한 권 빌려왔습니다.	I **lent** a book from the library.(X) I borrowed a book from the library.(O)

내가 상대방에게 빌려주는 것은 lend이고, 상대방으로부터 빌려오는 것은 borrow입니다.

예 그가 나에게 펜을 빌려준 경우 – He lent me a pen.
　내가 그에게 펜을 빌린 경우 – I borrowed a pen from him.

QUIZ 다음 우리말 문장을 영어로 말해보세요.

1. 당신은 한강공원에서 자전거를 빌릴 수 있습니다.

🎤 You can (　　　　　) bicycles in Han River Park.

2. 수지는 학교 첫날에 내게 지우개를 빌려주었습니다.

🎤 Suji (　　　　　) me an eraser on the first day of school.

1. borrow 2. lent

03 입고 있는 상태(wear)와 입는 동작(put on)을 구별해 주세요.

> 나가기 전에 저는 재킷을 **입었습니다**.

I **wore** my jacket before leaving.(X)
I put on my jacket before leaving.(O)

wear와 put on은 둘 다 '입다/신다/착용하다'이지만, wear는 '입고 있는 상태'를 뜻하고, put on은 '(어느 순간의) 입는 동작'을 말합니다.

예 추운 날 장갑을 착용한 상태 – I wear gloves on cold days.
  나가기 전에 장갑을 착용하는 동작 – I put on my gloves before going out.

QUIZ 다음 우리말 문장을 영어로 말해보세요.

1. 저는 화창한 날에는 모자를 자주 씁니다.

🎤 I often (   ) a cap on sunny days.

2. 히터가 고장나서 저는 스웨터를 입었습니다.

🎤 The heater broke, so I (   ) a sweater.

1. wear 2. put on

04 알고 있다(know)와 알게 되다(realize)는 하늘과 땅 차이!

> 전 열쇠를 잃어버린 걸 **알게 되었습니다**.

I **knew** that I had lost my keys.(X)
I realized that I had lost my keys.(O)

know와 realize는 둘 다 '알다'이지만, '(일반적으로) 아는 것, 알고 있는 것'은 know이고, '(몰랐던 것을) 알게 되는 것'은 realize입니다.

예 지금까지 몰랐다가 말하는 순간 지각했다는 걸 알게 된 경우 – I realized I had arrived late.
  내가 지각했다는 걸 이미 알고 있었을 경우 – I knew I had arrived late.

QUIZ 다음 우리말 문장을 영어로 말해보세요.

1. 저는 제가 그녀의 생일을 잊었다는 것을 알게 되었습니다.

🎤 I (   ) I had forgotten her birthday.

2. 저는 우리나라의 주택 현황에 대해 아무것도 몰랐습니다.

🎤 I didn't (   ) anything about the country's housing situation.

1. realized 2. know

05 불가능해 보이면 wish, 가능해 보이면 hope!

당신이 클래식 음악을 좋아하셨으면 **좋겠어요**.	I **wish** you like classical music.(X) I hope you like classical music.(O)

wish와 hope는 둘 다 '~하면 좋겠다'이지만, wish는 불가능해 보이거나 이미 일어나서 바꿀 수 없을 때 쓰고, hope는 현실적으로 가능해 보이는 상황에서 씁니다. 참고로, 이때 wish 뒤에는 주로 과거 시제가 옵니다.

> 예 고향에 갈 가망성이 전혀 없을 경우 – I wish I had the time to visit my hometown.
> 다음 주말에 고향에 갈 가망성이 있을 경우 – I hope to visit my hometown next weekend.

QUIZ 다음 우리말 문장을 영어로 말해보세요.

1. 제가 더 큰 아파트가 있었다면 좋았을 텐데요.

🎤 I (　　　　) I had a bigger apartment.

2. 제가 가장 좋아하는 락 밴드가 한국에서 또 공연했으면 좋겠습니다.

🎤 I (　　　　) my favorite rock band will perform in Korea again.

1. wish 2. hope

06 결혼은 함께(with) 하는 것이 아니었다고요!?

제 여동생은 제 친구와 **결혼했습니다**.	My sister **married with** my friend.(X) My sister married my friend.(O)

결혼은 물론 두 사람이 함께 하는 것이지만, 영어로 말할 때 marry는 전치사가 필요 없는 타동사라 with 없이 바로 상대방이 나옵니다. 혼동되신다면 사람들이 청혼할 때 늘 하는 말을 떠올려 보세요. Will you marry me?

QUIZ 다음 우리말 문장을 영어로 말해보세요.

1. 제 오빠는 올해 약혼자와 결혼했습니다.

🎤 My brother (　　　　) his fiancé this year.

2. 저는 제 남자친구와 결혼하고 싶습니다.

🎤 I want to (　　　　) my boyfriend.

1. married 2. marry

07 토론할(discuss) 때 about을 남용하지 마세요.

> 저희는 그 이슈에 대해 **토론했습니다.**

We **discussed about** the issue.(X)
We discussed the issue.(O)

한국말을 영어로 옮기다 보면 왠지 전치사가 필요해 보이는 '자동사 같은' 단어들이 몇몇 있는데, 그 중 대표적인 단어가 discuss입니다. '~에 대해 토론하다'는 'discuss about'이라고 하고 싶지만, discuss는 엄연히 전치사 없이 바로 목적어를 쓰는 타동사입니다. IELTS 시험에서는 about 없이 토론하세요.

QUIZ 다음 우리말 문장을 영어로 말해보세요.

1. 교수님은 과제에 대해 상세히 논하셨습니다.

🎤 The professor (   ) the assignment in detail.

2. 팀원들은 누가 무엇을 할 것인지에 대해 토론했습니다.

🎤 The members of the group (   ) who would do what.

1. discussed 2. discussed

08 나에게 말해줘(tell me), 꼭 붙여야겠니… 전치사(to)?

> 저는 남동생에게 집에 일찍 들어오라고 **말했습니다.**

I **told to** my brother to come home early.(X)
I told my brother to come home early.(O)

이전에 한창 유행하던 히트곡 'tell me'에서도 'tell to me'라고 하지 않았죠. 우리는 습관적으로 tell 뒤에 to를 붙일 때가 많지만, tell은 전치사(to)가 필요 없는 타동사입니다. tell someone, told someone 등이 자연스럽게 입에 붙을 수 있도록 평소에 많이 연습하는 것이 중요하답니다.

QUIZ 다음 우리말 문장을 영어로 말해보세요.

1. 그녀는 모든 사람에게 자신이 채식주의자라고 말합니다.

🎤 She (   ) everyone that she's a vegetarian.

2. 저는 친구에게 낮 12시 전에 기숙사로 오라고 말했습니다.

🎤 I (   ) my friend to come to my dorm before noon.

1. tells 2. told

09 '하고 있다'고 다 현재진행형이 아니랍니다.

> 저는 지금 1년 동안 **운동을 하고 있습니다.**
>
> I **am exercising** for a year now.(X)
> I have been exercising for a year now.(O)

우리말로는 '하고 있다'이지만, '이전부터 지금까지 계속 하고 있는 것'일 경우 현재진행형(am walking)이 아닌, 현재진행 완료(have been walking)로 말해야 합니다. 우리말에 없는 시제라 실수하기 쉬워요. 이전부터 꾸준히 하고 있는 습관/경향을 말할 때, 'have been + -ing'라고 말하세요.

QUIZ 다음 우리말 문장을 영어로 말해보세요.

1. 저는 지금까지 2주째 새 자전거를 타고 있습니다.

🎤 I (   ) my new bike for two weeks now.

2. 저는 지난 6개월 동안 마라톤을 준비하고 있습니다.

🎤 I (   ) for a marathon for the past six months.

1. have been riding 2. have been preparing

10 긴 문장에서 '두 번째' 동사의 시제는 특별히 더 신경 써주세요!

> 저는 지난달 우리가 친해질 기회가 있었다는 것이 기쁩니다.
>
> I'm glad we **have** the chance to bond last month.(X)
> I'm glad we had the chance to bond last month.(O)

주절과 종속절로 되어 있는 긴 문장을 말할 때, 영어를 잘하는 학습자들도 두 번째로 나오는 동사의 시제를 자칫 잘못 말하기 쉽습니다. 두 동사의 시제가 다를 경우 특히 더 그런데요, 긴 문장을 말할 때는 무심코 기본 현재시제로 말하지 않도록 시제 선택에 주의하세요.

QUIZ 다음 우리말 문장을 영어로 말해보세요.

1. 제 친구들은 어제 수업에서 발표를 해야 했다고 저에게 말했습니다.

🎤 My friends told me they (   ) to give a presentation in class yesterday.

2. 전 부모님과 제가 작년에 디즈니 월드에서 멋진 시간을 보냈다고 할 수 있습니다.

🎤 I can say that my parents and I (   ) a marvelous time at Disney World last year.

1. had 2. had

11 '모든 사람(everyone)'인데 복수가 아니라고요!?

모든 사람이 만족한 것은 아니었습니다.	Not everyone **were** satisfied.(X) Not everyone **was** satisfied.(O)

everyone은 '모든 사람'이니까 복수형일 것 같지만, 우리의 기대와는 달리 단수형입니다. 따라서 단수형 동사(was)가 와야 합니다. 한발 더 나아가, every가 붙은 everyone, everybody, everything도 모두 단수형임을 기억하세요. 헷갈릴 땐 이 말을 떠올려보세요! Everything is OK!

QUIZ 다음 우리말 문장을 영어로 말해보세요.

1. 제가 전공을 바꾸기로 결정했을 때 모든 사람이 놀랐습니다.

🎤 Everyone (   ) surprised when I decided to change my major.

2. 모든 사람이 콘서트를 보고 있는 동안 저는 과제를 하고 있었습니다.

🎤 While everybody (   ) watching the concert, I was doing my paper.

1. was 2. was

12 특히 혼동되는 advice(조언)와 advise(조언하다)!

부모님은 저에게 조언을 해주셨습니다.	My parents offered me **advise**.(X) My parents offered me **advice**.(O)

동사 advise[ədváiz]와 명사 advice[ədváis]는 발음도 다르고 품사도 전혀 다른 단어입니다. 동사를 쓸 자리와 명사를 쓸 자리를 구별하여 바꿔 쓰지 않도록 주의하세요. 그 외에 비슷하게 생겨 혼동되는 단어들로는 'sleep(자다)/asleep(잠든), sit(앉다)/seat(자리)' 등이 있습니다.

QUIZ 다음 우리말 문장을 영어로 말해보세요.

1. 제 아버지는 제게 지갑에 돈을 많이 가지고 다니지 말라고 조언했습니다.

🎤 My father (   ) me not to carry so much money in my wallet.

2. 아이들은 부모님이 그들에게 주는 조언에 항상 귀 기울지는 않습니다.

🎤 Children don't always listen to the (   ) that their parents give them.

1. advised 2. advice

13 부정문에는 some 말고 any를 쓰세요.

저는 돈이 하나도 없었습니다.	I didn't have **some** money.(X) I didn't have any money.(O)

긍정문에는 some을 쓰고, 부정문/의문문에는 any를 쓴다는 것은 쉬워 보이지만, 많은 학습자들이 실수하는 표현이에요. 막상 시험 볼 때 긍정문인지, 부정문인지를 생각하며 답하기 어렵기 때문에, 평소 충분히 연습하는 것이 중요합니다. 특히 많은 사람들이 실수하는 부정문/의문문 위주로 연습하세요.

QUIZ 다음 우리말 문장을 영어로 말해보세요.

1. 우리는 휴가를 위한 아무런 계획이 없었다.

🎤 We didn't have (   ) plans for the holiday.

2. 기차에 남은 좌석이 전혀 없었습니다.

🎤 There weren't (   ) seats left on the train.

1. any 2. any

14 tall과 high 모두 똑같이 높은데, 바꿔 쓰면 안 되나요?

저는 아버지처럼 키가 큽니다.	I am **high** like my dad.(X) I am tall like my dad.(O)

high와 tall은 우리말로는 둘 다 '높다/크다'이지만, 말하는 대상에 따라 다른 형용사를 사용해야 합니다. tall은 주로 사람, 나무처럼 너비보다 높이가 더 긴 대상을 말할 때 사용하고, 그 외 산이나 하늘 등은 high라고 말합니다.

예 키가 큰 여자 – a tall woman
높은 산 – a high mountain

QUIZ 다음 우리말 문장을 영어로 말해보세요.

1. 저희 동네 근처에 있는 산들은 매우 높습니다.

🎤 The mountains near my neighborhood are very (   ).

2. 제 오빠들과 언니들은 모두 매우 키가 큽니다.

🎤 All of my brothers and sisters are very (   ).

1. high 2. tall

15 웃긴 것(funny)과 즐거운 것(fun)은 엄연히 다르죠.

> 전 그 파티가 재미있다고 생각했습니다.

I thought the party was **funny**.(X)
I thought the party was fun.(O)

우리말로는 둘 다 '재미있다'이지만, 영어로는 조금 다른 의미를 갖고 있어요. funny는 '웃기는, 우스운' 것이고, fun은 어떤 일을 하면서 갖는 '즐거운' 기분을 말합니다.

예 이야기가 웃겼을 경우 – The story was funny.
　 여행이 즐거웠을 경우 – The trip was fun.

QUIZ 다음 우리말 문장을 영어로 말해보세요.

1. 그 유머는 너무 재미있어서 전 웃음을 멈출 수가 없었습니다.

🎤 The joke was so (　　　　　) that I couldn't stop laughing.

2. 친구와 함께 보냈던 시간이 너무 재미있었습니다.

🎤 The time I spent with a friend was (　　　　　).

1. funny 2. fun

16 –ed(bored)와 –ing(boring)를 구별하지 않으면 지루한 사람이 돼요.

> 우리는 지루해서 TV를 봤습니다.

We were **boring**, so we watched TV.(X)
We were bored, so we watched TV.(O)

우리말로 둘 다 '지루하다'이지만, boring은 능동적(–ing) 의미로 '지루하게 만드는'을 뜻하고, bored는 수동적(–ed) 의미로 '지루하게 된'을 말합니다. 자칫 잘못하면, 내가 지루하게 된(I was bored) 재미없던 상황을 말하려다, 도리어 내가 지루하게 만드는(I was boring) 재미없는 사람이 될 수 있으니 주의하세요.

QUIZ 다음 우리말 문장을 영어로 말해보세요.

1. 저는 제 아르바이트 일이 정말 지루합니다.

🎤 I am really (　　　　　) with my part-time job.

2. 학생들은 교수님의 강의가 지루하다고 생각했습니다.

🎤 The students thought the professor's lectures were (　　　　　).

1. bored 2. boring

17 충분히 친절해? 친절해 충분히? 우리말과 어순이 다른 enough

> 그는 저를 도와줄 정도로 **충분히 친절했습니다.**

He was **enough kind** to help me.(X)
He was **kind enough** to help me.(O)

'충분히 ~하다'라는 enough는 우리말과 어순이 달라서 자주 실수하게 되는 단어입니다. '~할 정도로 충분히 친절하다'라고 말하려면, '형용사(kind) + enough'로 말해야 합니다. enough를 올바른 어순으로 자연스럽게 말할 수 있도록 자주 쓰는 형용사와 함께 연습해두세요.

QUIZ 다음 우리말 문장을 영어로 말해보세요.

1. 그 책은 1시간에 읽을 수 있을 정도로 충분히 짧았습니다.

🎤 The book was (   ) to finish in an hour.

2. 저는 투표를 할 수 있을 만큼 충분히 나이를 먹었습니다.

🎤 I am (   ) to vote.

1. short enough 2. old enough

18 기준 시간에 따라 다른 표현 1. later vs. in

> 제가 이틀 후에 다시 전화 드리겠습니다.

I'll call you back **two days later**.(X)
I'll call you back **in two days**.(O)

우리말로는 둘 다 '~ 후에'라는 의미이지만 '(지금부터) ~ 후에'란 뜻을 가진 in은 기준이 현재이기 때문에 기준 시간이 필요 없고, '(특정 시점)보다 ~ 후에'라는 의미인 later는 기준 시간이 필요하답니다.

예 내가 오후 5시에 전화했고, 그가 그보다 1시간 후에 회신한 경우 – I called him at 5 p.m. He called me back an hour later.
지금부터 1시간 후에 전화할 경우 – He will call you in an hour.

QUIZ 다음 우리말 문장을 영어로 말해보세요.

1. 기장은 비행기가 5분 후에 이륙할 것이라고 말했습니다.

🎤 The captain said the flight would take off (   ).

2. 저는 9시에 도착했고, 제 동료는 5분 후에 나타났습니다.

🎤 I arrived at 9, and my co-worker showed up (   ).

1. in five minutes 2. five minutes later

19 기준 시간에 따라 다른 표현 2. before vs. ago

| 버스가 5분 전에 떠났습니다. | The bus left five minutes **before**.(X)
The bus left five minutes <u>ago</u>.(O) |

우리말로는 둘 다 '~ 전에'라는 의미이지만, before는 '(어떤 과거 시점부터) ~ 전에'라는 뜻이고, ago는 '(지금부터) ~ 전에'라는 뜻입니다.

예 지금으로부터 5분 전에 떠난 경우 – The bus left five minutes ago.
어떤 과거 시점(내가 도착했을 때)으로부터 5분 전에 떠난 경우 – The bus left five minutes before I arrived.

QUIZ 다음 우리말 문장을 영어로 말해보세요.

1. 저희는 이틀 전에 박물관을 방문했습니다.
🎤 We visited the museum two days (   ).

2. 저는 취직하기 한 달 전에 이 동네로 이사 왔습니다.
🎤 I moved to this area a month (   ) getting a job.

1. ago 2. before

20 similar는 with 말고 to와 함께!

| 제 자전거는 아버지의 것과 비슷합니다. | My bike is **similar with** my dad's.(X)
My bike is <u>similar to</u> my dad's.(O) |

'~과 비슷하다'는 의미를 말할 때 '~과'라는 말 때문인지 to 대신 with를 쓰는 사람들이 많이 있어요. 하지만 similar with는 엄격히 말해 문법적으로 틀린 표현이고, similar to로 말하는 것이 맞답니다. similar는 전치사 to와 함께 기억하시고, 입에 붙게 연습해서 실수하지 않도록 주의하세요.

QUIZ 다음 우리말 문장을 영어로 말해보세요.

1. 제 여동생은 제 것과 비슷한 스카프를 가지고 있습니다.
🎤 My sister owns a scarf that's (   ) mine.

2. 저희 동네에 있는 아파트들은 서로 비슷합니다.
🎤 The apartments in my neighborhood are (   ) each other.

1. similar to 2. similar to

21 cross the street이 맞나요? across the street이 맞나요?

> 저는 길 건너에 있는
> 가게에서 일합니다.

I work at the store **cross** the street.(X)
I work at the store **across** the street.(O)

cross는 동사로 '건너다'의 의미로 쓰이고, across는 전치사/부사로 '~을 건너'라는 의미를 나타냅니다. 따라서 길을 건너는 것은 동사 cross를 써서 'cross the street'고, 길 건너에 있다는 것은 전치사 across를 써서 'across the street'이라고 말합니다.

QUIZ 다음 우리말 문장을 영어로 말해보세요.

1. 저희 어머니가 길을 건널 때 뛰지 말라고 가르치셨습니다.

🎤 My mother taught me not to run when I (　　　　　) the street.

2. 슈퍼마켓이 제가 사는 곳 바로 길 건너에 있습니다.

🎤 The supermarket is just (　　　　) the street from where I live.

1. cross 2. across

22 접속사는 하나면 충분해요! 두 개 쓰기 있기? 없기!

> 비록 저는 배가 안 고팠지만,
> 먹었습니다.

Although I wasn't hungry, **but** I ate.(X)
Although I wasn't hungry, I ate.(O)

Although/Even though는 '비록 ~하지만'이라는 의미로 이미 역접(but)의 의미를 가지고 있는 접속사입니다. 많은 학습자들이 Although/Even though를 쓸 때, 뒤에 but을 붙이는 경향이 있는데, 그렇게 이야기하면 '비록 ~이지만, 하지만'이라고 중복해서 말하는 것이 되어 틀립니다.

QUIZ 다음 우리말 문장을 영어로 말해보세요.

1. 비록 저희는 그 영화를 봤긴 했지만, 다시 보러 갔습니다.

🎤 (　　　　) we had seen the movie, (　　　　) we went to see it again.

2. 비록 저희가 늦었지만, 선생님은 저희를 들여보내 주셨습니다.

🎤 (　　　　) we were late, (　　　　) the teacher let us in.

1. Although/Even though, 빈칸 2. Although/Even though, 빈칸

23 네!? 병원에 갔다고요? 구급차에 실려 가셨나요?

> 전 감기에 걸려서
> 병원에 갔습니다.

I had a cold, so **I went to the hospital**.(X)
I had a cold, so I went to see a doctor.(O)

hospital은 수술을 받거나 응급상황일 때 가는 곳으로, 대학병원 같이 입원환자들을 수용할 수 있는 시설을 말합니다. 우리가 흔히 '병원에 갔다'고 말할 때 가는 동네 병원은 hospital이 아닌 doctor's office나 medical clinic이고, 이때 'I went to see a doctor.' 또는 'I went to the doctor's office.'라고 말합니다.

QUIZ 다음 우리말 문장을 영어로 말해보세요.

1. 저는 몸이 좋지 않아서 병원에 갔습니다.

🎙 I (   ) because I was feeling under the weather.

2. 친구가 제 두통 때문에 저에게 병원에 가보라고 말했습니다.

🎙 A friend told me to (   ) for my headaches.

1. went to see a doctor/went to the doctor's office 2. see a doctor/go to the doctor's office

24 정녕 이 살(weight)이 "제" 살(my weight)이 아닌 건가요?

> 전 살을 빼야 합니다.

I have to **lose my weight**.(X)
I have to lose weight.(O)

이상하게 우리말로도 '내 살을 빼다'라고 하지 않지만, 영어로 '살을 빼다'라고 할 때는 'lose my weight'라고 할 때가 많아요. 빼야 하는 것이 '내' 살은 맞지만, '살을 빼다'는 표현에 my weight를 쓰면 틀려요. 살을 빼는 것은 'lose (some) weight', 살이 찌는 것은 'gain (some) weight'라고 합니다.

QUIZ 다음 우리말 문장을 영어로 말해보세요.

1. 저는 명절 동안 살이 쪘습니다.

🎙 I (   ) during the holidays.

2. 저는 살을 빼기 위해 더 적게 먹고 더 많이 운동하고 있습니다.

🎙 I am eating less and exercising more to (   ).

1. gained (some) weight 2. lose (some) weight

▣ IELTS Speaking 답변 셀프 체크 포인트

IELTS 스피킹의 평가 요소를 기준으로 응시자가 본인의 답변에서 어떤 점이 부족한지 파악할 수 있도록 점검해야 할 포인트를 모아두었습니다. 답변을 해본 후, 본인의 답변이 고득점 답변인지 점검하기 위해 아래에 직접 표시해보세요.

유창성과 일관성

1 답변을 말하기 전 오랫동안 망설이거나 정적의 순간이 없이 답변했다.　　□ Yes　　□ No

2 같은 말을 반복하거나 이미 한 말을 자주 수정하지 않았다.　　□ Yes　　□ No

3 너무 빠르거나 느리지 않게 적당한 속도로 말했다.　　□ Yes　　□ No

4 문장 사이에 적절하고 다양한 접속사와 연결어를 사용했다.　　□ Yes　　□ No

5 질문에 알맞은 답변을 했다.　　□ Yes　　□ No

6 단답형으로 답변하지 않았고 답변에 추가적인 설명을 제시하여 답했다.　　□ Yes　　□ No

어휘력

1 특정 단어를 여러 번 반복하지 않았고 동의어나 패러프레이징을 사용했다.　　□ Yes　　□ No

2 난이도 있는 어휘와 숙어, 관용어구를 답변에 포함시켰다.　　□ Yes　　□ No

3 말하고자 하는 내용에 맞는 정확한 어휘를 사용하여 답변했다.　　□ Yes　　□ No

문법의 다양성과 정확성

1 단문뿐만 아니라 접속사, 관계대명사 등을 사용하여 복문으로 답변했다.　　□ Yes　　□ No

2 수동태, 현재완료, 조건문(if) 등 다양한 문법을 사용하여 답변했다.　　□ Yes　　□ No

3 주어와 동사가 수 일치가 되도록 답변했다.　　□ Yes　　□ No

4 올바른 시제를 답변에 사용했다.　　□ Yes　　□ No

발음

1 틀린 발음 없이 정확히 발음했다.　　□ Yes　　□ No

2 강세를 잘 살려 발음했다.　　□ Yes　　□ No

3 녹음된 나의 답변을 다시 들었을 때, 알아듣기 힘든 발음이 없었다.　　□ Yes　　□ No

4 [r]과 [l], [b]와 [v], [p]와 [f]를 명확하게 발음했다.　　□ Yes　　□ No

HACKERS

IELTS

SPEAKING

goHackers.com
학습자료 제공·유학정보 공유

부록

4. 주제별 답변 아이디어 & 표현

주제별로 활용할 수 있는 답변 아이디어와 유용한 표현이 담긴 문장을 엄선하여 수록하였습니다.
수록된 문장들을 익혀두면 보다 확실하게 실전에 대비할 수 있습니다.

직업과 전공에 관련된 예문을 통해 주제별 답변 아이디어와 유용한 표현을 익혀 시험장에서도 자연스럽게 쓸 수 있도록 합니다.

직업

1 많은 초과 근무가 내 직업의 유일한 단점이다.	The large amount of overtime work is the only drawback of my job.
2 요즘 내 업무량이 너무 많다.	My workload is too heavy these days.
3 전문직 종사자들은 꽤나 괜찮은 벌이를 번다.	Professionals earn pretty decent money.
4 9시에서 5시까지 일하는 사무직은 많은 사람들이 선호하는 직업 종류이다.	A nine-to-five job is the sort of job that many people prefer.
5 자격을 갖춘 지원자들이 많아서 일자리를 구하는 것이 어렵다.	It's hard to find a job because there are many qualified applicants.
6 비정규직이 점점 더 흔해지고 있다.	Temporary positions are becoming more and more common.
7 많은 사람들은 안정적인 직업을 선호한다.	Stable jobs are favored by many people.

전공

1 나는 내 전공과 관련된 모든 것에 대해 많이 공부했다.	I read up on all things related to my major.
2 난 결정을 내렸고 경제학을 전공하기로 택했다.	I came to a decision and chose to major in economics.
3 4년이 지난 후에도, 나는 학과목들을 간신히 겉만 핥은 것 같은 생각이 든다.	Even after four years, I feel I barely scratched the surface of the subject.
4 처음에는 수학이 어려웠지만, 꾸준히 밀고 나가기를 잘한 것 같다.	Math was tough at first, but I'm glad I stuck with it.
5 나는 경영학이 구직시장에서 보상이 될 수 있는 전공이라고 생각한다.	I think business management is a major that could pay off in the job market.

UNIT 02 Accommodation & Buildings

집과 건물에 관련된 예문을 통해 주제별 답변 아이디어와 유용한 표현을 익혀 시험장에서도 자연스럽게 쓸 수 있도록 합니다.

집

1 내 아파트는 편리한 곳에 위치하고 있다.	My apartment is conveniently located.
2 내 아파트는 다양한 편의시설을 갖추고 있다.	My apartment is equipped with various amenities.
3 내 방은 비좁지만 아늑하다.	My room is cramped but cozy.
4 나는 집에서 나와서 기숙사로 이사할 것이다.	I will move out of my house and move into a dormitory.
5 테라스는 집에서 가장 맘에 드는 부분이다.	The patio is my favorite part of the house.
6 그 집은 창문이 많아서 채광이 잘된다.	The house has many windows, so it is well-lit.
7 나는 작년에 내 방을 단장했다.	I spruced up my room last year.
8 작은 집은 관리하기가 쉽다.	Small houses are easy to maintain.

건물

1 이 건물은 부산의 주요 지형지물이다.	This building is a landmark of Busan.
2 서울에는 고층건물이 많다.	There are many high-rise skyscrapers in Seoul.
3 남산타워는 독특한 외관을 지니고 있다.	Namsan tower has a unique exterior.
4 건축 재료는 과거로부터 많이 바뀌었다.	Construction materials have changed a lot from the past.

UNIT 03 Cities & Towns

도시와 동네에 관련된 예문을 통해 주제별 답변 아이디어와 유용한 표현을 익혀 시험장에서도 자연스럽게 쓸 수 있도록 합니다.

도시

1 많은 새로운 건물들이 지역에 들어서고 있다.	A lot of new buildings are going up in the area.
2 대부분의 도시에서 부동산 임대 비용이 엄청나게 높다.	Real estate rental fees are outrageously high in most cities.
3 대도시에는 고요함과 평온함을 즐길 수 있는 장소가 많지 않다.	There aren't many places to enjoy peace and quiet in big cities.
4 서울에는 여가활동을 즐길 수 있는 장소들이 많이 있다.	There are a number of areas where you can enjoy leisure activities in Seoul.
5 서울은 인구가 밀집된 도시이다.	Seoul is a densely populated city.
6 많은 도시는 24시간 여는 편의점들로 가득하다.	Many cities are packed with convenience stores that are open around the clock.
7 나는 퇴직 후에 도시를 떠나 시골생활을 즐기고 싶다.	I want to leave the city and enjoy my rural life after retirement.

동네

1 우리 지역에는 드문드문 몇 개의 작은 커피숍이 있다.	My area is dotted with several small coffee shops.
2 우리 동네에는 지하철역이 몇 개 있어서 돌아다니기가 누워서 떡 먹기처럼 쉽다.	There are several subway stations in my neighborhood, so getting around is a piece of cake.
3 우리 동네에는 주차공간이 부족하므로 그것들을 더 많이 마련할 필요가 있다.	We need to come up with more parking spaces since our neighborhood doesn't have enough.
4 우리 동네에서는 쓰레기가 주요 걱정거리이다.	In my neck of the woods, litter is a major concern.
5 내 고향은 대중교통이 잘 되어 있다.	My hometown has excellent public transportation.
6 나는 멀리 교외에서 산다.	I live out in the suburbs.

UNIT 04 Leisure time & Hobbies

여가시간과 취미에 관련된 예문을 통해 주제별 답변 아이디어와 유용한 표현을 익혀 시험장에서도 자연스럽게 쓸 수 있도록 합니다.

여가시간

1	욕조에 몸을 담그는 것은 나를 편안하게 만든다.	Soaking in the tub makes me feel at ease.
2	나는 여가 시간에 주로 친구들과 수다를 떤다.	I usually shoot the breeze with friends in my free time.
3	쉬고 싶을 때 집 만한 곳은 없다.	There's no place like home when you want to relax.
4	나는 주말에 소파에 앉아 TV를 본다.	I am a couch potato on weekends.
5	산책을 나가는 것은 당신의 머리를 맑게 해준다.	Going out for a walk clears your head.
6	나는 근처에 있는 카페에 가는 것을 좋아하는데 그곳의 큰 창문이 사람을 구경하기에 좋기 때문이다.	I like to go to a nearby café since its large windows are great for people-watching.

취미

1	나는 판타지 영화를 보는 것을 좋아하는데 그것들이 현실에서의 도피를 제공하기 때문이다.	I like to watch fantasy films because they provide an escape from reality.
2	나는 영화광이라서 곧 개봉할 영화들에 대해 항상 잘 알고 있다.	I'm an avid movie fan, so I always keep informed about upcoming movies.
3	웃긴 영화를 보는 것은 내가 일시적으로 걱정거리를 잊을 수 있게 해준다.	Watching funny movies allows me to forget about my concerns temporarily.
4	말하기 창피하지만, 내가 가장 좋아하는 취미는 잠자는 것이다.	It's embarrassing to say, but my favorite hobby is sleeping.
5	취미를 가지는 것은 스트레스와 불안을 해소하는 좋은 방법이다.	Having a hobby is a good way to relieve your stress and anxiety.
6	나의 취미는 꽃꽂이를 하는 것이다.	My hobby is arranging flowers.
7	나는 독서를 별로 좋아하지 않는데 활동적인 취미를 더 좋아하기 때문이다.	I'm not a big fan of reading since I'm more into active hobbies.

음악과 미술에 관련된 예문을 통해 주제별 답변 아이디어와 유용한 표현을 익혀 시험장에서도 자연스럽게 쓸 수 있도록 합니다.

음악

1 대중 음악은 따라 부르기 즐겁다.	Pop music is fun to sing along to.
2 록음악은 나를 정말 신나게 만든다.	Rock music really pumps me up.
3 클래식 음악은 내 불안한 긴장감을 가라앉힌다.	Classical music soothes my rattled nerves.
4 나는 요즘 댄스 음악에 빠져 있다.	I'm into dance music nowadays.
5 나는 빠른 박자와 경쾌한 멜로디를 가진 노래를 좋아한다.	I like songs that have fast tempos and upbeat melodies.
6 나는 라디오를 들으면서 하루를 시작한다.	I start my day by listening to the radio.
7 걸그룹들이 요즘 차트를 장악하고 있다.	Girl groups dominate the charts these days.
8 랩 음악은 특히 젊은이들에게 엄청나게 인기를 얻었다.	Rap music has gotten extremely popular, especially with young people.
9 피아노를 배우는 것은 그다지 쉬운 일이 아니다.	Learning the piano is not exactly a cakewalk.
10 나는 스트레스를 풀기 위해 드럼을 연주한다.	I play the drums to release tension.

미술

1 그림 그리기를 배우는 것은 상상력을 기르는 것을 도와준다.	Learning to paint helps build imagination.
2 정식 교육을 받지는 않았지만, 공책에 스케치하는 것을 좋아한다.	Even though I had no formal training, I like to sketch in my notebooks.
3 나는 가족 초상화를 내 휴대폰의 배경화면으로 설정해놓았다.	I set our family portrait as the background image on my phone.
4 나는 옷을 차려 입었을 때 셀카를 찍는 것을 좋아한다.	I like to take selfies when I dress up.

UNIT 06 Fashion & Shopping

패션과 쇼핑에 관련된 예문을 통해 주제별 답변 아이디어와 유용한 표현을 익혀 시험장에서도 자연스럽게 쓸 수 있도록 합니다.

패션

1 이 스커트는 내 새로운 재킷과 잘 어울릴 것이다.	This skirt will match well with my new jacket.
2 구직 면접에 갈 때는 좋은 인상을 주기 위해 옷을 입는 것이 필수적이다.	It's vital to dress to impress when going to a job interview.
3 이 신발은 내게 정말로 잘 어울리지만 나는 그것들을 살 수 없다.	These shoes suit me really well, but I can't afford them.
4 나는 옷을 통해서 개성을 표현한다.	I express my individuality through my clothes.
5 빈티지 룩이 올해 정말 유행이다.	The vintage look is really in vogue this year.
6 나는 항상 어두운 색깔이 잘 어울린다.	I always look good in darker shades.
7 한국에서 스키니진은 절대 유행이 식지 않는다.	Skinny jeans never go out of fashion in Korea.
8 난 왜 와이드 팬츠가 대유행인지 이해가 안 간다.	I don't get why the wide pants are a hit.
9 나는 빨리 내 새 봄옷을 뽐내고 싶다.	I can't wait to show off my new spring clothes.

쇼핑

1 난 새 모자를 충동적으로 구매하였다.	I bought a new hat on impulse.
2 나는 항상 빈티지 가게에 가는데, 모든 것이 훨씬 더 적당한 가격이다.	I always go to vintage shops; everything is much more reasonably priced.
3 문 닫는 시간 직전에 마켓에 가면 당신은 최고의 거래를 할 수 있다.	If you go to markets right before closing time, you can get the best deals.
4 이 양복은 엄청난 돈이 들었지만, 그럴만한 가치가 있었다.	This suit cost an arm and a leg, but it was worth it.
5 나는 항상 여러 가게에서 가격을 비교할 것을 고집한다.	I always insist on comparing prices at different stores.

UNIT 07 Sports & Activities

스포츠와 활동에 관련된 예문을 통해 주제별 답변 아이디어와 유용한 표현을 익혀 시험장에서도 자연스럽게 쓸 수 있도록 합니다.

스포츠

1	요가를 하는 것은 신체의 힘을 기르는 아주 좋은 방법이다.	Doing yoga is a great way to build up one's strength.
2	나는 매우 단시간에 요가를 좋아하게 됐다.	I warmed up to yoga very quickly.
3	나는 내 허리 군살을 빼기 위해 윗몸 일으키기를 하고 있다.	I'm doing sit-ups to get rid of my love handles.
4	나는 매일마다 체육관에 간다.	I go to the gym every day.
5	익스트림 스포츠의 가장 큰 매력은 그것이 스릴을 준다는 것이다.	The biggest draw of extreme sports is that they provide a thrill.
6	수영은 목숨을 구할 수 있는 기술이다.	Swimming is a skill that could save lives.

활동

1	나는 운동을 많이 하지 않지만 내 강아지와 함께 공원을 산책하기는 한다.	I don't do much exercise but I do stroll around the park with my dog.
2	많은 사람들은 신선한 공기를 쐬러 동네 공원에 간다.	A lot of people go to the local park for the fresh air.
3	피크닉을 할 수 있는 잔디밭 지역이 있다.	There's a grassy area where you can have a picnic.
4	사람들은 공원에서 휴식을 취하면서 긴장을 풀고 재충전할 수 있다.	People can unwind and recharge while relaxing in the park.
5	나의 일상생활은 앉아서 하는 활동으로 이루어져 있어서 가끔은 움직이는 것이 좋다.	My normal routine consists of sedentary activities, so it's good to get mobile sometimes.
6	나는 실내 활동을 좋아하는데 왜냐하면 날씨에 상관없이 그것들을 할 수 있기 때문이다.	I prefer indoor activities because I can do them regardless of the weather.

사람과 관련된 예문을 통해 주제별 답변 아이디어와 유용한 표현을 익혀 시험장에서도 자연스럽게 쓸 수 있도록 합니다.

사람

1	나는 도움이 필요할 때 친구들에게 의지할 수 있다.	I can turn to my friends when I'm in need of help.
2	사람들은 내게서 내 어머니의 이목구비가 보인다고 말한다.	People tell me that they see my mother's features in me.
3	할머니는 내가 아버지를 꼭 닮았다고 말씀하시곤 했다.	My grandmother used to tell me that I look just like my father.
4	가족이 친구보다 중요하다고 말하겠다.	I would say that family comes before friends.
5	큰 부탁을 할 것이 있을 때 가볍게 아는 사람들에게 전화를 하는 것은 어렵다.	I find it difficult to call casual acquaintances when I have a big favor to ask.
6	진수와 나는 처음부터 잘 맞았다.	Jinsu and I hit it off from the start.
7	난 사람들에게 좋은 인상을 주려고 최선을 다한다.	I do my best to make a good impression on people.
8	나는 금요일 밤에 주로 친구들과 몇몇 클럽에 간다.	I usually check out some clubs on Friday nights with my friends.
9	우정은 자존감을 높일 수 있다.	Friendship can boost self-esteem.
10	직장의 사람들과 우정을 키우는 것이 가능하다.	It is possible to develop a friendship with someone from work.
11	가끔 나는 점심 때 친구들을 만난다.	Sometimes I get together with friends at lunch.
12	그는 그다지 정직한 사람이 아니다.	He isn't exactly a straight arrow.
13	그는 느긋한 성격의 사람이다.	He is a laid-back guy.

UNIT 09 Food & Health

음식과 건강에 관련된 예문을 통해 주제별 답변 아이디어와 유용한 표현을 익혀 시험장에서도 자연스럽게 쓸 수 있도록 합니다.

음식

1 나는 혼자 살아서 스스로 내 식사를 준비해야 한다.
I live alone, so I have to fix my own meals.

2 나의 식단은 채소와 약간의 과일로 이루어져 있다.
My meals consist of vegetables and a small portion of fruit.

3 초밥은 아무리 먹어도 질리지 않는다.
I can't get enough of sushi.

4 그 국수 집은 너무나도 훌륭했다.
The noodle place was out of this world.

5 나는 이곳에서 지난주에 식사를 했는데, 그것은 나를 깜짝 놀라게 했다.
I ate here last week and it blew my mind.

6 피자를 생각하는 것은 내 입에 군침이 돌게 만든다.
Thinking about pizza makes my mouth water.

7 나는 단지 한 달에 한 번 아이스크림을 마음껏 먹는다.
I only indulge in eating ice cream once a month.

8 제철 과일을 먹는 것은 건강을 유지하는 가장 쉬운 방법 중 하나이다.
Eating fruits that are in season is one of the easiest ways to stay healthy.

건강

1 이 간식은 지방과 탄수화물의 함유량이 매우 높다.
This snack is really high in fat and carbohydrates.

2 패스트푸드를 많이 먹는 사람들은 *먹는 것이 곧 당신이라는 것을 기억해야 한다.
People who eat a lot of fast food should remember that you are what you eat.

3 가공 식품은 당신의 피부에 매우 좋지 않을 수 있다.
Processed foods can be really bad for your skin.

4 비만율을 낮추기 위해서 사람들에게 음식에 대해 가르치는 것이 중요하다.
To bring down the obesity rate, it is important to educate people about food.

5 건강검진을 정기적으로 받는 것은 중요하다.
It is crucial to go for health check-ups on a regular basis.

*음식이 사람을 만든다는 말로 먹는 음식의 중요성을 나타내는 말

○ UNIT 10 Travel & Transportation

여행과 교통에 관련된 예문을 통해 주제별 답변 아이디어와 유용한 표현을 익혀 시험장에서도 자연스럽게 쓸 수 있도록 합니다.

여행

1	장소를 속속들이 체험하기 위해서는 현지인들과 시간을 보내는 것이 가장 좋다.	To experience a place thoroughly, it's best to spend time with locals.
2	제주도는 정말로 관광객들에게 인기 있는 장소이다.	Jeju Island is a real tourist hotspot.
3	에펠탑은 당신이 파리에 있다면 반드시 보아야 하는 것이다.	The Eiffel Tower is a must-see if you are in Paris.
4	빅토리아 폭포는 아주 장관이어서 말로 형용할 수 없다.	Victoria Falls is so spectacular it's beyond words.
5	나는 졸업하고 나서 인도로 배낭여행을 갔다.	I went backpacking through India after I graduated.
6	호주에 있은 지 3개월 후에 나는 고립된 감정과 향수병을 느꼈다.	After three months in Australia, I was feeling isolated and homesick.
7	여행은 당신의 시야를 넓히기에 좋은 방법이다.	Travel is a great way to broaden your horizons.

교통

1	몇몇 버스들에는 서 있을 만한 자리가 없다.	Standing room is not available on some buses.
2	열차가 좀처럼 제시간에 도착하지 않기 때문에 나는 지하철을 타는 것을 좋아하지 않는다.	I don't like to take the subway because the trains rarely arrive on time.
3	도로에 차가 너무 많아서 우리는 2시간이 넘도록 교통체증에 갇혀있었다.	There were too many cars on the road, so we were stuck in a traffic jam for over two hours.
4	버스는 사실상 시내 어디라도 데려가 줄 수 있다.	The buses can take you virtually anywhere in the city.
5	나는 통근하는 동안 항상 낯선 사람들 사이에서 짓눌린다.	I am always squashed between strangers during my commute.
6	교통카드가 요금을 내는 데 내가 필요한 전부다.	A transit card is all I need to pay the fare.

날씨와 자연에 관련된 예문을 통해 주제별 답변 아이디어와 유용한 표현을 익혀 시험장에서도 자연스럽게 쓸 수 있도록 합니다.

날씨

1 사람들은 등산을 가기 전에 일기예보를 지켜보아야 한다.	People should keep an eye on the weather forecast before they go hiking.
2 비가 많이 올 때, 나는 집에 머무는 것을 선호한다.	When it's raining heavily, I prefer to stay home.
3 더운 날에 사람들은 수영장에 가서 몸을 식히는 것을 좋아한다.	On hot days, people like to go to the swimming pool and cool down.
4 나는 뚜렷한 계절이 있다는 것이 기쁜데 내가 많은 다양한 옷을 입을 수 있게 해주기 때문이다.	I'm glad we have distinct seasons since it allows me to wear a lot of different clothes.
5 겨울 내내 공기가 상쾌하기 때문에 겨울은 내가 가장 좋아하는 계절이다.	Winter is my favorite season because the air is brisk all winter long.
6 많은 사람들이 자외선 차단제로 피부를 햇볕으로부터 보호한다.	Many people protect their skin from the sun with sunscreen.

자연

1 애완동물들은 아주 많은 돌봄을 필요로 한다.	Pets require a lot of maintenance.
2 나의 어머니는 동물의 털에 알레르기가 있으셔서 우리는 고양이를 기른 적이 없다.	My mother is allergic to animal fur so we never had a cat.
3 나는 4월을 좋아하는데 벚꽃이 활짝 필 때 그것들이 아름답기 때문이다.	I like April since the cherry blossoms are beautiful when they are in full bloom.
4 내가 그 식물을 더 햇빛이 잘 드는 곳으로 옮긴 후 그 식물은 잘 자랐다.	The plant thrived after I moved it to a sunnier spot.
5 바닷물은 수정같이 맑다.	The ocean water is crystal clear.
6 한국에는 사방에 산이 있다.	There are mountains all over the place in Korea.
7 나는 단풍이 들 때 등산하는 것을 좋아한다.	I like to go hiking when the leaves turn red and yellow.

특별 행사에 관련된 예문을 통해 주제별 답변 아이디어와 유용한 표현을 익혀 시험장에서도 자연스럽게 쓸 수 있도록 합니다.

특별 행사

1	우리는 아버지의 생신을 위해 고급 식당에 가기로 계획했다.	We planned to go to a fancy restaurant for my father's birthday.
2	내 조카가 생일 케이크의 촛불을 불어서 껐다.	My nephew blew out the candles on his birthday cake.
3	결혼을 하는 한 가지 이유는 함께 늙어갈 누군가를 가지기 위해서이다.	One reason to get married is to have someone to grow old with.
4	대부분의 신혼부부들은 결혼식 후에 함께 산다.	Most newly married couples move in together after their wedding.
5	내가 만약 결혼을 하면, 나는 서약을 주고받고 싶지 않다.	If I get married, I don't want to exchange vows.
6	그녀의 결혼식은 나에게 깊은 인상을 남겼다.	Her wedding left a lasting impression on me.
7	선물은 당신의 고마움을 표현하는 좋은 방법이다.	A gift is a great way to show your appreciation.
8	대부분의 사람들은 상품권과 같은 실용적인 선물을 좋아한다.	Most people like practical gifts such as gift certificates.
9	우리 아버지가 퇴직하셨을 때 모든 친척들과 함께 호화로운 식사를 했다.	We had a lavish dinner with all my relatives when my father retired.
10	때때로 특별한 사람에게 식사를 대접하는 것은 좋다.	It's nice to sometimes treat someone special to dinner.
11	나는 음악 축제에서 늘 아주 즐거운 시간을 보낸다.	I always have a blast at the music festival.
12	나는 휴가를 가기 몇 달 전에 여행 계획을 세운다.	I make travel arrangements several months before I go on vacation.
13	나는 새로운 경험의 즐거움을 나누기 위해 우리 가족과 휴가를 보내는 것을 좋아한다.	I like vacationing with my family to share the joy of new experiences.

부 록

4. 주제별 답변 아이디어 & 표현 HACKERS IELTS SPEAKING

일상생활에 관련된 예문을 통해 주제별 답변 아이디어와 유용한 표현을 익혀 시험장에서도 자연스럽게 쓸 수 있도록 합니다.

일상생활

1	나는 보통 아침 9시쯤에 침대에서 나온다.	I normally roll myself out of bed at around 9 am.
2	내 여동생은 아주 시간관념이 투철해서 항상 약속에 너무 빨리 도착한다.	My sister is very time-conscious so she always arrives much too early for appointments.
3	나는 저녁에 공부나 운동과 같이 생산적인 활동에 참여하려 한다.	I try to engage myself in productive activities such as studying or exercising in the evenings.
4	내 친구들과 나는 금요일에는 밖에서 하룻밤을 논다.	My friends and I have a night out on Fridays.
5	일요일 아침에는 주로 늦잠을 잔다.	I usually sleep in on Sunday mornings.
6	누군가가 나를 기다리게 만들면 나는 짜증이 난다.	I get annoyed when someone makes me wait.
7	나는 누군가가 나를 기다리고 있을 때 미안한 기분이 든다. 그래서 나는 항상 시간을 잘 지키려 한다.	I feel sorry when someone is waiting for me. So, I always try to be on time.
8	나는 이번 주에 스케줄이 다 찼다.	I am booked solid this week.
9	줄을 서서 기다리는 것은 사람들을 매우 지루하게 만든다.	Waiting in line bores people to death.
10	당신이 아는 사람이 아무도 없는 행사에 너무 일찍 도착하면 어색함을 느낄 수 있다.	You may feel awkward if you arrive too early at an event where you don't know anyone.
11	난 엄마가 나에게 집안일을 시키려고 했을 때 슬금슬금 도망가곤 했다.	I used to make myself scarce when my mother tried to get me to do my chores around the house.
12	나는 모든 것이 아주 깨끗할 때 드는 기분을 좋아한다.	I like the feeling I get when everything is squeaky clean.
13	나는 주로 집안일을 하는 것을 막판까지 미룬다.	I usually put off doing housework until the last minute.
14	화장실 청소는 항상 벌처럼 느껴진다.	Cleaning the bathroom always feels like a punishment.

UNIT 14 Life Experiences

삶의 경험들에 관련된 예문을 통해 주제별 답변 아이디어와 유용한 표현을 익혀 시험장에서도 자연스럽게 쓸 수 있도록 합니다.

삶의 경험들

1	대부분의 사람들은 학교나 회사와 같은 조직에 속해있다.	Most people belong to organizations such as schools or companies.
2	사람들과 협동하는 법을 아는 것은 성공을 위한 열쇠가 될 수 있다.	Knowing how to cooperate with people can be the key to success.
3	많은 사람들이 함께 일할 때 아이디어가 자주 충돌한다.	Ideas often clash when multiple people work together.
4	그룹 구성원들은 결정을 내릴 때 타협해야 한다.	Group members must compromise when making decisions.
5	당신이 혼자 일할 때, 결정을 뒷받침해줄 사람이 아무도 없다.	When you work alone, there is no one to back up your decisions.
6	난 작은 팀을 책임지게 되었다.	I was put in charge of a small team.
7	난 팀의 다른 멤버들에게 조언을 구한다.	I ask for input from the other members on my team.
8	나는 팀 리더로부터 많은 압박을 받았다.	I was under a lot of pressure from my team leader.
9	나는 시험을 놓쳤고 수업에서 F학점을 받았다.	I missed the exam and got an F in the class.
10	어른들은 실수를 가르칠 수 있는 기회로 이용해야 한다.	Adults should embrace mistakes as teachable moments.
11	우리는 다른 사람들을 놀리기보다는 그들의 실수를 용인해야 한다.	We should tolerate the mistakes of others rather than make fun of them.
12	이 경험은 내게 연습이 완벽을 만든다는 것을 가르쳐 주었다.	This experience taught me that practice makes perfect.
13	나누는 것은 당신이 다른 사람들에게 관심을 가진다는 것을 보여준다.	Sharing shows that you care about other people.
14	내가 나눌 때, 나는 항상 훨씬 더 많은 것을 보답으로 받는다.	When I share, I always get much more in return.

UNIT 15 Education & Learning

교육과 배움에 관련된 예문을 통해 주제별 답변 아이디어와 유용한 표현을 익혀 시험장에서도 자연스럽게 쓸 수 있도록 합니다.

교육

1 그의 강의는 나를 절대로 졸게 만들지 않았다.	His lecture never made me doze off.
2 나는 내 고등학교 영어 선생님에게 깊은 존경심을 가지고 있다.	I have the utmost respect for my high school English teacher.
3 나는 내가 가장 좋아하는 선생님과 여전히 연락한다.	I still keep in touch with my favorite teacher.
4 역사는 내가 학교에서 단연 가장 좋아했던 과목이었다.	History was by far my favorite subject in school.
5 나는 벼락치기 공부를 하기 위해 가끔 밤을 샜다.	I sometimes stayed up all night to cram.
6 나는 노트필기에 많은 노력을 쏟았다.	I put a lot of effort into my notes.
7 모든 공식들을 암기해야 하였기 때문에 나는 수학을 싫어했다.	I hated math since I had to learn all the formulas by heart.
8 나는 시대에 뒤진 교육 방식 때문에 우리나라의 교육 제도가 아이들의 창의력에 좋지 않다고 생각한다.	I think that the education system in my country is not good for children's creativity due to its outdated teaching methods.
9 시장에 많은 교육적인 장난감이 있다.	There are many educational toys on the market.

배움

1 나는 피아노 치는 법을 독학으로 배웠다.	I taught myself how to play the piano.
2 나는 승진하기 위해 영어를 다시 공부해야 한다.	I need to brush up on my English to get promoted.
3 나는 살을 빼기 위해 수영 수업에 등록하는 것을 생각 중이다.	I'm thinking about registering for swimming classes to lose weight.
4 "배움에는 왕도가 없다"는 격언에 완전히 동의한다.	I totally agree with the saying, "It's never too late to learn something."

커뮤니케이션에 관련된 예문을 통해 주제별 답변 아이디어와 유용한 표현을 익혀 시험장에서도 자연스럽게 쓸 수 있도록 합니다.

커뮤니케이션

1 오늘날 대부분의 회사들은 여러 언어를 할 줄 아는 사람들을 고용하는 것을 선호한다.	Most companies prefer to hire multilingual people today.
2 영어는 전세계에서 공용어가 되었다.	English has become a common language throughout the world.
3 중국어를 말할 줄 아는 것은 정말 오늘날의 구직시장에서 길을 열어줄 수 있다.	Knowing how to speak Chinese can really open doors in today's job market.
4 만약 아이들이 외국어를 일찍 배운다면, 그들은 많은 노력 없이 원어민처럼 그 언어를 말하게 될 것이다.	If children learn a foreign language early, they will speak that language like a native speaker without much effort.
5 언어를 배우는 데 이상적인 시기는 유아기라고 말하겠다.	I'd say the ideal time to learn a language is in early childhood.
6 어떤 사람들은 둘러 말하지 않고 바로 요점으로 들어간다.	Some people get directly to the point without beating around the bush.
7 여자들은 그들이 대화하는 방식에 더 많은 감정을 포함시키는 경향이 있다.	Women tend to incorporate more emotions into how they communicate.
8 우리는 주로 일대일로 대화를 한다.	We usually have conversations on a one-on-one basis.
9 나는 발표를 할 때 항상 긴장해서 가슴이 벌렁거린다.	I always have butterflies in my stomach when I give a presentation.
10 내 생각에 손글씨는 요즘 세상에서 대체로 무의미한 기술이다.	I think penmanship is a largely irrelevant skill in today's world.
11 나는 은행과 관공서에서 손으로 양식을 기입한다.	I fill out forms at banks and government offices by hand.
12 나는 특히 스마트폰으로 타자를 칠 때 자주 오타를 낸다.	I frequently make typos, especially when I type on a smartphone.

UNIT 17 Science & Technology

과학과 기술에 관련된 예문을 통해 주제별 답변 아이디어와 유용한 표현을 익혀 시험장에서도 자연스럽게 쓸 수 있도록 합니다.

과학

1 원자의 분열은 눈부신 과학적 발견이었다.

The splitting of the atom was a major scientific breakthrough.

2 과학은 의학적 연구를 통해 우리의 수명을 연장 시켜주었다.

Science has extended our lives through medical research.

3 과학의 발전 덕분에, 우리는 더 나은 삶을 살고 있다.

Thanks to scientific advances, we have a higher quality of life.

기술

1 한국은 기술 혁신의 최첨단에 서 있다.

Korea is on the cutting edge of technological innovation.

2 많은 젊은이들은 컴퓨터에 대해 속속들이 알고 있다.

Many young people know computers inside and out.

3 오늘날의 컴퓨터는 과거의 것보다 훨씬 앞선 것이다.

Computers today are light years ahead of those of the past.

4 나는 기술이 우리의 삶을 너무 복잡하게 만들었다고 생각한다.

I think technology has complicated our lives too much.

5 사람들은 그들의 휴대폰에 지나치게 의존한다.

People are overly dependent on their mobile phones.

6 나는 스마트폰에 있는 앱을 사용해서 사이트에 접속한다.

I access the site using an app on my smartphone.

7 기술은 우리가 의사소통하는 방식에 엄청난 변화를 가져다 주었다.

Technology has brought about massive changes in how we communicate.

8 요즘 아이들은 하루 종일 그저 컴퓨터 화면에 들러붙어 있다.

Kids these days just stay glued to the computer screen all day long.

9 나는 컴퓨터가 말을 안 들을 때 스트레스를 받는다.

I get stressed out when my computer acts up.

10 나는 내 블로그에 논란이 많은 글을 올리지 않으려고 한다.

I try not to make controversial posts on my blog.

UNIT 18 Media

미디어에 관련된 예문을 통해 주제별 답변 아이디어와 유용한 표현을 익혀 시험장에서도 자연스럽게 쓸 수 있도록 합니다.

미디어

1	나는 어릴 때 정말 독서광이었다.	I was a real bookworm when I was young.
2	나는 몇몇 시사 잡지를 구독한다.	I subscribe to several news magazines.
3	그의 소설은 나를 정말 감동시켰다.	His novel really touched me.
4	나는 그의 새로 나올 책을 읽고 싶다.	I'm dying to read his upcoming book.
5	나는 공포 책들을 읽곤 했는데 그것은 밤새 나를 잠들지 못하게 했다.	I used to read horror books, but they kept me up at night.
6	요리 프로가 요즘 대유행이다.	Cooking shows are all the rage these days.
7	나는 배꼽 빠지게 웃기는 코미디 쇼를 즐긴다.	I enjoy sidesplitting comedy shows.
8	과거와 현재의 TV 프로그램 사이에는 엄청나게 큰 차이가 있다.	There's a whale of a difference between current and past TV shows.
9	난 요즘의 멍청한 리얼리티 TV쇼에 신물이 난다.	I've had it up to here with today's silly reality TV shows.
10	그 리얼리티 쇼만큼 내 주의를 끈 TV쇼는 없었다.	No other show has captured my attention more than that reality show.
11	나는 대부분 광고에 짜증이 난다.	I'm mostly annoyed by advertisements.
12	요즘에는 사람들의 눈을 사로 잡는 창의적인 광고가 많다.	There are many creative commercials these days that catch people's eyes.
13	나는 연예인 문화를 따르지 않는데 그것이 너무 피상적이기 때문이다.	I don't follow celebrity culture because it's too superficial.
14	젊은 세대는 연예인들로부터 습관을 익힌다.	The younger generation is picking up habits from celebrities.

UNIT 19 History & Tradition

역사와 전통에 관련된 예문을 통해 주제별 답변 아이디어와 유용한 표현을 익혀 시험장에서도 자연스럽게 쓸 수 있도록 합니다.

역사

1 우리 할아버지께서는 식민지 시대에 독립운동가이셨다.	My grandfather was an independence activist during the colonial era.
2 남겨진 유산들은 박물관에 전시되어 있다.	The remaining relics are displayed in a museum.
3 수천 명의 여행객들이 이 역사적인 장소에 몰려든다.	Thousands of tourists flock to this historic site.
4 이 장소는 굉장한 역사적인 의미를 가지고 있다.	This place has great historical significance.
5 우리는 역사박물관에서 유물들을 직접 볼 수 있다.	We can see relics with our own eyes in history museums.
6 나는 아주 오래 전에 사람들이 이렇게 정교한 건축물을 지을 수 있었다는 것에 놀랐다.	I was often amazed that people could build these elaborate structures so long ago.

전통

1 우리는 제사를 지내기 위해 모인다.	We gather to perform ancestral rituals.
2 몇몇 사회에서는 조상의 묘에 찾아가는 것이 일반적이다.	It is common to visit ancestral graves in some societies.
3 사람들은 그들의 선조들의 전통을 지켜야 한다.	People should hold on to the traditions of their forebears.
4 많은 한국인들은 정기적으로 그들의 조상을 기린다.	Many Koreans honor their ancestors regularly.
5 나는 사라지는 전통에 대해 상반된 감정을 갖고 있다.	I have mixed feelings about disappearing traditions.
6 우리의 문화 유산을 보존하는 것은 사회적인 책임이 되어야 한다.	It should be a social duty to preserve our cultural heritage.
7 몇몇 의식들은 현재 사회에 맞지 않다.	Some rituals don't fit in modern society.
8 한국에서는 매번 추석에 아이들이 어른들에게 절을 한다.	Every Thanksgiving in Korea, the kids bow to their elders.

사회에 관련된 예문을 통해 주제별 답변 아이디어와 유용한 표현을 익혀 시험장에서도 자연스럽게 쓸 수 있도록 합니다.

사회

1	나는 거의 항상 법을 준수한다.	I almost always abide by the law.
2	경찰은 범죄자들을 철창 안에 가둔다.	The police lock up criminals.
3	우리는 범죄자들이 더 많은 범죄를 저지르는 것을 막아야 한다.	We should prevent criminals from committing more crimes.
4	술에 취했을 때 운전하는 사람들은 공공 안전에 위협이 된다.	People who get behind the wheel when they are intoxicated are a threat to public safety.
5	많은 졸업자들은 공무원이 되기를 원한다.	Many graduates want to become public servants.
6	경찰관들은 퇴직하면 정부 연금을 받는다.	Police officers receive a government pension when they retire.
7	내 이웃들은 매일 밤 아주 시끄럽게 한다.	My neighbors make a huge racket every night.
8	자동차의 경적은 이 도시에서 절대로 멈추지 않는다.	The blaring of car horns never stops in this city.
9	우리가 모두 환경을 지키기 위해 우리의 역할을 할 수 있다면, 우리 아이들의 미래는 더 안전할 것이다.	If we could all do our part to protect the environment, our children's future would be more secure.
10	우리는 환경을 개선시키기 위해 재생에너지로 전환할 수 있다.	We can switch to renewable energy sources to improve our environment.
11	차와 트럭은 대기 오염의 주범이다.	Cars and trucks are major contributors to air pollution.
12	살충제의 사용은 환경에 매우 해롭다.	The use of pesticide is really detrimental to the environment.
13	재활용은 환경에 되돌려줄 수 있는 좋은 방법이다.	Recycling is a great way to give back to the environment.
14	도시들은 너무 늦기 전에 친환경적이 되어야 한다.	Cities need to go green before it's too late.

아이엘츠 유형별 공략으로 Overall 고득점 달성!

HACKERS
IELTS
Speaking

초판 16쇄 발행 2025년 1월 13일

초판 1쇄 발행 2017년 5월 29일

지은이	해커스 어학연구소
펴낸곳	(주)해커스 어학연구소
펴낸이	해커스 어학연구소 출판팀

주소	서울특별시 서초구 강남대로61길 23 (주)해커스 어학연구소
고객센터	02-537-5000
교재 관련 문의	publishing@hackers.com
동영상강의	HackersIngang.com

ISBN	978-89-6542-231-0 (13740)
Serial Number	01-16-01

외국어인강 1위,
해커스인강(HackersIngang.com)

ᴵᴴᴵ 해커스인강

1. 원어민 시험관과 인터뷰하는 **실전모의고사 프로그램**
2. 내 답안을 고득점 에세이로 만드는 **IELTS 라이팅 1:1 첨삭**
3. 해커스 스타강사의 **IELTS 인강**

전세계 유학정보의 중심,
고우해커스(goHackers.com)

ᴵᴴᴵ 고우해커스

1. **IELTS 라이팅/스피킹 무료 첨삭 게시판**
2. **IELTS 리딩/리스닝 실전문제** 등 다양한 IELTS 무료 학습 콘텐츠
3. **IELTS Q&A 게시판** 및 **영국유학 Q&A 게시판**

헤럴드 선정 2018 대학생 선호브랜드 대상 '대학생이 선정한 외국어인강' 부문 1위

너는 오르고, 나는 오르지 않았던 이유
너만 알았던 **그 비법**!